상하이세계박람회

상하이세계박람회
상하이의 역사적 풍경과 파빌리온의 경관

글/사진 주강현

1판 1쇄 발행 2010. 10. 07.

발행처 블루&노트
발행인 김은희

편집주간 김명기
제작 김지학 / 편집 김성엽 이경남 장인자 김민희 / 영업 이주하
인쇄 대덕문화사 / 제본 바다제책

등록번호 제313-2009-201호
등록일자 2009. 09. 10.

서울시 마포구 마포동 324-1 꽃마루 B/D 1층
Tel. 02 718 6258 Fax. 02 718 6253
E-mail : bluenote@chol.com

Copyright©2010 by Kang-Hyeon, Joo
All rights reserved including the rights of reproduction
in whole or part in any form. Printed in Korea.

이 책은 저작권법에 의해 보호받는 저작물이므로 무단전재 및 복제를 금합니다.

책값은 책표지에 있습니다.
ISBN 978-89-963184-8-4 13800

잘못 만들어진 책은 바꾸어드립니다.

상하이세계박람회

상하이의 역사적 풍경과 파빌리온의 경관
SHANGHAI WORLD EXHIBITION

::

주 강 현

블루&노트

감사의 글

'박람회-박물관-박물학'이 일관된 뿌리를 가지므로 인문학자로서 박람회에 관심을 지님은 당연지사다. 그러나 책의 출간에는 반드시 필연적인 내재적 이유가 또한 별도로 있기 마련이다. 박람회와 맺은 몇 가지 인연을 간략 소개하고자 하며 감사의 뜻을 전한다. 해양수산부에서 한승원 작가·서울대 임현진교수와 박람회주제 기초안 만들기 TF 2004년; 해수부 이용우 기획실장의 요청으로 파리에 파견, 최재철, 차설희 등 주불 파리대사관, BIE의 Conzalez Loscertales Ole Philipson 등과 박람회 주제와 부주제 작성2006년 6월; 여수조직위 전략기획위원으로 위촉, 강홍빈 단장과 임진수, 김웅서, 변창흠, 김도년, 이무용 위원, 전시연출과의 김현태, 홍종욱, 안광, 이정희, 김용권 등과 마스터플랜 수립2008년; 해양문명도시관 기본 구상과 집필2008-9년; 신평식, 김성훈, 정광기 등 관계자와 사라고사 세계박람회 및 바르셀로나, 제노바, 리스본박람회장 시찰2008년 여름; 주제관과 해양문명도시관 전시 컨셉 자문2009년 1월; 부산일보 '바다도시와 해양문명'연재를 위한 27개국 탐방2008-9년; 홍승용 조직위 특별

고문이 주재한 콘텐츠위원회에서의 해양문화콘텐츠 개진2009년; 상하이 박람회 개막 직후2010년 5월에 임승윤, 이시원 등 조직위 관계자와 공식 시찰: 책의 집필을 마무리하면서 이루어진 재관람2010년 6월 등을 이 책의 집필과 관련하여 적기하고자 한다. 상하이의 항로 방문은 여러 번이지만, 광복60주년2005년을 기념하여 500여 부산시민과 황푸강을 거슬러 푸둥을 뱃길로 방문하였던 경험도 병기하고자 한다.

해양계의 김춘선, 곽인섭, 윤학배, 김재철, 강정극, 김학소, 고철환, 강성길 등, 전시문화계의 정진국 · 유석연 · 김승태 · 윤아람, 이상훈, 이경진 등에게 영감과 교시를 받았다. 해양전문 출판의 어려운 깃발을 올린 블루&노트의 윤관백 대표, 복잡한 사진을 추스르고 원고를 다듬어준 김명기 편집주간, 좋은 의견으로 도와준 코리아콘텐츠랩의 유대성 대표, 신선하면서도 안정적 디자인으로 뒷받침해 준 김상철 부장, 원고를 통독하고 학문적 조언을 아끼지 않은 이기복 박사 등이 없었더라면 이 책의 출간은 불가하였을 것이다. 사진 저작권에 관하여, 대체로 필자가 직접 찍은 사진이며, 상하이를 공동관람한 분들에게 빌린 몇 장이 있다. 옛 사진은 상하이관련 아카이브에서 선별하였으며, 그래픽자료는 BIE공식 홈페이지http://www.bie-paris.org/에서 일부 원용하였다. 옛 사진들의 애초 저작권자였던 분들에게 도의적 고마움을 표한다. 그만큼 '기록의 힘'이 중요한 것이며, 후인들은 선인의 문화적 유산에 기대어 이 같은 책을 펴낼 수 있는 것이다. 감사드린다.

2010년 가을에
해양문화연구원에서

주강현

프롤로그

상하이 엑스폴로지

박람회의 정치학과 신중화 新中華 대국굴기 大國崛起

　19세기는 '박람회의 시대'였다. 특히 1851년 런던세계박람회에서 에펠탑이 만들어진 계기인 1899년 파리세계박람회까지 19세기는 가히 박람회의 최전성기였다. 산업혁명으로 축적된 자본의 힘이 만들어낸 '산업과 제국의 디스플레이'로서 세계박람회가 탄생한 것이다. 1929년 유럽은 임의적 행사를 항구적 조직으로 변환시키기 위해 BIE세계박람회사무국, Le Bureau International Des Expositions를 결성한다. BIE는 박람회를 조직하고, 일정을 잡고, 개최국을 선정하는 정부간 국제조직intergovernmental organization으로 이 책의 주제인 상하이세계박람회도 'BIE 공인박람회'이므로 박람회의 역사를 이해하는 데 매우 중요한 의미를 지닌다.

　파리 시내의 개선문 주변 빅토르 위고Victor Hugo 애비뉴 56번지를 찾아가보니 아담한 건물에 BIE간판이 걸려있다. 자그마한 국제회의실과 박람회자료를 모아놓은 아카이브, 조촐한 규모의 사무실에서 세계적 행사가 논의되고 결정되는 것이다. BIE를 탄생시킨 역사는 곧바로 박람회의 역사이기도 하며, 박람회는 BIE를 중심으로 한 구미歐美의 역사로서 유럽중심주의 색채가 강하다. 일부 비유럽국가를 제외하고 대부분 유럽국가군으로 이루어진 세계박람회 이너써클에 아시아에서 일본이 유일하게 일찍부터 참여하였음을 주목한다. 일본은 메이지유신明治維新 이래로 세계박람회를 통하여 부국강병의 길을 모색하였다. 본토는 물론이고 대만, 조선에서 열린 권업박람회, 공진회, 품평회로 식산흥업殖産興業과 제국을 과시하는 통로로 삼았다. 왕실 권위의 상징이었던 경복궁에서 조선물산공진회朝鮮物産共進會,1915년를 개최한 사건은 식민지박람회의 특질을 잘 말해준다.

시대는 변하였고 전시매체 자체가 다변화·첨단화 되었다. 세계박람회 이외에도 다양한 전문박람회가 증폭하였으며, 지식정보와 엔터테인먼트 매체의 확산으로 유럽에서는 '세계박람회 무용론'이 일찍이 등장하였다. 세계박람회의 국제적 처지를 반영하듯 BIE는 유럽 이외 국가에서 자신들의 '먹이감과 놀이터'를 찾아나섰다. 유럽 주도권은 포기하지 않으면서 제3의 나라에서 속속 박람회를 개최하면서, 심하게 말한다면 로얄티나 챙기려는 의도마저 엿보인다. 세계박람회는 어찌 보면 한물간 추억이 된 측면이 있다. 그렇지만 아무리 온라인이 중요해도 아날로그 책방이 중요하듯, 세계박람회도 그 역사와 문화전통의 장기지속성을 과시하면서 4년마다 우리 앞에 다가온다.

일본은 1962년 토교올림픽에서 1970년 오사카만국박람회일본은 꼭 '만국'이란 말을 사랑한다!까지, 대한민국은 1988년 서울올림픽에서 1993년 대전세계박람회까지, 그리고 중국은 2008년 베이징올림픽에서 2010년 상하이세계박람회까지, 동북아 삼국이 동일 궤적을 밟아왔다. 도쿄올림픽/

오사카박람회는 서울올림픽/대전박람회, 다시금 베이징올림픽/상하이박람회와 짝을 이루어 경제발전 수순과 올림픽 및 세계박람회 개최 순서가 완전히 일치된다. 세계 인류의 공생과 번영, 평화 등을 구두선으로 내세우지만 내국적으로는 정치적 패러다임에 입각한 행사이다. 중국은 2010년 상하이를 계기로 각 성省마다 중국적 스타일의 '박람회의 시대'가 만개될 것이 분명하며, 상하이에서 10월 30일에 막을 내리자마자 11월 1일부터 중국 남부의 좌장 도시인 광저우廣州에서 아시안게임이 성대하게 막을 올린다. 이처럼 세계박람회는 '박람회의 정치학'이라는 측면에서 이해될 필요가 있다.

세계박람회 성립과정은 산업혁명 이후에 급속도로 진전된 자본주의 성숙과 이의 제국적 이출을 통한 자본주의 세계체제 성립과 일치한다. 1851년 런던박람회는 칼 마르크스가 『자본론』Das Kapital을 집필하던 시기와도 일치한다『자본론』제1권 출간은 1867년. 1842년의 난징조약南京條約, 1857년의 톈진조약天津條約으로 중국이 열강의 손에 의해 객반위주客反爲主의 처지에 빠졌던 시점이기도 하다. 이른바 대영제국의 그늘 아래에서 어린이들까지 장시간 노동에 죽어가던 와중에 불현듯 등장한 수정궁Crystal Palace이 세계인을 압도하였으며, 박람회는 가난한 영국노동자보다 귀족 및 중산계급에게 개방되었다. 토쿄대학의 요시미 순야吉見俊哉는 런던세계박람회가 열리던 당시를 '혁명은 먼 옛날의 일이 되었던' 순간이라고 묘사한 바 있다. 그의 해석을 인정한다면, 수정궁의 전시품 사이를 걸어다니는 600만 명의 군집은 1851년 런던박람회 직전인 1848년의 반란하는 혁명적 군집이 아니었으며 개량화된 중산층이었을 것이다.

상황이 전혀 다르기는 하나, 상하이 세계박람회 성립 시점도 중국식 자본운동의 약진과 그 그늘 아래에서 혹독한 노동과 극심한 빈부차이를 겪는 중국노동자의 상황과 맞물린다. 2012년 여수세계박람회도 비슷한 성찰이 가능할 것이다. 점증하는 빈부격차와 무너지는 중산층 신화 속에서 엄청난 세금으로 박람회 비용을 지출하고 있기 때문이다. 산술적으로야 '전국 생산유발 12.3조원, 부가가치 5.7조원, 고용유발 7만9천명' 식의 '예상효과 내세우기'가 비판이론을 잠재우겠지만, 사후 관리에서 완전 실패한 대전 세계박람회에서 반면교사反面教師의 교훈을 얻어낼 생각을 별로 하지 않는 것 같다. 2012년은 대통령선거가 벌어지는 중요한 해이며 총선도 있고 호남이라는 개최지를 감안할 때 대한민국에서도 이래저래 '박람회의 정치학'이 전개될 전망이다.

한·중·일 동북아의 세계박람회는 국가주의 성향이 강하다는 느낌이다. 유럽도 박람회 성공을 국가적 성공으로 일치시키면서 나아간 전통이 한때 있었듯이 동북아도 동일 궤적을 걷고 있다. 월드컵 축구경기 유치가 국가 자체의 성공인양 환희작약함과 다를 것이 없다. 이 책의 제1장을 중국의 대국굴기大國崛起에 할애하고, 6장에서 중국홍中國紅으로 무장한 중국 국가관에 유달리 주목하였음은 동북아 박람회에 국가라는 의미가 강하게 추동되고 있는 현실 때문이다.

일단 건물 크기에서부터 세인을 압도하는 중국 국가관은 때를 기다리며 힘을 키우던 시절에서 과감하게 탈피하여 '문제가 있으면 적극 개입하여 문제를 풀어내는' 유소작위有所作爲와 우뚝 일어서는 굴기崛起, Rise로 나아감을 스스로가 과시하는 것 같다. 칼날의 빛을 칼집에 감추고 어둠 속에서 힘을 길러온 韜光養晦 중국이 2008년 올림픽을 거쳐 2010상하이세계박람회로 칼집의 빛을 외부세계에 현란하게 발한 것이다. 2010년은 미국에서 중국으로 권력의 축이 본격 옮아가는 조짐이 두드러진 시점이기도 하다. 오늘의 중국은 아편전쟁 때의 반식민 상태도 아니고, 제국일본에게 접수되던 때도, 국공합작과 내란기, 이른바 '중공'시절도 아니며, 개혁개방의 첫발을 떼던 젖먹이도 아니다. 중국이 외부의 눈을 의식하여 대국굴기를 화평굴기和平崛起로 포장하기도 하나, 현실적으로 '굴기'는 '솟구치는 것'인데 화평만 가지고는 불가할 것이다.

하버드대 니얼 퍼거슨Nial Perguson의 지적대로, 중국이 미국과 화합적으로 융합하여 차이메리카Chimerica로 갈 것인가, 아니면 저 홀로 길을 걸으며 신화 속 키메라Chimera로 갈 것인가, 상하이세계박람회의 평화로운 풍경 속에도 이들 모순이 잠복되어 있다. G2로서 미국과 맞장을 뜨면서, 그러면서도 미국식 자본주의를 배반할 생각은 없는 것 같고, 다만 미국이 도전하면 나름 강력하게 반응하겠다는 힘의 과시를 보여주면서 자신의 길을 걸어가지 않을까. 2010년 상하이 금융가에서는 아주 특별한 행사가 있었다. 1987년 뉴욕증시 대폭락 이후에 조각가 아르투로 디 모디카Arturo Di Modica가 젊은이들의 희망을 담아 월 스트리트에 청동황소상Charging Bull을 세웠다면, 한결 저돌적으로 만들어진 자본주의 상징물이 중국홍中國紅으로 감싼 채 상하이 금융가 와이탄外灘에 나타났다. 조금 심각하게 표현한다면, 이제 자본의 공이 중국에게 넘어왔다는 상징적 선언이 아닐까. 상하이세계박람회가 오픈하고 불과 보름이 지난 5월 15일의 일이었다.

중국이 신중화新中華 질서를 구축해나가는 과정을 중국사 내부에서 들여다보면, 자신들이 이미 13, 14세기에 구축하였던 세계질서를 다시금 재구축하려는 역사의 자존심회복이라는 측면에서 바라볼 필요도 있다는 생각이 든다. 지난 19세기 후반과 20세기 전반에 시달렸던 '백년 동안의 고독'이라고나 할까. 미국의 '특별한' 역사학자 재닛 아부-루고드Janet L.Abu-Lughod의 학설을 생각해 볼 필요가 있다. 서구중심주의 패권이 15,16세기 대항해 이후에 비로소 세계체제를 성립시켰다는 정설 같은 주장에 대하여 그는 '전혀 아니다'라고 단언한 바 있다. 서세동점西勢東漸 이전에 동세서점東勢西漸의 경향성이 제한적 형태로나마 역사적으로 존재했기 때문이다.

메가시티 메가박람회와 13억 인민의 쉐시스제學習世界

마오둔茅盾,1896-1981은 그의 불멸의 작품 『자야子夜』에서 상하이를 증권거래소의 떠들썩함, 악마 같은 도시의 혼령, 대중들의 혁명정신을 고양시켜 노동자혁명을 부추기는 도시 등 자본·퇴폐·혁명의 삼중주로 묘사한 바 있다. 1921년 중국 공산당 제1차 전국대표자대회가 개최된 중국 공산당의 발상지이자 8.13 항전의 도시, 4·12 학살의 발생지, 3차 노동자무장봉기와 문화혁명의 발생지이면서도, 영화와 자본의 도시, 아편과 매춘의 도시로서 온갖 타락과 범죄, 뇌물과 폭력이 번창하던 마魔의 도시이기도 하다. 상하이에 불던 광풍은 사람만 병들게 만드는 것이 아니라 도시 자체도 병들게 했다. 비록 제국주의의 도시였지만 상하이는 적어도 동방의 월스트리트, 아시아의 금융 중심, 원동의 가장 번화한 도시로 자리 잡고 있었다.

한때 '중국인과 개는 출입금지!'되었던 굴욕의 역사도 지닌다. 십리양장十里洋場: 外灘 십리에 걸친 서양인 세상이라고도 하고, 화양잡거華洋雜居·오방잡처五方雜處의 도시로서 건축물조차도 '상해만국건축박람회'라 칭하였으며 다인종사회답게 '인종전시장'으로 간주되었다. 자본주의 근대의 미추선악美醜善惡이 모여든 도시였으며, 모더니즘의 도시이자 리얼리즘의 도시이기도 했다. 이렇듯 식민과 제국의 모순에서 태어난 도시이기는 하지만 그 옛날 화려했던 물의 도시 항저우杭州와 쑤저우蘇州에 지역적 바탕을 깔고, 유구한 창강長江과 그 지류인 황푸강黃浦江에 몸을 적시면서 창강삼각주의 맹주이자 중국금융의 메카로, 더 나아가 양산항 개항과 더불어 동북아 물류의 허브로 부각되는 중이다.

오늘날 한국인에게 '29만 9천원'짜리 저급 패키지 관광처로 오독 선전된 상하이에서 한끼에 29만9천원 하는 고급음식을 먹는 것도 상상해 보길 바란다. 별칭 양화잡처가 말해주듯 '잡처'일수도 있지만, '문화의 용광로'로서 달구어진 화덕일 수도 있다. 우리 곁에 인구 1천만을 넘는 이와 같은 메가시티가 존재하며, 반대로 상하이에게도 불과 1시간여 거리에 인구 2천여만의 대한민국 경인권이 자리 잡고 있음은 서로 간의 축복이다. 신라방, 고려방이 존치하였듯이 유학생·주재원을 포함한 한국인촌이 나날이 커지고 있어 상하이는 결코 우리와 무관한 도시가 아니다. 임정청사를 비롯하여 상하이가 우리와 깊은 인연을 맺고 있음에, 특별히 독립장을 설정하여 제7장 한국과 상하이의 관련성을 서술하였음은 이와 같은 역사적 연고 때문이다.

지구상에서도 유별난 도시에 속하는 상하이가 도시를 주제로 내걸었음은 당연하기까지 하다. BIE에서는 'The Theme Makes the EXPO' 란 표현을 자주 쓴다. 세계박람회에서 개최주제가 그만큼 중요하며 가히 절대적이기 때문이다. 상하이시가 내걸은 'Better City, Better Life'

는 도시문제를 둘러싸고 증가하는 세계인의 관심을 반영한다. 페르낭 브로델Fernand Braudel이 '도시는 변압기와 같다'고 하였을 때, 이는 자본주의 물질문명의 총아로서 도시를 논한 것이리라. 1800년에 세계 인구의 불과 2%만이 도시에 살고 있었으나 1950년경에는 29%로 증가하였으며, 2000년에는 세계인구의 절반이 도시로 이주했다. 오늘날 도시는 지구상의 온갖 문제를 압축한 견본시다. 도시는 폭발하고 있으며 이대로 간다면 조만간 지구 인구의 70% 이상이 도시에서 살게 된다. 반대로 잘 관리되지 않으면 폭력, 빈곤, 테러, 사고, 매춘, 마약 등 온갖 사회적 병폐와 비리를 안게 되며, 슬럼화는 도시가 안고 있는 대표적인 슬픈 자화상이다. 상하이박람회에서 제시한 도시란 주제는 어쩌면 자신들의 문제를 그대로 표현한 것이며, 또한 우리의 문제이자 세계인의 문제이다.

상하이인들은 박람회장 자체를 도시로 만들어버렸다. 하루 종일 걸어도 모두 볼 수 없는 '박람회 거대도시'가 우리 앞에 제시된 것이다. 중국적 스케일을 내외에 과시하는 측면도 있고, 달리 보면 본디 '놀던 스타일' 그대로다. 관람객에게 구경 자체가 버거울 정도로 박람회장을 도시 규모로 확장시켰다. 상하이시로서는 황푸강을 중심으로 푸둥浦東· 푸시浦西의 도시재생운동을 동시에 펼치겠다는 의지를 표방한 것이리라. 이 책의 제3장에서 도시라는 주제가 의미하는 바를 함축하고, 제4장에서 다시금 상하이라는 도시에서 박람회장이 펼쳐지는 배경설명에 할애한 것은 이와 같은 이유 때문이다.

주제관을 둘러본 소감에 따른다면, 중국식 대국주의와 허풍이 자아내는 거품이 끼어있는 전시방식이라거나 침소봉대, 매너리즘에 빠진 주제의식이 엿보인다. 주제의 콘텐츠로 내걸은 슬로건과 실제 구현된 전

사물이 불일치하여 문건으로 보는 것과 실제 풍경이 다른 측면이 있다. 본 책의 3장에서 상하이조직위원회에서 제시한 도시콘텐츠를 제시해두기는 하였으나 실제 현상과 다른 측면이 있음을 독자들은 유의해서 읽어야 할 것이다. 그렇지만 오늘날 중국식 사회주의가 걷고 있는 도시모델에 관해서는 우리 자신부터 관심을 가지고 들여다보아야 할 것이다. '꿈의 생태도시'로 세계인의 벤치마킹이 된 브라질 꾸리지바Curitiba 같은 녹색도시류가 주목받고 있는데 반하여, 충칭重慶같은 중국의 약진하는 '민본 사회주의' 도시모델은 논외이기 때문이다. 중국을 위협하는 도시와 농촌의 불평등, 농민공과 별거아동, 중하층의 보금자리, 민생행복지수, 경제성장이 빈곤문제 해결은 아니라는 사고, 안개도시라는 환경오염 등을 '새로운 조치는 새로운 사고에서 나온다'는 발상의 전환으로 헤쳐나가고 있는 충칭 같은 '민본형 사회주의 문명도시'를 주목할 필요가 있다. 자본주의 녹색도시와 민본형 사회주의도시의 공통점과 변별성을 상하이세계박람회장에서 비교함도 의미 있는 일이다.

    상하이세계박람회장은 기본적으로 도시건설 그 자체이다. 엑스포축軸은 기본적으로 도시축과 일치한다. 직선의 경관이다. 상하이에서는 별도로 랜드마크 건축물을 만들지 않았으며 국가관 자체가 랜드마크이다. 길을 잃다가도 중국관을 바라보면 중심이 잡힌다. 베이징의 자금성 톈안먼天安門에서 수많은 문을 거쳐서 그대로 직진을 거듭하듯이 중국관을 향하여 모든 나라들이 '알현 드리는' 형세이다. 경관학자 나카무라 요시오中村良夫는 그의 풍경학風景學에서 '시선의 향연視線の饗宴'이라는 표현을 썼다. 날카로운 표현이다. 풍경은 시선을 통해 접수되며, 우리들의 시선은 복잡다단한 분위기로 접어든다. 상하이박람회의 풍경도 마찬가지이다. 직선의 도시경관으로 만들어진 상하이박람회는 일면 구경꾼들을 불편하게도 했다. 전반적으로 건축물의 섬세함이 뒤떨어지고 거친 면이 많다는 평가도 있지만, 방대한 스케일과 친환경적으로 꾸미려는 중국의 움직임을 주목할 필요가 있다. 오늘날 중국은 메이드 인 차이나Made in china 에서 크리에이티브 인 차이나Creative in china로 전환하고 있으며, 건축 및 디자인 경쟁력 제고에 힘을 쏟아붓고 있다. 한국 전문가 중에 상하이의 파빌리온을 혹독하게 비판하는 이들이 많은데, 파빌리온을 턴키발주 방식으로 1개 건설업체에게 맡겨서 성냥갑 같은 무색무취한 건물들을 설계하거나 '세계 최초'로 박람회 개최도시의 시장이 뇌물수수로 구속되고 BIE 및 세계와 합의한 박람회 마스터플랜도 고려공사삼일高麗公事三日 식으로 뜬금없이 바꾸어버리는 식의 우리 자신부터 생각해본다면, 상하이 세계박람회에 대한 어설픈 비판이 쉽지는 않을 것이다.

　박람회의 꽃은 역시 참여국들의 파빌리온, 즉 국제관이다. 중국 외교력을 반영하듯이 미국, 영국,프랑스, 독일 등 열강들이 대규모 파빌리온을 세워 읊조린 양상이며, 한국, 일본은 물론이고 아시아, 아프리카, 중남미, 그 밖의 자잘한 나라에 이르기까지 유엔 가입국가를 통째로 옮겨온 양상이다. 북한이 세계박람회에 최초로 참가한 역사적 이변도 이번 박람회에서 마련되었다. 지구온난화 등 범지구적인 저탄소 녹색성장의 화두는 이번 박람회에서도 빠질 수 없다. 그러나 친환경적 요소에도 불구하고, 박람회 자체가 지니는 반환경적 속성에 관하여 고민을 하지 않을 수 없다. 중국관이나 엑스포문화센터 등 영구시설 이외에 국제관 대부분은 사후 활용 없이 헐린다. 박람회에서 지속가능한 발전과 저탄소의 실체가 무엇인지, 깊게 생각하지 않을 수 없다.

국제관 파빌리온을 위하여 각국에서 국가와 참여업체들이 지혜를 짜 냈으며, 중국은 약소국가에게 전시지원을 아끼지 않았다. 그런데 박람회 참여방식을 잘 살펴보면, '국가와 자본'의 합작일 뿐, 시민사회의 축은 논외이므로 NGO는 설 자리가 없다. 나라마다 사정이 다르기는 하지만, 국가가 주도하고 업체라는 이름의 자본이 참여하여 만들어나가는 방식을 취한다. 공무원 스스로가 박람회 전문가일 수는 없기에 자본의 힘이 강력하게 반영될 수밖에 없는 현실인데, 이 같은 과정이 필연적으로 빚어내는 반문화적 결과에 대하여 '박람회의 허상'이란 비판의 목소리도 높다. 진실로 박람회는 허상을 품고 있음이 분명하며, 상하이박람회를 위하여 철거당한 수많은 중국인민까지 고려한다면, 그리고 그 개발의 후익이 상하이시의 발전에는 도움이 되겠지만 중국인민 개개인의 이해증진에 골고루 도움이 될른지는 알 수 없는 문제이다.

상하이세계박람회는 중국 최초의 세계박람회일뿐더러, 세계박람회 역사에서는 세계 최대 규모로 기록될 것이다. 면적 자체가 최대일 뿐더러 7천만 명~1억여 명 참관이 예상되기에참고 비교로 여수세계박람회는 그 목표치가 7백만 명, 1억여 명이 참관하였다면 지도자급과 오피니언 리더, 산업계, 공공조직 등에서 대부분 참관하였다는 계산이 나온다. 1억여 명이 10명에게만 전파시켜도 10억 인구가 참관한 효과다. 그물을 들면 그물코는 당연히 딸려오는 법網擧目隨, 상하이에서 만들어진 파장이 작게는 창강삼각주, 크게는 중국 전체에 미칠 것이다.

쉐시스제學習世界,세계를 학습한다, 상하이세계박람회가 중국인민에게 던져주는 의의를 이보다 정확하게 표현할 수 있을까. 노자老子가 이르길, '미리 아는 것은 도의 헛된 꽃이니 어리석음의 싹이다'前識者 道之華也 而愚之首

::17

也고 하였다. 세계, 특히 미국 쪽에서 온갖 중국예측서가 쏟아져 나온다. 대한민국은 불행하게도 미국판 중국예측서에 극도로 의존한다. 잘못된 예측 결과가 가져올 국가적 미래 전망의 오류가 걱정된다. 쉐시스제를 통하여 세계를 한층 이해하게 될 중국의 약진을 환영과 두려움 모두를 갖고 지켜보지 않을 수 없다.

인문학 입장에서의 엑스폴로지 EXPOLOGY와 사행록의 법고창신 法古創新

대다수 한국인은 세계박람회와 박람회란 명칭을 붙인 '온갖 박람회'를 혼동한다. 가히 '박람회 오염시대'이기 때문이다. 세계박람회 추진방식도 국가 및 업체중심이어서 일반시민은 소외되어있으며, 박람회에 관한 차분한 역사적 성찰과 미래적 전망이 제대로 도출되기 어려운 구조이다. 상하이세계박람회에도 사회지도층 인사와 박람회 관련자, 다수의 관광객이 참관하였다. 그런데 상하이조직위에서 배포한 카탈로그와 안내서, 파빌리온 사진첩 등이 준비되어있기는 하지만 공식소개만으로 채워졌을 뿐, 박람회의 전후과정과 내적 맥락을 짚어주는 정보는 전달되지 못하였다. 한글 책자도 이해 불능의 한글 아닌 한글로 되어있어 이 또한 혼란스럽다. 이 책이 작게는 상하이박람회를 '복습'하고, 더 나아가서 다가올 2012년 여수세계박람회를 '예습'하는데 일조하길 기대해본다.

이 책은 본질적으로 박람회의 역사와 실체, 이론과 경험을 종합적으로 판단하고 박람회의 미래를 제시하는 엑스폴로지 EXPOLOGY를 구축하는 성격을 지닌다. 박람회 전문이론가가 거의 없는 한국사회에서 엑스폴로지 모델 구축이 대단히 시급하다. 실천 없는 이론도 문제지만, 이론 없는 실천도 문제이다. 박람회에 관한 이론적 축적과 역사적 고찰, 각 전문 분야에서의 경험에 입각한 실용적 고찰, 심지어 행정 분야에서의 축적이 이루어져야 아직도 온갖 박람회가 벌어지는 '박람회의 시대'를 제대로 성찰할 수 있을 것이다. 단돈 몇 천만 원 투자하는 공연예술도 엄격한 비평가와 전문학자, 여론매체가 존재하는 마당에 수조 원을 퍼부어 넣는 세계박람회에 학술적 비평담론과 여론매체의 평가가 없다는 것은 심각한 문제이다. 상하이세계박람회를 참관하고 돌아와 이런 저런 지면에 도배하다시피 한 무책임한 기사들이 한국사회의 수준을 잘 입증한다. 더군다나 2012년 세계박람회를 목전에 두고 혹시라도 국민의 세금이 탕진되어도 누구 하나 말하지 않는다면, 그 사회의 미래가 어떻게 건강하게 흘러갈 수 있으랴. 따라서 모험적 · 제한적이기는 하지만 이 책이 한국사회에서 엑스폴로지를 구축하는 하나의 시발점으로 활용되길 기대해본다.

이 책의 저술 관행은 사행록使行錄 문화전통을 법고창신하고자 한다. 홍대용의 담헌연기湛軒燕記,1766, 박지원의 열하일기熱河日記,1780 등 수많은 사행 기록이 남아있어 당대의 중국 풍정과 조중관계를 알려준다. 기록의 힘이다. 산천, 풍물, 문물, 제도는 물론, 역사 · 지리 · 풍속 · 습상習尙 · 고거攷據 · 건설 · 인물 · 정치 · 경제 · 사회 · 종교 · 문학 · 예술 · 고동古董등 중국에서 보고 듣고 느낀 바를 기록해나간 사행록의 유구한 전통을 생각하면서, 한국인이 바라본 중국 최초의 세계박람회 견문록을 남기고자 한다. 한국인들이 박람회 자체에 관하여 잘못알고 있는, 기초적 상식 배반에 관한 계몽주의적 입장도 포함한다. 더 나아가 1851년 런던세계박람회가 '자본과 제국의 디스플레이'였듯이 오늘의 상하이세계박람회도 자본과 '신중화제국'의 또 다른 디스플레이임을 기록하고자 한다.

박람회는 토목이나 전시업자에게는 자본의 이득을 가져다주는 일터로만 보일 수 있겠지만, 학문적으로도 중요한 융합적 연구 대상이며, 역사학, 도시사, 건축학, 미술사, 산업기술사, 생태학 등 제반 학제연구의 장이다. 더 나아가서 인터넷, 유비쿼터스 등 21세기형 기술의 실험장이기도 한데, 한때 증기기관, 전기, 마이크로폰, 자동차, 전화기, 복사기, TV, 대회전식 관람차 같은 첨단 산업기술은 물론이고 햄버거, 아이스크림이 선보인 견본시로서의 박람회 전통을 잇는 중이다.

대한민국의 박람회에 관한 지식과 경험은 일천하다. 2012년 여수세계박람회에 음양으로 관계 하면서, 조직위원회 내에서조차 박람회 역사와 이론에 관한 혼선이 만연되어있음을 안타까워하면서 해양문화연구원이 주도하여 독자적으로 박람회아카이브를 구축해왔다. 속담에 '급한 놈이 우물판다고' 이 책을 쓰게 된 배경이 이러하다. 개막 이전에 이미 이 책의 전반부는 집필이 끝나 있었고, 개막 이후에 파빌리온을 직접 참관하면서 보완집필로 마무리하였다. 박람회가 미처 끝나기도 전에 이 책이 출간된 소이가 이러하다. 이 책은 외국에서 외국인이 상하이세계박람회를 평가한 첫 번째 책이 아닐까 한다. 한류韓流가 있는 반면에 일각에서나마 혐한류嫌韓流가 번지는 와중에, 이러한 작은 작업이 한중친선에 기여하길 기대해본다. 2012년 여수세계박람회에서도 이웃 중국이나 일본에서 제3의 시각으로 우리를 진단할 수 있는 작업이 나와 준다면 좋겠다. 그런데 이 책에서는 세계박람회를 구성하는 실내 및 야외의 공연예술과 가두행진, 야외의 공공미술, 쇼핑샵·식당 등 관람객 편의시설, 보안시스템 등 방계적 요소는 다루지 않았다. 덜 중요해서가 아니라 세계박람회의 주제를 가장 잘 드러내는 것은 국가관 및 국제관 파빌리온이므로 이에 초점을 맞추었기 때문이다.

박람회에서 가장 중요한 덕목은 '인문정신'이라는 필자의 평소 소신이 박람회의 진정성을 위한 정답일 수 있다. 이 책 역시 인문정신이라는 사고틀 내에서 상하이박람회를 고찰해본 것으로, 이후 도시사, 건축사, 디자인 등 타 분야에서의 전문 집필도 산출되길 기대해본다.

Prologue, Shanghai Expology

Joo Kang-Hyun, Ph.D.

The Endowed Chair Professor of Cheju University,
Chief of Ocean Culture Institute

The Politics of World Expo Shanghai and Neo-China's Rise

The 19th century was the era of expositions. Starting with London World Exposition 1851 and continuing to Foire de Paris in 1899, the century was the golden age of the exposition. World expos were showcases for industry and empires, and the capital accumulated through the industrial revolution enabled the hosting of such large-scale events. Expos were Eurocentric events, a tendency that persisted even after the Bureau of International Exposition was founded in 1929.

The development of world expos occurred in tandem with the rapid maturation of capitalism after the industrial revolution, as well as the development of the global capitalist system built through the imperialistic expansion of capitalism. When the first world expo was held in 1851, Karl Marx was writing Das Kapital. There was a dark side to life in the United Kingdom, where workers including children were dying from overwork, but the Crystal Palace Expo held in London still overwhelmed the world. The Expo was not open to workers; only to royalty, nobility and the upper class. The fact that World Expo Shanghai is hosted at a time when Chinese workers suffer from overwork and there are massive rich-poor gap in the active capitalist movement of Chinese society gives it something in common with other world expos. World Expo Shanghai gives us the experience of déjà vu, 160 years after the first world expo was held.

Following the global financial crisis, the world saw the dramatic movement of global hegemony from the US to China in 2010. We can feel the potential for conflict in the peaceful mood of World Expo China. China and the US may cooperate and bring the world to Chimerica, or China may take its own line toward Chimera, a monster in a myth, and become a legendary country. By building a neo-Chinese world order, China can recover the pride that it has had throughout many stages of its long history. China led the world order in the 13th century and the 14th century. Janet L.

Abu-Lughod, an American historian, strongly denied the previous idea that the global system was built based on Euro-centrism, an idea that emerged after the era of geographical discoveries in the 15th and the 16th centuries. The history says that the surge of eastern force into the West led by China was witnessed in history in limited forms, before a surge of western force into the East occurred.

The politics of world expos is also applicable to the Northeast Asian countries. Japan, Korea and China have competed to fortify their economic and political positions on the global stage through the attraction of Olympic games and world expos. They have adopted co-existence, prosperity and world peace as their slogans, but the real intention in hosting such global events is based on the political paradigms. It is obvious that China will make each province prepare for the era of world expo in localized ways, as part of its strategy for World Expo Shanghai in 2010. As soon as the Expo closes in Shanghai on October 30, 2010, China will host the Asian Games in Guangzhou from November 1, 2010.

As I mentioned above, world expos have many political factors. The first chapter of this book featured the rise of a powerful country in China, and the sixth chapter highlighted the Chinese Pavilion decorated in red, a color favored by the Chinese, as I intended to reflect on the reality of how the meaning of a nation becomes a true inspiration at an expo. The Chinese Center seems to display the attitude of China, such as an active approach to problem-solving and rising with an unyielding will despite all troubles. This manifests the fact that China has developed itself in isolation from the world, and is finally promoting its power to the outside world through the 2008 Olympic Games and 2010 World Expo Shanghai.

Shanghai the Mega City, and 1.3 Billion Citizens Opening Their Eyes to the World

In his novel "Midnight 子夜," Mao Dun 茅盾,1896-1981 portrayed Shanghai as a city of capital, decadence and revolution. Shanghai was the birthplace of the Chinese Communist Party, and the site of the first general meeting of the Party in 1921. It was also a city of vice, where movies, capital, opium, prostitution, decadence, crimes, bribery and violence were rampant. It was a city where beauty and ugliness, good and evil were in full bloom. As the city was home to many westerners and western cultural influences, it was a city of modernity and realism. Shanghai was also the birthplace of the Cultural Revolution. Today's Shanghai is emerging as the mecca of Chinese finance based on the geographic and historic potential of Hangzhou and Suzhou, the waterside hubs of the past. With the opening of Yangsan Port, Shanghai is also gaining recognition as a Northeast Asian logistics hub.

Shanghai has historically had close relations with Korea. It is mutually beneficial for both countries that Shanghai is located within a one-hour flight distance from the Seoul Metropolitan Area, which has a population of over 20 million. Silla Town 新羅坊 and Goryeo Town 高麗坊 were located in Shanghai 1,500 years ago, and the city was the base of the provisional government of Korea when the country was under Japanese colonial rule. Now, the city has a growing Koreatown, where Korean students and correspondents live. For Koreans, Shanghai is not a remote place.

The theme of World Expo Shanghai, "Better City, Better Life," reflects the growing interests of people around the world in urban issues. Fernand Braudel, a leader of the Annales School, said "A city is like a transformer." Cities symbolize all problems of the globe. Cities are expanding; in the near future, more than 70% of the world's population will live in urban areas. Cities are hotbeds of all kinds of social ills and problems, including violence, poverty, terror, accidents, prostitution and drug addiction. Slums are the sad portrait of today's life in cities. The theme of World Expo Shanghai reflects its own problems, as well as those of all people of the world.

The site for World Expo Shanghai is a newly built city itself, and it is dominated by straight lines. The design of the expo site is somewhat inconvenient for visitors, and some say that the buildings lack elaboration and sophisticated design. However, we cannot ignore China's attempt to show the massive scale mainly through the Chinese Center, which will be the landmark, and move to eco-friendly directions. China is shifting its focus from the so-called "Made in China" into "Creative in China," and concentrating on improving its architectural and design competitiveness.

The most attractive features of an expo are the pavilions of the participating countries. Powerful nations have built large-scale pavilions, and the scales of the pavilions seem to show how powerful China's diplomatic relations are. The grouping of pavilions is like a UN meeting. This expo is meaningful in the sense that it is the first world expo in which North Korea has participated. This expo is also focused on low-carbon green growth and responses to global warming. Despite its eco-friendly factors, we cannot ignore the anti-environmental factor of the expo itself. Most of the pavilions will be removed afterwards, making us think about the need for truly sustainable development and low-carbon growth.

In terms of the methods of participation in the expo, this expo represents a combination of the government and private capital. As the civil society has no room to participate, there is no place for NGOs. The expo was led by the government, and built by private capital, or industry. Some have raised harsh criticism against the illusion of the expo, as this lack of true public participation can lead to results that do not accurately reflect the culture. Considering the countless Chinese people who were moved from the site, such criticism seems to have a fair basis. Furthermore, although it will certainly promote the development of Shanghai, it remains uncertain that the expo will equally improve the interests of individual Chinese people.

World Expo Shanghai is China's first world expo, and it will be recorded as the largest world expo in history. The development of Shanghai will influence China as well as the Yangtze River Delta.

For the Chinese public, World Expo Shanghai gives an opportunity of "Opening Eyes to the World 學習世界." Lao-tzu said, "Preparation is a useless action of Taoism, and driver of ridicule 前識者 道之華也 而愚之首也." There has been increasing attention paid to China from across the world, particularly from the US. I both welcome and fear the rise of China, as China will broaden its understanding of the world by opening its eyes to the world through this Expo.

Expology from the Perspective of Humanities

The exposition is an important theme of converged academic research, and it enables diverse academic research related to history, urban history, architecture, art history, and the history of industrial technology and ecology. Expositions have also provided a test bed for 21st century technologies, including IT and ubiquitous technology. Historic innovations such as steam engines, electricity, microphones, automobiles, phones, photocopiers and the TV, as well as new offerings such as hamburgers and ice cream, were first displayed at expos. The tradition of the exposition as a venue for the demonstration of innovative inventions will persist.

This book aims to provide an overview of the history, the reality, theories and experiences related to the exposition, and build a model for expology, which will show us the future of expos. As there are few experts on the theory of expositions in Korea, there is an urgent need to build the expology model. Armchair arguments without practical application are useless, but reckless practice without a theoretical background is equally risky. We can examine the era of the exposition only when we accumulate theories about expositions, examine the history of the exposition, practically examine expositions based on the experiences of diverse areas and gain administrative experience. I hope that this book will become the cornerstone of expology in Korea.

This book is the first-of-its-kind, in a sense that it is the first evaluation of World Expo Shanghai by a foreigner. Although the 'Korean Wave' promoted some interest in Korea among the Chinese, there has also been a backlash against the Korean Wave. I hope that this book will contribute to friendly relations between Korea and China. I also hope that there will be books on the Expo 2012 Yeosu Korea written in neighboring countries like Japan or China. I believe that the most significant value of expositions is the contribution they make to the humanities. This book examines World Expo Shanghai from the perspective of the humanities, and I hope that experts in urban history, architectural history and design will examine World Expo Shanghai from their own perspectives.

[Contents]

#1. China Organizing Country − Rise of the Powerful Country and Rise in Peace
- Closing of the era of China's developing national power discreetly
- Euro-centrism and China-centered history

#2. Shanghai Organizing City − Global Factory for Capitalism and Demonstration at the Market
- City of Chinese and various Western cultures gathering
- Communism Vs. Capitalism and Realism Vs. Modernism
- Back streets of London and Shanghai

#3. World Expos and China − China Hosts Its First World Expo
- London World Expo report
- Foire de Paris report
- Report on World's Expo in the US
- Attraction and management of World Expo Shanghai

#4. Theme and Place Marketing − Cities Invited to the Expo
- The Theme Makes the Expo
- The Theme Created by Mega City
- The City Restoration Movement and the Dark Side of Development-Centrism

#5. Exposition and the Urban Ecosystem − Environment of Future City and Ecosystem of Exposition
- The model of urban innovation driven by expositions
- The theme center and the urban ecology of UBPA

#6. The National Center and Local Centers − The Landmark China Center and Neo-Chinese World Order
- The tradition of bracket structures in architecture and the use of red, the color favored by the Chinese, and modern design
- Cheongmyeongsanghado 清明上河圖, the city with a 1,000-year history, revived in 3D
- The inconsistency and hopes of a multiracial country portrayed in exposition

#7. Korea and Shanghai - The Gaps in Revolution, Capital and Decadence
- Memories of patriotism
- The obsession about the Korean wave and the Korean Center
- The lonely but stately North Korean Center

#8. International Pavilion - The Landscape of Pavilion

前言，上海 Expology

朱剛玄

文學博士, 濟州大碩座敎授, 海洋文化硏究院長

博览会政治学与新中华的大国崛起

十九世纪是"博览会时代"。从1851年伦敦世界博览会到修建艾菲尔铁塔时的1899年巴黎世界博览会，这一期间可以说是博览会的全盛时代。利用产业革命积攒的资本造就了名为"产业与帝国展示"的世界博览会。博览会作为欧洲中心主义的产物走上了历史舞台，而从1929年BIE世界博览会事务局成立后至今，欧洲中心主义就一直在世界延续。

世界博览会的成立过程与产业革命后高速进化的资本主义的成熟过程，以及通过帝国制度扩张而确立的资本主义世界体系相一致。最初的世界博览会召开于1851年马克思执笔《资本论》的时期。当时社会笼罩在大英帝国的阴影下、连儿童都会因长时间劳动致死。突然登场的"伦敦水晶宫 Crystal Palace 博览会"震惊了全世界。博览会场主要针对贵族及中

产阶级开放，而非贫困潦倒的劳动者。上海世界国际博览会的举办时期也正好与中国式资本大跃进下严酷的劳动和贫富悬殊的中国劳动者现状相吻合。上海世界博览会可以算得上是首届博览会登场160年后的再次亮相。

2010年世界金融危机是世界霸权中心由美国逐渐转移到中国的明显征兆。上海世博会在和平的环境中，能否将中美的关系融洽地变成所谓中美国Chimerica，还是与此相反变成神话中的客迈拉Chimera？赞成与反对的争执中潜伏着重重危机。中国在形成新中华秩序的过程中，已经从侧面显示出正在努力恢复曾经构建13、14世纪世界秩序时的历史自尊心。美国历史学者珍尼特·阿布—卢格霍特Janet L.Abu-Lughod曾经否定大航海时代以后西方中心主义的霸权导致世界体系形成这一现有主张。因为西势东渐以前历史上存在依靠中国形成东势西渐倾向的限制性形态。

博览会政治学也与东亚三国有关。日本、韩国、中国都曾通过申办奥林匹克和博览会来确保本国在世界的政治、经济地位。国际活动不但能宏大地树立全世界人民共生、繁荣与和平的信念，同时其内在动机也是基于树立政治意义上的典范。10月30日上海世博会落幕，而从11月1日开始亚运会将在广州拉开帷幕。中国以2010年上海世博会为契机，已经开启了其他各省区中国式的"博览会时代"。

此次世博会也具备"博览会政治学"的内涵。此书在第一章《中国的大国崛起》中不吝笔墨，第六章则集中关注红色的中国馆，就是因为博览会深刻地突出了"国家"这一意涵。中国国家馆本着"有问题立即解"决的有所作为原则,似乎夸张地展示了鹤立鸡群的崛起进步之意。将锋芒内敛、韬光养晦的中国,通过成功举办2008年奥运会和2010年上海世博会,将刀刃的锋芒向外部世界来了次绚丽地展示。

大都市上海与13亿人民的学习世界

作家茅盾1896-1981在他的小说《子夜》里,将上海描述成资本、颓废和革命的三重奏。上海是中国共产党第一届全国代表大会召开的地方,是中国共产党的发源地。也是一座活跃着电影和资本,鸦片和卖春,堕落和犯罪,贿赂和暴力之魔的城市。十里洋场十里之内都是洋人的世界中华洋杂居,既是一座资本主义美、丑、善、恶聚集的城市,也是一座现代主义、写实主义的城市。文化大革命的发源地也是上海。现代上海承袭秀美水乡杭州和苏州的地理、历史底蕴,濒临源远流长的长江及其支流黄浦江。作为中国金融中心的上海,随着洋山港的开航,将会成为东北亚的物流中心。

从上海乘机只需一小时左右的时间就可以抵达拥有两千余万人口的大韩民国首都汉城。上海与韩国间的交流史也是源远流长。1,500年前的新罗房、高丽房,殖民地时期的韩国临时政府,现在留学生、派驻官员居住的韩国人村等都坐落在上海。上海不能不说是一座与韩国关系紧密的城市。

上海世博会的主题是"城市,让生活更美好"Better City, Better Life,反映了越来越多的城市问题,引起世界人民的关心。法国年鉴学派的巨头布罗代尔认为"城市与变压器一样"。当今的城市浓缩了地球的所有问题。随着城市急剧增多，70%以上的人口居住在城市里。城市是暴利、贫困、恐怖、事故、卖春、毒品等社会问题泛滥的地方。而且贫民窟也是当今城市内的一副悲哀的自画像。上海世博会所揭示的"城市"主题所展示的自身问题，也是人类所要共同面对的严峻主题。

上海世博会会场本身就是一座新建的城市，是一片"直线的景观"。由直线的城市景观构筑的上海世博会也给部分观览者带来不便。也有评价说建筑物整体缺乏细腻感，太粗糙。但是以中国国家馆为标志性建筑的庞大规模及中国的环保理念应该予以关注。今天的中国正从"中国制造made in china"向"中国创造Creative in china"转变，开始着力于建筑及设计竞争性的提高。

博览会之花当属各个参与国家的展馆。正如反映中国的外交能力一般，各国设立了大规模的展馆，似乎是将联合国全盘移入。朝鲜作为初次参加世界博览会的国家，也出乎意料地在上海世博会设立了展馆。温室效应等全世界低碳绿色成长话题成为这次世博会必不可缺的主题之一。但是此次世博会自身也存在一些反环境性的因素。国际馆大部分会后将被拆除，所以必须考虑可持续发展及低碳素的本质问题。

仔细观察世博会的参与方式可以看出，它仅仅是"国家与资本"的结合，根本没有NGO等市民社会议题的立足之地。国家主导的企业是一处由"资本"参与创造的空间。对此引发的反文化性结果，遭到众多所谓 "

博览会虚像"的批判。如果考虑一下为上海世博园修建而搬迁的中国人，虽然开发有利于上海市的发展，但是这么做能否增进中国人的对个体权利的理解，还是一个不透明的问题。

上海世界博览会不仅是中国首个世界博览会，也是世界博览会历史上规模最大的一次。上海效应小则波及长江三角洲，大则影响到整个中国大陆。

学习世界！这是上海世界博览会给予中国人民的重要意义。老子曾说过"预知是道的虚浮表象，也是愚昧的萌芽"前识者，道之华也，而愚之首也。最近，世界，特别是在美国频出中国预测说，对于通过学习世界从而进一步了解世界的中国的跃进，不能不抱着既欢迎又害怕的态度。

人文学角度的EXPOLOGY

博览会作为一门学问也是重要的综合性研究对象，是历史学、城市史、建筑学、美术史、产业技术史、生态学等全部学科的研究基地。进一步说它也是网络、随时在线技术等21世纪型高科技技术的实验基地。博览会上你可以领略到蒸汽机、电力、麦克风、汽车、电话机、复印机、电视等高端产业技术，更不必说汉堡包、冰激凌等了。继续保持着博览会标本式的古老传统。

此书的本意是对博览会的历史与现实、理论与经验进行综合性的评价，具有构筑和揭示博览会未来的EXPOLOGY性质。几乎不存在博览会专门理论家的韩国社会，急需加快EXPOLOGY模型的建设。毫无实践的理论虽是问题，毫无理论的实践却更为严重。与博览会相关的理论积累和历史考察、各专门领域的实际经验考察、甚至是行政方面的积累，在当今的"博览会时代"都应彻底反省。希望此书成为韩国社会构筑EXPOLOGY的一大始发点。

此书可能是外国人在中国之外评价上海世界博览会的第一本书。在与韩流相对的反韩流盛行的今日，希望这部小作对韩中友谊能够献一份微薄之力。也希望在2012年丽水世界博览会举办时，邻国中国及日本能够以第三者的视线传达对我们的关注。博览会上最重要的含义是"人文精神"，这也是笔者的信仰。此书是在所谓的人文精神框架里审视上海世博会，期待笔者今后能执笔城市史、建筑史、设计等其他专门领域，写出精彩的内容。

【目录】

#1. 举办国 中国－大国崛起与和平崛起
  － 韬光养晦时代的终结
  － 西方中心史观与中国中心的历史

#2. 举办城市上海－资本主义世界工厂与市场的论证
  － 洋华杂居、十里洋场的都市
  － 共产主义和资本主义、写实主义与近代主义
  － 伦敦和上海博览会的后街

#3. 世界博览会与中国－中国，初次举办世界博览会
  － 伦敦世界博览会参观记
  － 巴黎世界博览会参观记
  － 美国世界博览会参观记
  － 上海世界博览会的申办和经营

#4. 主题与场所营销－受惠于博览会的城市
  － 主题—创建博览会
  － 大都市造就的城市主题
  － 城市再生运动与开发至上主义的描绘者

#5. 博物馆与城市生态－未来城市的环境与博览会的生态
  － 博览会推动的城市革新代表
  － 主题馆与UBPA的城市生态性

#6. 国家馆与地方馆－标志性的中国馆与新中华的世界秩序
  － 斗冠和中国红的历史传统及现代美
  － 清明上河图，用3D演绎出的千年城市
  － 博览会场内展示的多民族国家的矛盾和希望

#7. 韩国和上海－革命资本颓废的间隙
  － 爱国记忆
  － 韩流强迫症与大韩民国馆
  － 冷清却不失威严的朝鲜民主主义人民共和国馆

#8. 国际馆展馆－展馆风情

목차

감사의 글

프롤로그 | 상하이 엑스폴로지

一 개최지 중국
대국굴기와 화평굴기
도광양회시대의 종언 44
서구중심사관과 중국중심의 역사 65

二 개최도시 상하이
자본주의 세계공장과 시장의 변증
양화잡처·십리양장의 도시 84
공산주의와 자본주의, 리얼리즘과 모더니즘 110
런던과 상하이박람회의 뒷골목 129

三 세계박람회와 중국
중국, 처음으로 세계박람회를 열다
런던세계박람회 참관기 142
파리세계박람회 참관기 156
미국세계박람회 참관기 167
상하이의 세계박람회 유치와 경영 177

四 주제와 장소마케팅
박람회에 초대받은 도시
주제가 박람회를 만든다 194
메가시티가 만든 도시 주제 206
도시재생운동과 개발지상주의의 그림자 221

상하이세계박람회

五 박람회와 도시와 생태
미래도시 환경과 박람회의 생태
박람회가 추동시킨 도시혁신의 모델 246
주제관과 UBPA의 도시생태성 276

六 국가관과 지방관
랜드마크 중국관과 신중화 세계질서
두관과 중국흥의 역사전통과 현대미 304
청명상하도, 3D로 되살아온 천년의 도시 316
박람회장 안에 구현된 다민족국가의 모순과 희망 341

七 한국과 상하이
혁명·자본·퇴폐의 간극
애국의 추억 366
한류강박증과 대한민국관 390
쓸쓸하면서도 당당한 조선민주주의인민공화국관 404

八 별첨_국제관 파빌리온
파빌리온의 풍경
ZONE A 412
ZONE B 446
ZONE C 478
ZONE D 567
ZONE E 578

개최지 중국
대국굴기와 화평굴기

One

수주(Suguj; 蘇州)는 매우 크고 훌륭한 도시이다. 주민들은 우상숭배자이고 대카안에게 예속되어 있으며 지폐를 사용한다. 비단이 대단히 많이 생산되며, 사람들은 교역과 수공업으로 살아간다. 비단으로 된 옷감을 많이 만들어 옷을 해 입는다. 대상인들이 있고, 도시가 얼마나 큰지 둘레가 40마일에 이른다. 사람들도 엄청나게 많아서 누구도 그 숫자를 알지 못할 정도인데, 그들이 만약 용사였다면 만지 지방 사람들은 아마 전 세계를 정복할 수도 있었을 것이다.……그들 중에는 영리한 상인과 갖가지 손재주가 뛰어난 장인들, 또한 자연에 대해 매우 잘 아는 훌륭한 철학자와 의사들이 있다. 이 도시에는 돌로 만든 다리가 거의 6,000개나 있으며, 그 아래로는 한두 척의 갤리선이 충분히 지나갈 정도이다.……이 도시는 규모가 매우 크고 교역과 수공업도 활발한 16개의 도시들을 관할하고 있다. 이 도시의 이름은 '수주'라고 불리는데 프랑스어로 하자면 그 뜻은 '땅'이 된다. 그 근처에는 '하늘'이라고 불리는 또 다른 도시가 있다. 이들이 그런 이름으로 불리는 것은 크고 훌륭하기 때문이다.

- *Marco Polo, "The Description of the World"* [1]

도광양회 韜光養晦 시대의 종언

1 크고 넓다! 누구나 그렇게 말한다. 능히 예상했던 일이기는 하나, 역시 크고 넓다!

상하이 세계박람회 개막을 앞둔 2010년 4월 29일. 상하이 푸둥 국제공항과 훙차오 국제공항에는 쉴 새 없이 세계 정상들이 비행기 트랩에서 내렸다. 대한민국의 이명박 대통령, 북한의 김영남 최고인민회의 상임위원장, 프랑스 사르코지 대통령, 네덜란드 얀 페테르 발케넨더 총리, 조제 마누엘 바호주 유럽연합 집행위원장, 훈센 캄보디아 총리, 응우옌 떤 중 베트남 총리, 미크로네시아 이매뉴얼 대통령, 카자흐 카림 마시모프 총리, 케냐 음와이 키바키 대통령, 팔레스타인 마무드 압바스 수반, 투르크메니스탄 구르반굴리 베르디무하메도프 대통령, 몽골 엘베그도르지 대통령 등등 아시아, 아프리카, 유럽의 원수급 정상들이 개회식에 참석했다. '신조공 시대'도 아니건만 세계 각국은 중국정부에 '알현'하고 중국 인민에게 물건을 팔려고 '알현'했으며 중국의 지원을 받으려고 '알현'했다. 중국은 박람회를 활용하여 경제와 문화를 앞세운 소프트파워 외교를 펼친 것이다. 박람회장에 우뚝 선 중국관에 흡사 강희제나 영락제 정도의 '천자'가 앉아 있는 듯한 착각이 들었다.

중국은 국제무대에서 미국과 어깨를 나란히 하는 세계 주요 2개국G2의 반열에 올랐다. 2009년 4월 영국 런던에서 열린 주요 20개국G20 정상회의에서 콧대 높은 유럽의 전통 강국들이 후진타오 중국 주석을 만나기 위해 줄을 섰다. 그 누구도 중국이 이렇게 빠른 시일 안에 G2 반열에 오를 것이라고 예상하진 못했다. 미국부터 그랬다. 미국은 세계 유일 초강국의 지위를 누려온 지난 20년간 중국을 향해 늘 '잠재적 강국'이라는 꼬리표를 붙이곤 했다. 그러나 2008년에 터진 뉴욕발發 경제 위기로 미국이 휘청거리고, 중국은 그간 모아놓은 달러의 힘을 과시할 수 있게 되면서 미·중 역학관계에도 근본적 변화가 일어났다.

사실 변화는 이미 오래 전부터 일어나고 있었으나 그 잠재성이 표면에 드러난 것이며, 다른 한편으로는 자국에서 찍어내는 달러에 의존한 미국의 부풀려진 그릇된 평가가 제대로 평가되는 순간이기도 했다. 중국은 미국 국채國債 발행 잔액의 13% 가까운 8015억 달러를 보유한 최대 채권국이다. 중국이 대국굴기를 표방하자 이에 대한 반발이 존재했으며, 이에 중국은 2003년 이후 '대국굴기'는 국내용으로 사용하고 대외적으로는 '화평굴기세계 속에서 평화롭게 산처럼 우뚝 선다'를 기본 노선으로 삼고 있다. 상하이 세계박람회는 중국의 대국굴기와 화평굴기가 종합된 결과물로 여겨진다.

1851년 최초의 세계박람회가 열린지 어느덧 160여 년 된 세계박람회의 역사에서 중국이 세계박람회를 주최한 것은 이번이 처음이다. 물론

1929년의 저장성 항저우에서 개최된 서호엑스포 따위의 국내용 박람회는 다수 있었지만, 세계적 규모의 BIE 본격 박람회는 처음이다. 중국은 그 최초의 만남을 최대의 크기로 선보였다. 역시 중국답다. 조밀함과 세밀함은 없으나 덩치만 놓고 본다면 세계 최고의 경지에 도달한 박람회다. 여의도 면적의 2/3에 달하는 5.28㎢의 사상 최대 면적, 장장 6개월에 걸친 관람객 7000만 명 외국인 500만 명 목표, 사상 최대인 192개 참가국에 더하여 50개 국제기구, 18개 기업관, 50개 도시관 등 사상 최대·최다·최고를 경신하면서 박람회가 개막된 것이다. 그래서 박람회장의 파빌리온 사이를 하루 종일 걷고, 또 걸어야 하는 '고난의 행군'을 감행해

도 3~4일 내에 모두 볼 수가 없다. 너희가 감히 대국의 박람회를 하루 발걸음으로 모두 볼 수 있으랴, 그런 느낌까지 들게 할 정도로 박람회장 영역을 드넓게 잡았다. 그리하여, 하루 종일 걷고 또 걷다가 파빌리온에서 지루한 대기 시간을 보내고 나면 문득 저 멀리 솟구친 중국관의 위용이 흡사 천자를 굽어보듯이 다가오곤 한다.

　필자 역시 지친 몸으로 엑스포문화센터 앞의 육교 통로에 앉아 켄터키肯德基 프라이드치킨과 햄버거, 냉동 감자튀김, 커코우커러可口可樂로 배를 채우며 하루를 마감하고 있었다. 해가 저물자 상하이 세계박람회장 복판의 중국관 '거대한 성채'에 불이 들어온다. 도광양회韜光養晦의 시대

상하이 세계박람회장 조감도

가 종언을 고했다는 세간의 평가를, 붉은 성채를 불그레하게 물들이는 불빛이 증언한다. 건물이 크기 때문만은 아니다. 기와지붕이 사라지고 두공斗拱과 기둥만이 유난히 강조되어 위압적이기까지 한 과감한 생략과 강조의 미학이 던져주는 위압감, 타 국가관의 층고를 20m 높이로 제한하면서 정작 자신들은 69m에 달하는 층고를 독점하여 건축물의 두드러짐을 과시하고 싶었던 욕망이 감지된다. 중국관을 통해 2010 상하이 세계박람회를 통해 중국이 강조하고 싶어 했던 그 무엇들을 살펴볼 수 있을 것이다.

때를 기다리며 힘을 키우던 시절에서 과감하게 탈피하여 '문제가 있으면 적극 개입하여 문제를 풀어내는' 유소작위有所作爲와 우뚝 일어서는 굴기崛起, Rise로 나아감을 파빌리온 스스로가 과시한다. 칼날의 빛을 칼집에 감추고 어둠 속에서 힘을 길러온 중국이 2008년 올림픽을 거쳐 2010 상하이 세계박람회로 칼집의 빛을 외부세계에 현란하게 발하고 있는 중이라는 세간의 평가를 어김없이 보여주고 있다. 올림픽 개막식에 선보인 장이모 감독 연출의 그 유장한 '공자님 말씀', '벗이 멀리서 찾아오니 이 어찌 즐거운 일이 아니겠는가'有朋自遠方來 不亦樂乎라는 논어 첫머리가 우리들의 인상에 각인되었다면, 이번에는 말씀과 몸짓보다도 물질문명의 총합체인 건축과 자본주의적 매개 수단인 전시라는 방법을 통해 외화되었다. 박람회의 본디 태생 자체가 너무도 직접적인 자본주의 물질문명의 총량이거니와, '동방의 관'이라는 파빌리온 테마로 총화되어 우리 앞에 나타난 것이다.

박람회를 통해 강국의 이미지를 널리 선포하고 싶어 하는 중국의 욕망이 가장 잘 드러난 요소 중에는 로고도 포함된다. 박람회의 으뜸 상징

불이 들어온 중국관의 붉은 성채

은 아무래도 로고이기 때문이다. 로고는 한자 '世'와 숫자 2010의 조합이다.[2] 한자의 世가 2010이라는 숫자에 기술적으로 통합되어 다양한 문화를 통합하는 범지구적 박람회를 주최하려는 중국민의 강한 열망을 드러냈다. 세 사람이 어깨동무 하듯이 서로 합쳐 껴안은 형상은 행복한 가정, 나아가서 '너, 나, 그'라는 넓은 의미에서의 인류를 추상적으로 의미한다. 로고의 주요 색상은 녹색으로 생명력, 낙천주의, 활력을 나타내며 중국이 지속가능 발전할 것이라는 미래의 기대치로 해석하고 있다. 사실상 상하이 박람회의 주제인 도시와는 별 상관이 없다.

남색 : 포용성과 상상력으로 충만. 발전과 희망및 잠재력으로 넘쳐나는 중국을 상징.
머리 : 소용돌이 파도처럼 활발하고 개성있으며 마스코트 출생지인 상하이의 지역 특징과 생명의 원천을 밝힘.
얼굴 : 순박한 표정은 친절함과 자신감으로 넘쳐남.
눈 : 크고 둥글둥글한 눈은 미래 도시에 대한 기대.
몸체 : 매끈한 몸체는 조화로운 생활의 아름다움으로 귀엽고도 예쁘게 형상화됨.
주먹 : 엄지손가락을 내밀어 전 세계 친구들에게 찬사와 환영을 나타냄.
큰발 : 땅 위에 튼튼하게 서서 두 팔을 벌려 박람회를 개최할 능력이 있음을 드러냄.

마스코트 이름은 '하이바오海寶'로 '바다의 보물Treasure of the sea'이라는 뜻이다. 한자 '人'을 핵심 아이디어로 삼아 중국문화의 특징을 나타낸다. 서로 받쳐주는 '人'의 구조는 아름다운 생활이 너와 나의 공통적인 이념에 의존함을 뜻한다. 전 세계의 인간들이 서로 받쳐주고 인간과 자연, 인간과 사회, 인간과 인간 간에 조화를 이루어야만 사람들이 도시생활을 보다 아름답게 할 수 있기 때문이다. '전 세계'를 지나칠 정도로 강조하는 중국의 포부와 의지에서 오늘의 중국이 앓고 있는 강국으로서의 욕망이 쉽게 읽혀진다.

2. 서구열강에 대항할 만한 국제적 위상을 갖추지 못한 처지에서 도광양회는 중국으로서는 매우 현실적인 선택이었으며, 개혁개방 이후 고도 경제성장을 통해 오늘의 위상에 오르기 위한 적실한 방법론이었다. 21세기에 접어들면서 중국은 완전히 화평굴기和平崛起의 시대로 진입했다. 지난 20여 년 간 도광양회가 중국의 대외정책을 대표했다면, 2002년 11월 후진타오湖錦濤를 중심으로 제4세대 지도부가 들어서면서 화평굴기로 외교노선을 전환했다는 것이 세간의 평가다. 그러나

도광양회시대의 종언 :: 51

과연 중국이 내세우는 그 화평굴기가 세계사적으로 합의해줄 만큼 진실한 것인지, 아니면 또 다른 신중화주의 패권을 강조하는 대국굴기로의 복귀가 아닌지 하는 의문의 눈길 또한 거둘 수 없다.

중국은 개혁개방 이후 30여 년 이상 세계가 놀라워할 정도로 우뚝 섰다. 박람회장의 경관 자체가 이를 웅변한다. 과거 제국주의의 침략으로 인해 손상 받은 중화의 자존심을 회복하고 대국의 길로 들어섰음을 과시하는 단계에 이른 것이다. 대국 진입을 향한 중국의 열망을 보여주는 증거들은 너무도 많이 있다. 특히 수년 전 CCTV가 제작하여 방영한 '대국굴기大國崛起'라는 프로그램은 대표적인 사례다. '대국굴기'는 전 세계 100여 명의 역사, 정치, 경제, 사회, 법, 국제정치 및 국제관계 분야 최고의 전문가들과 석학들을 투입하여 만든 대작이다. 9개 대륙의 흥망성쇠의 역사를 되돌아보는 이 프로그램은 오늘의 중국이 지향하는 꿈을 적실하게 반영한다. 다큐멘터리 영상물 12부와 출판물로 동시 기획된 대국굴기 시리즈는 13억 인민을 강대국 신드롬으로 들끓게 했다.

다양한 나라의 대국굴기의 역사를 성찰해야 하는 이유로서 "15세기 신대륙 발견 이후 세계에는 대국굴기라는 새로운 좌표가 생겨났다. 이후 500년 동안 세계 역사의 중심에는 포르투갈, 스페인, 네덜란드, 영국, 프랑스, 독일, 일본, 러시아, 미국이 있었다. 대국의 흥망성쇠는 각기 특별한 발전 방식을 보여주며, 이러한 역사는 현재의 우리에게 큰 교훈을 던져준다"고 내세웠다. 각 나라의 굴기 과정에는 독특한 시대적 상황 및 민족적 특징과 함께 일련의 '굴기 과정'에서 보이는 공통적인 규칙이 나타나 있음을 주목했다. 자오화용趙化勇 당시 CCTV 사장은 '역사는 미래를 밝힌다'는 서문에서 이렇게 썼다.

세계화가 진행되면서 국가와 국가는 더욱 가까워지고 있다. 지구촌이라는 말 그대로 국가 간 상호의존도는 그 어느 때보다 높다. 그러나 문화적 차이에서 비롯된 충돌은 사라질 기미가 보이지 않으며, 지금도 세계 곳곳에서는 화염과 붉은 피가 넘쳐 흐르고 있다. 오늘날 세계는 협력과 경쟁, 선진과 후진이 공존하는 복잡하고 거대한 무대를 만들어 냈다. 이 무대 위에서 큰 나라와 작은 나라, 강대국과 약소국 모두는 자기에게 주어진 역할을 하고 있지만 과거에도, 현재에도, 미래에서도 이 무대 위의 이야기는 언제나 강대국에 의해 만들어졌고, 만들어지고 있으며, 또 만들어질 것이다. 대국굴기, 그 강대국의 흥망성쇠 이야기는 언제나 세계의 관심사인 것이다. 21세기가 시작된 세계무대의 모습은 이러하다. 미국은 변함없이 세계의 우두머리 자리를 굳건히 지키고 있으며 단시간에 이 자리를 뺏길 조짐은 전혀 없다. 유럽은 전대미문의 강력한 연합체를 구축했다. 유럽연합의 영향력은 점점 더 강해지고 있다. 세계 2위의 경제 대국인 일본은 지금 이 순간에도 정치 대국으로 가기 위한 길을 모색하고 있다. 한때 쇠락의 길을 걸었던 러시아는 다시 부활의 신호탄을 쏘아 올렸고 그 결과가 조금씩 나타나고 있다. 인도와 브라질은 경제 성장에 전력투구하면서 세계 대국의 지도를 다시 그리기 위해 최선을 다하고 있다.[3]

우주에서 바라본 동아시아

토막내는 열강들. 용으로 상징되는 중국이 절단나고 있다 (1902년, 독일 풍자화)

개혁개방 이후 10여년이 갓 지난 1990년 무렵만 해도 미국과 유럽의 화두는 '중국이 아시아의 다음번 경제적 거인이 될 수 있을까'하는 수준의 예측이 고작이었다.[4] 이러한 예측은 일면 타당했지만 중국의 경제력과 성장잠재력을 과소평가한 측면이 많다. 지금 중국은 중국과 미국을 G2로 호칭하는 세간의 평가를 즐기면서, 팍스아메리카를 넘어 팍스차이나로 나아가고 있다.[5] 아메리칸 엠파이어와 팍스 아메리카가 쇠락해가는 가운데 중국이 부상하고 있다. 중국과 미국의 대립과 갈등 모순은 분명하며, 이는 달러와 위안화의 모순에서 여실히 드러난다. 중국은 강대국이 되고자 하며, 자신이 강대국임을 알리고자 하며, 또한 지난 수세기의 상처에서 벗어났음을 재삼 강조하고 싶어 한다. 과거 '세계의 중심-중국'이라 통용되던 그 본래의 말뜻을 되살리고 싶은 것이다. 장중하면서도 듬직한 행보를 내딛는 순간에도 그 무엇인가를 널리 알리고자 하는 욕망도 들끓고 있는 중이다. 지난 근현대사를 돌이켜볼 때, 13억 인민의 강대국 신드롬은 당연한 것이기도 하다. 2010년 상하이 세계박람회는 이 같은 욕망을 잘 드러내고 있다.

개혁개방의 결실이 있었기에 중국은 올림픽을 개최했고 박람회도 최대 규모로 열었다. 개막 100여일 전에 이미 국내외에서 자원봉사자가 61만 명이나 쇄도할 정도로 개장 이전부터 관심을 모았다.[6] 상하이 박람회는 중국인의 거대한 학습장이다. 박람회가 불러올 이후의 파장을 생각해보자. 상하이 박람회는 13억 인민에게 자부심을 안겨주고 문화적 충격을 줄 것이다. 쉐시스제學習世界, 세계를 학습한다, 상하이 박람회가 중국인들에게 던져주는 의의를 이보다 적확하게 표현할 수 있을까.

3

인류 경제사를 돌아볼 때 두 번의 획기적인 혁명이 있었다. 신석기혁명과 산업혁명이 그것이다. 산업혁명의 원동력은 기술발전이었으며, 기술발전은 곧바로 자본축적의 역사로 심화되었다. 기술발전과 자본축적을 이룬 프랑스, 영국 등은 박람회라는 장치를 고안해냈다. 영국, 프랑스, 미국 등의 구미 박람회 역사가 그러했다. 세계박람회가 국가의 욕망, 자본의 욕망, 기술진보의 욕망 등이 잘 드러낸 것은 이 같은 역사적 뿌리에서 연유한다. 구미의 박람회는 아시아권으로 옮겨온다. 유럽과 미국의 박람회를 수용한 일본에 의해 메이지시대 이래로 내국 권업박람회 등 제 박람회가 열렸으며, 후발주자로 한국과 중국에서 뒤늦게 박람회가 열렸다. 논의의 폭을 좁혀 1945년 이후의 동아시아 한·중·일에서 열린 세계 박람회를 살펴보자.

1964년에 일본의 수도 도쿄에서 올림픽이 개최되고 그 6년 뒤인 1970년에는 일본 제2의 도시 오사카에서 세계박람회가 열렸다. 이는 아시아 최초였을 뿐만 아니라 그때까지 가장 성공한 세계박람회였다. 1988년에 서울 올림픽이 열리고 5년 뒤인 1993년에 대전 세계박람회가 개최되었다. 2008년 베이징 올림픽이 열리고 불과 2년 만인 2010년에 상하이에서 세계박람회가 열렸다. 동북아 3국은 각각 올림픽에 이어 박람회의 수순으로 세계대회를 개최했다. 나라별로는 일본, 한국, 중국 순서인데, 이는 각 나라 경제발전의 수준을 그대로 반영한다.

2010년 공인박람회 유치전에서 상하이에 실패를 경험한 한국은 2012년에 한 단계 격이 낮은 인정박람회로 다시 도전했다. 한중일의 '엑스포 전략'은 '올림픽 전략'과 시기적인 연관성을 지니며, 국가 및 지역 발전 전략과도 밀접한 연관이 있다. 재미있는 것은 올림픽이 먼저 열렸고 모두 수도에서 개최되었다는 점이다. 반면에 박람회는 올림픽 개최 이후에 수도가 아닌 제2, 제3의 도시에서 개최되었다는 특징이 있다. 일본은 도쿄 올림픽 이후에 오사카 박람회를 개최했고, 이후에도 3차례에 걸쳐 세계적 규모의 박람회를 개최했다. 한국은 1988년 서울에서 올림픽을 개최했으며, 2012년에는 지방인 여수에서 박람회를 준비 중이다. 도쿄 올림픽/오사카 박람회는 서울 올림픽/대전 박람회와 짝을 이루며, 또 베이징 올림픽/상하이 박람회와 짝을 이룬다. 일본은 지금까지

오사카 박람회의 상징물

네 차례 세계박람회를 열었고, 한국은 여수 박람회를 포함하여 두 차례 열게 되므로, 중국은 상하이 박람회를 계기로 몇 번 더 세계박람회를 개최할 것으로 예상된다.

박람회 개최의 이 같은 동향과 동력으로 미루어볼 때 향후 중국은 상하이 세계박람회 이후에 다른 도시에서 제2, 3의 박람회를 개최할 것으로 예견된다. 중국은 2010년 상하이 세계박람회가 10월 31일에 폐막하자마자 불과 10여일 후에 남부의 중심지인 광저우에서 아시안게임 2010. 11. 12~11. 27을 연다. 중국 내적으로는 2008년 북부의 베이징 올림픽에서

열광하고, 2010년 중부의 상하이 세계박람회에서 다시 한 번 열광하고, 다시금 2010년 남부의 광저우 아시안게임에서 판을 정리하게 된다. 전혀 무관할 것 같은 스포츠와 박람회의 순차별 조우와 상호 작용이 엿보인다. 다음 도표에서 상하이 세계박람회의 동북아적 위상이 잘 드러나지 않을까.

동북아 3국의 올림픽 및 박람회 개최 동향

국가	올림픽		박람회		비고
	개최년도	개최도시	개최년도	개최도시	
일본	1964년	도쿄	1970년	오사카	1975년 오키나와박람회 1981년 고베박람회 2005년 아이치박람회
한국	1988년	서울	1993년	대전	2012년 여수박람회
중국	2008년	베이징	2010년	상하이	2010년 광저우아시안게임

세계박람회는 19세기 이래로 부국강병을 지향하는 국가들의 중요한 통로로 활용되었다. 그 대표적인 사례가 일본이다.[7] 메이지 시대의 문명개화는 박람회에서 상당히 많은 '학습효과'를 얻었다. 구미에서 개최된 박람회는 곧바로 일본 내에서 권업박람회, 공진회, 품평회 등을 성립케 하는 동력이 되었으며, 일본의 공식·비공식 참관자들은 구미의 박람회를 통해 근대의 풍경을 신속하게 복제하는 데 온 신경을 썼다. 상하이 세계박람회가 열린 21세기 초반의 시점은 이전의 아날로그 시대가 아닐 뿐만 아니라 세계박람회가 기술진보와 산업발달에 미치던 영향력과 희소가치도 사라졌으므로 박람회를 통해 엄청난 학습효과를 기대하기는 어려울 것이다. 그럼에도 불구하고 부상하는 중국에게는 올림픽에 연이은

국제적 통로로서 박람회의 의미가 각별하다. 박람회는 그야말로 '세계가 하나가 되는 길'이기에 강국으로서의 면모를 내외에 과시하는 데 있어 이만한 국제행사도 드물기 때문이다.[8]

2010년 상하이 박람회 참관은 2012년 여수 세계박람회를 목전에 두고 있는 한국인에게도 남다른 의미가 있을 것이다. 일본 아이치에 이어 한국과는 가장 가까운 곳에서 사상 최대의 박람회가 열렸기 때문이다. 아이치 박람회에도 많은 한국 관광객이 방문한 것은 사실이지만 2012 여수 세계엑스포 조직위원회가 발족하기 훨씬 전의 일이라 어떤 공식적인 참관이나 상관성이 약했다. 2008년 스페인의 사라고사 박람회가 열렸을 당시에는 여수 세계박람회 조직위원회가 발족된 직후라서 조직위원장을 비롯하여 공무원과 연관 전문가들, 전시업체, 전남 및 여수시 등 관련자들이 다수 공식·비공식으로 방문했다. 그러나 유럽의 사라고사 박람회 참관은 경비가 많이 들고 단박에 다녀올 수 있는 거리가 아니었기 때문에 지극히 제한적인 참여에 국한되었다.

상하이의 경우는 다르다. 달라도 많이 다르다. 통칭 '19만9천원'짜리 관광객 모집이 일상화될 정도로 한국인 관광시장이 이미 오래 전에 형성된 곳이고, 인천뿐만 아니라 김포공항에서도 비행기가 뜬다. 칭다오 등이 있는 산둥반도와 더불어 한국에서 가장 가까운 도시이다. 상하이에는 진출한 기업들과 주재원, 유학생도 많으므로 한국인 거점 배후가 설정되어 있고, 영사관이 설치되어 있다. 가장 중요한 것은 2010년 5월~10월의 시점이 2012년 여수 세계박람회 조직위원회 입장에서는 전시관 설계 공모를 업체에게 발주하고 업체들은 이에 응모하는 시점이라는 점이다. 조직위원회 입장에서도 전시 콘텐츠는 물론이고 파빌리온 건축, 보안 및 안전시스템, 교통·통신 등의 서비스, 식당과 휴식 시설, 쇼핑샵 등을 두루 연구·조사했다. 조직위 관계자나 일반 전시업체, 건축가는 물론이고 해양 전문가, 국회의원과 장차관, 해당 부서의 관계공무원, 일반 관광객에 이르기까지 단일 박람회를 이처럼 많은 대한민국 사람들이 관람한, 어쩌면 '최초'이자 '마지막' 박람회일 수도 있다. 상하이 세계박람회는 이처럼 대한민국 사람들에게 가장 기억에 남을뿐더러 가장 많은 사람들이 함께 관람한 '희귀 사례'가 될 것이다.

이 같은 경험은 북한에도 해당되는데, 북한이 BIE 세계박람회사무국 공인 세계박람회에 참가한 첫 경험이며, 특별한 변수가 없는 한 앞으로도 당분간 세계박람회에 참관할 가능성이 희박한 상태에서 소수이나마 중국에 나가 있는 북한인들이 참관하고 다수의 일반 다중이 북한관을 구경한 '희귀사례'로 기록될 것이기 때문이다.

유의할 것은 동북아, 혹은 동아시아란 용어가 지니는 시대적 당위성과 한계일 것이다. 돌이켜보면 1895년 청일전쟁에서 일본의 승리는 사대주의에 입각한 중화제국 질서의 붕괴를 가져왔고 일본이 이 지역에서 새로운 강자로 부상하는 계기를 마련했다. 일본은 '동양'이란 개념의 창안을 통해 중국을 이 지역의 일원인 '지나'라는 하나의 국민국가로 상대화시킴으로써 이 지역을 일본 제국주의가 주도하는 세력권으로 재편성하고자 했다. 동아시아란 지역적 정체성은 이 같은 일본 제국주의의 욕망으로 만들어졌으며, 대동아공영권으로 이어졌다.[9] 동아시아에는 협력하면서도 싸우고, 싸우면서도 협력하는 묘한 긴장의 시간이 오랜 역사 속에서 형성되어온 것이다. 그런데 20세기의 한국이 동아시아를 강조하기 시작했다. 이러한 한국의 모색은 100년 전 한반도를 둘러싼 제국주의 열강의 각축이 다시 벌어지고 있다는 위기의식에서 비롯된다. 일본과 중국이 동아시아에서 헤게모니 투쟁을 벌이는 가운데 다시 한반도가 분쟁의 한복판에 위치해있는 꼴이 되었다.

4 상하이 세계박람회가 열리던 2010년은 미국에서 중국으로 권력의 축이 본격 옮아가는 조짐이 두드러진 시점이기도 하다. 미국 브루킹스 연구소의 박선원 연구원이 지적한 다음의 말을 경청할 필요가 있다.[10]

> 패권 유지는 무엇으로 하는가? 그것은 곧 미국이 새로운 시장을 제공할 능력이 있는가, 그리고 정치·군사적 경쟁국의 등장을 저지할 수 있는가 하는 두 가지 질문의 다른 표현이기도 하다. 동시에 미국이 1945년 제2차 세계대전과 1990년대 소련 붕괴로 초강국에서 '유일 초강국'으로 지위를 굳혀온 비밀의 열쇠이기도 하다. 시장을 제공하지 못하고 도전자의 부상을 막지 못한다면 팍스아메리카나도 종말을 고할 수밖에 없다는 말이다. 기존 질서의 동요는 새롭게 등장한 강자에게 패권을 내주게 한다. 이 과정에서 군사적 충돌은 불가피하며, 종종 세계대전으로 이어지기도 한다."

미-중 관계의 현주소를 한마디로 규정한다면 그것은 '권력 이동'이다. 함께 춤을 추는 듯 보이지만 서로 넘어지지 않으려 한다. 유일 초강국이라는 하나의 의자를 차지하기 위한 각축전은 신경전을 넘어 팔꿈치로 서로 툭툭 밀쳐보는 단계로 가고 있다. 정면 대결로 치달을 것이라는 예측은 감히 누구도 쉽게 내놓지 않는다. 하지만 웃으면서 칼을 상대방

미국관 앞에 장사진을 친 중국인들

의 목에 겨누고 있다. 조화로운 공존은 미-중 관계의 미래가 아니다. 저물어가는 미국과 떠오르는 중국을 대비시키는 사례는 너무도 많다. 사실 '권력 이동'을 '권력 공조'로 바꿔보고 싶은 미국의 몸짓은 차라리 애처롭다는 표현이 적절할 것이다. 중국의 부양책 없이 미국 경제가 성공할 수 없다는 자조 섞인 고백이 너무도 일상적으로 워싱턴과 뉴욕에서 들려오고 있다.

오바마 행정부는 중국을 '관리' 대상으로 보고 싶어 하지만 미국이 '관리'하는 게 아니라 중국이 방향을 '결정'하는 쪽으로 바뀌고 있다. 미국 시장이 위축되면 중국 경제가 더 큰 타격을 받아야 하는데, 묘하게도 투자는 중국으로 더 몰리고, 정보 역시 따라간다. 발언권도, 영향력도 날로 커진다. 중국은 더 이상 말을 아끼지 않는다. '화평굴기'에서 굴기라는 단어가 스스로 일어서겠다는 것처럼 비쳤을 때 얼른 '화평발전'으로 표현을 수정하던 2003년의 중국이 아니다. 미-중 권력 이동은 지각 밑에서 꿈틀대는 맨틀의 변화에 버금가고 있기 때문이다.

베이징대 판웨이 교수는 자국의 환경과 역사를 무시한 채 서양 체제를 미신처럼 받아들여 사회정치적 변혁을 꾀해야 한다는 이론에 대해 거침없이 비판한다. 성공을 외부 요인에서 찾지 않고, 당대 중국의 경제, 사회, 정치 등 자국의 체제 속에서 찾으려는 그의 시도는 맞지 않는 서양의 분리체제를 벗어던지고 선택한 '중국적' 방식이 결국 옳았으며 승리했음을 방증하는 셈이다. 훼손과 모방을 경계한 중국모델은 결코 서양체제를 기준으로 한 수정모델도, 계획적으로 설계된 완벽모델도 아니다. 하지만 세계에서 가장 인구가 많은 나라가 역사적 대가와 실패를 통해 자연스럽게 건축, 발전해왔다는 점에서 중국모델은 이미 그 가능성과 가치를 내포한다. 판웨이는 미국과 일본이 그랬듯 중국도 언젠가 그 한계성을 드러내며 역사 속으로 사라질지 모른다고 말한다. 21세기 국가와 체제의 흥망성쇠 속에서 건져 올린 하나의 발전 사례에 불과할지도 모른다는 것이다.[11] 하지만 그가 주목한 '베이징 컨센서스'는 분명히 '워싱턴 컨센서스'와 전혀 다른 것이며,' 고궁을 헐어버리고 백악관을 짓자'는 노예의 길과 다른 것이다.

재미있는 사실은 중국인들은 여전히 미국을 보고 배우길 원하고 있다는 점이다. 상하이 박람회 개막 전인 2010년 1월 27일의 여론조사에 의하면, 거의 절반에 가까운 중국인들이 미국 전시관을 보기를 원하고 있었다.[12] 미국관 48%, 프랑스 38%, 그 다음 3위는 영국과 일본, 4위는 한국관이었다. 정치적 역학과 무관하게 중국 사람들 역시 미국을 가장 '그리워하고' 있었던 것이다. 미국관 앞에 줄지어 서있는 중국 관람객들을 지켜보면서, '그래도 역시 미국이군', 그런 생각을 지울 수 없었다. 미국과의 대립모순과 무관하게 중국인들은 '그래도' 미국관에 줄서서 기다리고 있었다. 물론 다른 전시관에도 많은 인파가 몰리고 있었지만 미국관은 관람객 순에서 상위를 달리고 있었다. 오늘날 미국 유학생 중 제1위는 중국인이다. 2010년 상하이 세계박람회가 열리던 당시의 국제정치 풍경이 그러했다.

서구중심사관과 중국중심의 역사

1 거대한 중국관 앞에서 지나온 역사를 복기復棋해보지 않을 수 없다. 아시아인에게, 그리고 아프리카와 아메리카인에게 역사의 복기는 너무나 소중한 일이다. 과거 역사가 남루하였기 때문에 지난했던 과거를 복기해야하는 측면도 있고, 지금도 여전히 가난하기 때문에, 또한 역사에서 백인들이 남겨준 상처와 정치적 전염병이 너무도 강렬하여 이를 복기하지 않고서는 자신들의 정체성을 되찾을 수 없기 때문이기도 하다. 흔히 하는 말로 '기억투쟁'일 수도 있다.

1498년 바스코 다가마가 동방의 신항로를 '발견'한 후, 처음으로 포르투갈 식민주의자가 중국에 왔고, 그 후로 스페인과 네덜란드, 이어서 영국과 프랑스, 미국이 중국에 왔다. 사실 세계사적인 '발견'은 존재하지 않았으며, 세계는 이미 동서가 왕성하게 교류하고 있었지만 우리들은 그 '발견'이라는 서구의 발명품을 반복해서 쓰고 있는 중이다. '발견'이란 이름으로 행해진 구질서 체계는 '5백년 제국'500-Year Reich의 번영기로서, 단

중국으로의 문. 기독교 포교가 본격 시작되었음을 알린다 (Athanasius Kircher 작, "The China Stage", 1668년)

아편전쟁. 1841년 1월 영국 군함 네메시스(Nemesis)호와 청국 해군의 전투

아편을 빨고 있는 상하이인

적으로 말하여 '유럽의 세계 정복'으로 요약할 수 있을 것이다.[13] 중국으로 건너온 이들 '발견자-정복자'들은 상업, 포함 砲艦, 선교를 수단으로 야만적 침탈을 강행했으며 중국은 누적된 내치의 혼란과 더불어 더욱 더 깊은 수렁에 빠져 들어갔다. 서방의 서세동점으로부터 300여년이 흐른 뒤인 1840년, 마침내 '아편전쟁'이 중국 대륙을 뒤덮었다.

영국 식민주의자는 비교적 일찍이 중국에 모직품, 향료 등을 판매하고 대신에 중국에서 차, 약제, 도자기 등을 수입했다. 1820년대 이후로는 주로 면직물을 판매하였으나 중국 시장에서의 영국 상품은 그 판로가 넓지 않았다. 영국의 대중국 무역은 수입초과 상태였다.[14] 이러한 형세를 반전시키기 위해 영국 식민주의자는 대량으로 중국에 아편을 수출했다. 육체와 정신을 고갈시키는 새로운 무기가 중국을 쳐들어온 것이다. 1787년에 불과 2백 상자를 수출하던 아편의 량이 1837년에는 무려 3만9천 상자에 달했다. 이에 청 조정은 외국배의 아편 수출을 금했으나 영국인들은 금지령을 어기고 뇌물을 쓰거나 암거래 방법으로 아편을 운반했다. 게다가 아편은 금지품이었기에 큰 이윤을 획득했다. 아편의 대량 유통과 함께 중국인의 정신과 육체는 여지없이 손상되어 갔고, 백은白銀이 국외로 유출되어 국고와 전국의 금융을 파괴했다.[15] 그렇다고 영국 식민주의자들이 이 거대한 재원을 쉽게 포기할 리도 없었다. 이러한 제 모순이 마침내 1840년 '아편전쟁'의 형태로 폭발한 것이다.

전쟁이 중국의 완벽한 패배로 끝났음은 알려진 바와 같다. 1842년 8월 29일 청 조정의 화친 대표는 난징에 정박한 영국군함에서 이른바 난징조약南京條約을 체결했다. 이에 따라 홍콩을 양도했으며, 광저우廣東, 샤먼廈門, 푸저우福州, 닝보寧坡, 그리고 상하이를 통상항구로 개방하게 된다.

원명원의 말 두상 (1989년 회수)

남경조약은 중국 근대사상 최초의 불평등 조약이었다. 이 조약이 체결된 후 다른 열강도 끊임없이 접근했다. 1857년의 제2차 아편전쟁으로 톈진조약 天津條約을 맺게 되며 추가적인 무역항 개항 및 엄청난 손해배상이 이루어졌음은 익히 알려진 역사적 사실이다.

텐진조약 이후에도 영국과 프랑스는 만족하지 못하고 또 다시 침략전쟁의 확대를 준비했다. 1859년에 다시 대고전쟁大沽戰爭이 벌어지게 되나 중국 방어군의 단호한 방어로 침략군의 사상자가 500여 명에 달했으며 영불 연합군이 퇴각한다. 그러나 연합군은 대규모 보복을 준비하여 1860년에는 1만6천여 명이 다시금 대고와 텐진을 점령한다. 그해 9월에는 텐진에서 계속 전진하여 베이징 근처까지 쳐들어가며, 마침내 10월에는 베이징을 장악하여 살인, 방화, 노략질을 일삼게 된다. 중국과 서양의 건축 예술을 종합화한 웅장하고 보기 드문 대규모 궁전인 원명원圓明園과 여기에 소장된 많은 정교한 예술품 및 진귀한 도서와 문화유물들이 한줌의 재가 되거나 약탈당했다. 이 같은 침탈 과정을 거치면서 중국은 '문명제국'에서 하나의 '국민국가'로 전이되며,[16] 그 전이 양상은 반半식민지적 성격을 띠게 된다. 문명제국이 거느렸던 중화세계의 질서가 와해되면서 이에 연루되었던 한국, 오키나와, 월남 등 아시아 제국도 차례차례 식민화된다.

상하이박람회 준비로 한창 바쁘던 2009년 11월, '중국의 해외에 유실된 원명원 문물 되찾기 실무팀'이 각국 박물관을 순방하여 유실된 원명원 문물을 찍은 진귀한 사진을 구해왔다. 박람회가 열리던 2010년 3월에는 중국인 수집상이 청나라 황제의 여름별궁 원명원에서 150여 년 전 약탈당한 문화재 2점을 프랑스에서 낙찰 받았다. 크리스티 경매에 나온 쥐머리와 토끼머리 청동상은 영국 프랑스 연합군이 1860년에 약탈한 것으로, 중국은 이들 약탈 문화재를 위해 대금을 지급할 수 없다고 선언했다. 청동유물에 이어서 건륭황제乾隆皇帝의 옥새가 4500만 위안한화 약 90억 원에 영국 소더비 경매장에서 처분된 사실이 전해지면서 중국인의 대 서방 감정이 격화되었다. 중국 네티즌들은 서양인들이 침략행위로 남의 나라 문화유산을 약탈하고 방화한 과거사를 반성하기는 고사하고 경매회사라는 거간꾼 주관으로 훔쳐낸 장물을 사고파는 파렴치한 행각을 벌인다고 목청을 높였다. 그러나 원명원 약탈사건 150주년 기념식에 가해자인 영국과 프랑스 대표단을 초청하기도 했다.

    이상과 같은 역사의 '기억투쟁'을 뛰어넘어 21세기 역사의 재구성을 고려해볼 순간이 왔다. 단순한 과거 역사의 복기가 아니라 새로운 역사로의 재구성이 그것이다. 1980년대 중후반부터 세계경제의 중요한 경제권의 하나로 부상한 동아시아 경제권의 역사적 연원을 다시 성찰해보면, '서양의 충격'과 '아시아의 대응'이라는 관점에 기초한 유럽 자본주의 중심적인 근대화론을 벗어나고 있음을 알 수 있다. 적어도 14세기 대항해시대 이전에는 중국의 경제발전과 교역 수준이 유럽의 수준을 능가했으며, 적어도 대등한 수준이었다는 주장이 그것이다. 아편전쟁을 서양의 충격으로 평가하며 근대로 전환하는 분기점으로 이해했던 지금까지의 동사아시아 '근대'를 부정하고, 동아시아 역내 무역권의 형성을 분기로 삼아 동아시아에서 근대의 출발을 적어도 16세기까지로 소급하려는 노력이 그것이다. 일본의 아시아교역론 학설과 이른바 캘리포니아학파의 이론들이 그것이다. 물론 이러한 시각들은 일정한 내부 이견도 있지만 유럽자본주의 중심적인 시각을 극복하는 유력한 대안으로 평가되고 있으며, 지금까지 고정화되었던 동아시아의 근대를 인식하는 방법에 새로운 시각을 제시한다는 점에서 현실적·학문적 의의를 지닌다. 이러한 관점에서 지난 역사를 재구성해 본다면, 아시아의 단순한 기억투쟁을 뛰어넘어 21세기형 새로운 역사질서의 재구성이 가능하다고 본다.[17]

중국 의 해양영토 의지. 정화가 이미 명나라시대에 대항해를 하면서 남사군도에 들렀음을 강조함으로써 중국 해양영토에 대한 대외적 주장을 과시하고 있다. 北京鄭和下西洋硏究會 中國海洋畵硏究員 編, 張嘉璟 海洋畵選, 海軍出版社, 2007,p.4

이제 중국은 아편전쟁 때의 무력한 중국도 아니고, 일본에게 반식민 상태로 접수되던 때의 무너지는 중국도 아니며, 국공합작과 내란기, 이른바 '중공'시절의 분열된 중국도 아니고, 개혁개방을 시작하던 자본주의 새내기 중국도 아니다. 지금 중국은 두말할 것 없이 세계의 강국이다.

군사력 하나만 가지고 예를 들어 보자. 지금 중국 해군은 과거의 연안 방어 개념에서 벗어나 미군이 지배하는 태평양과 인도양 등 원양으로 해군력을 확장시키고 있다. 자국 상선 보호를 명목으로 걸프만에서 말라카해협, 남중국해와 동중국해 등으로 작전 범위를 넓혀가는 중이다. 항공모함 건조, 잠수함 개발 등 해군 장비 현대화도 빠른 속도로 추진되고 있다. 하이난따오海南島에 지하 잠수함기지를 건설하여 20분 내에 분쟁지역인 남중국해에 도달할 수 있는 작전체계도 갖추었다. 중국은 이처

정화함대가 들렸던 말래카에 세워진 정화사당

럼 증강된 해군력을 바탕으로 일본 남쪽 해안을 지나 서태평양으로 진출하는 훈련을 실시해 일본과 미국을 바짝 긴장시키고 있다. 대륙세력에서 출발하여 바다로 나아가고 있는 중국과 해양세력으로서 동북아에 진출한 미국, 그리고 이에 연합한 미일동맹의 포위공세가 충돌을 빚는 것은 당연지사다. 상하이 세계박람회 기간 중에 벌어진, 한국과 북한, 미국·일본과 중국 사이에서 벌어진 천안함을 둘러싼 파워게임은 이 같은 조건에서 비롯된 것이다.

돌이켜보면 지난 160여년 만국박람회의 역사는 그 자체가 '제국의 시대, 식민의 시대'를 반영하고 있다. 중국은 세계박람회 개최를 통해 '식민의 시대'를 넘어 그 자신이 '제국의 시대'를 주도하는 국가로 변신을 시도하고 있다. 그래서 2010년 상하이 세계박람회는 그 의미가 자못 심장하다. 후대의 사람들은 상하이 세계박람회를 통해 박람회의 역사가 다시 써졌다고 서술할 것이다. 역사를 복기하는 차원을 넘어서 이제 구미 중심의 백인사관에서 벗어나 아시아의 질풍노도Strum und Drang와 같은 다른 역사가 서술되고 있는 중이다. 난징조약 이후 서구의 식민지 및 반식민 상태에서 출발한 상하이의 역사와 진화과정이 이를 여실히 증거한다. 서구에 의한 강요된 개항장에서 사실상의 식민 상태였던 조계지로의 변신, 백년의 침묵을 끊고 다시금 굴기하는 상하이의 정치적 풍경 속에 박람회의 정치적 풍경도 겹쳐서 보이고 있는 중이다.

2

미국의 '특별한' 역사학자 재닛 아부-루고드Janet L.Abu-Lughod의 학설을 생각해 본다. 서구 중심주의 패권이 15, 16세기 대항해 이후에 비로소 세계체제를 성립시켰다는, 정설처럼 되어 있는 주장에 대해 그는 '전혀 아니다'라고 단언했다. 그의 책을 평하면서 안드레 군더 프랑크는 이렇게 말했다.

> "아부 루고드는 세계체제가 1250년까지 거슬러 올라갈 수 있다는 연구를 함으로써 세계사 서술에 중요한 역할을 했다. 그런 작업을 통해서 그녀는 마침내 1500년을 세계사의 전환점으로 가정하는 고르디우스의 매듭에 칼을 대었다."

그녀는 유럽 중심주의적 이데올로기에 의한 세계상을 비판하고 교정하겠다는 시각으로 세계체제 전체를 재검토했다. 13세기 비유럽 사회의 토대를 이루고 있었던 산업 전반, 예컨대 농업 생산성, 공업적 기반, 상업체계 등을 비교적 자세히 기술한 것은 동시기의 유럽문명과 비교를 위한 것이었다. 13세기 세계체제에서 유럽은 중동 및 중국에 비해 주변적 지위에 머물러 있었으며, 하위체제 사이에 교역을 담당하던 참여자들 사이에는 유사한 점 가령 화폐제도, 신용제도, 자본의 조성과 위험을 분산하는 기제, 상인의 부 등이 많았는데, 격차가 있을 경우에는 비유럽 세력이 언제나 우월하다고 보았다. 결국 그녀는 근대에 유럽이 패권을 장악하게 된 근본적인 원인이 동양보다 창의력과 고유한 능력에서 우월했기 때문이 아니었다는 결론을 이끌어냈다. 유럽중심주의는 하나의 구성된 세계관이지 객관적 진리는 아니라는 것이었다.[18]

그녀는 중국이 단순하고 변화가 없는 하나의 거대한 단일체가 아니었음을 주목했다. 아프리카까지 진출하였던 정화鄭和함대를 언급하면서, 당시 중국이 전체 체제에 대한 패권적 역할을 떠맡기 직전에 있었던 것으로 보았다. 그런데 그녀 역시 우리 모두가 중국에 대해 품고 있던 질문을 던지고 있다. 왜 중국은 거대한 권력의 공백을 남겨두고 전면 철수했을까? 13세기 세계체제의 성쇠에 결정적 의미를 지닌 중국이 왜 더 이상 나아가지 못했던가 하는 질문이다. 1340년에 항저우杭州를 방문했던 이븐 바투타Ibn Battuta에 따르면, 그곳은 여전히 '지상 최대의 도시'였다. 그처럼 놀랄만한 도시가 세계체제의 중핵이 되지 않았다는 점에 의문을 표했던 것이다.

지난 2000년의 새로운 밀레니엄의 시작을 앞두고 프랑스의 중세 사학자 조르주 뒤비Georges Duby는 1000년 전의 유럽인들이 생존 문제에 고통을 받았고, 사나운 이방인의 침입에 대한 공포에 사로잡혀 있었으며,

죽음과 친숙한 전염병의 공포 속에서 비참하게 살았음을 적시했다.[19] 기근과 폭력, 역병, 그리고 사후 세계에 대한 두려움, 게다가 일상적으로 반복되는 기근과 굶주림의 고통, 끊임없이 벌어지는 전쟁의 혼돈 속에서 근근이 살아갔음을 강조한 것이다. 그러던 유럽이 어느 결에 세계의 전면에 나서게 되었다.

아부-루고드는 중국의 퇴각 원인으로 명대明代의 토착적 중국 지배자들이 지녔던 복고정책, 그 가운데 외국과의 접촉을 차단한 것을 요인으로 지적했다. 그에 의하면 중국이 세계체제의 패권으로부터 철수하게 된 과정에는 매우 복합적이고 중층적인 이유가 작용했다. 특히 한족漢族의 권위를 복구하기 위해 애썼던 명나라는 전임 통치자인 몽골의 소위 '파렴치하게도' '제한을 두지 않는' 상업을 허용했던 개방정책과 구분하기 위해 폐쇄정책을 펼치고 이를 통해 중국다운 새로운 질서를 각성시키고 정당성을 인정받을 수 있다고 보았다.[20]

아부 루고드의 견해를 왜 장황하게 설명하고 있을까. 오늘날 우리가 인지하고 있는 세계모델은 어디까지나 '식민주의자의 세계모델'이기 때문이다. 지리학자 제임스 M.블라우트 James Morris Blaut는 유럽중심적 사관이 확산된 역사와 식민주의자의 모델을 분석하고 있다. '유럽의 기적'이라는 신화는 어디까지나 '만들어진 것'이며 합리성이라는 교의를 입고 불가지론적 정론으로 자리 잡게 된 것이다. 블라우트는 재미있는 화두를 던진다.

> 고전적인 식민지 시대에 모든 식민지들은 자신들을 위한 경제적 사회적 진보는 식민화하는 세력으로부터 '근대화'가 확산됨으로써 달성될 수 있다는 이데올로기적 메

시지에 흠뻑 젖어있었다. '근대화'는 근대적 경제(주요 기업들은 식민주의자에 의해 소유됨)와 근대적 행정(식민지적 정치구조), 근대적 기술 인프라(식민주의자에 의해 건설된 교량과 댐, 그리고 그와 유사한 것들)등의 확산을 의미했다. 나는 이것을 이데올로기적 메시지라고 부르고 있지만, 식민주의자들은 그것을 진심으로 믿었다. 그들은 자신의 문명을 자신의 '식민지적 보호' 아래에 놓여있는 사람들에게 확산시키는 것이 스스로의 사명이라 진정 느꼈다. 이 사명이 그들의 모국을 위해 부를 생산하게 했다는 사실은 논리적인 것으로만 보였다.[21]

브로델Fernand Braudel은 『물질문명과 자본주의』[22]에서 대항해시대 이래 유럽의 경제적 우위를 결정한 것을 복합적 요인으로 설명했다. 유럽이 중국의 오랜 우위를 뒤엎게 된 것은 유럽이 지리적으로 변두리에 위치하기 때문에 해외로의 진출 욕구가 강했다는 점(지리적 설명), 유럽이 중국에 비

세계화 (상하이박람회 UN관)

해 인구가 적었기 때문에 그 열세를 기술 개발로 만회 할 수밖에 없었던 점인구적 설명, 16세기 이후에 아메리카에서 은이 대량으로 유입됨에 따라 유럽이 화폐시장에서의 우위를 점하고 중국의 화폐시장을 통제할 수 있게 된 점은의 효과, 산업혁명을 통해 유럽이 상품생산에서도 우위를 차지하게 된 점산업혁명 효과, 근대 이후 분명해진 무력의 우위를 이용하여 중국을 지배하게 되었다는 점무력의 효과 등을 들었다. 특히 유럽이 19세기 중반 이후 세계를 지배하게된 것은 '본질적'으로 우월하기 때문이 아니라, 13세기 이후 경쟁력을 강화시켜나갔기 때문이며, 이러한 유럽과의 경쟁에서 중국은 단지 패배했을 뿐이다. 이 같은 현상을 동양사학자 마크 엘빈Mark Elvin은 14세기를 하나의 전환점으로 간주하면서, '非 중국세계와의 점증된 고립'으로 설명한 바 있다.

중세의 경제혁명 기간 동안에 중국은 외국 무역을 통해 남아시아와 이슬람 세계, 심지어는 아프리카 동해안까지 접촉을 확대했다. 외부 세계에 대한 지리적·인류학적 지식이 쇄도해 들어갔다. 수많은 외국상인이 중국의 해안도시에 거주했으며, 그 가운데 일부는 관직을 얻기 까지 했다. 중세의 경제혁명은 중국인과 외국인 사이의 접촉이 줄고 중국 상인의 사적인 해외 항해를 금지하는 정부의 시책이 나온 것과 때를 같이 하여 쇠퇴했다. 이것은 해안에 위치한 성(省), 특히 푸젠성(福建省)에 막대한 피해를 주었다. 그로 인해 중국은 새로운 과학적·기술적 출발의 계기가 되었을 자극제를 빼앗기게 되었을 것이다.[23]

상하이 세계박람회장을 둘러보면 유럽의 우위는 여전한 것으로 여겨진다. 아시아의 일본, 한국처럼 일정한 경제력을 갖춘 나라들 수준의 전시관이 비유럽 국가 가운데 없는 것은 아니지만 첨단 하이테크놀로지를 구사할 수 있는 전시관은 대개 유럽, 그것도 서유럽 국가군의 파빌리온들이다. 그렇다면 유럽의 승리는 영원한 것인가? 역사적으로 볼 때 유럽의 우위가 영원히 유지된다는 보장은 없다. '변화'가 유럽의 원동력이었던 만큼, '변화'가 유럽을 쇠퇴시킬 수도 있다. 브로델의 견해 안에 '유럽중심주의적' 속성이 있는 것은 분명하지만, 그는 분명히 '변화'라는 역사가의 관점을 견지하고 있다.[24] 미래의 변화가 아니라 이미 변화는 시작되었고, 기존 유럽의 변화가 아니라 주변부로 간주되었던 중국의 변화가 곧바로 세계를 통째로 바꾸고 있는 중이다.

    중국이 중국식 사회주의의 길을 걷다가 개혁개방에 나섰지만 그 자본주의의 길은 어쩌면 중국식 자본주의라고 지칭하기 어려울 만큼 현 세계체제와는 다른 점도 있다. 근현대 중국이 걸어온 노선은 분명 서구식 근대화의 길이라고는 시각으로만 바라보기도 어렵다. 아부 루고드와 블라우트의 견해에서 우리가 분명히 체득할 수 있는 대목은 세계체제의 유럽패권 모델이 영구적인 것도 아니었고 정설도 아니었다는 사실이다. 자본주의 공장에서 자본주의 시장까지 떠맡은 중국의 행로는 흡사 13세기에 미처 해내지 못했던 중국식 세계체제의 한 축을 복원시키려는 인상도 주며, 지리적 확산과 더불어 시작된 식민주의자들의 유럽 중심적 역사를 거부하는 것이기도 하다. 대국굴기를 선포하는 중국의 목소리 안에 이 같은 역사적 과제들이 연동되어 있음을 느낀다. 오늘의 중국을 설명하면서, 아부 루고드와 블라우트의 견해를 굳이 이끌어낸 이유가 여기가 있다.

「하백출유」 화상석의 탁본, 한나라, 全像山海經圖比較

3 역사적으로 박람회는 '산업'의 디스플레이인 동시에 '제국'의 디스플레이였다.25 제국일본의 박람회에서는 조선관, 대만관, 만몽관, 남양관 등이 인기 파빌리온이었다. 상하이 세계박람회를 제국 일본의 박람회와 전면 비교할 수는 없겠지만, 현실적으로는 분리되어 있는 대만까지 포괄하는 중화세계라는 또 하나의 '제국'을 디스플레이하는 공간으로 제시되었음을 주목한다. 중국관을 웅장하게 세운 것도 많은 중국인들에게 자긍심을 심어주기 위함이다. 실제로 관람객 대부분은 중국인이다. 이쯤에서 서구의 오리엔탈리즘처럼 동양권에 존재하는 또 다른 오리엔탈리즘 사고를 생각하지 않을 수 없다. 저명한 독일계 중국학자 에버하르트Eberhard는 중국 지식계층의 오리엔탈리즘적 사고를 다

「삼황오제」화상석의 탁본, 한나라, 산동성 嘉祥縣 武梁祠

음과 같이 꼬집고 있다.

    모든 시대에 걸쳐 중국의 지배 엘리트들은 중국문화와 사회의 단일성을 주장해왔고, 외국의 학자들도 이 견해를 받아들이는 경향이 있었다. 그들은 중국을 4천여 년에 걸쳐 동일성을 유지해 온 세계의 유일한 문명으로 보고 싶어 한다.……따라서 중국사회의 기원과 발전에 대한 가장 일반적인 이론은 다음과 같은 낡은 이론이다. '황하 유역 어딘가에 중국이라고 불리는 발달된 나라가 있었다. 그 나라는 중국인이라고 불리는 어느 민족에 의해 발달되었고 중국적이라는 사회와 문화를 지니고 있었다.'……우리는 이러한 이론 안에서 전통적인 나라들과 좀 근대화된 나라들에서조차 전형적인 국수주의의 강한 요소와 어떤 경우 인종차별주의의 요소까지 인식할 수 있다.[26]

정재서는 중국신화를 예로 들면서, 단원신화체계單元神話體系라는 중국 문명의 개념은 중국 역대의 근면한 경학자經學者들, 특히 강성한 이민족의 침탈에 정통성을 위협받아야 했던 송대宋代의 이학가理學家와 망국의 정서를 저술로 승화시켜야했던 청대淸代의 주석가들에 의해 추인, 강화되어 형성된 것일 수 있다는 혐의를 지적했다. 고대로부터 근대로의 이행과정에서 자기 민족과 문화의 동질성에 대한 강조를 통해 통합을 추구하는 지식계층의 이 같은 자기동일성의 이데올로기가 오늘의 문제로 계승된다면, 동북공정 같은 패권적 중화주의만 강화시켜줄 것이다. 그래서 이런 질문도 가능한 것이다.

왜 그들은 항상 남에게 주었다고만 말하는가? 왜 받았다는 것을 겸허히 인정하지 않으려 하는가? 고대의 시기에 중국은 세계의 무대였다 이 무대라는 표현에 주의하자. 그곳은 누구든 자신의 작품을 들고 가서 상연할 수 있었던 장소이지 한 개인이 시종일관 모노드라마로 관객을 지배했던 장소가 아니었던 것이다.[27] 하버드대학의 문명사가 장광직張光直의 개탄처럼, 중국은 사마천司馬遷 이래로 유수의 사학자들을 배출했으나 모두가 '중국 사학자'였으며, 중국 이외의 역사와 일반 세계사에 공헌한 사학자는 거의 없었다는 놀라운 사실![28]

개최도시 상하이
자본주의 공장과 시장의 변증

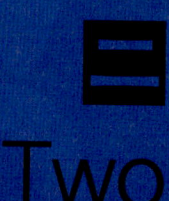
Two

증권거래소는 청과물 시장보다도 훨씬 떠들썩했다. 꽉 들어찬 사람들로 거래소 안은 질식할 것 같은 땀 냄새가 가득 찼다.…… 테이블을 두드리는 사람, 전화통을 붙들고 있는 사람들의 얼굴이 벌겋게 달아 있었다. 칠 팔십여 명 되는 중개업자, 그들의 보조원 백여 명, 그리고 무수한 투기꾼들이 숫자를 외치는 왁자지껄한 소리가 마치 천둥치는 소리 같아서 어느 누구의 귀에도 확실히 들리지 않았다. 기계들의 소음, 자동차의 매연, 네온사인의 붉은 빛, 여인들의 몸에서 나는 향기 등 모든 게 우나으리에게는 악마 같은 도시의 혼령처럼 여겨졌다.……
"모든 동지들을 동원하여 활동을 더욱 강화하고, 대중들의 혁명정신을 고양시켜 내일은 출근하지 않도록 할 것. 특히 위화 제사공장은 내일 반드시 다시 파업을 시도해야한다. 다음의 구호를 제시하시오. 자본가가 부랑배를 고용하는 데 반대한다. 노동자를 체포하는 데 반대한다."

- 茅盾(1896~1981), 『子夜』[1]

양화잡처 · 십리양장의 도시

1 '세계박람회'를 그야말로 주변에서 무수하게 펼쳐지는 온갖 '잡동사니 박람회'로만 이해하는 매우 잘못된 생각이, 적어도 한국사회에서는 만연되어 있다. 박람회에 관심을 갖는 이들은 대개 일부 학자들, 그리고 대부분은 전시업자를 중심으로 박람회에서 어떤 형식이로든지 '이윤'을 챙기려는 사람들, 현금에는 2012 여수세계박람회를 관장하는 일에 관련된 일부 공무원들 정도일 것이다. 관심 영역도 '박람회장' 내에 머물며, 박람회를 둘러싼 제 조건에는 제한적이거나 거의 무관심하다. 왜 상하이가 세계박람회를 유치했으며, 세계박람회의 주제를 왜 도시로 선정했으며, 도시라는 주제가 상하이 및 세계 도시사 都市史에서 갖는 포괄적 의미와 미래적 전망은 어떠한 것인가 등등이 박람회장의 풍경만큼이나 중요할 것이다.

2008년 여름에 열린 스페인 사라고사 박람회의 경우, 그 작은 중세도시도 박람회를 통해 지역의 재생운동을 기도했다. 비단 사라고사만이 아니다. 어떤 세계박람회도 해당 개최도시의 역사와 발전 목표, 미래적 전망과 무관할 수 없으며 2010년 상하이 세계박람회도 그러하다. 더군다나 중국은 앞장에서 살펴본 것처럼 베이징 올림픽을 막 끝낸 상태에서 베이징이 아닌 상하이에서 두 번째로 세계 최대의 행사를 집행한 것이다. 당연한 귀결이겠지만 상하이 세계박람회에는 '상하이적'인 그 무엇이 강하게 반영되어 있다. 상하이적인 그 무엇은 결국 그들의 역사문화적 · 자연지리적 조건에서 그 실마리를 찾아볼 수밖에 없다. 상하이 세계박람회를 이해하기 위한 전제 조건으로 상하이 자체의 궤적을 더듬어 볼 일이다.

청장靑藏고원에서 발원하여 중국 최대 호수인 청해호靑海湖를 지나 청해성, 사천성으로 흐르는 장장 6,300km의 장강長江, 중국에서 '강'이라 하면 장강이며, '하'라고 하면 황하다. 강남은 장강의 남쪽 하류인 강소와 안휘의 남부 지역 및 절강의 북부를 뜻하고, 강북은 장강의 북쪽 하류로서 강소와 안휘의 북부를 뜻한다. 장강은 상해를 중심으로 한 해안과 호남 · 호북 · 사천 · 운남 같은 내륙 지방과 연결되는 대동맥이다. '중국의 젖줄'이라는 통칭명만 가지고는 그야말로 '장강대하'같은 중국사에서 장강을 충분히 설명할 수 없으리라. 일찍이 서양인들이 지류를 착각하여

정화의 지도에 등장하는 장강

양자강揚子江이라 호칭하던 식민지적 관습을 벗어나지 못하고 오늘날에도 많은 한국인은 양자강을 입에 달고 산다. 중국 지도책은 한결같이 '장강'으로 되어 있다.[2] 만년을 장강 유역에서 유랑하다 762년에 세상을 떠난 이백이 마지막으로 남긴 시 임로가臨路歌를 떠올려본다.

대붕(大鵬)이 날아 세상 끝까지 흔들리는데,

중천(中天)이 무너지니 구할 수 없구나

남은 바람이라도 만 년을 떨치련만,

부상(扶桑)을 노닐다 왼쪽 날개가 걸렸다

후인들아 이 소식 듣거든 전해다오.

공자가 없으니 그 누가 눈물 흘릴까

장강은 이 '오래된 제국'이 안고 흐르는 그 무서운 '장기지속성'의 비밀을 간직하고 있다. 『명사』明史 정화전鄭和傳에 따르면, 정화는 유가항劉家港에서 출발하여 바다를 통해 푸젠福建에 이르렀고 거기서 다시 돛을 올려 베트남 남부를 거쳐 말라카로 나아갔다.[3] 동서 문명교류의 증거물이기도 한『서양번국지』西洋番國志 같은 책들이 장강 유역 난징南京에서 출간되었음은 중국사에서 장강이 차지하던 막중한 역할을 시사한다.[4] 일찍이 마르코 폴로Marco Polo도 강을 젖줄 삼아 살아가고 있는 항저우杭州를 '천상의 도시'로 부르면서, "시내 어느 곳에서나 뭍으로 혹은 이 수로를 통해 다닐 수 있으며, 거리와 운하는 넓고 커서 배가 손쉽게 다닐 수 있고……1만 2천개의 돌다리가 있고, 이 다리들 모두 아니 대부분의 경우 아치 아래로 배들이 쉽게 통과할 수 있도록 되어있다"고 했다.[5]

세계 여행에 나섰던 이슬람 여행가 이븐 바투타Ibn Batutah도 항저우를 방문한 소감에서 '운하에는 숱한 배들이 폭주輻輳하고 있다. 가지각색의 돛과 비단 차양을 갖춘 배들은 대단히 우아하게 칠을 했다. 배들끼리 서로 귤과 레몬을 던지면서 겨룸질을 한다.……그곳에는 선원과 어민, 뱃밥으로 배를 틀어막는 사람들, 목수, 궁수弓手, 보병 등이 사는데, 모두가 술탄의 노예들이다. 다른 사람들이 그들과 함께 살지는 않는데, 그들의 수효는 꽤 많다. 이 도시는 큰 강의 강가에 있다.'[6] 항저우에 이슬람 상인들이 모여 살고 있었음을 밝히고 있다. 국제적 무역항으로서 항저우 일원은 예로부터 세계로 열려진 창구였다.

이 같은 풍경은 20세기까지도 이어졌으며, 오늘날에도 일부 잔존된 모습을 볼 수 있다. 강과 바다를 곁에 둔 상하이는 물론이고 물의 고장인 장강 유역의 쑤저우蘇州, 항저우에는 집집마다 배가 있었다. '하늘 위에 천당이 있고 하늘 아래에는 소주와 항주가 있다'上有天堂 下有蘇杭던 그 고장들이다. 밭으로 일을 하러 가든, 야채를 팔러 가든, 벼를 베어 옮기든, 물고기를 잡든, 오리를 풀어 키우든, 마름을 따든, 친지를 찾아가든, 놀이 구경을 가든, 노인네 환갑잔치에 가든, 장례를 치르든 간에 모두 배를 이용한다. 배는 이 고장의 결정적인 교통수단이다. 정기선 이외에도 공장, 기관, 상점 모두 자기 배가 있다. 이곳에 새로 공장을 지으면 강이 비록 멀리 떨어져 있더라도 공장 문 앞까지 운하를 연결한다. 하천이 많으면 다리도 많을 수밖에 없다.[7] 조선 성종 때 중국에 표류한 문신 최부崔溥는 『표해록漂海錄』에서 15세기의 강남을 세밀하게 관찰했다. 특히 장강 이남을 이북과 대비시켜 자세하게 기록함으로써 강남 사회의 특수성을 선명하게 드러냈다. 최부는 대운하의 전 구간을 지나가본 첫 조선인이었다.[8]

그는 물의 도시 항저우의 풍요로움을 아래와 같이 기술했다.

> 항저우는 동남의 한 도회지로 집들이 이어져 행랑을 이루고, 옷깃이 휘어져 휘장을 이루었다. 저잣거리에는 금은이 쌓여있고 사람들은 수가 놓인 비단옷을 입었으며, 외국배와 큰 선박이 빗살처럼 늘어섰고, 시가는 주막과 가루가 지척으로 마주보고 있다. 사계절 내내 꽃이 시들지 않고 8절기가 항상 봄의 경치니 참으로 별천지라 할만하다.[9]

명청시대의 교역과 수공업 중심지였던 퉁리同里, 현대 중국문학의 대표적인 리얼리즘 작가 마오둔茅盾, 1896~1981의 고향으로 강남의 6대 수향水鄕으로 손꼽히는 우젠烏鎭, 2006년 개봉한 톰 크루즈 주연의 「미션 임파서블3」에 등장하여 눈길을 끌었던 또 하나의 수향인 시탕西塘 등이 모두 상하이시에 속하므로, 상하이 역시 쑤저우나 항저우 못지않은 물의 도시이다. 하긴, 제국주의에 의해 상하이가 '발명'되기 전까지 상하이시 자체가 없었고 오로지 쑤저우와 항저우 문화권역 이었음을 고려한다면,

쑤저우의 운하

굳이 상하이의 수향으로서의 정체성을 강조하고 나설 일도 못될 것이다.

이제 장강은 강에서 머물지 않고 태평양으로 다시 나아가고 있다. 정화함대가 장강을 치고 나갔듯이 20세기 말의 중국인들은 항구로 치고 나갔다. 양산항이다. 상하이에서 자동차로 1시간가량 남동쪽으로 달리면, 바다 한 가운데 마치 뱀처럼 굽어져 끝이 보이지 않는 둥하이東海 대교가 등장한다. 총연장 32km에 달하는 둥하이 대교를 가로질러 섬과 섬 사이를 연결한 양산항은 21세기 중국의 새로운 용틀임 자체를 뜻한다. 섬과 섬 사이를 철판을 깔아 웅대한 항구를 건설해냈다. 상하이를 비롯한 쑤저우, 항저우 등 장강 삼각주는 비단 원료인 누에고치를 생산하는 뽕밭이었으니, '桑田碧海'란 표현이 들어맞는다.

양산항 전경

양산항은 장강 삼각주와 세계를 연결시키는 관문[10]으로 허브항인 부산항을 위협하고 있다.[11] 세계 최대 컨테이너항만을 향한 야심은 끝이 없다. 현재 개발된 소양산小洋山 뿐 아니라 대양산大洋山에도 20선석을 추가, 2020년까지 총 50선석을 준비하고 있다. 기존 물량에 더하여 자국의 물량, 인접국 환적 물량을 흡수하면서 기항선사가 늘고 있어 부산신항에

양산항 둥하이 대교

오송강

타격을 입히고 있다. 장강 삼각주 및 내륙지역의 수출입화물과 북중국 항만의 환적화물은 물론, 기존 한국과 일본에서 환적하던 기존 중국물량이 흡수되며 물동량이 계속 증가할 것이다. 양산항을 주변지역과 연계한 복합물류단지로 조성하겠다는 야심찬 계획을 추진하고 있으며, 배후도시 건설에 나서 링강신청臨港新城지역에 인구 50만 규모의 신도시를 건설하고 있다. 링강은 인구는 작아도 넓이는 서울시의 절반크기.

이제 중국의 환적화물이 한국의 항구에 유치될 수 있는 시대는 끝이 나고 있다. 그렇다면 부산항과 광양항의 분산된 이중정책을 취하고 있는 우리 항구의 국제경쟁력은 안정된 것일까. 양산항의 크레인과 컨테이너 박스를 지켜보면서, 우리는 왜 작은 나라에서 굳이 경상도, 전라도로 나누는 투 포트Two Port정책을 쓰고 있을까, 그 효용성은 과연 타당한 것인가, 그런 의문을 던지지 않을 수 없다. 혹시나 국가의 백년대계 항만 정책에서도 경상도, 전라도 공평배려라는 변수가 작용한 것은 아니었던가를 생각하면서, 2012 여수 세계박람회가 열리는 여수-광양항과 2010년 상하이 세계박람회가 열리는 상하이-양산항을 비교해보는 것이다.

2 상하이는 중국을 먹여 살려온 장강의 자식들인 황푸강黃浦江과 오송강吳淞江이 만나는 절묘한 지점이다. 오월吳越이 각축을 벌이던 요충지. 중국 내륙으로 올라가던 쑹장강淞江이 침적토로 되자 강항江港이 자연스럽게 동쪽으로 이전했으며, 자연 변화는 오히려 상하이 번영의 지정학적 요인을 제공했다. 상하이는 장강 삼각주의 전반부 끝에 위치하여 동쪽으로는 동중국해, 남쪽으로는 항저우만과 만나며 서쪽으로는 저장성과 장쑤성으로 연결된다. 중국 해안의 중간 허리에 위치한 지리적 장점과 편리한 교통, 광활한 대지 덕분에 훌륭한 항구로 발돋움했다.

1942년, 영국군은 상하이로 입성하여 굴욕적인 난징조약을 체결, 황푸강 연안에 외국인 거류지를 설치한다. 이로부터 상하이는 외국상선이 넘나들고 선박회사, 은행 등이 속속 세워지면서 열강의 침략 거점으로 전락한다. 식민의 대가는 단호했다. 무려 한 세기 동안1843~1943 상하이는 줄곧 분할된 개항장으로 존재했으며, 성벽에 둘러싸인 도시지구인 성 남쪽의 중국인 거류지역, 갑문 북쪽의 영미권 중심의 국제조계와 인접한 프랑스조계로 분단되었다. 2차 세계대전이 한창이던 1943년 연합국과 중국이 최종적으로 조계 상태를 종료시킬 때까지, 아파르트헤이트Apartheid식 분단 현상은 지속되었다. 지독히 모독적인 인종차별주의 간판이 등장, 실제로 중국인들은 카페, 극장. 호텔 등, 심지어 공원조차도 함부로 드나들 수 없었다. 이름 하여 '華人與狗 不得入內 였으니!. 중국인과 개는 출입금지!

치외법권적 조계지역은 늘 양화잡처華洋雜處, 즉 중국적인 것과 서구적인 것이 공존하는 중국사에서도 특이한 존재였다. 홍콩과 마카오와 또 다른, 중국 속의 서양, 서양 속의 중국이 때로는 대립적으로, 때로는 피와 살을 섞으면서 황푸강으로 흘러갔다. 동서 양자의 생활양식은 확연히 달랐다.

중국인 거주 지역과 서양인 조계 두 세계 사이에는 다리가 있고, 전차와 전찻길, 그리고 다른 공공도로가 인접해 있었다. 조계에는 서구의 패권적 건축물이 들어섰으며, 은행과 오피스 빌딩, 호텔, 교회, 클럽, 영화관, 커피하우스, 식당, 고급 아파트, 그리고 경주장이 속속 들어섰다. 이것들은 중국과 서양의 거의 한 세기에 걸친 굴곡 많은 접촉의 역사를 간직한, 콘크리트로 이루어진 서구 물질문명의 상징물이었다.[12] 문일평文一平. 1888~1936이 망명하여 상하이에 첫발을 디뎠을 때, '상해 부두에서 내려다본 즉, 장려하고도 정제하게 만들어진 시가 규모가 듣던 바와 같이 과연 동양의 런던임을 수긍케 하는 바였다'[13]고 남긴 첫인상의 기록과 대차가 없었으리라.

식민지 도시들은 모두 식민지에 특징적인 장소를 가지고 있었으니 상하이도 예외가 아니었다.[14] 즉 교회, 정부청사, 영사관, 관세청, 기차역,

십리양장의 와이탄 전경

항구, 병영, 그리고 영국식민지에서는 경마장과 종종 골프장 등이 이러한 장소에 속한다. 식민지 도시는 인종적인 기준에 의거한 주거 지역의 격리를 기본 원칙으로 했다. 도시의 유럽인 지역들은 매우 넓었으며, 저택이나 방갈로 등이 여유 있게 지어졌다. 그리고 가능하면 지반을 높게 돋우고, 선진적인 상하수도 시설을 갖추었다. 이러한 상하수도 시설 때문에 유럽인 지역은 좁고 낮은 토착민의 거주지보다 더 위생적이었다. 일반적으로 식민지 도시는 '다원적'으로, 즉 2개 이상의 종족 집단을 위한 생활공간으로 나뉘는 것이 특징이다. 식민도시에 관한 이상과 같은 일반론적 원칙에 상하이도 포함된다. 달리 생각해보면, 중국인에게 외국 조계는 어떤 '또 다른 세계', 이른바 '십리양장+里洋場; 십리에 걸친 서양인 세상이라 하는, 서구 자본주의에 의해 통치되고 호화스런 생활에 빠져있는 이역異域만은 아니었다. 중국과 서양은 혼성되고 모방되어 상하이적인 그 무엇을 만들어내게 되었기 때문이다.

십리양장의 중추는 와이탄外灘이었다. 와이탄은 항구일 뿐만 아니라 영국 식민세력의 창구였다. 와이탄의 스카이라인은 영국식 건물이 장악했으며, 특히 영국영사관, 팰리스호텔, 상하이 클럽, 새슨 하우스, 세관

와이탄의 풍경 (1930년대와 2000년대)

석고문 양식 (상하이 임시정부 청사)

빌딩, 홍콩상하이은행 등이 주목을 끌었다. 보통의 관광객들은 항시 강 건너편 푸둥으로 넘어와서 잘 꾸며진 수변공간에서 와이탄을 바라본다. 동양인은 물론이고 서양 관광객이 많다. 와이탄의 야경은 경관을 팔아서 수입을 올릴만한 매우 뛰어난 경관가치를 지닌다. 1970년대 초반, 남대문에서 서울역을 가다보면 양 옆으로 일본식 건물들이 즐비했는데 김현옥 시장은 불도저란 별칭을 자랑하듯이 모조리 부수어 도로를 넓히고 상자곽처럼 생긴 국적불명의 콘크리트 빌딩들을 세웠다. 경관가치 같은 평가를 내릴 여유조차 주지 않고 해방 20여년 만에 멀쩡한 건물들을 부수기 시작한 것이다. 그러한 점에서, 비록 식민과 제국의 상징이었지만 와이탄 거리를 나름 잘 보존해온 중국인의 태도에서 배울 것이 많다. 하긴, 상하이를 점거한 서양인들이 마천루급의 빌딩을 속속 세웠다면, 우리는 하필이면 C급 제국이었던 같은 황인종에게 식민화되어 초라한 식민지 건축물만 남겼다. 와이탄은 서양인에게는 번드Bund라는 호칭으로 더 잘 알려져 있는데, 본디 번드란 '제방'을 뜻하는 인도어에서 왔다. 조계 시절의 와이탄은 영국조계와 일본조계를 나누는 경계선이었던 외백대교外白渡橋에서 스류푸 페리터미널까지 1.5km에 해당하는 둑방구였지만 지금은 강변 산책로에 국한되어 사용된다. 1934년 영국인이 세운 고급 아파트로 지금은 클래식호텔로 쓰이고 있는 외백대교 입구의 상하이대하上海大廈 Broadway Mansion, 1922년 준공 당시만 해도 가장 높은 건물로 미국 팔머&터너 설계사무소가 세운 해운회사 클렌 라인Glen Line사의 이태대류怡泰大樓, 20세기 초반 상하이를 주무르던 유태인 재벌 빅터 사순Victor Sasson[15]이 1929년에 지어 사순그룹의 호텔로 사용되던 아르데코Artdeco양식의 명품건물 화평반점 북루和平飯店北樓, 1857년 조계의 해관海關에서 비롯되어 1925년에 팔머&터너 설계사무소가 세운 네오 바로크풍 시계탑이 눈길을 끄는 상하이 해관, 와이탄에서 가장 웅장하고 화려하게 건축되어 그리스 신전을 연상케 하는 신고전주의 건축양식으로 1923년 건립 당시에 HSBC은행의 상하이 본점으로 쓰이던 발전은행發展銀行건물 등등을 책성冊城 서점에서 구입한 근대건축 도판집과 대조하면서 바라본다. 그리고 와이탄 역사진열관外灘歷史陳列館에 잠시 들러 조계 시절의 발자취를 되짚어본다.

이들 건축군은 모양새는 조금씩 달라도 일란성 쌍둥이처럼 19세기에 영국에서 유행한 신고전주의 양식에 따라 신축되거나 중건되었다. 식민지 건축양식이다. 신고전주의 양식은 영국의 초기 빅토리아 시대의 고딕 양식과 미술공예운동의 자유주의 양식을 대체한 것이다. 신고전주의 양식은 의식적으로 로마제국과 그리스 건물양식을 결합시켰다. 후기 빅토리아시대의 영국 관점에서 보자면 고전주의 형식을 이용하여 제국정신을 해석하는 것이 합리적이었기 때문이다. 왜냐하면 유럽인들은 그리스와 로마의 고전 양식이 제국의 건축언어를 표현한다고 믿었으며, 고전주의의 부흥이 제국의 번영과 흥성을 설명하는 것이었기 때문이다.

20세기로 접어들자 영국은 과거와 같은 세계 유일의 막강 제국이 아니었다. 미국이라는 신흥국가가 필리핀을 점령한 이후 태평양에서 세력을 확장하기 시작했으며, 영국과의 공동조계를 거쳐서 마침내 1920년대 후반부터는 영국의 고층을 제치고 30여 채의 고층 건물이 미국의 현대적인 공법으로 출현했다. 은행 건물, 호텔, 아파트 등이 그것인데, 뉴욕의 마천루와 스카이라인과 아르데코양식이 상하이로 옮겨온 것이다. 그러나 영국, 미국 구분할 것 없이 앵글로색슨이 주도하는 제국의 건축양식들이니, 스페인과 포르투갈, 네덜란드 등의 해양제국이 몰락하고 앵글로색슨이 지배하는 해양제국이 상하이에서 동아시아 좌판을 본격적으로 획득한 것이다.

하버드대 교수로 재직하다가 홍콩 중문대에서 가르치고 있는 리어우판은 모더니즘이란 분석틀로 상하이를 재해석하면서, "그동안 중국의 주류학계는 모더니즘적 시각으로 도시를 접근한다는 것 자체를 '용서'하지 않았다. '자본주의적 자유화', 혹은 '정신오염'과 연루되어 있었기 때문이다. 그러나 오늘의 상하이에서 푸둥에 즐비하게 늘어선 고층의 비즈니스 빌딩들은 오래 전에 와이탄의 옛 건축물을 능가하게 되었을 뿐만 아니라 젊은 세대 또한 과거의 '올드 상하이'조차 대수롭게 않게 여기며 그들만의 '신천지'로 향하고 있기 때문에 상하이를 둘러싼 근본적인 시각조정들이 이루어지고 있다"고 선언하기에 이른다. 개혁개방 이후에 생겨난 중

호텔 광고

자본주의의 꽃인 광고의 유행. 1920-30년대는 술, 담배, 화장품, 비누 등 다양한 제품광고가 유행했다. (源和洋行)

국의 경제발전과 푸둥의 혁신이 지나간 제국의 유산과 모더니즘 같은 당대의 풍조를 평가하는데 있어 유연성을 보장하게 되었다는 고백이리라.

사실 모더니즘이란 현대화근대성의 총체화와 일상화와 현대성현대적 도덕감의 간극과 결탁을 뒤로 하면서 상상력으로 새로운 '미적 현대'를 구축하고자 하는 시도를 의미한다. 낭만주의에서 시작하여 20세기 초의 본격적인 모더니즘과 다다Dada, 초현실주의 등에 이르는 현대예술의 발전과정은 이 같은 미적 현대성의 개별적인 전망들을 담고 있었다. 이 전체과정을 통해 모더니즘은 각 시기별로 특수한 동시대의 아방가르드avant-garde였다.[16] 리우어판이 지적한 바와 같이 '잃어버린 모더니즘'의 기풍을 유연하게 찾아나서는 일은 중요하다. 그러나 오늘의 상하이가 과거의 1949년 이래로 공식적으로 전개되어온 사회주의적 전통보다는 자본주의적 전통과 경험만을 발전시키고 있는 현상에 대해서는 보다 세심한 이해가 필요할 것이다.

3

건물만 다양해진 것이 아니다. 상하이 저력의 밑바탕에 깔려 있는 인종적 다양성을 주목해야 한다. 이미 19세기 말에 이르러 상하이의 외국인 거주자는 만여 명에 이르렀으며, 1930년대 말의 상하이 총인구는 약 5백만 명으로 당시 세계 3대 도시 중 하나였다. 그 5백여 만의 절대 다수가 외국인이거나 각 지역에서 몰려든 중국인이었다. 인근에서 전란, 기근 같은 대대적인 사건이 벌어지면 엄청난 난민이 상하이로 쇄도했다. 인력이 쇄도하면서 상하이에는 저가 노동력이 넘쳐났다. 1929년의 경우, 상하이 산업노동자의 절반이 여성이었으며 그녀들

다양한 인종

상하이로 향하는 피난길. 기근이나 전쟁 등이 벌어지면 인근 저장성 같은 주변 지역에서 수많은 아들이 상하이로 몰려들었다. (1930년대)

난징로 (1905년)

은 하루 12시간 노동을 하면서 남성노동자의 1/4에 불과한 돈에 만족해야 했다. 심지어 5~6세의 어린 소녀들도 하루 종일 노동을 해야 했다. 칼 마르크스가 영국이 아니라 상하이에 머물렀다면, 그는 『자본론』의 각주에 반드시 이들 소녀들의 노동참상을 추가했으리라!

1930년대 중반 기준, 8만 여명의 리어커꾼이 있었으며, 이들은 모두 북부 중국에서 흘러들어온 사내들이었다. 상하이에는 시베리아로부터 1917년의 러시아혁명을 피해 망명한 백계白系 러시안이 25,000여 명에 달했다. 블라디보스토크가 볼셰비키에게 함락된 직후에 망명한 그네들은 상하이에 활력을 준 이국적인 집단이기도 했다. 유대인 집단촌도 존재했으며, 그네들 중에는 사순 호텔을 운영하던 빅터 사순 같은 거대재벌도 있었다. 이와 같은 화양잡거華洋雜居, 오방잡처五方雜處의 결과, 상해 건축물은 '상해 만국 건축박람회'라 칭했으며,[17] 다인종사회답게 '인종 전시장'으로 호칭되었다. 한국인 홍양명洪楊明이 쓴 당대의 기록에도 '인종전람회'란 표현이 등장하고 있다.

> 상하이의 브로드웨이며 몽파르나스인 난징로드(南京路)의 한구석에 가만히 서서 왕래인을 점고(點考)해보라. 신사풍 내고 능청맞고 코 높은 상하이의 특권계급인 영국인, 장난질 치고 만용한 아메리카 수병(水兵), 교만한 프랑스인, 너절한 러시아인, 욕심 사나운 유대인, 양키 흉내 내는 필리핀인, 인도인, 베트남인, 일본인, 각종 각양의 색 다르고 말 다르고 행색 다른 인간들이 양키화한 다수의 중국인 동양풍 그대로의 무수의 보수당에 섞여 혼연(渾然)한 인종전람회를 이룬다. 코즈모폴리턴의 도회다. 세계의 변형이다. 축도다! 지구의 축사체(縮寫體)다. 동양 런던이다. ― 등등으로 입에 회자됨도 무리가 아니라고 대번에 수긍해버린다. 그러나 그 각개의 인간들은 각자 소속 국가의 위력과 획득한 이권과 그들을 보호하는 군대, 군함, 국가권력 등을 배경으로 하여 상호 경쟁하고 각국의 힘이 상하이를 중심으로 혼연히 암류(暗流)하는 형세를 보면 사실에 있어서는 그 의식에 있어서는 극단의 국가적 개인주의자들의 집합된 도회다.[18]

상하이는 '첩자들의 도시'이기도 했다. 리안 감독의 영화 『色, 戒』의 원작자 장아이링張愛玲, 1920~1995이 묘사했듯이,[19] 상하이 애국대학단원들이 심어둔 스파이 왕지아즈가 자신의 빼어난 미모를 무기로 미인계를 펼치는 식의 여성, 미모, 스파이, 정보부 따위의 아우라가 상하이를 감싸고 있다. 상하이의 그러한 이미지들은 오늘날까지도 우리들의 두피를 장악하고 있는 중이다.

1930년대의 상하이는 이미 재정, 금융, 상업, 문화사업, 도시 발전 등에서 최상의 수준을 달렸다. 상하이에는 중앙은행, 중국은행, 교통은행, 중국농업은행, 영국 HSBC, 독일 덕화은행, 일본 요코하마은행, 러시아 화아도승은행, 미국 시티은행, 벨기에 화비은행, 프랑스 도앙회리 등 세계자본이 꾀어들고, 전장錢莊 개인 금융기관과 신탁회사가 모여들었다. 오죽하면 루쉰이 다음과 같이 말했겠는가.

상하이의 백계 러시아인

북경은 명·청 시대 황제의 도시이고, 상하이는 각국의 조계이다. 황제의 도시에는 관리가 많고, 조계에는 상인이 많다. 그래서 북경에 있는 문인은 관리에 가깝고 상하이에 있는 문인들은 상인에 가깝다. 관리에 가까운 자는 관리로 하여금 이름을 얻게 해주고, 상인에 가까운 자는 상인에게 이익을 얻게 해 주며, 자신도 그것을 통해 생계를 잇는다. 요컨대 경파(京派)는 관리의 끄나풀일 뿐이고, 해파(海派)는 상인의 조수일 뿐이다.[20]

1942년에는 외국인 숫자가 15만 명을 초과했으며 58개 나라에서 온 사람들이 상하이를 국제도시로 바꾸어놓았다. 인종의 다양성과 맞물리는 문화다양성의 성립은 당연지사. 그런데 상하이의 건축군과 그 실

상하이의 매춘녀

내, 길거리와 공원, 술집과 댄스홀 등에는 리어우판 교수의 지적대로 성욕·환상·마성, 그리고 얼굴·몸·도시의 담론이 숨겨져 있다. 상하이가 중국 공산주의운동의 발상지이면서도 막상 '상하이적인 그 같은 무엇을' 본격적으로 자랑하고 외화시키지 못했던 개혁개방 이전 시대의 역사는 이와 같은 상하이의 복잡 다양한 조건 때문에 비롯된 것이다.

상하이의 창녀들 역시 너무도 중요한 존재였다. 그녀들은 유괴되어, 또는 시골의 몰염치한 아버지들에 의하여, 특히 쑤저우에서 팔려온 뒤 상하이에 무수하게 퍼져있던 소위 '갈보집'으로 팔려갔다. 노래하는 소녀들도 이 소돔과 같은 도시의 목록에서 빠질 수 없었으며, 그녀들은 '꽃'이라 불렸다. 춘원 이광수가 오죽하면 '물질문명이 산출되는 여러 가지 해독 중에서 가장 치 떨리는 화류병의 도시'라고 말했을까.[21] 그 시대의 어떤 상하이 가이드북은 이들 '꽃의 왕국'에서 종사하는 그녀들을 고급 창부, 광동 매춘녀, 일본 게이샤, 그리고 남자를 상대하는 소년 동성애 배우들로 나누곤 했다.

돈 있는 사람에게는 낙원과 같은 곳, 돈 없는 사람에게는 지옥이나 다름없던 곳. 은행가에서 양복을 입고 사무를 보다가 점심시간이면 사천로四川路 양식점에서 점심을 먹는 은행원이 있던 반면에, 길거리에서 값

한자리에 모인 매춘녀들

싼 음식을 팔다가 저녁에 꺼질 듯 말 듯한 가로등을 뒤로 하고 다 스러져 가는 판잣집을 찾아가는 사람이 즐비하던 도시. 남경로가 상업번성의 최첨단을 달렸던 반면, 공공조계의 양쪽 끝에 있던 공장지대와 조계지역을 둘러싸고 형성된 판자촌이나 절인 생선을 파는 가게 등이 많았던 남시南市는 전혀 다른 이미지를 지니고 있었다.

 백화점은 시끌벅적하게 들끓고 있었으며 자동차가 부와 권력의 상징이 되어, 결혼 때 자동차에 신부를 태워야 하고, 다이아몬드나 진주를 결혼 예물로 주지 않거나, 또 이들 예물이 적으면 중산층 가정에서는 대단한 치욕으로 생각하는 경향, 금딱지 시계와 거의 10원에 이르는 신식 신발과 스타킹으로 치장을 해야 품격 있는 상하이인으로 여기는 소비풍조가 상하이 사회에 유행했다. 연애도 결혼도 인격의 평가도 사회적 지위도 모두 금전의 많고 적음으로 평가되는 세태, 그리하여 돈이 삶의 가치

춤의 도시

와 행복이 필수조건이 되고, 그러한 생활이 내화(內化)되어 물화(物化)된 생활을 당연시하는 경향이 상하이 사회에 팽배했던 것이다. 역설적으로 이같은 그릇된 전통은 상하이 사람들을 금전에 민감하게 만들었으며, 이윤을 내는 장사와 금융업에 몰두하게 만들었다.

전통의 질곡이 여전히 일상생활을 짓누르고 있는 상황에서 상하이인들은 서구 자본주의의 어두운 이면인 배금주의를 통해 근대적 생활세계를 만들어가고 있었다. 그런 점에서 상하이인은 전통의 질곡과 근대가 초래한 물화된 생활이라는 또 다른 질곡을 중층적으로 대면하고 있었다. 그럼에도 화려한 소비생활과 사치는 상하이인이 모던을 만끽하는 수단이었고, 그 모던은 상하이인에게 가져다준 문화적·물질적 특권의 상징이었다. 이주민의 사회이며 출신지역에 따라 이질적인 문화와 의식, 언어를 갖고 있었던, 따라서 문화적 정체성이 서로 달랐던 다양한 상하이인들은 상하이에서만 누릴 수 있는 소비생활을 공유하면서 자신도 알지 못하는 사이에 상하이인으로서의 자부심을 가질 수 있었다. 상하이인의 소비생활은 흥미롭게도 배금주의, 화려한 소비생활, 상하이인의 정체성 이라는 세 측면이 복합적으로 연동되어 있는 상하이적 근대의 상징이었으며, 상하이적 근대는 그러한 소비생활의 산물이었다. 그런데 정작 상하이인들은 자

예나지금이나 마의 도시

신들이 '과도기적 삶'을 살고 있다고 생각했다.[22]

그래서 상하이는 자본주의 근대의 미추선악美醜善惡이 모두 모여든 도시였다. '기형적 지나의 축도판', '밤의 상하이는 요마妖魔의 도시', '첨단의 에로항港', '무서운 악마의 기미氣味와 나쁜 미소로 충만한 거리', '중국 제1의 무역항이기 보다는 마도魔都'였다. 그러면서도 '노대국老大國의 허울을 벗어버리고 신흥 천년국가의 건설에 분준하여 가는 모양을 역력히 볼 수 있다'고 했다.[23] '중국 현대를 이해하는 열쇠', '노동자계급의 대본영', '부자들의 천당', '가난한 사람들의 지옥', '제국주의 침략의 교두보' 같은 가중 이미지도 얽혀 있었다.[24] 그리하여 상하이는 전 세계의 축소판이라기보다는 제국주의가 창조해낸 '그들만의 세계화'의 축소판이었다.

공산주의와 자본주의, 리얼리즘과 모더니즘

상하이는 모더니즘의 도시이기도 하며, 리얼리즘의 도시이기도 하다. 1915년 안후이성 출신의 진독수陳獨秀, 1880~1942가 상하이에서 『청년잡지青年雜誌』25를 창간했다. 절강성 소흥현 사람인 루쉰魯迅, 1881~1936과 이대교李大釗, 1880~1927 등이 편집위원으로 참여한 『청년잡지』는 신문화운동의 진지였다. 신문화운동의 기본 내용은 민주와 과학의 제창이었으며, 그 운동적 제한성에도 불구하고 중국 지식계와 대중운동에 막대한 영향을 미쳤다. 출판·언론운동, 그리고 영화와 영화잡지, 영화배우와 감독, 영화담론 등이 상하이를 채워 나갔으며, 가장 첨단적인 것은 일단 상하이를 거쳐서 전국화 되었다.

1930년대 상하이의 복잡다단한 실상을 이해하려면 마오둔茅盾,1896~1981의 자야子夜를 꼭 읽어야 할 것이다. 자야는 '칠흑 같은 어두움'을 뜻한다. 마오둔은 '매판계급, 민족자본계급, 혁명운동가와 노동대중의 세 측면을 묘사하려고' 자야를 창작했다고 술회한 적이 있다.26 제국주의 세력 및

잡지 『양우』. 1926년 창간되어 1945년 종료될 때까지 172호를 냈다.

금융 매판자본 계급을 대표하는 자오보타오, 민족자본 계급을 대표하는 우쑨푸의 대결을 통해 중국 민족자본가 계급의 현실적 상황과 전망을 묘사하고 있다. 그리고 이 중심 테마를 축으로 하여 봉건계급의 몰락양상, 쁘띠부르주아 계급의 향락적이고 기회주의적인 양태, 노동운동 및 노동대중의 흥기 등과 같이 상하이를 배경으로 당시의 사회상을 다양한 측면에서 섬세하고 생동감 있게 그렸다. 작품에서 매우 중요한 흐름을 형성하고 있는 것은 상하이 노동자의 이야기다. 당시 제국주의 세력, 매판자본, 민족자본의 경제력이 밀집되어 있던 상하이는 5·30운동이나 1927

년 대혁명 기간의 상하이 총파업이 보여주듯이 노동운동의 핵심지였다. 그러나 1927년 이후의 가혹한 탄압과 개량주의적 노선의 확대, 경제적 이익의 추구에 치중하고 있던 노동자들의 변화가 이루어지고 있었다. 그럼에도 불구하고 끊임없이 투쟁하는 노동자들의 모습이『자야』에 아주 생생하게 묘사되었다.

　플라타너스 늘어선 프랑스 조계지의 노천카페에 앉아『자야』번역본을 펴놓고 책 속의 사실주의적 풍경과 눈앞에 펼쳐지는 모더니즘적인 이국적 풍경을 잠시 비교해 본다. 역사는 아주 냉정한 것이라, 어제는 공산주의의 진원지였고, 한편으로 매판자본의 본거지였던 상하이의 거리가 중국경제의 거대한 엔진으로 강력한 시동을 걸린 오래다.『자야』의 후예들은 전혀 다른 삶을 살아가고 있을 것 같지만 여전히 상하이시에는 무수한 노동자들이 살아가고 있는 중이다. 혁명과 자본, 그리고 전혀 이와 대칭되지 않는 '짝퉁의 천국'까지 고려하면서, 프랑스 명품들이 빛나던 거리였지만 또한 짝퉁의 천국이기도 했던 샹양시장에서 짝퉁 명품들을 바

1930년대의 좌파 예술인들

상하이 극장가. 1930년대는 극장과 영화인의 전성시대이기도 했다(1935년. Nanking 극장)

부유층의 여인(1920년대)

라본다. 그 명품 짝퉁들에도 중국의 욕망이 잘 반영되어 있기 때문이다.

이처럼 상하이를 이해하는 방식은 고상한 통로만 있는 것은 아니다. 마오둔의 『자야』같은 소설로부터 짝퉁시장과 공장, 프랑스 조계의 카페촌 식탁 위에 올라온 부드러운 치즈 덩어리에서도 상하이를 읽어낼 수 있는 것이다. 자리를 옮겨 상하이 공예미술박물관으로 쓰이고 있는 1905년 당시 프랑스 부호의 아름다운 저택으로 갔다. 이처럼 화려한 건물이 이미 그 시절에 있었던가 싶다. 동양세계에서 살아가던 백인들의 화려했던 삶이 떠오른다. 그런데 이와 대조적으로 공산당청년단이 결성된 프랑스 조계지의 단중앙구지團中央舊地를 바라보면 묘한 느낌이 든다. 제국주의 번영의 상징물인 근대건축물과 반제투쟁의 상징물인 단중앙구지의 묘한 대립모순 속에서 상하이시에 중첩되어있는 역사의 결을 느껴본다.

상하이에서는 이와 같은 대립모순이 곳곳에서 감지된다. 쑨원의 아내 쑹칭링宋慶齡, 1892~1981이 노년을 보낸 이곳에서, 단정하게 앉아있는 모습으로 조각된 그녀의 조각상을 바라보면 그녀의 동생으로 국민당 총통 장제스張介石, 1887~1975의 아내가 된 쑹메이링宋美齡, 1901~2003의 대비되는 인생을 생각하지 않을 수 없다. 프랑스 조계의 용화열사능원에 가면 국민당원이 공산당원 800여 명을 처형한 역사적 현장이 그대로 살아있다. 일본군이 점령하여 이곳에서 고문 등으로 죽인 사람만 1만여 명에 이르렀다. 국민당과 공산당, 국공합작과 분열, 프랑스와 일본, 집단학살 등의 제 모순이 상하이의 옛 도심에 각인되어 있는 것이다.

1921년 중국 공산당 제1차 전국대표자대회가 상하이에서 개최되었다. 이로써 상하이는 중국공산당의 발상지란 영예를 누린다. 중국공산당의 탄생지인 8·13 항전의 도시, 4·12 학살의 발생지, 3차 노동자 무장봉기와 문화혁명, 1월 폭동의 발생지이기도 하다. 2차 세계대전이 끝나고 인민해방군의 총공세가 밀려오던 1949년, 상하이는 마침내 공산당에 의해 접수된다. 1949년 10월 1일 오후 3시, 천안문 위에서 마오쩌둥은 중화인민공화국의 탄생을 선언했다. 새 중국의 국기로 정해진 오성홍기가 나부끼고 잠정적 국가로 채택된 의용군행진곡이 울려 퍼졌다. 상하이의 공장과 상업시설에 대한 사회주의적 개조가 본격화되어 상하이는 이전의 자본주의 도시에서 사회주의적 성격을 지닌 생산도시로 변화해 갔다. 1949년 이후, 상하이의 자본가 일부분이 홍콩, 대만, 혹은 외국으로 빠져나갔다. 1956년 초, 모든 회사는 공동으로 경영하게 되었다. 상하이는 자본이 주는 전통적인 활력을 잃어버리게 되었다.

2

권력의 접수는 끝나지 않았다. 1966년, 문화혁명이 시작된 것이다. 문화혁명은 상하이 중앙과 베이징 중앙의 대결로 시작된다. 베이징 중앙은 국가 주석인 류사오치劉少奇, 1898~1969와 베이징 시장인 펑쩐彭眞, 1902~1997을 중심으로 한 세력이고, 상하이 중앙은 류사오치파를 제거하기 위해 마오쩌둥이 동원한 신진 세력이었다. 앞서서 진행된 약진운동의 실패에 책임을 지고 당 주석을 류사오치에게 물려준 뒤 항저우에 물러나있던 마오쩌둥毛澤東, 1893~1976은 상하이시 당서기 야오원위안姚文元, 1931~2005으로 하여금 상하이시 당 기관지 문회보文匯報에 해서 파관海瑞罷官이라는 사극 비판문을 쓰게 한다. 베이징 중앙을 향한 공격이 시작된 것이다. 10여 년 간에 걸친 대재앙인 문화대혁명의 서곡이 상하이에서 시작된 것.

"홍위병에게 명하노니, 곳곳에 숨어있는 적들을 찾아내 처단하라!"

마오쩌둥의 이 발언은 죽음의 묵시록默示錄이 되어 중국 대륙을 피로 물들였다. 문혁이 시작되던 그 해, 홍위병들은 쉬자후이 천주교당에 난입하여 첨탑까지 잘라내 버렸다. 그런 식으로 곳곳에서 사람 목숨을 초개처럼 잘라내고 형극의 땅으로 유배 보냈다. 문혁이 종료된 뒤에 이루어진 후야오방胡耀邦, 1915~1989의 연설에 의하면, 문혁으로 인하여 억울하게 죽은 사람이 수십만 명, 피해자는 수천만 명, 사상자 및 몸이 불구가 된 사람만 수백만 명에 이르렀다고 했다.[27] 개혁개방 이전인 1978년에 하와이 동서문화센터East-West Center에서 일련의 중국계 미국학자에 의해 집필된 보고에 의하면, 이런 유치한 대목이 눈에 들어온다. 문제는 이 같은 유치한 죄목에 걸려 수많은 사람들이 죽어갔다는 점이다.

> 덩샤오핑은 카드놀이를 함께 함으로써 반혁명분자들과의 우정을 견고하게 구축하고 있다. 그들은 과거 수년간 공무로 다른 지역에 갈 일이 없을 때마다 매주 수・토요일 밤, 일요일 오후와 저녁 시간을 함께 모여 마음껏 놀이를 하며 보냈다. 게다가 덩과 그의 동료는 업무시간에도 비서를 시켜 엉큼한 악동들로 이루어진 그들의 측근을 불러오도록 하여 직무 보고를 받았다. 그들이 놀고 있는 동안 북경의 레스토랑에서 보내온 최고급 식사와 요리가 차려진다(1967년 2.18 홍위병들 덩샤오핑을 폭로하다).[28]

홍위병 수첩   마어쩌둥 어록

마오쩌둥이 쓰던 도자기, 마오쩌둥을 그린 그림과 조각 같은 미술작품, 마오의 어록을 읽는 인민들, 기차표와 양권糧券, 붉은 표지의 신분증 같은 홍위병의 유물들을 보고 있노라면,[29] 한 시대를 죽음으로 내몰고간 광기가 등골을 선연하게 만든다. 션판의 소설 『홍위병』에서처럼,[30] '마오의 아이들'인 홍위병은 시대의 사생아였다.

마우쩌둥

공산주의와 자본주의, 리얼리즘과 모더니즘 :: 117

샤오롱의 누나는 반동분자라는 죄목을 받고 7년의 중노동형에 처해졌다. 충성스러운 홍위병 대장이었던 망치는 인민의 적이라는 죄목으로 10년 동안 징역을 살아야 했다. 나중에 나는 망치가 감옥에서 끔찍한 고문을 당했다는 소식을 들었다. 일명 '호랑이 의자'라는 고문으로 무릎 부분을 의자에 묶은 채 뒤꿈치 아래 벽돌을 계속 밀어넣는 것이다. 다리 곳곳이 심하게 부러진 그는 결국 평생을 절름발이로 살아야 했다. 또 다른 전투 영웅이었던 구렛나룻은 다른 홍위병들과 싸움을 벌이다가 곤봉으로 맞아죽었다고 한다. 문화혁명은 처음에 자본가들에게 그랬던 것처럼 이제 혁명적인 홍위병들의 목숨도 빼앗아가고 있었다.

광풍은 사람만 병들게 만드는 것이 아니라 도시 자체도 병들게 했다. 비록 제국주의의 도시였지만 상하이는 적어도 동방의 월스트리트, 아시아의 금융 중심, 원동의 가장 번화한 도시로 자리 잡고 있었다. 신중국 성립 이후에도 상하이는 전국에 커다란 공헌을 했다. 그들이 연간 상납한 재정소득은 170여 억 위안에 달하여 전국의 1/6을 차지했으며, 상하이인과 상하이 상품은 남의 부러움을 샀다. 하지만 상하이는 여러 가지 복합적 원인으로 뒤떨어졌다. 변명의 여지도 없이 뒤떨어졌다. 이를 반등시킬 기회는 문혁 이후 1990년에야 찾아들어온다. 1990년대 들어, 역사는 상하이에 또 한 차례의 기회를 부여한 것이다.

1978년에 시작된 중국 개방은 매우 조심스러웠다. 개혁개방이 선언된 지 5년째인 1984년 1월 24일, 덩샤오핑鄧小平, 1904~1997은 남행열차에 몸을 실었다. 덩샤오핑은 심천 등 특구 행을 마치고 2월 10일 상하이에 당도했으며, 총 25일간의 남순南巡을 마치고 17일에 북경으로 돌아간다. 8년만인 1992년, 덩샤오핑의 역사적인 남순이 다시 시작됐다. 그의 남순은 대외개방과 개혁의 전환점이 되었다. 상해, 천진, 대련, 연대, 청도, 영파, 온주, 복주, 광주 등 14개 연해 항구도시를 개방한다. 상하이는 장강 유역 아홉 개 성 대외개방의 용두龍頭로서 작동하기 시작한다.

1990년 4월, 국무원은 상하이 푸둥개발구 설립을 공식 비준했다. 푸둥개발구는 '1년 내에 한 가지 변화된 모습을 보여야 하고, 3년 내에는 크게 변모해야 한다'고 요구받았다. 그 해 3월, 상하이시장 황국은 푸둥에서 현장회의를 소집하여 양교兩橋, 남포대교와 양포대교, 일로一路, 양고로, 삼구三區, 푸둥의 3개발 소구 개발전략을 획정 짓는다. 그로부터 푸둥 개발에 외국인자본·화교자본을 끌어들이는 등 대대적 투자가 이루어진다. 1991년에는 푸시와 푸둥을 연결하는 난푸대교南浦大橋가 완공되어 푸둥 개발을 원활하게 추진하는 견인차가 된다. 전장 8.4km의 현수교로 당시만 해도 세계 3위에 해당되는 과감한 시도였다.

이미 1992년에 상하이의 경제성장률은 15%에 이르렀으며, 그 중 공업생산액 증가는 21%, 수출액 성장이 22.5%나 되었다. 중국 금융개혁의 일환으로 장단기 외환거래시장이 1992년 6월 외환조절중심에서 실험적으로 실시하여 성공하기에 이른다. 푸둥 국제공항, 지하철, 푸둥 철도 간선 등 중요 기간시설이 이후에 만들어졌다.[31] 1992년 봄, '90년대는 상하이의 마지막이자 유일한 기회다. 당신들은 이 기회를 놓쳐서는 안 된다'고 했던 덩샤오핑의 독려가 실현된 것이다.

오늘날의 국가지도급 인사들 상당수가 상하이방上海幇으로 일컬어지는 범 화동출신임은 의미심장하다. 장쩌민江澤民 국가주석, 주룽지朱鎔基 총리, '붉은 자본가'라는 별칭을 지닌 부총리 출신의 룽이런榮毅仁을 비롯하여 홍콩과 대만의 수많은 유명 사업가들이 상하이 출신이다.[32] 상하이는 이제 정치 권력적으로도 베이징을 능가하는 정도가 아니라 전 중국이 상하이적으로 움직이고 있다는 판단까지 가능하지 않을까.

중국 전문가는 '상하이가 중국의 심장이라면 베이징은 중국의 두뇌'라 보기도 한다. 몸에서 심장의 갖는 함의와 두뇌가 갖는 함의는 큰 차이가 있다. 가장 큰 차이가 있다면 뇌사는 많이 있어도, 심장사로 불리는 케이스는 거의 없다는 것이다. 심장이 멎는 순간 뇌는 물론이고 모든 것이 멈추기 때문이다. 중국 경제가 멈추면 중국은 사실상 모든 동력을 잃어버리겠지만 두뇌인 베이징이 멈춘다고 해도 중국이 멈추지는 않을 것이다. 사실 문화대혁명 같이 정치나 사상이 마비된 시대에도 중국은 돌아갔다. 반면에 다시 심장의 기능이 돌아오면서 중국은 불과 30년 만에 미국에 버금가는 세계 양대 헤게모니로 성장했다.[33] 중궈런中國人으로 불리기보다는 상하이런上海人[34]으로 불리기 원하는 상하이 사람들. 그네들은

동방명주에서 내려본 풍경

스스로 중국을 먹여 살린다는 자긍심을 갖고 살아간다.

베이징의 오늘이 과거의 오랜 역사에 힘입고 있듯이 상하이의 약진도 결코 하루아침의 후래거상後來居上은 아니다. 아편전쟁으로 인한 강압적인 개항이었지만 결과론적으로 상하이는 일찍부터 국제적 감각을 키워왔으며 이미 1920년대에는 세계 네 번째의 항구도시이자 금융 중심지로 발돋움했던 과거를 반추할 필요가 있다. 하늘을 찌르는 마천루들이 들어서서 조만간 뉴욕시를 능가할 조짐마저 보여준다. 개혁개방의 전진기지로 선포된 이래, 불과 20여년 말에 20층 이상의 건물만 3,000여 곳을 웃돌았다. 101층 '상하이 월드금융센터'도 중국 건설업체의 손으로 건축되었다. 이 같은 고속성장은 오늘의 상하이 내지는 중국의 속도감을 상징하는 것이기도 하다. 2010년 세계박람회는 이러한 속도감에 덧붙이는 화룡점정畵龍點睛이라고나 할까.

3

상하이는 전통의 도시이기도 하다. 상하이에서 가장 전통적이면서도 대중적인 공간을 하나만 꼽으라면, 서슴없이 430여 년 전의 정원인 예원藝苑을 꼽고 싶다. 명나라 때인 1557년에 완공된 예원 가는 길은 글자그대로 중국풍이다. 원래 상하이의 중국 전통풍물을 보여주던 거리들이 쇠퇴한 것을 관광 진흥 차원에서 대대적으로 복원한 '전시용 거리'인 바, 인산인해를 이룬 물결 속에서 요소요소에 물건 판매망을 구축하고 달러를 끌어내리는 관광 진흥책의 노골적이면서도 세련된 방식이 눈길을 끈다. 중국 내지 관광객들은 물론이고 서양인이 유난

예원

히 많이 눈에 띈다. 예원은 쓰촨성의 지방관리 번윤서潘允端가 아버지 번은潘恩을 위하여 12년에 걸쳐서 만들었다는 대형 정원으로 면적만 무려 2만여 평, 담장 위를 에워싼 승천하는 용의 석상과 화려한 기와가 독특하다. 중국 정원의 모든 장점만 뽑아서 지었다고 전해온다. 아편전쟁 때 영국군이 약탈해갔으며, 1860년에는 태평천국군의 군사기지로 이용된 덕분에 청국군에 의해 완전히 파괴된다. 1956년 중국 정부가 복원을 시작하여 1961년에 복원되었다.

　상하이의 문화적 인프라를 꼽으라면 역시 박물관과 미술관일 것이다. 예원 등이 전통적인 상하이의 얼굴이라면 상하이 현대미술관은 현대적인 상하이의 몸체이다. 현대미술관은 혁신적 예술, 선도적 디자인으로

전통의 장기지속

중국과 세계미술의 만남을 만끽하고 있다. 그야말로 현대적이다. 한국의 미술가들도 종종 얼굴과 작품을 내밀고 있다. 골목길에는 화상의 갤러리들도 속속 오픈하고 있다. 반면에 상하이 역사박물관은 그야말로 고전적이다. 그런데 그 고전이라는 것이 어디까지나 유물의 근대적 성격으로 인하여 현대적이기도 하다. 사진, 필름, 문서자료, 밀랍인형, 미니어처로 복원된 전통가옥과 전당포, 술도가, 어물전 등이 보이고, 침략과 개항, 아편에 찌든 중국인들, 공동조계의 삶 등 고단했던 상하이의 역사가 주마등처럼 스쳐지나간다.

상하이에서 무엇을 더 볼 것인가. 누구라도 '동방의 빛나는 진주'라는 동방명주東方明珠에 올라가리라. 한평생 서울에 살면서 남산타워도 올라가본 경험이 없던 지라 동방명주에 오르는 것이 자못 민망스럽기는 했지만, 뉴욕의 엠파이어스테이트 빌딩에 올라가기 위해 비싼 입장권 사서 기다리던 과거의 경험을 용인하면서 입장 절차를 밟았다. 1995년 완공 당시에 장쩌민 국가주석 등 국가지도부가 총출동한 것을 보면 상하이의 랜드마크 타워로 작정하고 만든 건축물이 틀림없다. 그런데 조형적으로는 매우 불편한 느낌이다. 필수 코스로 방문하는 중국인들이야 토론토의 카나디언Canadian 타워, 모스크바의 오스타코노Ostankono TV 타워 등에 이은 세계 3위라는 것만 가지고도 자부심을 갖겠지만 그러한 고층 경쟁이 의미하는 국제적 다툼에 관하여 나로서는 별 흥미를 느끼지 못한다.

동방명주보다는 48m 낮지만 높이 420m에 달하는 금무대하金茂大廈에서 오히려 상하이적인 그 무엇을 발견했다. 전통적인 아르데코 양식을 창안해낸 시카고 설계회사가 1920~1930년대에 상하이에 도입했던 건축전통이 되살아나 다시금 아르데코형 건축물이 되살아났으며, 이는 달리 보면 식민지배기의 아르데코가 아니라 경제력에 상응하는 자부심에 기초한 진정한 아르데코가 출현한 것으로 느껴진다. 층수 또한 중국인이 좋아하는 88층이다.

이쯤 구경했으면 대개 상하이의 먹는 이야기를 하는 것이 순서일 것이다. 상하이요리에 대한 소개 책자들이 무성하지만, 사실 까다롭게 요리를 구분하는 사람은 장쑤요리와 저장요리로 나누어 설명을 하지 상하이요리란 말 자체를 피하기도 한다. 그만큼 상하이 요리는 그 역사가 짧고 주변 지역의 요리들을 종합했다는 뜻이다. 상하이 자체의 역사가 짧은데 유서 깊은 상하이 요리가 존재할 턱이 없다는, 당연한 주장일 것이다. 그래도 찾아 나선다면, 나로서는 조리한 닭을 말린 후에 다시 물에

동방명주

며칠 담갔다가 먹는 차가운 요리인 주이지醉鷄, 한국에서도 선풍적인 인기를 끈 누렁지탕인 궈바러우鍋巴肉片, 은어를 살짝 구워낸 타이후인위太湖銀魚, 만두의 한 종류로 투명한 만두피와 풍부한 육즙이 뛰어난 샤오룽바오쯔小龍包子, 진흙을 발라 구워낸 담백한 맛의 닭요리 푸구이지富貴鷄 등을 먹어본 정도이다. 그것들이 상하이 전통인 줄 구분할 능력이 없고, 다만 나를 안내한 상하이 분의 소개가 그러하기에 그런 줄 알고 있을 뿐이다.

중국 8대 요리에 절강요리가 포함되며, 항주요리, 영파요리, 소흥요리 세 계파로 나뉜다는 것으로 책을 통해 알고 있다. 상하이요리는 소주, 항주, 양주, 영파 등 상하이 주변의 오랜 역사도시에서 산출한 음식의 결합체로 보아야 하지 않을까.[35] 절강요리 중에서 가장 유명한 것은 동포러우東坡肉 요리로 항주 최고의 요리라고 하는데 아직 먹어보지 못했다. 외국을 다니면서, 무언가 먹어보지 못한 요리를 남겨두는 것은 매우 중요하다. 그것 때문에라도 다시 찾아야할 의무감마저 생기기 때문이다. 굳이 이 화려 무쌍한 국제도시에서 전통 중국요리만 찾을 필요가 있을까 싶다. 상하이에서는 먹을 수 있는 외국 요리가 의외로 많다. 홍콩, 타이완, 태국, 베트남, 일본, 인도, 독일, 이탈리아, 브라질, 멕시코, 프랑스 등. 이 많은 상하이 음식들을 모두 먹어볼 기회는 내 평생에 없을 성 싶다.

홍차오 국제공항에서 지근거리에 한국인 집결지가 있어 대한민국 영사관과 코트라, 주재원, 유학생 등이 한정식과 분식집, 갈비집 등을 어슬렁거려 본다. 슈퍼마켓, 식당, 노래방 역시 우리를 잡아끈다. 한국음식은 얼큰한 감자탕으로부터 김밥집, 떡볶기 류의 분식집, 한정식집, 갈비집, 심지어 북한의 평양 옥류관까지 진출했다. 한국음식을 선호하는 중국인도 상당수 늘어나 삼겹살 따위를 구워먹거나 비빔밥과 한정식을 즐기면서 소주 마시는 이를 쉽사리 만날 수 있다. 한류의 힘이다. 그렇지만 우리끼리야 한류韓流, 한류 하지만 정작 강한 힘을 발휘하는 외국 음식은 역시 고급화에 성공한 일류日流이다. 문샤月影 같은 일식집에서는 식재료 모두를 일본에서 공수한다고 하는데, 저렴하다는 점심식사도 200백 위안 내외, 저녁을 둘이 먹으면 1000 위안이 든다니, 한류가 아직 일류를 이기려면 한참 걸릴 것 같다는 생각이다.

이 모든 다양성의 시작은 중국의 개혁개방과 더불어 본격화되었다. 사실 중국의 개혁개방은 중국의 근대화 프로젝트의 실천 방향임과 동시에 전 지구적 자본화에 대한 중국적 대응이라는 점에서 이해되어야 한다. 세기말 중국에서 전개된 여러 가지 문화적 상황은 전 지구적 자본화라는 객관적 조건과 근대화라는 주관적 기획이 충돌하면서 빚어낸 엄청

상해의 한국음식촌

난 사건의 연속이었다. 오늘의 상하이가 보여주는 변화무쌍한 풍경은 이 같은 역사발전의 필연적 귀결점이다. 전근대와 근대와 탈근대가 혼재하고 있는 공간. 전통과 현대, 고급문화와 대중문화, 혁명과 시장이 공존하는 중국적 현실을 '잡종적 공간'으로 인식해야 할 것이다.[36] 상하이 문화는 음식이 말해주듯 확실히 '잡종'이다. 그러나 문화의 법고창신法古創新을 통해 새롭게 창조되는 잡종은 사실은 잡종이 아니다. 잡종의 '창조적 존재학'[37]이란 관점에서 서구문화와 중국문화의 만남이 지난 160년 이상의 장구한 세월 속에서 만들어낸 잡종의 창조물을 포기할 필요가 없는 것이다. 강한 잡종은 전통과 공존한다. 전통이 온전하게 보존되면서 법고창신 하는 가운데 강한 잡종이 생겨나기 때문이다.[38] 상하이가 그러한 곳이다.

런던과 상하이박람회의 뒷골목

1 1851년 런던 세계박람회가 열리던 시점에 마르크스는 자본론을 집필하고 있었다. 마르크스는 잉여노동에 대한 갈망을 설명하면서, '자본이 잉여노동을 발명한 것은 아니다. 사회의 일부 사람이 생산수단을 독점하고 있는 곳에서는 어디에서나 노동자는 자신이 자유롭든, 자유롭지 않든 자기 자신을 유지하기 위하여 필요한 노동시간에다 여분의 노동시간을 부가하여 생산수단의 소유자를 위하여 생활수단을 생산하지 않으면 안 된다'고 했다. 마르크스는 1867년에 이 같은 잉여노동이 만들어낸 치사노동致死勞動의 문제점을 비판하면서 착취에 대한 법적 제한이 없는 영국의 산업을 분석했다.[39]

점심시간도 온전한 1시간도 가질 수 없습니다. 30분밖에 안 될 경우도 종종 있습니다. 목, 금, 토요일은 언제나 그랬습니다.……이 겨울(1862년) 19명의 소녀들 가운데 6명은 과로로 인한 질병 때문에 공장에 나오지 못했습니다. 소녀들이 졸지 않도록 하기 위해 나는 고함을 쳐야 합니다(『아동노동조사위원회 1차보고서』, 1863년).

런던 제빵공장의 노동은 보통 밤 11시에 시작된다. 이 시간에 그는 가루를 반죽하는데, 이것은 구울 빵의 양과 그 품질 여하에 따라 30분 내지 45분이 걸리는 매우 힘든 과정이다. 그 다음에 그는 널빤지 위에 누워서 밀가루 포대 하나를 베개 삼아 또 하나의 밀가루 포대를 뒤집어쓰고 두세 시간 동안 잠을 잔다. 그 다음에는 반죽을 던진다든가, 무게를 단다든가, 판에 넣는다든가, 가마 속에 넣는다든가, 가마에서 꺼낸다든가 하는 끊임없는 격심한 노동이 시작된다(『제빵직공의 불평등에 관한 보고서』, 런던, 1862년).

1863년 6월 마지막 주, 런던의 모든 일간신문은 '단순한 과도노동에 기인한 사망'이라는 충격적인 제목의 기사를 실었다. 문제가 된 것은, 매

홈리스와 굶주린 자들 (Luke Fildes, 1869. 作)

영국의 빈민 (Luke Fildes, 1874. 作)

우 평판이 좋은 궁정용 부인복 재봉소에 고용되어, 엘리스라는 고운 이름을 가진 부인에게 착취당하고 있던 20세의 부인복 재봉여공 메리 앤 워클리의 사망이었다. 이 여성들은 평균 16시간 30분이나 노동했고, 더구나 귀족들의 사교 시즌에는 30시간이나 중단 없이 노동하곤 했으며, 이 여자들의 노동력이 말을 듣지 않게 되면 때때로 세리주나 포트와인 또는 커피가 급여되어 다시 활동을 계속하게 했다. 때마침 사교 시즌이어서 새로운 영국 황태자비에게 충성을 서약하는 무도회에서 귀부인들이 입을 화려한 옷들을 마술처럼 눈 깜빡할 사이에 만들어야 했다.

　메리 앤 워클리는 다른 60명의 처녀들과 함께 필요 공기량의 1/3도 주어지지 않는 방에 30명씩 들어가 26시간 30분이나 쉬지 않고 노동하고, 또 밤에는 침실 하나를 몇 개의 널빤지로 나누어 숨 막힐 듯한 그 침

귀족의 삶 (Sir Edwin Landseer, 1841~1845.)

실에서 한 침대에 2명씩 잤다. 이것이 영국의 우수한 부인복 재봉소의 하나였다고 마르크스는 지적했다. 그리하여 당대 신문에는 '우리의 백인 노예는 무덤에 들어가기 전까지 혹사되며 너무도 피곤하여 소리도 없이 죽어간다'고 썼다.[40]

마르크스가 꿰뚫어본 자본주의 문명비판의 한 가지 핵심은 '자본주의가 만들어내는 놀라운 생산력'이었다. 그런데 '부르주아지의 놀라운 생산력'은 마르크스의 발견이 아니고 아담 스미스Adam Smith,1732~1790의 발견이었다. 아담 스미스는 공장에서의 분업노동이야말로 국부를 증진시키는 원동력이기 때문에 공장을 운영하는 부르주아지들에게 가능한 많이 축적할 기회를 보장해주어야 하고, 축재하고자 하는 그들의 이기적 욕구가 사회를 발전시키기 때문에 그 모든 정부의 규제를 타파하고 시장의 논리에 경제를 맡길 것을 주창했다.

마르크스는 전혀 다른 시각으로 자본주의 생산력을 바라보았다. 마치 마술이라도 부린 듯 그렇게도 강력한 생산수단과 교환수단을 만들어낸 현대 부르주아 사회가 자기가 주문으로 불러낸 저승사자의 힘을 더는 감당할 수 없게 된 마술사가 되었다고 했다. 자기가 주문으로 불러낸 저승사자의 힘을 더는 감당할 수 없게 된 마술사란 마르크스의 변증법적 사고의 백미일 것이다.[41]

토쿄대학의 요시미 순야吉見 俊哉는 런던 세계박람회가 열리던 당시를 '혁명은 먼 옛날의 일이 되었던' 순간이라고 묘사한 바 있다.[42] 그의 해석을 인정한다면, 런던 박람회의 상징이었던 수정궁의 전시품 사이를 걸어 다니던 600만 명의 군집은 1851년 런던박람회 직전인 1848년의 반란하는 혁명적 군집이 아니었다. 분명한 것은 런던 세계박람회를 찾은 관람

박람회장의 빈부 격차 (1851년 런던세계박람회)

객 가운데 가장 많은 비율을 차지한 것은 하층 중산계급이었지 노동자계급은 아니었다는 점이다. 수정궁은 아직도 검약과 노동의 미덕을 굳게 믿고 있었던 이들 중산계급 사람들을 상품을 욕망하고 소비하는 대중으로 변화시켰던 것이다. 그런 한편, 분명히 아직 이러한 부르주아 사회의 주변부, 예를 들자면 런던에는 초과밀 빈민가가 확산되어가고 있었으며, 거리 모퉁이 여기저기에 가두의 날품팔이와 예인, 항만 노동자와 철도 인부, 방랑자와 거지들, 매춘부, 도둑 같은 세계가 가쁘게 헐떡이고 있었다. 그리고 아직 부분적인 현상이라고 하더라도 수정궁에는 상층계급과 중산층 계급만이 아닌 분명히 상당수의 노동자도 찾았다는 점에서 그들은 머지않아 계급의 경계선을 넘어선 소비자로서의 의식을 비록 맹아적이지만 이미 몸에 익히기 시작하였던 것이다.

두말할 필요도 없이 이러한 사태의 배경에는 19세기를 통한 영국 국민의 생활수준 향상이 배경이 되었다. 그리하여 '혁명하는 군중'은 이 같은 경제적 조건의 변화 속에서 '소비 대중'으로 변모되어 갔다. 런던 세계박람회와 상징적 기념물인 수정궁은 바로 이러한 국민생활의 전환기에 등장하여, '풍요로움'을 어슴푸레 느끼기 시작한 사람들의 신체를, 새로운 욕망의 메커니즘 속으로 접속시켰던 것이다. 런던박람회가 열리던 당시에 벌어졌던 이 같은 일이 전혀 역사적 환경조건이 다른 21세기의 중국 상하이에서 똑같이 벌어질 수는 '결단코' 없다고 할 수 있을까? 160여년의 시공을 뛰어넘어 다시금 상하이에서도 반복되고 있는 일들이 '분명히' 존재함을 강조할 필요가 있을 것이다.

상하이의 서민 거리 풍경

2 중국의 현대화가 불러낸 저승사자와 같은 자본주의의 힘이 더 이상 중국 정부도 어쩔 수 없게 된 것이 아닌가하는 생각이 들 정도로 마술사 자신을 괴롭히기 시작했다. 상하이 세계박람회가 시작된 2010년 5월, 광둥성 포산에 위치한 혼다자동차 엔진 변속기 공장 노동자 1900명이 보름 넘게 전면파업을 벌였다. 이 파업으로 혼다자동차의 중국공장 4곳 모두가 멈췄다. 이는 중국에서 유례를 찾아보기 힘든 조직적 파업이며 개혁개방 이후 최대 파업이었다. 과거 같으면 즉각 개입했을 중국 정부가 이번에는 신중한 태도를 보였다. 중국 정부 스스로 '빈부격차 해소'를 국가 어젠다로 설정하고 있는 마당에 살인적 저임금에 시달려온 노동자들의 임금인상 요구를 탄압으로만 일관할 수는 없었을 것이다.

상하이의 명품 거리 풍경

파업은 곳곳에서 터져 나왔으며 푸스캉富士康에서는 12번의 투신자살 사건이 벌어졌다. 영국의 반자본주의 주간지 「소셜리스트 워커 Socialist Worker」의 마크 L 토마스 기자는 '중국에서 잠자던 사자, 중국 노동계급이 깨어났다'고 선언했다. 그는 광둥성 혼다자동차를 예로 들면서, 예전에는 중국 노동자들이 파업시 처벌을 피하려고 마스크를 착용했는데 이번에는 마스크도 쓰지 않았으며, 20대 초반의 여성노동자도 다수 참여했음을 주목했다. 중국 정부가 유일하게 허용하는 노동조합인 중화전국총공을 '노동자의 배신자'로 규정짓고, '공장의 이윤은 우리의 피와 땀의 산물'이라고 선언했다. 파이낸셜 타임스는 '중국 프롤레타리아의 분노가 폭발했다'고 말했다. 공산당이 지배하는 사회주의국가 중국에서 노동자들이 착취에서 벗어나기 위하여 자본가에게 저항한다는 역설이 벌어지고 있으며, 이는 마르크스가 말한 사회주의 혁명의 정당성을 중국현실이 논리적으로 말해주고 있는 중이다. 마오쩌둥이 『모순론』에서 지적한 바와 같이,[43] '인민 내부의 모순은 비적대적 모순이므로 사상투쟁 및 협력과 원조에 의해서 해결되어야 한다. 그러나 그 한쪽 또는 양쪽이 기본적인 태도와 방법을 그르치면 적대적 모순으로 전화할 수도 있다'는 말이 실현되고 있는 중일까.

2010년 6월이 지나가면서 중국의 해외투자 기업에서 벌어진 일련의 파업 사건과 노동자들의 자살사건이 임금인상과 더불어 일단 수면 아래로 잦아들었다. 단순한 임금인상만으로 파업이 해결된 것은 아니다. 중국 경제성장의 패턴 자체가 변화하고 있다는 증거이다. 농촌을 희생하고 농민공에 의존해서 이루어지던 노동력 공급으로는 내수 중심의 성장구조를 만들어낼 수 없으므로 노동시장의 변화가 필연적이다. 그러나 세계의 공장으로서 경쟁력도 유지하며, 노동자 임금도 인상하고 내수를 진작시키면서 성장도 지속시킬 수 있을 것인가, 중국의 고민은 깊어지고 있다. 무엇보다 단체행동을 통해서 자신들의 의사를 강력하게 표출하는 식으로 중국 노동자들의 행동패턴이 바뀌었다는 점이다. 박람회 기간 중인 7월에는 광저우 주정부에서 파업권을 인정하고 새로운 노동관련법을 제정하려 한다는 외신이 타전되었다.

파업 기사와는 다른 희망적인 관측도 나오고 있는 중이다. 중국기업들이 사회적 책임경영CSR에 눈을 돌리고 있으며, 이는 지난 10여 년 간의 흐름이라는 진단이 나오고 있다. 한겨레경제연구소의 2008년 보고서 「동아시아기업의 지속가능경영」에 따르면, 이 자극은 오히려 다국적기업들로부터 왔다. 이들은 1990년대 중반 이후부터 중국 내 공급업체에 노동 및 환경에 관한 자체 국제규범 및 윤리규정을 전달하며 지킬 것을 요구했다. 다국적 기업 스스로 중국내 생산기지에서 사회책임경영을 실행하기 시작했으며, 2000년대 들어서면 국제기구와 NGO들이 중국기업의 노동 및 인권문제를 적극적으로 제기하기 시작한다. 사회책임경영의 동력이 내부로 옮겨진 것은 중국정부가 경제사회 정책의 일환으로 이를 적극 지지하면서 부터다. 2006년 후진타오정부는 11차 경제 5개년 계획을 발표하면서 조화사회調和社會 건설을 국정운영 원칙으로 천명하며, 이는 덩샤오핑 시대 이후의 선부론先富論에서 변화를 꾀한 것이다. 여기까지가 외생적인 사회책임경영 드라이브라면, 2010년이 다가오는 시점부터 시장 내적인 동력이 생겨나고 있다.

투자자, 노동자, 소비자 같은 기업의 주요 이해관계자의 변화와 이러한 내부 압력에 적극적으로 대응하지 않으면 안 되는 단계까지 왔다. 한국 증시에서도 2009년에야 가시화된 사회책임지수가 중국 상하이 증시와 선전 증시에 같은 해에 출현했다. 노동자의 파업에 따른 노동조건 재점검, 기업윤리와 포괄적 사회책임을 요구하는 중국 소비자들의 변화, 이에 부응하는 중국 기업인들의 내부 동력이 합쳐져서 변화를 이끌고 있다. 경제발전을 일찍이 이룩한 한국이 기업윤리 · 환경 · 사회문제 등을 뒤늦게 고려하기 시작하였음을 생각한다면, 중국의 사회 책임경영으로의 전환은 오히려 빠른 편이다. 그 결과, 경제성장의 부작용을 흡수하면서, 중국만의 독특한 시장경제를 만들어낼 수 있을 것인지,[44] 마오둔茅盾이 지금으로부터 80여 년 전에 발표했던 소설 『자야』를 다시 읽어봄으로써, 상하이의 어제와 오늘을 비교해보는 것이다.

세계박람회와 중국
중국, 처음으로 세계박람회를 열다

Three

박람회는 '엑스비송'으로 여러 나라로부터 물산을 모아, 한 건물 안에 배치하여 이를 많은 사람들에게 보여, 각 지역 인민들의 생활, 산물, 공예, 그리고 기호, 풍습을 알게 하니, 첫째 물품을 모으는 사람들이 이 물품을 여러 사람에게 보여, 그 매매의 인기를 넓혀 영구적인 이익을 도모하기에 편리하다. 둘째 타인이 모은 물품을 보고 자기가 미치지 못하는 바를 알아 지금보다 더 고안해야 할 요점을 생각하고, 모든 사람들의 기호에 따라 더욱 자신이 생활을 넓힐 목적을 달성할 필요가 있다. 아울러 명사들의 높은 평을 부탁하여, 그 주의를 받아들여 더욱 그 진보로 나갈 뗏목을 구하기에 편리하다. 이로 인해 무역을 활발하게 하고, 제작을 격려하고, 지식을 사람들에게 넓히는 데는 절실하게 필요한 회장으로 국민의 치안, 부강의 촉매가 되게끔 준비한다.

- 久米邦武(1839-1931), 『美歐回覽實記』[1]

런던 세계박람회 참관기

1 푸서 D구역에 노란 색깔의 엑스포박물관世博會博物館, World Exposition Museum이 서 있다. 대개의 박람회에서 박물관을 만들지 않는데 비해 이번의 상하이 세계박람회는 박람회의 역사에 관한 각별한 관심을 나타냈다. 역사를 중히 여기는 중국의 전통이기 때문에 가능한 일이다. 박물관 입구에 길상세박성吉祥世博城이 있다. 박람회 역정을 알려주는 로비에 영국에서 빌려준 진귀한 그림이 유리관 안에서 기다린다. 빅토리아 여왕의 부군으로서 영국 산업박람회를 주도한 앨버트공Albert이 주인공으로 등장하는 유서 깊은 그림이 상하이 박람회장에 초대된 것이다. 1851년 런던박람회를 모체로 발족한 '빅토리아 앨버트 박물관'Victoria and Albert Museum에서 불러나온 그림. 지난 160여년의 박람회의 역사가 제국과 식민의 역사와 이처럼 우연적, 필연적으로 교호하면서 역사적 복기에 성공하고 있는 중이다. D Zone에 있는 엑스포박물관의 그 그림 앞에 우두커니 서서 160년 만에 상하이에서 열리게 된 박람회의 역사적 의

런던 앨버트박물 빅토리아 여왕에 의한 런던대박람회 개막식. 1851년 5월 1일 개막되었으며 같은 날 상하이 박람회가 열렸다. 오른쪽에 중국인이 보인다. 상하이 '엑스포기념관'에 특별 전시되었다. (Henry Cuurtney Selous 작, Victoria and Albert Museum 소장) 관에서 대여한 그림

미망을 곰곰 생각하지 않을 수 없었다. 아주 재미있는 것은 이 그림 오른 편 쪽에 중국인 1명이 보인다는 점이다. 런던의 앨버트박물관에서 이 뜻 깊은 그림을 대여함으로써 중국과 세계박람회의 160년간 유대를 확인시켜주었다.

1851년 런던박람회 개막식 (David Roberts 작, *"The Inauguration of the Great Exbition"*, 1852년, Royal Collection 소장)

엑스포박물관에는 1889년 파리박람회의 에펠탑 축소모형이 실제 철제로 제작 설치되어있다. 파리에서 뉴욕에 기증된 '자유의 여신상', 런던 아이London Eye로 불리는 회전차 모형도 전시되었으며, 배경막으로 옛 박람회 흑백필름이 돌아가고 있다. 당대의 신기술이었던 자동차, 오토바이도 전시되었다. 세계박람회의 랜드마크 모형이 설치되어 있으며, 상하이 하오바오 등 12가지 역대 박람회 마스코트가 전시되었다. 소리, 빛, 전기 등 지능화처리를 통해 수많은 마스코트가 노래하고 춤추면서 동화적인 색채를 띤다. 미국 박람회에서 선보였던 회전반 모델, 프랑스 설계 예술관의 박람회 아이디어 작품도 볼 수 있다. 피카소의 유화 '게르니카'를 창작할 때의 소묘 원고 원본도 재현했다. '엑스포의 8개 뮤직박스'가 박람회와 관련된 가곡을 재미있게 재생하는 동안, 사람들은 유리도관 안의 컬러 색 작은 공이 아래위로 뜀에 따라 '아름답고 푸른 다뉴브' 같은 명곡을 듣는 이중체험도 할 수 있다. 박람회의 역사를 회고하고 아카이브를 집결·전시함으로써 중국과 상하이시는 세계박람회의 역사적 재현에 성공한 셈이다.

또한 '국제전시회의 나무'를 통해 국제전시회의 역사와 박람회 유치 방법과 절차를 상세히 소개하여 향후 박람회를 개최하려는 도시에게 도움이 되는 참고 자료를 제공했다. 이는 상하이가 이제 세계박람회를 주관한 도시로서 당당하게 그 노하우를 원하는 도시에 제공하겠다는 약간의 자만이 곁들여진 모습일 수도 있겠다. 상하이는 중국 최초로 본격 박람회를 유치하면서 박람회의 역사성을 주목했으며, 중국의 박람회가 새로운 역사를 쓰고 있음을 강조했다. 그렇다면 과연 중국과 세계박람회는 어떤 역사적 관계를 지닐까.

앨버트 뮤지엄

2 1842년의 난징조약, 1857년의 톈진조약으로 중국이 열강들의 손에 의해 강제 개방되고 조차되는 시점, 영국에서는 런던 하이드파크 Hyde Park에서 세계 최초로 런던 세계박람회 1851년가 개최되었다. 열강에 의한 '박람회의 정치학'이 세계체제 지배와 운용을 위한 특별한 형태로 제시되고 있던 시점에 중국에서는 그 열강들에 의한 원초적 침략이 가시화되고 있었다. 런던 세계박람회는 실제로는 '세계박람회'란 제전 이상으로 '대영제국'의 제전이었다. 런던에서 빅토리아여왕이 성대하게 준비된 박람회 개막식에 참석하는 동안, 중국 동해안에서는 제국의 군인들이 열심히 영토를 넓히고 있었으며, 장사꾼들은 모직물은 물론이고 마약 등을 팔았으며 선교사들은 부지런히 말씀을 전하고 다녔다.

런던박람회가 열렸던 하이드파크

　박람회라는 형식이 유럽에 등장한 것은 1798년, 파리의 샹 드 마르스에서 개최된 국내산업박람회이다. 그 후 프랑스의 박람회는 규모를 확대해가면서 1849년까지 11회 개최된다. 이후 유럽 각국은 파리박람회의 성공을 일련의 선행모델로 학습하게 되며, 19세기가 되면 오스트리아1808년, 벨기에1820년, 독일1838년을 필두로 하여 유럽 각국에서 산업박람회가 연이어 개최된다. 이러한 움직임을 집대성한 것이 팩스톤Joseph Paxton의 수정궁Crystal Palace으로 유명한 1851년 런던 세계박람회이다.[2] 1798년 혁명제전의 흥분을 이어받아 파리에서 최초의 산업박람회가 개최되었고, 이런 움직임의 집대성으로 1851년 런던에서 사상 최초로 세계박람회가 개최된 것이다.[3]

　세계박람회는 우주 그 자체를 근대화한 것으로 불리기도 하는데, 이

근대화된 우주라는 것은 물론 상품의 세계를 가리킨다. 이러한 측면을 보다 명료하게 드러내는 것은 1867년 파리 세계박람회와 1873년 비인 세계박람회의 대회장 구성 계획이다. 전자의 경우 대회장 건물은 동심원 상의 둘레원형가 타원형을 하고 있고, 중심부는 정원으로, 그것을 둘러 싼 각각의 원형테두리에는 동일 부문의 동종 출품물이 전시되었다. 아울러 물품을 출품하는 국가는 방사형으로 분할되었기 때문에 관람객은 중심에서 바깥을 향해 걸으면 한 국가의 각종 전시물을 일람할 수 있었다. 이 원을 일주하면 각국이 출품한 같은 종류의 전시를 일람할 수 있는 구성이었다. 그것은 일종의 세계모형으로서, 분류/비교의 시선에 의해 차이성과 동일성의 격자 속에 정돈되고 질서 잡힌 근대적 세계의 모형이었다.[4]

19세기에서 20세기에 걸쳐 구미에서는 바로 세계박람회가 국가적 제전의 중요한 형식으로 전성기를 맞이했다. 박람회는 그 성립 초기부터 국가와 자본에 의해 연출되었다. 박람회는 박물관과 식물원, 동물원 등에서 발전해 온 시각의 제도를 산업테크놀로지를 기축으로 한

하이드파크에 세워진 엘버트 공의 동상

장대한 스펙터클 형식 속에 종합한 것이다. 박람회장은 새로운 기술이 선보이는 견본시見本市이기도 했다. 인류의 기술 발달은 '에너지'와 '정보'의 이용발달사라고 요약할 수 있기 때문이다. 본격화된 대량생산은 오늘날의 기계 대중화 사회를 낳았으며, 생산기술의 혁명과 여러 외국으로의 이전은 제1회 런던 세계박람회를 빼놓고 논할 수 없다. 런던 세계박람회에서 소개된 과학적 관리법의 시초라고 말해지는 미국의 호환성 생산방식은 그 후 구미에서 다시 가다듬어졌다. 호환성 방식의 기술정보를 공개한 공간이 세계박람회였음을 주목하지 않을 수 없다. 만약 이러한 기계가 없었더라면 세계 공업의 발달은 지체되었을 것이다. 세계 만국박람회는 세계의 최선진국에서 개최되고, 기술경쟁의 최대 무대로서 대중의 계몽과 교육의 장을 제공해왔다.[5] 또한 산업기술은 레오나르도 다빈치Da Vinci의 사례[6]에서 보듯 인류의 예술 및 디자인과 밀접한 연관을 맺기 때문에 박람회장은 곧바로 첨단 예술과 디자인이 선보이는 공간이기도 했다.

　박람회는 산업의 디스플레이인 동시에 제국의 디스플레이였다. 근대 국가의 입장에서 박람회가 최대의 축전으로서 매우 중요한 의미를 가졌던 1851년에서 1940년까지의 기간에, 박람회는 다양한 방식으로 반복되면서 제국주의와 식민주의를 대규모로 교묘하게 '전시'하는 공간이 되었다.[7] 식민지가 어떤 의미에서 '근대의 실험실laboratories of modernity'이었다고 한다면, 식민지와 동떨어진 근대의 담론이란 있을 수 없기에 박람회에서도 제국과 식민이란 관점은 중요한 것이다.[8]

3 그렇다면 중국은 이 같은 세계사의 흐름과 무관하게 살아가고 있었을까. 중국의 박람회 참관사에 관한 연구는 거의 되지 않았고 그 자료 또한 파편적이었다. 놀라울 정도였다. 상하이 세계박람회 유치가 본격화된 2001년에 접어들어 상하이 도서관이 세계박람회 유치의 입찰을 지원하기 위해 본격적으로 자료 수집에 나섰다. 그 이전에는 중국과 세계박람회와의 상호 연관성이 역사적으로 일목요연하게 정리된 적이 없다. 박람회의 기원과 역사 자체가 서구 중심적으로 전개되었으므로 중국이 박람회에 관심을 덜 가진 것은 당연한 일이기도 했다. 탈아입구脫亞入歐를 표방하며 구미 박람회를 적극 수입·모방한 일본과 많이 달랐던 것이다.

2002년 초 상하이 도서관의 세계박람회 조사팀은 중국이 1851년 런던박람회에 실제로 참가했다는 사실을 확인했다.[9] 중국의 세계박람회 참관이 박람회의 출발 시점부터 시작된 것이며 매우 일관되고 장기지속적이었음이 밝혀진 것이다. 박람회를 처음 참관한 중국인은 청말의 유명학자인 왕 타오王韜였다. 왕 타오는 선교사와 함께 출판 사업에 뛰어들어 각지를 돌아다녔으며 마침내 1851년의 런던박람회 수정궁까지 구경한다. 왕 타오가 런던박람회에서 놀라움을 금치 못한 것은 첫 경험자로서 당연한 일이었다.

1851년 런던 세계박람회에는 중국 상인은 물론 중국과 거래하던 외국 상인도 참가했다. 비단, 차, 한약과 같은 전통 중국제품이 출품되었으며 이들 중 다수가 상을 수상했다. 홍콩과 싱가포르에 거점을 둔 영국 상인들이 중국 상품 거래로 막대한 이익을 취하고 있었고, 서구세계의 중국 대륙에 대한 지대한 관심이 중국제 출품을 촉구했다. 쑤 데킹Xu

Dequiong:1822~1873은 상하이가 외국 회사에 개방 된 후 도시에 와서 출세의 길을 개척한 최초의 상인이었다. 루이 행Rui Hang이라는 별칭과 롱 쿤Rong Cun이라는 직위를 가지고 있던 쑤는 광둥성에서 태어났다. 롱의 비단은 1851년 런던 세계박람회에 출품되어 굉장한 반응을 얻었으며, 결국 금상과 은상을 받았다.[10] 그러나 중국의 런던 세계박람회 참관은 어디까지나 상인들에 의한 것이었지 청나라 정부가 주도한 것은 아니었다.

빅토리아여왕이 런던 세계박람회 개막을 선포한 시점은 1851년 5월 1일이었다. 상하이 세계박람회는 그로부터 159년 만인 2010년 5월 1일이다. 동일한 5월1일이 유의미하게 다가온다. 영국의 상업과 산업적 우위를 과시하고 기술진보에서 제국의 지도적 위치를 선전한 런던 세계박람회는 영국 제조업과 디자인, 공공 교육, 국가 간의 이해와 협력을 증진하는 역할도 담당했다. 상하이 세계박람회도 개혁 개방 이후 중국의 산업적·경제적 성과를 과시하고 신중화 대국의 국제사회에서의 지도적 위치를 선전하며, 중국 내부의 전시산업이나 디자인에도 내적 충격을 주는 계기가 되었다. 상하이 세계박람회 오픈식에 각국 귀빈들이 몰려오고 인파로 북적댔던 것처럼 런던세계박람회에도 3만여 군중이 모여들고 축포가 울리는 가운데 연일 부산함과 흥분, 놀라움과 혼돈 속에 시간이 흘러갔다. 조오지 크뤽샨크George Cruikshank가 그린, '1851년 박람회를 보려고 전 세계가 몰려가고 있다'All the world going to see the exhibition of 1851는 카툰은 오늘의 상하이 세계박람회에도 그대로 적용될 것이다.[11]

양 박람회 사이의 간극은 물경 160여년이지만, 내적으로는 너무도 흡사한 목적과 지향점을 지닌다. 그만큼 여러 외형적 측면에서 박람회의 역할이 변화하였지만 산업기술을 선전하고 국가의 프로파간다를 담당하는 박람회의 본질적인 속성은 불변이기 때문이다. 런던 세계박람회의 랜드마크 건축물인 수정궁은 85년 만인 1936년 11월 30일에 화재로 전소되었다. 2010년 상하이 세계박람회의 랜드마크 건축물인 중국국가관의 장기지속성은 언제까지일까. 한번쯤 떠올려 보는 질문이다.

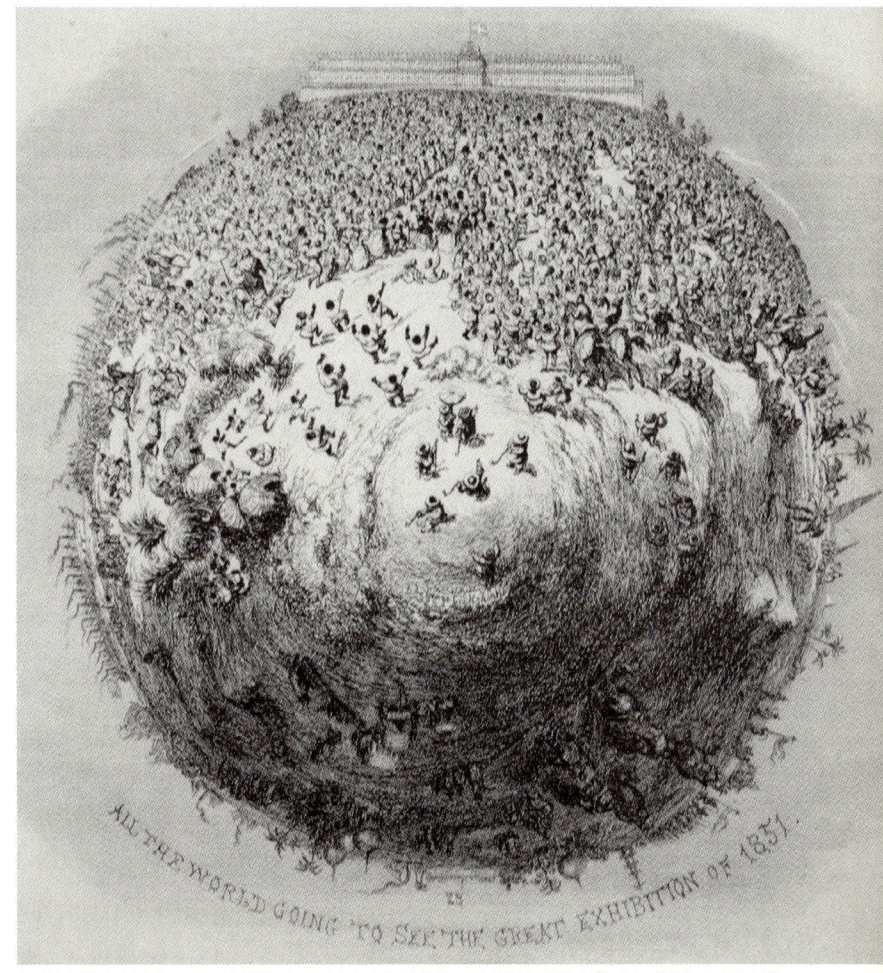

세계가 블랙홀처럼 런던박람회로 빨려들어가고 있는 카툰. 지구의처럼 생긴 군중의 소용돌이 정상에 수정궁이 위치한다(George Cruikshank 작, 1851년)

파리 세계박람회 참관기

　　세계박람회의 원조는 1851년 런던이지만 세계인들에게 각인된 박람회의 진정한 원조는 프랑스라 할만하다. 프랑스 파리에서도 여러 차례 박람회가 열렸지만, 역시 에펠탑이 세워진 1889년 파리박람회가 중요하다. 공학자 귀스타브 에펠Gustave Eiffel,1832~1929은 철탑을 세워 화려한 명성을 얻었다. 에펠탑은 리벳에 의한 이음새를 이용함으로써 접합점에 필요한 강성을 얻었으며 지주 기능을 하던 지주도 굽힘응력을 받도록 한 철구조물이다. 라멘Rahmen; 각 부재의 결합부가 강접되어 있는 구조물으로 불리는 이 해결법에 의해 다리 자체의 구조적 강화를 감소시키고 지간을 크게 할 수 있었다. 라멘은 1867년 파리 세계박람회의 기계전시관, 그리고 러시아에서도 1857~1866년에 S.V.케르비즈가 건설한 바르샤바 교량에 적용되었다.[12] 이러한 첨단 공법으로 제작된 에펠탑은 제막식 당시 200m가 넘는 높이로 세계 최고의 철물구조였다. 에펠탑은 2만 여개의 가스등으로 조명되었고, 프랑스혁명 전통에 대한 제3공화정의 애착을 상징했다. 1889년 혁명 100주년을 기념하여 만든 이 탑의 정상부는

에펠탑이 세워진 1889년 파리박람회

삼색기로 장식되었다. 탑의 현대적 디자인과 전기 엘리베이터는 제3공화국의 과학과 기술에 대한 존중을 잘 보여주었다. 반면에 당대의 많은 문화인들은 에펠탑이 경관을 망친다고 비난을 멈추지 않았다.

에펠탑은 대중오락의 새로운 유행, 즉 에펠탑이 문을 연 몇 달 동안 수십만 명의 관객이 구름같이 몰려드는 대중오락의 새로운 유행과 저 악명 높고 방종한 물질주의의 시작을 알리는 계기가 되었다. 제3공화정의 초반 50년 동안 멈춰있던 대다수 프랑스인들의 물질문화에 대대적인 변화가 일어난 것이다. 물질적 진보는 산업화의 진전에 힘입었고 프랑스 경제는 서서히, 그렇지만 지속적으로 발전했다. 런던 세계박람회가 열린 다음해인 1852년에는 오 봉 마르셰Au Bon Marche' 같은 백화점이 탄생했다. 박람회와 백화점은 '시각'을 지배한다는 점에서 일맥상통했다. 에

밀 졸라는 '부인들의 행복'1883이라는 소설에서 파리의 백화점을 묘사하면서 상품판매와 이국적 취향의 상호관계, 예술과 현실의 상호작용을 간파했다.[13]

　1851년 런던 박람회와 1867년 파리 박람회 사이에도 중국의 박람회 참관은 계속 이루어졌을 것이다. 1873년 빈 박람회에는 중국 관세청 감찰관이었던 로버트 하트가 영국인인 보라로 하여금 중국을 대신하여 박람회에 참관토록 했다. 세부적인 자료는 전해오지 않는다. 그런데 1867년 파리 세계박람회에 중국이 참석한 공식적 기록이 그림으로 남아있는 것이 흥미롭다. 분명히 중국의 공식적인 세계 박람회 참여는 후대의 일로 여겨지는데, 다양한 박람회 기록화 속에 중국의 풍경이 확인된다. 공식적 참가는 아니었어도 필경 누군가 중국관을 이끌었으며 전시품 출품과 진열관 구성, 연희 프로그램을 조직했을 것이다.

1889년 박람회 군중　　　　　　　1889년 파리박람회 포스터

에펠탑

입구에 중국식 문을 세우고 2층 누정과 소극장 파빌리온을 세웠다. 각국 끽다점喫茶店 연쇄화 하단 우측에 중국 찻집이 보인다. 귀부인들과 실크 햇을 쓴 신사들이 둘러싼 가운데 중국인으로 보이는 사내가 눈에 띈다. 벽에는 중국풍 족자로 보이는 그림이 걸려있다. 재미있는 것은 다른 끽다점이 고객의 눈높이에 맞추어져있는 반면에 중국은 높다랗게 디자인하여 고객들이 하단에 부자연스럽게 서있다는 점이다. 중국 서커스단도 파리에 들어왔다. 유럽 사람들은 앉아서 구경하고 있고 무대 앞에는 소형 교향악단도 자리 잡았다. 여성 단원이 프랑스 국기를 들고 외줄

서커스단 (1867년 파리박람회)

타기를 하고 있다. 서커스 공연이 최소 30분 이상은 진행된다고 볼 때, 다양한 기예자들이 여러 명 입국했을 것이다.

2 1867년 파리 세계박람회에서는 사람 자체를 전시하기도 했다. '야만'이라는 이름으로 수많은 피식민지의 인종들이 전시되었는데, 중국 사람도 '중국의 거인과 소인'이라는 주제 아래 전시되었다.

중국 파빌리온 (1867년 파리박람회)

1989년 파리의 중국관

각국의 끽다점. 하단 우측이 중국 끽다점이다(파리박람회, 1867년)

부채를 들고 만주식 변발을 한 장신의 사내가 서 있고 그 옆의 난쟁이 사내가 대조를 이룬다. 인종을 소개하고 인종의 특이함을 강조하는 것이 이 시대의 분위기였기에, 익히 알려진 '황인종' 중국으로서 이 같은 거인

전시된 인종. 거인과 난장이 (파리박람회,1867년)

과 소인을 주제로 인간을 전시물로 내세웠을 것이다. 사실 인종전시ethnological expositions로 명명되는 인간동물원Human Zoo은 서구 제국주의 국가들의 식민화 정당화 논리를 가장 집약적으로 효과적으로 보여주는 방식이었다. 19세기 초 호텐토트의 비너스Hottentot Venus라 불린 남아프리카 여성을 유럽에서 전시한 이래 인간동물원은 박람회에도 단골로 등장했다.[14]

과학적 인종주의와 사회진화론에 입각한 이러한 '저주 받은 인종'[15] 전시는 박람회의 '인기 품목'이었다. 1889년 파리 세계박람회는 회장 내에 식민지촌을 재현하고, 끌고 온 원주민을 전시했다. 원주민에게 필요한 음식과 생활용구를 제공, 몇 개월에 걸친 박람회 기간 중 낮이고 밤이고 울타리로 둘러싼 마을 안에서 생활하도록 했다. 원주민들은 가족단위로 끌려왔는데, 각 가족이 같은 부족에 속해 있었다고는 할 수 없었다. 저마다 문화적 전통이 다른 부족 출신자들로 각 부락이 구성되었다. 그들은

1900년 파리박람회 중국관

하나의 '미개인'으로서 사실 자신들에게는 낯선 의례와 행동을 관객들 앞에서 연기하도록 강요받았던 것이다. 유럽인 입장에서 보자면, 그 식민지주의적인 시선에 적합할 것 같은 '이종'의 '열등성'이 눈앞에서 펼쳐지는 민족학적 '실물 전시'를 통해 '발견'되어갔던 셈이다.

'인간전시'는 세계박람회가 처음부터 내포하고 있던 정치기술론의 하나로서 그것의 극단적인 형태를 의미했다. 인간전시는 예전부터 런던이나 파리의 가설무대에서 곧잘 행했던 방식이며, 아주 조직적인 예는 런던의 이집트홀에서 볼 수 있었다. 비서구세계를 사회진화론적인 계제階梯 속에서 자리매김하려는 인류학적 시도였다는 점, 그 '미개사회'의 스펙터클한 전시를 국가 스스로 맡았다는 점에서 이전의 가설무대에서 행해진 쇼와는 질적으로 다른 사건이었다.[16] 이와 같은 제국주의적 전시가 확대되는 과정에서 파리와 미국의 박람회처럼 영국의 박람회에도 '인간전시'가 도입되었다. 이때 큰 역할을 한 것이 흥행사 임레 키랄피이다. 그는 1895년 '런던박람회 주식회사'를 만들어 점차 대두하기 시작하던 박람회의 오락화 경향을 최대한 밀고 나간다. 그가 관여한 박람회는 1895년 이후 1910년대까지 런던에서 열린 박람회 대부분이 해당될 정도인데, 그 가운데 1908년 불영박람회 때부터 이른바 박람회의 '화젯거리'로서 식민지 주민의 '민족학적 전시'를 받아들인 것이다.

그 뒤에도 중국은 파리의 박람회에 여러 번 참가한 것으로 여겨진다. 1900년 파리 세계박람회[17]의 참가기록은 잘 전해지지 않지만 사진으로 남은 기록이 전해온다. 중국식 고층 목조건물이 우뚝 서있고 아치형의 문도 3개 달려있어 통로로 사용되었을 것이다. 이 정도의 파빌리온 규모라면 상당한 양의 출품물이 전시되었을 것이 분명하다.

미국 세계박람회 참관기

1 　미국에서 열린 세계박람회에 중국이 '공식대표'를 보낸 것은 1876년의 필라델피아 박람회다. 중국 입장에서는 세계박람회에 '공식적 최초'로 참관한 경우다. 미국독립1776년 100주년 기념으로 열린 필라델피아 박람회의 압권은 기계관에 전시된 콜린스 엔진Collins Engine이었다. 박람회장에는 거대한 콜린스 엔진18을 비롯하여 약진하는 미국의 표상이 전시되었다. 그림에서 보듯이, 거대한 기계들이 드넓은 전시관을 가득 채웠다. '늙은' 유럽인들은 박람회 보고가 들어오기만 하면 귀를 기울였다. 왜냐하면 신생 미국이 기술에서 유럽을 추월하고 있다는 말을 어디에서나 들었기 때문이다. 박람회를 참관한 이들은 기계가 '북미인의 본래의 생활요소'가 되었다고 강조했다. 특히 미국 기술의 네 가지 요소, 즉 인간의 노동력을 기계로 대체하려는 노력, 실제적인 것을 위한 노력, 광범위한 분업 및 건전한 특허법 등이 발전의 원동력을 제공한다고 강조했다.[19]

　중국은 3,000㎡에 이르는 전시공간을 전통적 중국양식을 드러내는 장식품으로 채웠다. 북쪽을 향하도록 만들어진 거대한 목조 아치에는 대청조大淸朝 세 글자가 새겨져 있었다. 중국 18개 성에서 공예품들을 보냈으며, 미국독립 100주년을 기념하는 2행의 연구聯句가 '보물의 장소'라는 문구와 같이 있었다. 중국 전시품은 총 720개의 대형 상자와 6,801개의 물품이었으며, 그 가치는 대략 은 200,000량 정도였다. 1등상은 비단, 차, 자기, 비단 제품, 조각 도구 및 칠보에 수여되었다.

닝보寧派의 세관 대표로 필라델피아 세계박람회에 참가한 이규李圭는 '줄잡아 50~60리를 걸어야만' 볼 수 있는 기계관을 돌면서 콜린스의 엔진 앞에 섰다. 신형 대포와 거대한 인쇄 기계 전시품 앞에서 '이제, 세상은 변했다'라고 연신 되뇌었다.[20] 이규는 신흥공업국 미국의 힘 앞에서 압도당했다. 이규는 '여성관'에서 '진취적이고 강한 여성'을 온 몸으로 느꼈다. 박람회를 만끽한 인물군 중에는 미국으로 유학을 떠났던 유미유동留美幼童들이 포함되어 있었다.

유미유동 일동. 미국 출국 전에 상하이 『윤선초선총국』 앞에서 기념촬영 (1872년)

콜린스 엔진 (1876년 필라델피아박람회)

1847년 룽훙(융윙 광동식 발음)容閎, 윙폰, 윙신 등 세 명의 중국인이 매사추세츠의 몸슨 아카데미에 입학했다.[21] 이듬해인 1848년에 윙신은 병을 얻어 중국으로 되돌아가나 윙폰은 교회의 도움으로 스코틀랜드로 가서 에딘버러 대학교에서 의학을 공부하며, 유럽에서 의학박사를 취득한 최초의 중국인이 된다. 룽훙容閎은 미국에서 더 공부하기로 마음먹고 1850년에 예일대에 입학했다. 그는 1854년에 인문학학위를 받고 중국으로 돌아왔다. 룽훙容閎은 중국이 조속히 발전하여 서양을 따라잡으려면 어린 학생들을 외국으로 유학시켜 배워오는 수밖에 없다고 생각하고 그 꿈을 실현하기 위해 동분서주했다. 그 꿈을 실현하기 위해 룽훙容閎은 열심히 노력했으나 쉽사리 실현되지 못했다. 그러다가 양무파洋務派의 대신 쩡꿔판曾國藩, 1811~1872과 리훙장李鴻章, 1823~1901의 지지를 얻어내기에 이른다.

룽훙容閎은 상하이에 예비학교를 설립하여 아이들에게 중국어와 영어를 가르치며, 향후 매년 30명씩 4년여에 걸쳐서 도합 120명을 15년간 미국에 유학 보낼 프로젝트를 준비해 나갔다. 당시만 해도 해외 유학생 모집은 쉽지 않아 홍콩에서 부족한 지원자를 채웠고 마침내 1872년에 미국 유학길에 보낼 수 있게 되었다. 그들 가운데 50여 명이 하버드, 예일,

룽훙

룽훙의 西學東漸記 (1909년 뉴욕, 1915년 상하이)

컬럼비아, MIT 등 미국 명문대학에 입학했다. 청말 양무운동의 와중에서 태어나 청나라의 자기 개량을 위해 만들어진 이 유학생 집단은 중국 역사에서 자신들의 각별한 역할을 해냈다. 훗날 룽훙容閎은 『서학동점기』를 써서 그 경과를 밝혔다.[22] 앞에서 진술한 이규가 필라델피아에서 만난 이들 청조의 유학생들은 '태연자약하게, 두려워하거나, 겁먹은 모습은 전혀 없이' 전시장을 관람하고 있었고, 박람회의 공간 속에서 '식견을 키우고', '새로운 기술을 보아내고', '나라 사이의 관계'를 돈독하게 할 그 무엇을 찾고 있었다.[23]

1876년 필라델피아 박람회

2. 미국에서는 여러 세계박람회가 개최되었지만, 1876년의 독립100주년기념 박람회 필라델피아, 1893년의 콜럼부스 미대륙 발견 400주년기념 콜럼비안박람회시카고, 1904년의 루이지애나 매입기념 박람회세인트루이스란 긴 제목에서 드러나듯이 각각 미국의 독립, 콜럼버스의 미대륙 발견, 루이지애나 매입이라는 역사적 사건을 기념했다.[24] 세계박람회에서 드러난 미국의 목적은, ① 자국의 발전과 힘을 과시하

고, ② '그들의 타자'인 국내외의 타인종 집단에 대한 우월주의를 전파하는 것이었다. 인류학과 진화론적 사상 배경으로 미국이 가장 높은 단계에 있음을 보여줌으로써 자신의 세계전략에 대한 정당성을 확보하는 데 주력했던 것이다.[25] '제국주의적 외교정책에 부응하는 박람회의 면모'를 지적한 리델Robert Rydell의 연구[26]가 그것이다.

시대를 초월하여 만국박람회의 가장 중요한 목적은 새로운 기술상의 발전을 보여주는 것이었다. 1886년의 필라델피아 박람회에 '콜린스 엔진'이 있었다면, 1893년 시카고 박람회의 상징물은 '전기'였다. 박람회에 새롭게 등장한 전기관에서는 콜린스보다 거대한 전기 공급용 다이나모Dynamo가 있었다. 다이나모에서 나오는 전기의 힘은 시카고 박람회장의 밤을 대낮처럼 밝힐 정도로 대단한 것으로, 세계에서 몰린 대다수 관중이 생애 처음으로 전기로 밝힌 야경을 보며 인간이 만들어 낸 놀라운 힘에 전율했다.

미국이 본격적으로 박람회를 열던 시점은 남북전쟁1861~1865 이후로서 산

대관람차 (시카고박람회, 1893년)

시카고박람회장

업이 비약적으로 발달하고 있었던 시기였다. 전시의 필요성에 의해 제조업을 크게 촉진시켰으며, 철·증기·전력의 활용과 더불어 잇따른 발명에 힘입은 경제활동이 활발하게 전개되었다. 1859년에는 서부 펜실베니아에서 석유가 발견되었으며 이로써 석유문명이 본격화된다.27 1860년 이전에 미국에서 부여된 특허권이 3만 6천여 건이었으나, 그후 30여 년 동안 44만 건이 부여되었다. 발명품만 해도 1844년의 새뮤얼 모스에 의한 전신, 1876년의 그레이엄 벨에 의한 전화기, 1879년 조지 셀든의 휘발유차 발명, 1867년의 타자기, 1888년의 계산기, 1897년의 현금출납기, 1886년의 자동주조 식자기와 윤전기 및 종이 접는 기계를 통한 신문 다량 인쇄8면 신문을 1시간에 24만부 처리, 토마스 에디슨의 백열등과 축음기, 영화활동사진 등이 19세기 후반 미국의 박람회에 속속 선보였다.28

그런데 박람회는 이 같은 산업기술의 견본시라는 측면 이외에 인종문제가 제기되는 장이기도 했다. 미국은 세계박람회를 외국과의 관계와 정책에 대한 대국민 홍보 및 교육장으로 활용했다. 1892년의 중국인 이민금지법을 확대 적용하는 것을 계기로 불거진 미국과 중국 간의 관계 악화로 인하여, 그 다음 해에 개최된 시카고박람회 전시장에서는 중국에 대한 편견의 시선이 가득했다. 미드웨이 지구에 자리 잡은 중국전시관에 대한 관람객의 반응은 '재능 없고 무미건조하며', '특이하다'와 '신기하다' 이상은 아니었다. 이에 반해 아시아 국가인 일본에 대한 미국의 인식은 비교가 되지 않을 만큼 우호적이었다. 일본은 미드웨이가 아니라 백색도시의 호수 위 섬에 따로 전시관을 운영토록 하는 대접을 받았다. 관람객 반응 역시 일본 문화의 우수성과 예술품의 독특한 미학에 대한 칭송으로 일관되었다.

　20세기에 접어들면, 1904년의 세인트루이스 세계박람회에 중국 정부가 조직한 상인 그룹들이 최초로 참여했다. 박람회를 진중하게 받아들인 청나라 정부는 많은 비용을 들여 중국 전통의 성격과 양식을 잘 드러내는 마을과 전시관을 건축했다. 보 룬과 황 카이지아가 이끄는 공식 정부사절단이 박람회 개회식에 참가하기도 했다. 당시로서는 거액인 총 170만 룽웬LONG YUAN을 전시회에 투입했다. 이 박람회는 중국 정부가 '대리인'이 아니라 '직접 참여'한 최초의 세계박람회로 간주된다. 서태후西太后는 자신의 외교적 이미지를 바꾸고자 부윤溥倫을 위시한 황실 참가단에게 우아한 전통 의상과 장신구, 그리고 서양인이 좋아할 만한 중국 전통 공예를 전면에 내세웠다. 그리하여 우아하고 아름답다는 평가를 얻어내기도 했다.

　그러나 중국인들의 만국박람회 참관이 자연스러운 것만은 아니었다. 세인트루이스 세계박람회는 중국이 정부 차원에서 공식 참여한 박람회였지만 미국 시민들로부터 엄청난 조롱을 당했다. 박람회에 참가했던 평범한 중국인들은 박람회 관람객이나 세인트루이스 시민들과 마주칠 때마다 조롱을 당하거나 심지어 물건을 투척당하는 시련을 겪어야만 했다. 시카고 박람회에서 겪었던 인종적 차별이 박람회장 곳곳에서 발견되었다.[29] 사실 인종차별이 중국인 쪽으로만 향해진 것은 아니었고, 주된 타겟은 흑인이었다. 흑인들은 이미 1876년 필라델피아에서 열린 독립100주년 박람회에서 심한 냉대를 받았다. 전시물에서 흑인이 표현된 경우는 거의 예외 없이 '노예의 이미지'였을 뿐이었다.

반면에 일본은 세인트루이스 박람회에서도 놀라운 준비와 추진력을 바탕으로 미국인의 존경을 얻는 데 성공했다. 단기간에 이룬 일본의 발전과 서구화에 대한 긍정적 인식, 서양의 기준과 가치가 받아들여지고 있다는 것을 증명했다는 믿음으로 미국은 '동양의 양키' 혹은 '아시아의 서양 파트너'로 일본을 인식하게 되었다.[30] 그럴수록 중국은 믿을 수 없는 존재가 되었고, 남루하고 조잡한 이미지로 간주되었다. '제국의 시선'이 중국 전시관에 쏠렸던 것이다. 그로부터 100여년 뒤, 2010년 상하이 세계박람회장에 펼쳐진 중국, 미국, 일본의 경제력을 상호비교하면서, 역사의 수레바퀴가 쉼 없이 돌고 있음을 느껴본다.

3

광서제光緒帝의 집권 시절인 1905년에 세계박람회가 벨기에 리에주에서 열렸다. 중국관은 1905년 2월에 완공되었는데 보편적인 중국 저택의 모습이었으며, 중국풍 별채, 2개의 상가 건물 및

14개의 일반 주택으로 이루어졌다. 이와 더불어 2개의 중국 박물관, 10개의 일반 주택 및 1개의 탑이 보바리 정원에 건축되었다. 중국은 최고 영예상, 금상과 은상을 포함하여 100개의 상을 받았다. 수상 숫자로 볼 때, 중국은 영국, 미국, 오스트리아, 이탈리아와 비견되었다.

1915년, 미국 샌프란시스코에서 파나마 세계박람회가 개최되었다. 중국 정부는 이 행사를 굉장히 중요하게 생각했다. 한편에서는 사람을 보내 중국관을 건축하도록 했으며, 다른 한편에서는 전시품을 모으는 노력을 기울였다. 중국관에는 전통적인 중국 정부의 건물을 본뜬 많은 구조물들이 전시되었으며, 파나마 세계박람회의 가장 인상적인 곳 중의 하나가 되었다. 중국 전시품은 공예품관, 교육관, 식료품관, 미술품관, 문학예술품관, 교통관 및 광산관에 전시되어 57개의 대형 메달, 74개의 명예상, 258개의 금상, 337개의 은상, 258개의 동상, 227개의 장려상을 비롯하여 총 1,211개의 상을 수상했다.

1926년에 필라델피아 세계박람회에서 중국과 일본은 주최국인 미국을 제외하면 가장 많은 전시품을 출품한 나라였다. 주요 전시품은 가공되지 않은 비단, 저장성으로부터 온 비단과 견수자絹繡子 satin, 장시성의 자기, 푸저우의 칠기와 수제 자수제품, 에메랄드 등이 중국적 특징을 잘 드러내는 특산품이었다. 인쇄술, 화장기술, 가죽제품, 구리 및 강철 제품 등 산업 및 상업제품도 전시했다. 당시 중국은 내부 분쟁에 심한 혼란을 겪고 있었다. 이 때문에 중국이 할 수 있었던 최선은 과거 문화유산을 전시하여 이들로 하여금 아직도 하나의 완전한 국가가 존속하고 있음을 내외에 과시하는 것이었다.

상하이의 박람회 유치와 경영

1 중국의 세계박람회 참관 경험은 자국 내에서 스스로 박람회를 여는 방식으로 심화 확산되었다. 중국의 만국박람회 참관 결과, 1910년 난징에서 중국 최초의 박람회인 남양권업회Nanyang Industrial Exposition가 개최되었다. 남양권업회를 시발로 고공회考工會, 공업관마회工業觀摩會, 실업전람회實業展覽會 등 유사하면서도 자잘한 규모의 행사가 1910년대부터 1930년대 전반에 걸쳐 중국 전역에서 산발적으로 개최되었다. 1910년의 남경 남양권업회는 교육관, 공예관, 농업관, 미술관 등 15개와 기타 외국 물품을 전시한 참고관, 전국 각성의 지역관을 합하여 32개로 구성되었다. 그런데 재미있는 것은 파빌리온 건축을 상하이 소재 영국계 회사에 맡겼다는 점이다. 남양권업회 당국이 근대화의 의지로 중국의 근대적 건축기술을 배제하고 서양건축 토목가의 손을 빌린 것이다. 이러한 특징은 파빌리온에서 중국적 모티브가 밀려나고 근대적인 모티브가 돌출하게 만드는 결과를 가져와 실제로는 당시 중국의 현실과는 괴리된 박람회의 이미지를 만들어냈다. 당시 기계에 의한 공업생산품을 내놓을

것이 별로 없다는 현실도 고려했겠지만, 피빌리온이 말하는 근대 서구의 상징이 극단적으로 대비되는 점에서 그러하다.[31]

남양권업회 이후에 외국인 참여 없이 순수 중국인만의 내국 행사로서 1928년 국화전람회國貨展覽會가 상하이에서 개최되기 시작했다. 중국 내에서도 외국이 참여하는 국제박람회를 개최하자는 논의가 없던 것은 아니지만 막상 성사되지 못했다. 고품질·저가격의 열강 상품이 중국시장을 독점하던 현실에서 외국 상품이 참가하는 박람회는 결국 외국의 상품을 홍보하는 장소로 전락할 우려가 컸다. 열등한 중국 상품과 기업을 보호 육성하기 위해서는 국산품만 모아 전시하는 국화전람회가 적당했으며, 이 같은 조건에서 박람회가 열리게 되었다.[32] 그런데 국화전람회 개최의 발의와 자금 지원은 국민당 정부의 상공부가 외형적인 주체였지만 실질적으로 전람회를 기획하고 운영한 주체는 상하이특별시 관료와 상

상하이엑스포 전시관의 세계박람회 역사

하이 상공인들이었다.

1928년의 중화국화전람회는 국화의 제창을 통해 경제적으로 열강에 종속되어있는 현실 타파에 목적을 두었다. 전람회는 대대적으로 이루어졌다. 처음으로 비행기에서 전단을 살포하고 자동차 퍼레이드를 펼쳤으며, 군악대가 주악을 울리고 연예장에서는 유명 배우가 출연하는 공연과 영화를 상영했다. 연예 프로그램은 경극, 국기, 가무, 음악, 신극, 영화, 잡요 등으로 하루도 빠짐없이 매일 공연되었다. '모던 상하이'의 문화예술적 역량이 모조리 집결된 것이다. 그런데 중화국화전람회가 열린 시점이 국민당 우파가 1927년 4월 12일 상하이에서 반공 쿠테타를 감행하고 난징에 국민정부南京政府를 수립한 직후임을 주목할 필요가 있다.

1929년에는 저장성 항저우에서 서호 엑스포를 열게 되었다. 그러나 전쟁 시기로 접어들면서 박람회는 더 이상 본격적인 만개가 어려웠으며, 아직 많은 시간을 기다려야했다. 더욱이 중화인민공화국이 성립되고, 연이어 문화혁명의 시대로 접어들면서 박람회 같은 '자본주의적 잔재'는 중국에서 표출이 곤란했다. 문화혁명 기간 중에도 동일했다. 박람회의 160여년에 걸친 역사를 살펴볼 때, 중국이 본격적으로 세계박람회에 참여할 수 있는 기회가 마련된 것은 역시 개혁개방 이후일 것이다.

2. 다른 모든 사회 분야와 마찬가지로 개혁 개방 이후부터 중국의 세계박람회 참여가 재개된다.[33] 중국은 1982년부터 총 12개 박람회에 참여했다. 1982년, 미국 테네시주 녹스빌Knoxville, Tennessee에

서 '에너지가 세상을 바꾼다'라는 주제의 세계박람회가 열렸다. 이 행사에서 중국관은 태양에너지를 이용한 온수기, 조리기, 항해등, 메탄가스를 이용한 기구 및 중국의 양식을 잘 드러내는 많은 종류의 예술품을 전시했다. 1984년, 미국 루이지애나주 뉴 오레곤New Oregon, Louisiana에서 '세계의 강과 담수-삶의 근원'이라는 주제로 세계엑스포가 열렸다. 이 행사에서 중국관은 고대 및 근대의 수자원 보호 프로젝트에 관한 사진, 재현물 및 모형을 전시했다. 이와 더불어 청나라의 종 장식물과 석비 등의 문화유산을 포함하여 경공업제품, 유리 제품 및 공예품을 전시했다. '거주와 환경-인류를 위한 주택공학 및 기술'이라는 주제로 열린 1985년의 일본 쓰쿠바Tsukuba,Japan 세계박람회에도 참가했다. 1986년에는 캐나다 밴쿠버의 세계박람회에 참가했다.

1988년 4월 30일, '기술시대의 레저'라는 주제로 호주 브리즈번Brisbane, Australia에서 세계박람회가 열렸다. 중국관에서는 중국에 대한 간단한 소개 영화가 방영되었다. 이 행사에서 중국관은 오성 전시관 및 최고 전시관 상을 수상했다. 이는 중국의 세계박람회 참가 역사상 가장 영예로운 상이었다. 1990년, 세계 원예박람회가 일본 오사카에서 열렸다. 1992년, 중국은 '크리스토퍼 콜럼버스 배와 대양'이라는 주제로 이탈리아 제노바Genoa,Italy에서 열린 세계박람회에 참가했다. 중국관에서는 고대와 현대 중국의 항공과학 및 기술이 전시되었다. 더불어, 삼대 협곡 수자원 보호 프로젝트, 전통 공예품 및 기타 다양한 물품이 전시되었다. 중국관은 상위 5개 전시관 중 하나로 기록되었다. 중국은 1997년, 캐나다 퀘벡Quebec,Canada에서 열린 세계원예박람회World Horti-Expo에도 참여했다. 1998년, 포르투갈 리스본에서 열린 세계박람회의 주제는 '대양-미래를 위한 유산'이었다. 중국관은 크게 네 구역으로 나뉘어져 각각 대양의 개발 및 활용, 해상의 실크로드, 로켓 추진 위성의 시뮬레이션 및 시네라마Cinerama 영화를 출품했다.

하노버박람회 소개책자

2000년, 독일 하노버에서는 '인류, 자연 및 기술'이라는 주제로 세계박람회가 열렸다. 중국관은 독특한 외부 장식과 풍부한 전시품들로 세계 여러 곳에서 온 많은 관람객들을 불러 모았다. 중국관의 일일 관람객 수는 약 30,000명으로 박람회 전체 관람객수의 1/4 가량에 이르렀다. 2005년 3월부터 9월까지 '자연의 지혜'라는 주제로 세계박람회가 일본 아이치현Aichi, Japan에서 개최되었다. 1620㎡를 배정받은 중국관은 중국인이 가장 좋아하는 붉은색과 다양한 성씨로 장식되어 중국의 향취를 풍부하게 발산했다. 다양하고 독특한 전시품과는 별도로, 중국관에서는 온갖 종류의 흥미로운 행사들이 열려 500만 명 이상의 관람객을 끌어 모았다. 박람회의 마지막 날 전야에는 상하이 주간을 선포하여 2010년 상하이 세계박람회를 홍보했다.

아시아에서 일본, 한국 순으로 세계박람회가 개최되었다면, 금번 세 번째 타자인 중국에서의 박람회 개최는 세계박람회 역사에서도 큰 의미를 지닌다. 박람회는 이후에도 유럽, 아시아를 반복하면서 개최될 전망이다. 유럽 중심의 박람회만으로는 소위 '장사'와 '흥행'이 되지 않으므로, BIE는 끊임없이 새로운 '박람회 시장'을 찾아 나설 것이다. 상하이 세계박람회 개막식에서 행한 연설에서 BIE 의장은,[34] '이 거대한 박람회가 21세기가 시작되는 초반에 중국의 굴기emergence를 보여줄 것이다'고 강조했다. 중국이 드디어 '굴기' 했으며, BIE로서는 하나의 '거대 시장'을 확보하게 되었다.

국가주의적 개발도상국에 위치한 나라들 가운데도 박람회를 유치하려는 움직임이 가시화하고 있다. 올림픽 유치와 국가 지도자의 영도력이 같은 궤를 이루었던 대한민국처럼, 박람회 유치를 가지고 온 나라를 뒤흔들 것 같았던 대한민국처럼, 그러한 나라는 너무도 많기 때문이다. 그동안 세계박람회 조류와 상대적으로 무관했던 중국이 세계박람회를 성대하게 치름으로써, 박람회라는 새로운 상품은 대륙 진입에 성공하여 교두보를 설치한 셈이다. 중국에는 매우 늦게 '박람회 바람'이 불게 되었지만, 자본주의의 그 거센 바람은 오히려 자본주의 종주국을 능가할 전망이다. 도시를 뜯어고치다시피 재개발하고, 그곳에 테마파크를 만들고 싶은 후발 본주의적 욕망이 굴기하는 중국인들에게 각인된 셈이다.

중국의 세계박람회를 바라보는 시각은 또 하나의 대국 논리일 것이다. 상하이박람회 직전에 '엑스포총서' 형식으로 출간된 세계박람회 역사를 다룬 책자에는, 박람회의 경쟁적 무대 · 창조적 열기 · 문화적 역량 · 인류의 공동 가족 등 범 인류사적 지구적 인식을 강조하고 있다. 박람회의 족적과 현실이 그러한 궤적을 밟아온 것은 사실이나 20세기 말부터 박람회의 생태주의적 관점이 강조되고 있는 추세와는 많이 다르다. 일부 환경에 대해 할애하기는 하나 상하이 박람회의 주요 관점은 국가 프로파간다와 국가 브랜드의 강화, 지구촌 전체를 상대로 한 외교적 역량

발휘, 과학기술 발전과 미래산업에 대한 희망 등에 초점이 맞춰졌다.[35]

중국이 세계박람회에 본격 뛰어든 시점은 중국 자본이 세계를 장악해나가는 시점과 일치하며, 동시에 지구촌 생태 문제가 심각한 상태로 진입한 시점과도 일치한다. 때문에 자본적 역량의 강화와 세계의 공장으로서 소비시장으로서의 경제력 증강이라는 목표는 일면 반생태적 요소를 지닐 수밖에 없으며, 세계박람회에서는 발전과 지속가능성이라는 모순관계를 어떤 식으로든 해결하겠다는 실천 의지를 구체적인 전시를 통해 보여주어야 한다. 그러나 내적으로 경제적 발전 욕구에 종속될 수밖에 없는 중국의 박람회장은 자본의 욕망과 대륙굴기의 포부로 채워져 있을 뿐, 긴박하게 제기되는 생태기후 등 제 문제에 대해서는 제한적으로밖에 반응할 수 없을 것으로 보인다.

3

중국이 세계박람회를 박람회 역사상 최초로 열게 된 것은 중국의 내부사정도 작용했겠지만, 세계박람회는 어디까지나 자본주의 세계질서를 대변하는 행사로 개최된다는 점이 더 큰 이유가 되었다고 보아야 한다. 소비에트연방이 강한 힘을 지녔던 과거 시절에도 동구권에서 세계박람회는 열리지 않았다. 자본과 산업기술, 더 나아가 제국을 전시하는 박람회의 본질적 속성을 고려한다면 당연한 결과이기도 했다. 이쯤에서 도대체 세계박람회를 주관한다는 'BIE Le Bureau International Des Expositions, 세계박람회 사무국은 무엇인가' 하는 근본적 질문을 떠올리지 않을 수 없다.

　필자는 2006년 3월, 2012년 여수 세계박람회 유치를 위한 사전 준비작업 TFT의 일원으로 당시 해양수산부의 위촉을 받아 파리 근교의 사토에서 일주일 여를 보낸 적이 있다. 유치를 위한 협조 창구는 당연히 BIE였다. BIE는 세계박람회를 조직하고, 일정을 잡고, 개최국을 선정하는 정부간 국제조직intergovernmental organization이다. 빅토르 위고 Victor Hugo 애비뉴 56번지의 아담한 건물. BIE는 1928년 파리박람회에서 시작되었다. BIE를 탄생시킨 역사는 곧바로 박람회의 역사이기도 하다. 바꾸어 설명하자면, 박람회는 BIE를 중심으로 한 구미歐美의 역사이기도 하다.

　오늘날의 BIE는 믿음Trust, 독립Solidality, 진보Progress라는 세 가지 근본적인 가치를 표방한다. BIE의 지향점은 인류의 진보, 기술 발전, 정신적·물질적 진보, 더 좋은 세계를 향한 노력 등을 포함한다. 현실세계의 지구촌에서는 실현 불가능하지만 UN이 늘 평화 따위를 구두선으로 내세우는 것처럼, BIE

도 진보를 향한 아름다운 꿈을 늘 내세워왔다. BIE는 박람회 조직자와 참가자 대표들에 의해 조직되며, 컨벤션을 감독하고 지원하는 역할을 맡는다. 박람회의 통합과 질을 유지함으로써 다중을 교육시키고 인류 진보에서 서비스 증진을 도모한다고 규약에 명시되어있다. 국제적 정부조직이기 때문에 이 조직은 정기적으로 지구촌 문제에 대한 프레임 워크를 제공하고 있다. 당연히 각 정부에서 파견되는 정부대표로 구성되며, 사무국은 파리에 있고 의장과 사무총장 등을 거느린다.

그런데 박람회의 역사를 검토해보면, 초기에 박람회가 진행되어 가면서 국제적인 갈등도 발생했음을 알 수 있다. 초대 BIE 의장이었던 이삭Maurice Isaac은, '아주 오랫동안 세계박람회는 해당 박람회를 조직한 나라에 의해 부과된 규칙을 따를 수밖에 없었으며, 그 나라의 국제법은 각 나라의 이벤트에만 적용되었다. 박람회는 국제적인 것이므로 공통적인 규정과 일정한 법칙을 요구하게 되었다'고 BIE 탄생과 국제적 협력의 필연성을 설명했다.[36] 이미 1907년에 프랑스는 어떤 국제적인 조직의 필요성을 느꼈다. 1912년에 독일정부가 베를린에서 관심 있는 정부들을 모으는 이니셔티브를 취했으며, 이러한 독일의 노력은 세계박람회 조직화의 기초를 놓았다. 불행하게도 1914년 1차 세계대전으로 말미암아 이러한 노력은 불발에 그쳤다. 1920년에 두 번째 시도가 이루어졌고 마침내 1928년에 새로운 회의가 파리에서 열렸다. 그해 10월 22일, 31개국에서 온 대표들이 국제적 합의서에 서명했으며, 1928년 파리대회는 정규적인 국제 프레임워크를 제공했다.

세계박람회를 개최하려는 나라, 즉 수요가 많은 것에 비하여 공급이 부족하므로 BIE는 절대적 권위를 갖고 나라를 선별한다. 올림픽이 국제

정치학이 된 것처럼 박람회도 마찬가지의 길을 걷고 있다. BIE의 현실적 힘은 일차적으로 수요와 공급의 불일치에서 기인할 것이다. 월드컵과 올림픽이 4년마다 개최되므로 그 희소가치를 인정받는 것과 동일하다. 40년 동안 10개 나라만이 공인엑스포를 개최할 수 있기 때문에, 유치 기회가 자주 주어지는 것이 아님을 알 수 있다. 유치는 철저하게 BIE 규정에 의한다. 박람회 개최 희망국은 정식 신청서와 함께 10%의 등록 수수료를 주최일로부터 9년 이내에 BIE에 납부해야 한다.

  신청서에는 행사의 개회 및 폐회 일자, 주제, 조직위원회의 법적 위치 등을 명시해야 한다. BIE는 신청서를 접수한 날로부터 6개월 이내에 회원국에게 신청서가 접수되었음을 고지하고, 회원국들이 입찰에 참가할 지 여부에 대한 의사를 묻는다. 이상의 신청 절차가 끝나면 설명회에 들어간다. 1년에 두 번 열리는 BIE 회의에서 입찰국은 투표 국가의 지원을 얻기 위해 타국과 비교하였을 때 자국이 가지고 있는 장점과 입찰을 하고자 하는 이유에 대해 설명회를 열어 설득해야한다. 유치 희망국 내에서 해당 국민들과 지역 주민, 정부의 지원과 옹호를 받아야하는 문제와는 별도로 국제적인 활동이 요구되는 것이다.

  예비신청서를 제출한 날로부터 6개월 후, BIE 실행위원회 의장은 규정에 따라 조사를 실시하여 해당 신청서가 실행 가능한 것인지를 확인한다. 사절단, 전문가 및 사무총장이 이 조사에 참여하며, 모든 비용은 입찰국이 부담한다. 주제 및 정의, 개회식 날짜 및 전시회 기간, 개최 예정지와 면적, 예상 관람객 수, 금융 잠재력 및 금융 보증에 대한 사항, 전시 비용을 계산하는 입찰국의 방법, 금융 및 물질자원의 배정, 참가국에 대한 정책적 지원 및 관련 사항, 정부 및 행사 참가에 관심을 가지고 있는 다양한 조직들의 태도 등이 두루 평가 대상이 된다. 투표는 보통 개최 일로부터 8년 전에 이루어진다. 2/3 득표를 한 나라가 선정되지만 미달할 경우에는 2차 투표까지 가야한다. 한국이 2010 '공인'박람회 유치에 실패하고 2012 '인정'박람회에 성공하기까지의 일련의 경험이 이를 잘 말해준다.

이 같은 일련의 과정에는 '불편한 진실'이 숨겨져 있다. 도대체 BIE가 무엇이냐는 근본적인 질문이 그것이다. BIE 사무국을 주도하는 이들은 대개 서유럽 사람들이다. 미국은 BIE 회원국이 아니기 때문에 이들 조직과 상대적 거리가 있다. 결국 BIE를 통해 세계박람회를 움직여나가는 주도 세력은 서구유럽인이라는 결론이다. 조금 심각하게 말한다면, 서구유럽인들은 자신들의 조상이 일찍부터 시작해 놓은 만국박람회의 시스템과 BIE라는 국제조직을 장악하고 이를 기반으로 전 세계를 상대로 '엑스포 비즈니스'를 하고 있다는 극단적 표현이 가능할 것이다.

박람회가 제3세계에서 열린 경우는 거의 없다. 원칙적으로 '돈'이 되는 나라에서 열린다. 20세기 후반 들어와 일본, 한국에서 박람회가 개최되고, 다시 21세기 초반에 중국, 한국에서 열리는 것도 동북아시아의 자본력 덕분이다. BIE는 박람회 입장객에 따른 일정한 퍼센트를 징수한다. 나는 이를 'BIE 세금'이라고 부르고자 한다. 박람회를 포함한 올림픽과 월드컵의 세계3대 축이 유럽인에 의해 장악되어 있음을 잘 말해준다. 부상하는 중국 역시 BIE에 대한 이러한 종속에서 예외가 아닌 것이다.

4 중국의 상하이 세계박람회, 즉 BIE의 '공인'을 받은 박람회를 생각하면서 우리의 2012년 '인정' 박람회를 생각하지 않을 수 없다. 대다수 한국인들은 세계박람회 개최를 오랫동안 준비해온 상태에서 중국 상하이시가 느닷없이 뛰어들어 한국 편에서 보면 '다된 밥'을 망친 것으로 오해하고 있으나 이는 사실과 다르다. 한국 여론이란 늘 그렇듯이 지나칠 정도로 자국에게 유리하게만 몰고 가는 경향이 있다. 흡사 여수시가 오랫동안 준비해온 잔치에 상하이가 뛰어들어 죽을 쑨 것처럼 생각하는데, 거듭 말하지만 이는 사실과 다르다. 준비는 한국이 훨씬 늦었다.

상하이는 이미 1985년부터 준비를 시작하여 1989년에 상하이 시청의 과학위원회에서 세계박람회 개최에 관한 검토를 결의하여 1994년 개최를 준비한 바 있다. 1994년 개최가 무산되자 다시 1999년 대회를 준비했으며, 다시금 1998년에 2010년 대회유치를 결의하게 된다. 1998년 12월 8일 BIE에 나가 있던 중국 대표사절은 126차 회의에서 지원을 공식화한다. 그리고 중국, 러시아, 폴란드, 멕시코, 아르헨티나, 한국 등 6개국이 3년여 경쟁을 벌인 끝에 2002년 12월 3일 모나코에서 열린 132회 BIE 회원국회의에서 2010년 세계박람회 개최지로 상하이가 결정되었음이 발표되었다.

한국은 공인엑스포가 불가능해지자 인정엑스포로 눈길을 돌려 2012년 유치에 성공하게 되지만, 과연 '공인'에서 '인정'으로 내려앉은 것을 '성공'이라고 표현할 수 있을까, 그런 의문이 든다. 더군다나 대 시민홍보에서 '인정'과 '공인'의 기간 차이, 규모 차이 등등을 제대로 설명하지 않고 오로지 '엑스포 성공' 만을 주창하는 한심한 행태를 어떻게 설명해야 할까?

　박람회 유치운동이 벌어지는 동안, 중국 입장에서는 올림픽 유치를 위한 노력도 동시에 진행하고 있었다. 올림픽을 제1의 목표로 설정한 중국정부로서는 올림픽 주최국이 결정된 2001년 7월 13일까지 세계박람회 유치를 위한 고위 외교로비를 본격적으로 펼치기는 어려웠다. 그러나 장쩌민을 위시한 중국 지도부의 총력 지원과 외교 부문, 화교 세력 등을 총 망라한 입체 작전 끝에 중국은 올림픽과 더불어 박람회까지 거머쥐게 되었다. 중국 입장에서는 올림픽과 박람회라는 2개의 거대 국제행사를 불과 2년 간격으로 개최에 성공함으로써, 2008년과 2010년을 연이어서 자국의 국가적 목적을 위한 강속구를 던진 것이다. 중국의 이러한 거대한 전략적 이해관계와 굴기하고 있는 외교력을 무시하고, '우리가 열심히만 하면 여수엑스포는 따 놓은 당상이다'는 식의 구호가 난무하고, 유

치비를 융단폭격처럼 퍼붓던 대한민국의 별 대책 없던 행보를 되짚어보게 되는 것이다. '열심히 하면' 물론 될 수도 있겠지만, 그럴수록 우리는 BIE의 '국제적 봉'이 된다. 'BIE'는 어차피 '이윤'을 남기는 조직적 속성이 강하므로 '장사'되는 지역에서 개최하려는 것은 너무도 당연하며, 그러한 점에서 한국의 경제력이 있는 상태에서 '공인'은 못 주어도 '인정'은 줄 수 있다는 태도의 귀결점이 2012년 여수세계 인정박람회인 것이다.

 상하이 세계박람회 사무협조국은 2003년 10월 30일에 발족되었다. 사무협조국은 조직위원회와 집행위원회의 지도를 받으며 박람회의 실제 준비 조직, 운영 및 관리에 대한 책임을 담당했다. 종합계획부, 주제연역부, 활동계획부, 국제참전부, 국내참전부, 시장개발부, 공정부, 신문선전부, 자금재무부, 인력자원부, 법률사무부, 전관전시부, 운영부, 성시최가실천구부城市崔佳實踐區部, 자신화부 등으로 조직되었다. 협조국 내

에는 수석기획자Chief Planner팀과 수석디자이너Chief Designer팀을 구성했다.

　박람회 개장 100일 전인 1월 21일, 공정의 90%가 완성된 상태였다. 3만여 건설노동자들은 춘절에도 고향에 가지 못할 정도로 바삐 움직였다. 노란 안전모에 푸른 옷을 입고 붉은 기를 앞세운 채 전시장 내를 행군하는 노동자군이 일상적으로 보였다. 100일 전쯤에는 지하철이 이미 시험운전에 들어갈 정도로 속도전을 냈다.[37] 엑스포 온라인 웹사이트는 이미 2009년 11월에 오픈하여 32만 명이 다녀갔으며 page view는 190만에 달했다. 이렇게 2010년 5월의 막이 오른 것이다.

주제와 장소마켓팅
박람회에 초대받은 도시

四

Four

대도시에는 역이나 호텔을 나와 처음으로 도시를 맛볼 때 가슴을 뛰게 하고 자극을 주는 삶의 왁자지껄함, 두근거림 혹은 감동이 있다. 이것은 어떤 이들에게는 더욱 그러할 것이다. 그들에게 굉음은 인간이라는 존재를 무자비하게 깨부수는 공장의 잔인한 소리로 들릴 것이다.……그러나 도시에 사는 누구라도 도시를 알면 알수록 그 비인격성이 사라져 감을 느낄 것이다. 그리하여 도시의 맥박을 하나의 전체로 느끼면서도, 그는 도시를 구성하는 무수한 많은 다른 요소들, 즉 서로 다른 사회, 집단, 인종, 종교, 가족 관계를 구분하기 시작한다. 그가 이 도시에서 태어나지 않았다 해도 그는 이러한 것들 가운데 일부에 참가하게 되며, 이 모든 것들은 지속적으로 겹치고 상호작용한다. 수세기 동안 도시나 시골에서의 이러한 상호작용은 많은 고통과 손실을 야기하기도 했지만, 대부분 인간의 삶을 감내하도록 혹은 즐길 수 있도록 만들어주었다.

- Mark Girouard, "A Social and Architectual History", 1985

주제가 박람회를 만든다

1 BIE에서는 'The Theme Makes the EXPO'란 표현을 자주 쓴다. 세계박람회에서 개최 주제가 그만큼 중요하며 가히 절대적이기 때문이다. BIE는 각국에서 제출한 주제에 대해 범지구 차원에서의 적합성, 나아가서 다른 박람회와 겹치는 문제 등도 고려하면서 주제를 중시한다. 주제가 겹치지 않는 문제가 중요하며, 주제가 분명해야만 참가국의 참여에 문제가 없다. 주제가 명료하지 않다면 박람회는 개최 목적이 없는 것과 마찬가지다. 때로는 주제 자체가 애매하게 설정되어 박람회를 망치는 경우가 있었다. 성공적인 박람회를 위해서는 반드시 해당 박람회가 제시한 주제가 국제사회에서 논의되는 평범한 수준을 뛰어넘어야 한다. 이처럼 박람회 성공을 위한 주제선정이 중요하기 때문에 개최지 신청 단계부터 주제 개발에 온 신경을 쓰게 마련이다.

최근에 개최되는 '포스트모더니즘적인 엑스포'에서는 더욱 주제의 힘이 강해졌다. 범 지구촌이 하나로 연결되면서 범지구적 이슈를 담아내

사라고사 박람회의 상징물인 물타워

는 공동의 주제를 제시함으로써 인류 공동의 문제를 해결하려는 경향성을 보여준다. 가령 1998년 리스본 세계박람회는 '바다, 미래를 위한 유산'The Oceans, a Heritage for the Future을 주제로 하여, ① 바다의 지식과 자원 ② 바다와 지구의 균형 ③ 바다와 레저 ④ 바다와 예술적 영감의 원천 등을 부제로 내걸었다. 2008년 사라고사 세계박람회는 '물과 지속가능한 발전'Water and Sustainable Development- Water for life Water, a Unique Resource을 주제로 하여, ① 물의 경관 ② 극한적인 물 ③ 목마름 ④ 물과 에너지 오이코스 ⑤ 물의 도시 ⑥ 물의 공유 ⑦ 물의 영감 ⑧ 시민참여 파빌리온 등을 부제로 내걸었다.

대개의 경우, 주제는 보편적이며 평이하게 유지하면서도 그 의미를 심도 있게 제시하고 있다. 반면에 부주제는 다양하게 제시되며 매우 개

성 있게 구성되는 특징을 지닌다. 제 유형별로 전시공간, 전시단위가 설정되기 때문에 주제와 파빌리온은 내적 상관관계를 갖는다. 그래서 주제 선정에는 국가 및 개최도시의 행정가, 전시연출가, 건축가, 도시설계자, 예술가, 과학자 등 다양한 분야의 전문가가 개입하여 심도 깊은 논의 과정을 거친다. 상하이 유치위원회에서도 1999년 말에 '다양한 도시들의 당면한 입장'이라는 주제의 보고서를 제출했다. 세계박람회 유치를 위한 법적 절차의 일환으로, 201년 5월 2일 중국정부가 유치 입찰서신을 BIE에 제출하면서 '도시'라는 주제를 명료하게 밝혔다. 드디어 2010년 상하이 세계박람회는 'Better City, Better Life'더 좋은 도시, 행복한 삶를 주제로 내걸었다.[1]

도시라는 주제는 지난 160여 년 간 열린 세계박람회의 유산과 수천 년 지속된 인류문명에 그 뿌리를 두고 있다. 도시문제를 둘러싸고 증가하고 있는 전 세계의 관심을 반영한 결과이다. 페르낭 브로델Fernand Braudel이 '도시는 변압기와 같다'고 표현했을 때, 이는 자본주의 물질문명의 총아로서 도시를 논한 것이리라. 그가 '도시는 전압즉 긴장을 증대시키고 교환을 가속화시켜주며 사람들의 삶을 끊임없이 섞는다. 도시는 전환점이며, 단절이며, 세계의 운명이다. 도시가 등장하고 문자기록을 사용하기 시작하면서 도시는 우리가 역사라고 부르는 것에 문을 열었다'고 지적하였던 것처럼,[2] 도시는 그 자체가 인류의 역사이다. 기하급수적으로 늘어나는 도

시 인구는 도시의 중대성이 보다 강화되고 있음을 시사해준다.

1800년에 세계 인구의 불과 2% 만이 도시에 살고 있었으나 1950년 경에는 그 비율이 29%로 증가했으며, 2000년경에는 세계 인구의 절반이 도시 거주민이 되었다. 특히 개발도상국에서 도시 이주가 급증했다. 1960년에서 2000년 사이에 개발도상국의 도시 거주 인구는 20%에서 40%로 2배가 되었다. 유럽과 미국도시의 인구 증가가 더뎌지면서 세계 도시 거주자의 대다수는 라틴아메리카와 아시아, 아프리카 도시에 거주하고 있다. 인구 성장 덕분에 2007년경에는 도시 거주자들이 역사상 최초로 세계 인구의 절대 다수를 차지하게 되었다. 1950년대에는 런던과 뉴욕, 단 두 도시만이 1천만 명을 넘겼는데, 50년 뒤에는 천만 명 메가시티가 19곳에 이르렀으며 그 중에 16곳이 개발도상국의 도시였다. 1960년에 7억 5천만 명에 불과했던 세계 도시인구는 2002년에는 30억 명으로 늘어났고, 2030년에는 50억 명을 초과할 것으로 예상된다.

늘어난 도시거주자들은 격심한 환경변화에 직면하고 있다. 이런 환경에서는 가장 강력한 도시지역 조차도 다른 거대한 도시들과 경쟁해야 할 뿐만 아니라 더할 나위 없이 넓어진 소도시와 교외, 소읍과도 경쟁해야 한다. 인구와 자원의 전례 없는 도시 집중은 발전을 위한 새로운 가능성과 다가오는 도전을 함께 제기한다. 도시는 역사적으로 인간 혁신과 진보의 비옥한 토양이었다. 도시는 도시라는 시스템, 도시의 자원과 산출물, 도시의 창조성과 모험성 등을 고무시키는 공간으로서 기회증진을 도모시켰으나 불행하게도 많은 문제점도 안겨주고 있다. 환경오염, 통제되지 않는 인구성장, 과도한 소비 행태, 도시의 지속불가능과 에너지 과소비 등의 문제를 양산하고 있다. 새로운 출구를 마련하지 못한다면 도시의 자정능력 한계는 도시 자체의 생존에 심각한 장애를 초래할 것이다. 도시가 제대로 경영되지 못하면 도시는 고통과 갈등, 가난, 환경 파괴, 폭력, 인권의 무시 등이 자라나는 인큐베이터가 되기 때문이다.[3] 따라서 상하이가 세계박람회 역사상 최초로 도시를 전면에 내건 것은 대단히 의미 있고 시의적절한 시도였다.

21세기 벽두에 거대한 도시박람회라는 판을 벌이는 상하이를 생각하면서, '거대한 모든 것'에 저항한 아나키스트였던 루이스 멈포드Lewis Mumford, 1895~1990를 떠올려 본다. 다방면의 종합적 지식인이자 20세기 최초의 도시연구자, 도시사학자, 건축비형가, 문예비평가, 문명비평가라는 다채로운 호칭에 걸맞게 그는 영원한 제너럴리스트였다.[4] 그는 한평생 도시에 관심을 쏟아 부었으며 특히 『역사 속의 도시』[5]는 명저의 반열에 일찍이 올랐다. 에세이 모음집인 『도시의 전망』[6] 같은 책에서 우리는 2010년 상하이 도시박람회에 만개한 온갖 전망의 수치들을 비교해볼 수도 있을 것이다. 그의 도시론 작업은 결국 문명사의 거대한 맥락 속에서 유토피아를 찾아가는 학문적 구도의 길이었다. 그는 실제로 『유토피아 이야기』를 저술하기도 했으며, 중세의 작은 도시를 거대한 현대의 죽음의 도시에 비교하면서 농촌과 도시의 조화도 꿈꾸었다. 2010년 상하이의 '도시박람회'에 출품된 도시들도 명목상으로는 저마다 과거와 현재의 도시를 반추하고 미래의 도시를 희구함으로써 유토피아적 전망을 내놓고 있다. 그러나 그 유토피아가 디스토피아가 될 수도 있으므로, 각 파빌리온마다 제시된 다양한 도시의 다양한 꿈이 '전시 출품 명목'에 지나지 않는 '건축 전시 디자인의 장난'이거나 '전시업자의 놀이터'에 지나지 않는 것은 아닐까 하는 우려를 해보면서 루이스 멈퍼드를 잠시 생각해 보았다.

2　　상하이가 도시를 주제로 정한 이유는 무엇일까. 세계적인 항구도시였기 때문에 그러할까. 그 요인은 상하이의 발전전략이 가장 중요하게 작용하였을 것이지만, 메가시티의 왜곡된 상황에서 기인하는 측면도 있을 것이다. 세계의 유수 도시 가운데 상하이보다 더 심한 악명에 시달린 곳도 드물다. 1900년 베이징 인구가 1백만 명을 넘었을 때 상하이 인구는 3만 7천명에 불과했다. 그러나 상하이는 1937년에 35만 명 이상을 수용했는데 이는 옛 제국의 수도 인구를 2배 이상 상회하는 수치였다. 상하이에는 제국과 식민이 교차하고 외국인과 내국인이 혼재한 가운데 지방에서 흘러들어온 외지인이 다수를 차지했다. 복잡한 민족구성, 다양한 지방출신, 식민 종주국과 피종주국 등의 제 조건은 상하이를 기형적으로 발전시키기에 충분한 토양을 제공했다. 어느덧 상하이는 떠들썩한 유럽의 경제중심지 역할을 하는 것 외에도 조직 폭력과 마약 유통, 매춘의 온상으로 두각을 나타냈다. 어느 선교사는 이렇게 밝혔다. "하나님께서 상하이가 계속 존재할 수 있게 허용하신다면, 그 분은 소돔과 고모라에 사과를 하셔야한다"[7]고!.

　그러면서도 상하이는 발전을 거듭하여 뉴욕과 더불어 세계적인 항구도시로 우뚝 섰으며 동양 최대의 항구도시가 되었다. 물론 중화인민공화국 성립 이후에는 오랜 동안 성장이 지체되었다. 개혁개방 전의 중국 공산당은 중국의 발전을 부패한 해안의 상업 중심지로부터 멀리 떼어놓으려고 했다. 그 결과 중국의 도시화는 동아시아의 어떤 지역보다도 느린 속도로 이루어졌다. 홍콩과 뭄바이 등이 고속성장을 하는 동안, 중국의 광저우, 톈진, 상하이 같은 많은 기존의 상업도시들은 미미한 정도로만 확장됐다. 이와는 대조적으로 정치적 중심지인 베이징은 계속 성장해서 1953년부터 1970년 사이에 상하이보다 2배나 많은 인구를 불렸다. 그러나 개혁개방이 시작되자 중국 동부해안은 약진을 거듭했다. 아시아의 가장 눈부신 도시 발전이 대개 중국의 동쪽 도시에서 일어난 것이다.

아시아 으뜸의 경제 중심지 겸 해외투자 유치 장소를 놓고 홍콩과 도쿄가 앞서가는 가운데 상하이의 본격 도전이 시작되었다. 20세기 전반의 식민지 시대에 상하이를 뒤덮었던 코스모폴리탄 문화가 20세기 말부터 다시 상하이 가로를 뒤덮기 시작했다. 1990년대 이래 불과 10여 년 만에 그린벨트 지역과 호사스러운 호텔, 200여 채의 고층 사무용 빌딩, 산뜻한 도로, 현대적인 페리 터미널, 지하철, 보행자용 지하터널 등을 완비한 신도시가 황푸강변에 우뚝 솟아올랐다.

중국의 급속한 도시 부활은 급속한 개발과 결부된 많은 난점을 초래했으며 상하이도 그러한 문제점을 노출시키는 전범을 연출했다. 이주 노동자농민공 수백만 명은 앞선 시대를 살아갔던 궁핍했던 랭커셔의 농부들, 아일랜드의 농민들, 혹은 시카고나 뉴욕으로 향하던 유럽 이민자의 행로를 그대로 따라갔다. 그들은 종종 터무니없는 임대료를 내고 좁고 한심한 아파트에 몰려 살고 있다. 중국의 도시거주자 다수가 불결하고 위험하며 불안정한 일자리에서 일하고 있다. 과거의 중국과 결부되어있던 매매춘, 뻔뻔한 부패, 비열한 범죄, 그리고 다른 악덕들이 다시 귀환했다. 이것들이 때로는 놀라운 복수심을 동반한 채 도시를 덮치고 있다.[8] 상하이시가 도시를 주제로 내걸은 이유는 미래도시의 희망찬 꿈도 있었겠지만, 이처럼 메가시티가 처한 상황의 궁색함도 작용하였을 것이다.

뉴욕의 밤거리　　　　　　　　천주의 밤거리

3

그동안 서구의 근대 사회과학은 아담 스미스Adam Smith에서 막스 베버Max Weber에 이르기까지 인간 사회의 내부 문제에만 관심을 기울여왔기에 인간과 자연의 관계는 충분한 고려 대상에서 배제되었다. 하지만 오늘날 우리는 인간중심주의anthropocentrism의 틀에 갇힌 전통적 패러다임을 넘어서 생태중심주의ecocentrism 패러다임으로 전환할 것을 절실하게 요구받고 있는 중이다.[9] 도시에서도 환경과 개발 문제의 악화에 대응하여 '지속발전 가능성'이라는 개념이 절대적으로 요구되고 있다. 범지구적으로 '어젠다 21'에 따라 사람과 도시, 사람과 자연, 그리고 현재와 미래 사이의 조화를 수립하기 위하여 '조화로운 생활'과 '조화로운 도시'를 추구하려는 노력이 진행되어왔다. 이는 다음의 두 요인을 고려한다. 첫째는 경제적 세계화와 도시 발전의 상관관계, 둘째는 선진국과 개발도상국의 도시화 단계가 서로 다르다는 점이다. 이러한 점을 감안하여 상하이 세계박람회 주제는 다양한 도시 문화의 통합, 도시의 경제적 번영, 도시의 기술적 혁신, 도시 커뮤니티의 재건, 도시와 농촌의 상호작용이라는 다섯 카테고리부주제로 구성되었다.

"Cities: Where Hope and Challenges for a Better Future Meet"

보다 건강한 미래를 희구하는 인간의 질문에 답해야 한다. 도시 잠재력은 오늘날 도시문제를 둘러싼 범지구적 어젠다에서 중요한 의미를 차지한다. 도시발전은 많은 국제적 문제를 야기하며, 근년의 가장 중요한 움직임 중의 하나이다. 21세기 벽두에 인류는 전도시화 pre-urbanized 사회와는 전혀 다른 기회와 도전을 앞에 두고 있으며, 도시를 제대로 경영함은 동세대를 위해서만이 아니라 미래세대를 위해 중요하다. 우리 시대의 가장 긴요한 질문은 어떻게 도시에 놓인 수많은 도전을 극복하면서 도시의 무한한 잠재성을 가지고 행동하는가에 있다. 오늘의 도시 문제는 현 세대만의 문제가 아니라 세대간 inter-generation 의 장기적 미래과제이기 때문이다.

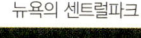

뉴욕의 센트럴파크

"The world United: A Global Challenge, Local Solutions"

상하이 세계박람회는 도시 잠재력을 극대화시켜 지속발전이 가능한 도시로 나아가고자 한다. 도시화에 따른 도전에 적절하게 부응하는 정책적 선택을 보다 잘 이해할 수 있도록 국제운동을 전개한다. 그 목적은 정책수립자나 일반 시민 모두가 공유하는 도시 미래의 공동 비전을 세우는 데 있다. 동시에 범지구적 과제를 지역적 해결책으로 사고하는 양면적 입장도 요구된다.

"City of Harmony, the city of Tomorrow"

UN 해비타트 선언$_{1996}$에서 명시하고 있듯이, 상하이 세계박람회는 도시들이 금세기에 반드시 쟁취해야 할 '조화로운 도시'의 개념을 주창한다. '조화'는 문화적 차이를 초월하는 보편적 개념이자 시간을 초월하는 개념이다. '조화'는 고대의 지혜에 그 뿌리를 두고 있으며, 현대 도시 사회에서도 명백히 중요한 개념이다. 상하이 세계박람회는 세 측면에서 조화를 꿈꾸는데, '인간과 자연', '인간과 인간', '정신과 물질' 영역 사이의 조화가 그것이다.

" The Vision of City of Harmony" "Five Perspectives"

그렇다면 어떻게 '조화'를 창조할 것인가. 상하이 세계박람회는 문화, 경제, 과학과 기술, 커뮤니티, 그리고 시골과 도시의 상호작용을 통하여 이 같은 인류의 과제를 구현하고자 한다. 상하이 세계박람회의 문화, 경제, 과학과 기술, 커뮤니티, 그리고 시골과 도시의 상호작용을 카테고리별로 살펴볼 필요가 있다. 이 점에 관해서는 별도의 세밀한 설명이 필요하다.

산둥반도의 저녁

퀘벡의 관광객

메가시티가 만든 도시 주제

첫째는 문화 영역이다.

"Cultural Diversity. Managing Cultural Diversity in Cities, a Universal Challenge"

고대로부터 이어져온 다양한 문화의 조화는 문화의 목록을 풍부히 하고, 도시의 정체성을 만들어 독특함을 형성하는데 기여했다. 반면에 창조성을 발현시키고 발전을 지속시키면서 오늘날 문화의 다양성을 인정하고 경영함은 세계화가 전 세계에 지워준 가장 중요한 임무 중의 하나이다. 이를 무시한다면 종족 간 갈등을 유발하고 인류의 진보를 저해할 것이다.

국제적 이민이 급증하면서 문화적 다양성을 경영하는 임무는 더 이상 전통적 다민족국가에만 해당되는 문제가 아니다. 문화적 다양성은 전 지구적 임무이다. 지난 2004년 UNDP 보고서에 따르면, 전 세계 200여개 국가가 5000여개의 인종집단을 지니며, 그 중 2/3가 최소한의 지속가능한 종족(최소한 인구의 10%)이거나 종교적 소수 그룹이다. 이러한 수치가 말해주듯, 오늘날의 문화적 다양성의 이슈는 세계의 대부분의 큰 나라에 해당되는 문제이다. 따라서 지구 인구의 절반 이상이 살고 있는 도시는 문화적 다양성을 잘 운영하는데 지대한 관심을 표명해야한다.[10]

Cultural Diversity, Against the Tides of Globalization

문화적 다양성을 효과적으로 경영함은 오늘날의 세계화된 지구의 평화와 번영에 우선한다. 세계화는 전통적 변방세계가 몰락하고 예전에는 없던 정보가 범람함을 의미하며, 사람들이 문화적 교류에 관심을 갖게 되었음을 뜻한다. 세계화에 의해 부여된 도시문화의 표준화는 문화적 다양성에 위협이 되고 있다. 따라서 문화다양성은 대부분 도시의 지속가능한 발전에 필수적인 요소가 되고 있다.[11]

Cultural Blending: For a Harmonious City in the 21st Century

상하이 세계박람회는 부제주인 '도시에서 다양한 문화 뒤섞기'가 제시하고 있듯이 조화로운 도시, 도시 생존을 향한 결합체로서의 문화적 충돌과 섞임을 탐색하고자 한다. 또한 과거와 미래 사이에서 문화적 다양성에 입각한 조화를 타진하며, 이는 전통과 현대의 공존을 뜻한다. 다양성은 도시의 유산과 경쟁력을 유지하기 위한 수단이기도 하다. 도시는 미래의 필요성에 부응하기 위하여, 또한 과거와 연결되는 지속가능한 발전을 위한 문화적 전략을 성립시켜야 한다. 문화적 다양성의 보존과 문화적 정체성의 강조가 요구되고 있으며, 이는 2010년 상하이 세계박람회의 미래를 위한 비전이기도 하다.

부르나이 사람들 　　　　　　　　전통이 보존된 암스테르담

2 둘째는 경제 영역이다.

"Economical Prosperity. Cities of Excellence and Hope for a sustainable Future"

　도시가 인간 거주의 근거지가 된 이래로 도시에서는 온갖 욕망이 길러지고 영감이 물질화되었다. 도시는 국가경제의 '운전사'로 기능하며, 국가의 산출과 고용에서 중요한 부분을 차지한다. 도시는 무역, 문화, 정보, 산업의 허브이기도 하다. 도시는 혁신을 고무하며 다른 경제적 영역 사이에서 시너지를 배양한다. 그러하기 때문에 도시의 생산 잠재력은 무한대이며, 도시의 삶은 세계화시대의 삶의 표준으로 떠오른다. 특히 세계화가 촉진·강화되면서 세계화 경제란 단일 범주 안에서 도시는 세계화가 부여한 기회를 보다 잘 이용하게끔 갖추어져있다. 게다가 '지속가능한 경제발전'은 오늘날의 인류의 삶에 큰 위협을 가하는 기후변화와의

하이델베르크   퀘백

싸움에서 하나의 시금석으로 인식된다. 경제발전은 가난을 극복하는 길이며, 생산량 증대는 도시가 해내야 할 주요 과제 중의 하나이다. 그러나 이 같은 경제발전은 반대로 기후변화에 대한 적용 능력을 요구한다. 도시가 경제활동의 발생지로서, 지구의 거대한 오염지로서 지구변화에 대응하는 싸움에서 리더가 되어야하는 양면적 이유가 여기에 있다.

Sound Social System and Healthy Environment: Bedrocks of Economic Prosperity in a City

그렇다면, 도시는 어떻게 지속가능한 경제발전을 이룰 것인가? 자연적 경제 번영을 도모하기 위하여 도시는 지속가능한 사회를 유지시키고 자연환경을 보존하는 노력을 기울여야한다. 도시는 비즈니스와 노동환경에 요구되는 안정된 사회제도를 필요로 하는데, 이를 위하여 1급의 기술자와 능력 있는 노동자를 끌어들이고 모험심을 유발시킬 수 있어야한

경제의 중심지였던 암스테르담 담광장 (Dam square)

다. 경쟁력 있는 도시는 불균형을 해소하는 데 효과적인 정책을 구사해야한다. 도시의 불균형은 성장을 저해하고 사회적 문제를 야기할 수 있기 때문이다. 또한 도시의 자연환경은 거주민 뿐 아니라 범지구적 문제를 위해서 청결하고 즐거운 조건을 유지해야 한다. 지구의 미래와 환경을 위하여 이산화탄소를 감소시키는 것은 도시의 매우 중요한 의무이며, 이러한 노력 없이는 지속가능한 경제 성장을 기대하기 어렵다.

Cities : Leading the Way For a Better Future

세계의 건강한 미래를 고무시키는 데 필수불가결한 역할을 도시가 갖고 있으므로 상하이 세계박람회는 도시에서의 경제적 번영의 동력을 시

뉴욕 월가에 있는 황소

험하고자 한다. 오늘날은 물론이고 미래의 경쟁력 있는 대부분의 도시는 전략적 경제대상을 환경과 사회적 주제와의 통합에 둔다. 경제적 번영이 도시에서의 기후변화 대처 능력에 달려있기 때문이다. 미래 인류에게 닥쳐올 기후의 극적인 전환점에 대비하기 위하여 국제적 커뮤니티는 반드시 공동 모색을 해야 한다. 상하이 세계박람회는 각 참가국의 경험을 공유하고 교환하는 국제적 포럼을 제공할 것이다.

셋째는 과학 혁신이다.

"Cities: Laboratories of Innovation"

도시생활의 저력은 지속적인 다양한 상호작용과 도시로 모여들고 도시에서 촉발되는 상상력 있는 창조성에서 찾을 수 있다. 도시를 유용하게 하는 자원과 열려진 기회의 드넓은 범주가 결합되어 보다 편한 사회가 되도록 기술혁신을 고무시킨다. 도시화 현상은 지난 시기의 급격한 기술발전에 힘입었으며, 오늘날 지구 문제를 해결하기 위한 도시의 잠재력도 기술과 과학혁신을 통해 얻어질 것이다. 기후변화의 충격을 완화시키고 자원과 에너지를 보존하며, 종의 다양성을 보호하는 제 도전은 창조적 사고를 요구하며, 도시가 그러한 혁신을 위한 실험실이 될 것을 요구한다.

Innovation in the Cities: A New Paradigm

도시화는 어떤 부정적인 생산물과 연루되는 측면도 있지만, 도시에서 자극된 기술진보는 전 세계 인류의 물질생활을 풍요롭게 한다. 가령 의학에서의 숨 막힐 정도의 정보기술 혁명과 과학기술의 발달은 참으로 새로운 가능성을 열어주고 있으며, 극적으로 우리의 삶을 바꾸고 우리 자신을 이해하는 능력을 바꾸며 우리 주위를 바꾸었다. 그러나 잘못 사용되는 과도한 기술이 초래하는 결과가 대단히 많고도 크며, 새로운 세기는 결정적으로 과거의 그릇된 과학기술이 초래한 상처를 치료하는 데 노력을 경주해야한다. 오늘날 국제사회는 과학과 기술 발전으로 연계되어있는 바, 과학기술은 인류의 지속가능한 라이프스타일을 지지하기 위해 사용되어야 한다. 과학과 기술에 진보적인 미래적 통찰이 요구되며, 우리 지구가 요구하는 발전 타이프는 인간과 자연의 조화로운 공존에 기여하는 방향으로 설정되어야 한다. 새로운 세기의 초입에서 던지는 이와 같은 질문의 초점은 인류가 어떻게 파괴 없이 혁신할 수 있을 것인가, 어떻게 후퇴 없이 진보할 수 있는가의 문제이다. 참여국가의 경험과 국제 조직의 연대에 기초하고 여러 다양한 사민사회에 기초하는 상하이 세계박람회는 이러한 문제들에 대한 답변도 모색한다.

세계박람회와 기술진보의 상징물

발명품	발명자	시기 및 장소
재봉틀	Adolphe Saxe	1855년 프랑스 파리박람회
전화	Alexander Graham Bell	1876년 미국 필라델피아박람회
마이크로폰	Alexander Graham Bell	1878년 프랑스 파리박람회
대회전식 관람차	George W.Ferris	1893년 미국 시카고박람회
핫도그	Nathan Handwerker	1904년 미국 세인트루이스박람회
햄버거		1904년 미국 세인트루이스박람회
아이스크림	Nancy Johnson	1904년 미국 세인트루이스박람회
팩스기계		1904년 미국 세인트루이스박람회
TV	RCA	1939년 미국 뉴욕박람회

파리박람회의 대관람차

유방시의 대관람차

요코하마 대회의 대관람차

과학영화와 대관람차

 넷째는 커뮤니티 영역이다.

Healthy Community, Harmonious City

도시는 시민의 건강과 요구에 최선의 관심을 돌려야 하며 커뮤니티의 복지는 조화롭고 성공적인 도시를 만드는 원천이다. 오늘날 도시 커뮤니티의 죽은 모델을 재시험함은 정책결정자들 앞에 놓인 중요한 도전이다. 전 세계적 차원에서 점증하는 도시빈곤층 집중 현상과 급속한 환경 쇠락은 도시발전을 저해하는 도시 불안정 요소이며, 이는 도시 자체의 성장을 저해한다.

Cities without Slums: Cornerstone of Today's Urban Development

도시의 점증하는 슬럼화는 도시를 어렵게 만들고 있으며, 커뮤니티의 건강을 해치고 있다. 그러나 우리는 쉽게 그 해결책에 도달하지 못하고 있다. 도시 커뮤니티의 발달을 저해하는 슬럼화는 도시발전의 장애 요소

홍콩 다이오의 수상생활

이다. 슬럼 주민의 우선권은 그들의 음식과 주택에 대한 기본적 욕구에 맞추어야 한다. 과잉인구와 불안전한 삶의 조건, 범죄와 사회적 불평등, 경제적 결핍 등은 도시의 부채이다. 따라서 도시의 지속가능한 발전은 도시 인구의 다수를 차지하는 이들 빈곤층의 욕구에 맞추는 능력개발에 주어진다. 도시 슬럼 주거자의 삶의 조건을 증진시키고 극도의 가난을 피하게 함은 지구 발전 어젠다의 핵심이며, 세계정상들이 서명한 유엔의 밀레니엄 발전목표UN Millennium Development Goal이기도 하다. 가난과 배고픔의 종식, 보편적 교육, 젠더 평등, 아이의 건강과 어머니의 건강, HIV와 AIDS의 격파, 환경적 지속성, 지구적 파트너십 등이 요구된다. 도시 환경 속에서의 인구 집중이 야기한 문제를 해결하기 위해 어떻게든 도시 구조를 제대로 만들어내서 국제 커뮤니티의 능력을 범지구적 목표에 맞추어야 한다. 이러한 맥락에서 상하이 세계박람회의 부제인 '도시에서의 커뮤니티 리모델링'은 박람회가 추구하는 중요한 강조점 중의 하나이다.

마카오의 낡은 아파트

다섯째는 농촌-도시간 영역이다.

"The City and the Countryside: Two Worlds, One Destiny"

도시·농촌이 각기 다르지만 하나의 운명일 수밖에 없다는 관점에서 보면, 오늘날의 도시와 농촌의 상호작용의 변화하는 역동성을 이해하고 도시와 농촌 두 공간의 동등한 발전을 위한 점증하는 도전을 강조해야 한다. 이는 우리의 도시계획에 새로운 접근과 재실험을 요청하고 있으며, 도시들이 어떻게 인간, 자본, 상품, 정보의 홍수 속에서 잘 운영해나 갈 수 있냐는 문제이기도 하다. 현재 진행되는 농촌의 급격한 변화에 상호작용할 수 있는 창조적 해결책을 요청하기도 한다. 도시와 농촌의 상호작용이라는 박람회의 부제는 도시와 농촌의 조화로운 발전 없이는 지속적인 도시의 성장도 불가능함을 강조하고 있다.

독일 뤼벡의 전통적 삶

스위스의 산골 동네

Rural −Urban Synergy: A Vital Balance for Development

　도시와 농촌은 전통적으로 상호의존적이었다. 식량은 농촌사람들에 의해 생산되었으며 농민은 역으로 도시인에게 식량을 팔아서 필요한 물건을 구입했다. 농촌이 원하는 요구와 그네들이 제공하는 자원은 도시 번영에 기여했다. 그러나 오늘날 여러 요인이 도시와 농촌의 관계를 바꾸었다. 그 하나는 급격히 팽창하는 도시가 땅과 자원, 자연의 비지속적인 낭비를 가져와 농촌에 부담을 주었기 때문이다. 반대로 농촌에서 도시로 향하는 이민의 쇄도는 도시경영자의 도전으로 대두하였으며, 도시에서 가난을 증가시키고 도시환경의 불안정성과 쇠락을 야기했다.

중국의 농민　　　　　　　　　프랑스의 농촌

도시재생 운동과 개발 지상주의의 그림자

1 2012년 여수 세계박람회의 전략기획단2008년에서는 '엑스포란 무엇인가'라는 질문에 이렇게 답한 바 있다. 그런데 아래의 여러 목표 중에서 주최도시의 '개발'이라는 변수가 중요한 몫을 차지하고 있다.

- National propaganda
- Showcase of technology/innovation
- Arena of public education, of civic enlightenment (or of mass mobilization)
- Catalyst for urban beautification
- Setting for international cooperation
- A 'sanctuary' free from ideological debates
- Vehicle for urban/ regional regeneration

근래 들어 박람회는 개최 도시의 미래를 재설계하는 데 많은 강조점을 두고 있다. 이러한 도시재생 운동은 박람회의 주요 목적 중의 하나가

되었다. 2008년 스페인 사라고사에서 열린 세계박람회 등 최근 10여 년 사이에 열린 박람회를 살펴보면, 박람회와 도시의 혁신이 대단히 밀접하게 연계되고 있음을 알 수 있다. 박람회 초창기에 국가를 강조하는 입장에서 점차 개최도시의 생존과 미래를 강조하는 입장이 추가되는 추세다. 상하이 세계박람회도 상하이시 푸둥浦東과 푸시浦西지구의 지역발전이라는 목적을 담고 있다.

황푸강黃浦江 남단 푸둥과 푸시에 자리 잡은 박람회장은 원래 각종 공장과 농민공 주택이 밀집한 변두리였다. 이 지역은 박람회를 계기로 불도저로 밀어 붙여 말 그대로 상전벽해가 되었다. 중국 정부는 박람회를 위해 현지 주민 8000여 명을 아파트로 이주시킨 뒤에 박람회장을 만들었다. 분명한 것은 재생운동 차원이 아니라 도시의 완벽한 개조가 이루어졌다는 점이며, 전시장으로 사용된 푸서의 약간의 건물을 제외하고는 대부분 흔적도 없이 사라졌다는 점이다. 이 같은 신도시개발 방식의 박

황푸강과 박람회장

람회장 건설은 오늘의 중국식 발전 전략에서는 너무도 보편적인 방식이겠지만, 남루한 전통일망정 이를 보존하고 도시재생으로 이끌면서 새로운 도시를 탄생시켜 나간다는 관점에서 본다면, 역시 경제 중심적 사고가 작동한 반환경적 건설 방식으로 간주할 수도 있다. 다행히 난스 화력발전소 터를 존속시켜 주제관으로 사용하고, 이후에 근대 공업박물관으로 변신시키는 노력, 조선소를 중국 선박관으로 활용하고 강철공장 터를 공연장으로 변신시킨 정도가 그 나마 전통을 지켜낸 경우로 여겨진다.

 2010년 상하이 세계박람회는 황푸강이라는 강을 제외하고는 설명이 불가능할 것이다. 박람회장 선정의 제1의 경관적 조건은 두말할 것 없이 황푸강이며, 이를 중심으로 박람회장은 푸둥에 대부분 자리 잡고 일부가 푸시에 자리 잡았다. 우리의 서울이 강남과 강북으로 나뉘듯이 원래는 푸시 사람이 더 잘 살았고 푸둥 사람들은 농촌사람이었다. 요즘은 푸둥에 엄청난 건물들이 들어서면서 부동산투기가 심해졌고 땅값도 올라 푸둥 사람들이 더 잘살게 되었다고 한다.

 푸시는 중국 상하이의 구시가지다. 상하이에서 가장 많은 면적을 차지하며 상하이 거주자의 90%가 이곳에 거주한다. 푸시는 글자 그대로 황푸강 서쪽이라는 뜻으로 황푸강이 푸둥과 푸서를 나누는 기준이다. 동쪽으로 새롭게 푸둥이 금융 중심지로 개발되기는 했지만, 여전히 상하이의 문화, 거주, 상업의 중심지가 푸시임에는 변함이 없다. 주요 쇼핑센터와 주점거리·문화센터, 와이탄, 상하이 대극원, 상하이 박물관 등 대부분의 볼거리가 이곳에 집중되어있다. 박람회 부지선정은 대략 다음이 고려되었다.[12]

① 황푸강은 상하이의 모강(母江)이며, 또한 중국 기간산업 발상지의 하나이다. 따라서 상하이 도시개발의 자취가 강을 따라 보존되었음을 강조하고, 도시공간이 역사적 도시개발의 전형이며, 역사적 의미가 풍부할뿐더러 경관가치로 가득차 있음을 주목했다.

② 부지가 교통이 편리한 도심에 위치하기 때문에 운영 효율을 높일 수 있으며 중복투자를 피할 수 있다.

③ 상하이박람회장 부지는 옛 산업이 집중된 곳이다. 상하이 자치구 개발 마스터플랜(1999~2020)에 따르면 이 부지는 황푸강의 양 쪽을 통합개발하기 위한 핵심구역이다. 상하이 도시발전의 주요 이벤트로서 세계박람회는 역사적 보존, 경제변화 및 환경개선을 포함하여 주변지역을 활성화시키는데 기여한다.

④ 박람회장 부지선정과 황푸강 양 둑의 포괄적인 개발계획을 밀접하게 통합시킴으로써 사후 시설로 사용하게 할 것이다. 전시시설은 자체 건설 전시관, 임대전시관, 개발도상국에게 무료로 제공되는 공동관으로 나뉜다. 주요 시설은 공공서비스 시설, 관리 시설, 운영 시설, 프랜차이즈 시설, 안전 시설, 개방 공간 및 그린벨트, 교통 시설, 종사자용 숙박 시설 등이다.

지난 2005년 '동북아 대항해'라는 행사에 참여할 기회가 주어져서 황푸강黃浦江을 통한 뱃길로 상하이를 방문한 적이 있었다.[13] 그때에 오늘의 박람회장이 자리 잡은 푸둥과 푸시를 멀리서나마 구경한 적이 있다. 뱃전에서 바라보니 한쪽에는 초고층빌딩숲이고 건너편 푸시는 고색창연한 식민지 시대의 유산들이다. 수많은 관광객을 끌어들이는 명소인 바, 역시 푸시의 백미는 세계 근대 건축물 박물관이라 할 수 있는 와이탄外灘의 화려한 불빛이다. 강 건너 푸둥의 초고층 스카이라인의 불빛이 자본주의의 강렬한 표현이라면, 와이탄의 불빛은 식민 유산까지도 관광 자원화 시키겠다는 도전 그 자체이리라. 굴뚝과 낡은 양철지붕으로 이루어진 공장들, 녹슨 철탑과 붉은 벽돌집, 강가에 나와 있는 노동자들의 분주한 모습 등 푸둥과 푸시의 풍경은 오늘날 박람회장의 깔끔한 모습과는 전혀 다르다. 박람회장의 페리 연락선 부두에 서서 황푸강을 바라보면서 이곳에 살던 농민공과 노동자들을 잠시 떠올려보는 것이다.

상하이만 그러한가! 중국의 도시 곳곳이 마천루로 철옹성을 이루고 있지만 그 사이사이에는 철거의 흔적과 파헤쳐져 벌어진 땅덩어리가 쉽게 눈에 들어온다. 강제 철거를 당해 터전을 잃은 사람들의 무력하고 지친 모습이 자주 눈에 띈다. 리어카에 걸터앉아 옷은 입는 둥 마는 둥 누덕누덕한 그릇에 짠지를 담아 찐빵 하나로 끼니를 때우는 사람들의 모습도 빈번하게 볼 수 있는 거리의 풍경이다. 농민공이 투신자살하는 일이 빈번하게 벌어지고 있고 노사분규도 심상치 않다. 중국 인민의 30%가 성공의 깃발을 휘날릴 때, 70%는 그 휘날리는 깃발의 흔들림에 어지러워한다. 중국에서 70%는 단지 100의 70이 아니라 13억의 70%인 9억여 명이다. 혹시나 상하이 세계박람회장의 화려한 불빛 속에서 어두운 개발의 그림자를 읽어낸다면?

2

상하이 세계박람회장은 기본적으로 도시건설 그 자체이다. 그래서 상하이 박람회의 엑스포축은 기본적으로 도시축과 일치한다. 직선의 경관이다. 일본의 경관학자 나카무라 요시오中村良夫는 그의 풍경학風景學에서 '시선의 향연視線の饗宴'이라는 표현을 썼다. 대단히 날카로운 표현이다. 풍경은 시선을 통해 접수되며, 우리들의 시선은 복잡다단한 분위기로 접어든다. 박람회의 풍경도 마찬가지이다. 인위적으로 연출된 직선의 경관은 우리에게 역시나 '직선의 사고'를 강요하며 곡선적 유연성은 무시되기 마련하다. 직선경관을 가장 잘 보여주는 랜드마크가 세박축世博軸이다. 세박축은 박람회장 중심부(B구역)에 위치한다.

- 길이×폭=1,045m×130m
- 부지면적 : 130,000m^2
- 연면적 : 251,000m^2(지하 : 190,000m^2, 지상 : 61,000m^2)

세박축은 지상 2층 지하 2층으로 구성되었다. 주 기능은 중국관, 주제관, 엑스포센터, 공연센터 등 시설물과 지하철 7호선과 8호선을 연결하는 입체 보행통로이다. 관람객의 약 23% 분담을 예상했으며, 1일 평균 92,000명, 피크타임 시 185,000명이 왕래했다. 두 번째 기능은 상점, 음식점, 안내 데스크, 서비스 센터, 휴게실 등이 들어서는 종합 시설물이다.

세박축에는 총 6개의 원뿔형 철골 구조물인 '태양의 계곡Sun Valley'이 설치되었다. 선벨리는 엑스포 축 지하층의 채광과 에너지 절약을 위해 건설된 시설물인데 그 자체가 상하이 세계박람회의 대표적인 랜드마크다. 세박축의 꼭대기는 거대한 백색 막천을 이어 만든, 세계에서 가장 큰 규모의 인장막 구조를 갖추었다. 흡사 양산 같기도 한데 아름다운 경관을 연출한다. 특히 밤이면 조명을 받아 중국관과 더불어 뛰어난 조화를 이룬다.

그러나 직선경관이 좋은 것만은 아니다. 상하이 세계박람회는 박람회

세박축의 선밸리

역사상 매우 드물게 고가도로가 박람회장을 관통하는 경우에 해당된다. 푸둥의 거리는 세박로를 중심으로 바둑판처럼 그어져 있으며 이미 도로 표지판까지 붙어 있어 박람회가 끝난 뒤 파빌리온을 철거하고 나면 곧바로 건물들이 들어설 수 있게 정비되어 있다. 도시재생운동 차원에서 박람회장 건설과 신도시 건설이 함께 고려되었기 때문에 상하이시로서는 대단히 실용적이고 효율적인 선택이다. 도시개발과 박람회장 건설이 동시에 이루어졌기 때문에 상하이시는 사후에 철거된 파빌리온 위치에 그대로 빌딩이나 상업시설, 아파트 등을 짓기만 하면 된다. 전기, 상하수

도 등이 이미 들어와 있고 아스팔트 바닥에 차선까지 그려져 있기 때문에 그야말로 몸만 가지고 들어가면 될 정도로 도시건설이 완료된 상태이다. 그렇지만 '직선의 사고'를 강요하는 이 같은 방식은 결과론적으로 박람회의 파빌리온 배치에서 몇 가지 문제점을 남겼다.

우선 모든 관람객들의 동선 자체가 직선적이게 된다. 파빌리온들은 흡사 아파트처럼 직선적 거리에 일직선으로 배치되며, 굴곡진 도로와 커브에서 형성되는 건축의 아름다움이나 공간의 여유가 없다. 흡사 먼 아파트에서 더 멀리 떨어진 아파트로 이동하는 것 같다. 공간의 오밀조밀함이나 공존 공생하는 느낌을 전혀 주지 못한다. 파빌리온들은 제각각 일렬종대와 일렬횡대를 중심의 중국관을 향해 배열된 형태로 다가온다. 직선의 효율성이 갖는 장점도 있지만 그 장점을 위하여 경관의 아름다움이 손상된 측면이 분명히 존재한다. 직선은 속도를 요구하며, 속도감은 부단한 장소 이동을 뜻한다. 속도는 공간으로부터 감각의 분리를 강제한다. 속도 자체만으로도 지나가는 풍경에 집중하는 것을 어렵게 만들기 때문이다. 리처드 세넷Richard Sennett의 다음과 같은 진술은 상하이 박람회장에도 비슷하게 들어맞을 것이다. 드넓은 공간에서 구경거리를 상당 부분 포기하거나 아니면 속도를 낼 수밖에 없으며, 그 속도감은 경관을 받아들이는 접촉 국면을 감소시켜 오로지 이동의 추억만을 남기게 된다.

> 속도 자체만으로도 지나가는 풍경에 집중하는 것을 어렵게 만든다. 속도상자(sheath of speed)가 발달하는 것만으로, 차를 운전하는 데 필요한 동작인 가속기와 브레이크를 가볍게 밟는 일과 백미러를 보는 눈의 작은 움직임은 마차를 운전하는 데 필요한 힘든 육체의 움직임과 비교하면 아무 것도 아닌 것이 되었다. 현대 사회의 지형을 항해해 나가는 데는 아주 적은 육체적 노력이 필요하고, 그러므로 접촉도 적다.

실제로 도로가 직선화되고 표준화
됨에 따라 여행자는 가장 단순한
환경에서 미세한 동작만으로 이동
하면서, 거리에 있는 사람들과 건
물을 알 필요가 점점 더 작아지고
있는 것이다. 그러므로 이러한 새
로운 지형은 대중매체를 강화시킨
다. 여행자는 텔레비전 시청자와
마찬가지로 세계를 마취된 상태에
서 경험하게 된다. 육체는 수동적
으로, 공간에서 둔화되어 조각나
고 불연속적인 도시지형 내의 목
적지로 이동하게 된다.[16]

도시문명 비평론적인 위와 같
은 시각을 곧바로 박람회장에 적
용시키기에는 무리가 따를 것이
다. 그러나 상하박람회장은 분명
하나의 도시로 설계되었으며, 박
람회장의 광역화에 따라 흡사 우
리가 자동차를 타고 달리듯 속도
전을 감행해야 하고, 그 속도전은
육체를 수동적으로 만든다는 점
은 지적하지 않을 수 없다. 실제
로 박람회장 이동 차편을 이용하

기다림의 연속

여 구역 이동을 해보면 그 '속도'로 인해 박람회장의 파빌리온 경관을 친숙하게 바라보는 접촉국면이 파괴되었다. 가령, 아이치나 사라고사 박람회장을 걸어 다니면서 얻었던 경관의 친숙함이 상하이의 경우에는 직선의 도로망에 의해 차단된 것이다.

실제로 관람객들은 먼 거리를 참으로 열심히 걷고 또 걷는 고통을 감수해야만 박람회장을 제대로 구경할 수 있다. A존, B존에서 C존, 그리고 다시 페리를 타고 D존과 E존으로 이동하는 거리이동의 문제를 중국식 스케일이 빚어낸 태생적인 불편함 정도로 이해해 버리면 될까? 수요자 중심의 서비스가 생략된, 공급자 중심의 박람회라는 인상을 지우기 어렵다. 현재 면적의 1/2 정도로 축약해도 박람회장으로서 충분했을 것이다. 대국적 스케일을 과시하고자 과도하게 넓은 지역

을 박람회장 구역으로 설정하여 관람객으로 하여금 걷고 또 걷게 만들었다면, 관람 후에 남겨진 인상은 '불편한 박람회'라는 것이 아닐까? 상하이 세계박람회는 '전시'된다는 박람회의 기본 속성을 감안할 때 그 전시물을 보러 다니는 수요자 층에 대한 배려가 부족한 박람회 건설 방식이라는 생각이 든다.

　상하이 박람회장 곳곳을 부지런히 누비는 관람객들은 최소 2~6시간 걸리는 국가관이나 기업관을 무한한 인내심을 갖고 기어이 입장해야 한다. 특정 시간·장소의 혼잡 발생을 방지하기 위해 '관람예약 정보화 시스템'을 구축하여 관람객들에게 예약 서비스를 제공하겠다고 했으나 막상 외국인에게는 애당초 예약이 어려운 시스템이다. 그 넓은 거리를 걸어온 관람객에게 다시금 줄을 서게 할 수밖에 없으므로 상하이 세계박람

휴식

회는 '기다림의 박람회'란 애칭도 가능하다. 관람 소요시간이 지나칠 정도로 요구되기 때문에 박람회를 참관하는 관광산업도 불투명해졌다. 가령, 한국의 관광업체들은 처음에 엑스포 특수를 대단히 크게 기대했으나[17] 워낙 대기시간이 길어지면서 관광상품으로서의 가치를 상실했다.[18] 외국인보다 중국 내국인 위주의 박람회가 된 데는 이 같은 요소가 강하게 작용한 것이다. 관람을 위해서 불가피하게 줄을 서야하기 때문에 그마나 이번 엑스포가 중국인들의 질서의식을 함양하는 계기가 되었다는 우스개 소리도 있다. 그래서 이런 신문기사까지 등장했다.

> 돈이라면 세계에서 가장 많은 외환을 보유하고 있고, 군사력은 자국 방위 수준을 넘는다. 그러나 정신·문화적 역량을 뜻하는 소프트파워는 약하다는 평가를 받아왔다. 특히 질서의식은 낙제 수준이었다. 엑스포를 계기로 이 같은 불균형을 바로잡자는 게 중국 당국의 계산이다. 그러기에 중국관은 중국 문화를 과시하는 전시물과 영상물로 채워졌고, 다른 나라의 문화와 비교할 수 있도록 배치됐다. 관람객들은 전시장 한가운데 우뚝 선 중국관의 위용에 자부심을 느꼈을 것이요, 내부 전시물을 보고는 자국 문화의 우수성에 감동했을 터다. 그들은 또 전시장 밖 줄서기를 통해 질서를 익히고 있다. 엑스포는 소프트파워의 학습장이었던 셈이다.[19]

다행인 것은 다양한 교통수단이 마련된 점이다. 교통수단은 궤도교통, 수상 페리, 육상 대중교통 등이다. 궤도교통은 주로 박람회장에서 황푸강을 건너는 승객을 운송하며 7월 31일 터널 전구간이 개통됐다. 총연장 5km, 정거장은 딴수이루淡水路역, 마당루马当路역, 루푸따치아오卢浦大桥역, 엑스포世博园区역, 창칭루长清路역 5개소이다. 육상 대중교통은 박람회장의 도로와 터널을 따라 4개의 대중교통 차선을 설치하고 300미터마다 승강장을 설치하여 승객의 편리성 도모박람회장내 대중교통은 신

황푸강을 왕복하는 페리

재생 에너지 차량 사용하여 '탄소 배출량 제로'를 실현했다. 도강越江 대중교통은 순純 전동차 120대가 운행되며 노선은 푸시浦西 박람회장의 롱화동루龍華東路에서 푸둥浦東 박람회장의 시잉루西營路 구간이다. 푸밍浦明노선은 슈퍼 전기차 36대와 수소연료 전지버스 6대가 운행되며 노선은 푸둥浦東회장의 가오커시루高科西路에서 위엔이루園-路 구간이다. 보조 관광노선은 연료전지 관광차량이 베이환루北環路와 보도육교구름다리를 운행하는 유료 노선이다. 무료인 수상 페리는 박람회장 강 연안에는 수문 4개, 페리 선착장 6개, VIP 선착장 1개소가 운영되었다.

전시관은 영구시설과 임시관으로 나뉜다. 중국관과 공연장 등의 기반시설을 제외한 대부분의 국제관은 사후에 철거된다. 파빌리온은 참가 대륙의 지리학적 위치에 따라 배치되었다. 참가국이 선택할 수 있는 국가관은 세 가지의 경우 수다.

1유형. 전시자에 의해 독자적으로 디자인되고 건축된 전시관
2유형. 주최 측이 건축하고 출품자에게 대여하는 독립 전시관
3유형. 개도국에게 무료로 제공되는 공동전시관 내의 전시공간

    1994년 6월 8일에 열린 제115차 국제박람회기구 총회에서는 결의안을 통해 개도국에 대한 지원을 약속했다. 태평양공동관, 카리브공동관 등은 이 같은 지원에 힘 입었으며, 지원 범주는 다음과 같다.

> 지원범주1. UN무역개발회의(UNCTAD)에서 통과된 2004년 최빈국보고서에 명시된 최빈국, 혹은 세계은행 2004 세계개발 지수에 따라 일인당 국민소득이 US$ 800이거나 혹은 그 미만인 저소득국가
> 지원범주2. 세계은행 2004 세계개발지수에 따라 일인당 국민소득이 US$ 826에서 US$ 3,255 사이인 중저소득국가

    중국도 유치기간 동안 개도국 원조비로 총 일억 달러를 제공하겠다는 약속을 한바 있다. 이는 개도국의 참여를 유도하고 참여의 질을 높이기 위한 방책이다. 원조기금은 참가국의 전시 상담비용으로 사용되며 이외에도 다음에 충당되었다. 전시관 디자인, 장식 및 철거비용, 전시관 운용비청소, 보안, 전시품 보험, 관련 활동에 따른 제반 비용, 중국 내 커뮤니케이션 및 홍보활동 비용, 참가국의 VIP부부를 상하이로 초청하는 관련 비용, 상하이에서의 서신 비용, 전시관 운영에 필요한 인력 훈련 비용, 전시관 배치 및 전시기관 동안 근무하는 인력에 드는 비용 등이다.
    박람회를 둘러싼 중국 상하이시의 오랜 노력은 어떤 파급력을 가져올까? 사실 중국 상하이의 박람회 개최가 즉자적으로 가져올 경제적 이득보다는 그 파급 효과가 더 크다. 7천만~1억 명 이상을 상회할 국내 관람

태평양 연합관

아프리카 연합관

카리브해 연합관

객에게 세계 200여 개국의 파빌리온을 보여줌으로써 엄청난 효과를 기할 수 있기 때문이다. 단위 면적 대비 가장 많은 관람객이 입장한 세계 최대 박람회로서 그 대내적 파급효과가 경제적 이득 못지않게 중요한 것이다. 13억이 변화하면 그 결과가 상상을 초월함을 중국의 지도부가 심각하게 고려한 결과이다.

3

오늘날 중국은 메이드 인 차이나made in china에서 크리에이티브 인 차이나Creative in china로 전환하려는 노력을 가시화하고 있으며, 건축 및 디자인 경쟁력을 높이는데 힘을 쏟아 붓고 있다. 전반적으로 건축물의 섬세함이 뒤떨어지고 거친 면이 많지만 방대한 스케일과 친환경적으로 꾸미려는 중국의 움직임을 주목할 필요가 있다. 상하이는 이러한 크리에이티브 인 차이나의 선두주자로 나아가고 있는 중이며, 상하이 세계박람회의 저력은 창조적 중국의 미래를 향한 뒷심이 되어줄 것이다. 박람회는 전시, 이벤트문화행사, 운영관람객/운영자 서비스, 컨벤션학술회의, 국제회의, 회장연출 등 제 분야를 포함한다. 그 중에서 본 장에서는 전시에 초점을 맞추어 '엑스포 경제'란 차원에서 평가해보고자 한다.

대내적 파급효과 이외에 구체적으로 들어가서 '세계엑스포 경제'는 세 부분을 포함한다. 첫째는 주변지역에 대한 심각한 충격뿐만 아니라 이벤트를 준비하는 개최도시가 창출하는 일련의 경제적 활동을 포함한다. 둘째는 세계엑스포 자원을 개발하기 위해 수행되는 모든 경제적 활동을 포함한다. 세 번째는 지역경제를 발전시키기 위한 관련 경제활동에 의한 것이다.

중국인의 삶 (쑤저우)

과거에 열린 모든 세계박람회는 이웃 경제발전에 심대한 영향을 미쳤다. 가령, 1998년의 경우 포르투갈 리스본의 버려진 불모지 땅은 오늘날에는 상업중심지로 변신했다. 1992년 세비야 세계박람회를 계기로 세비야는 관광도시로 빠르게 성장했다. 1988년 호주의 브리즈번 강 양쪽에서 열린 박람회를 통해 이 지역은 여가 및 엔터테인먼트의 중심지가 되었다. 1970년 일본에서 처음으로 세계박람회를 오사카에서 열었으며, 이를 계기로 간사이 경제 벨트가 공고해지고 향후 10여 년간 일본의 번영에 기여했다. 2010년 상하이 세계박람회도 장강 하구의 삼각주 통합의 촉매로서 인근의 제 도시에 파급을 미칠 것이고 그 효과는 최소한 반경 200~300km에 이를 것이다.

장강 하구의 삼각주는 전시회 산업개발이라는 점에서도 독특한 이점을 누리고 있다. 전시회 산업개발은 몇 가지 선행조건을 요구한다. 첫째, 제조업이 발전되어야 하고 분명한 산업적 이점을 갖고 있어야 한다. 둘째, 경제 및 무역 활동이 빈번해야하고 시장이 발달해야한다. 셋째, 도시 기능과 시설이 완벽해야 하고 운송이 편리해야 한다. 마지막으로, 종합적인 전시관과 지원 시설 이용이 가능해야 한다. 국제적인 무역. 경제, 금융 및 해운센터로서 기능하는 상하이의 제 조건은 전시회 산업개발의 선행조건과 일치하며, 세계적으로 유명한 전시회를 상하이로 끌어당길 것이다. 이러한 점에서 2012년 여수세계박람회가 지역의 전시산업 발전과 별 상관이 없을 뿐더러 사후에도 특별한 국제전시회를 수용할 기반이 못되는 것과 비교된다. 또한 전시산업은 당연히 지역 전체 개발에 필요한 불가결한 요소이며, 지역경제의 내부 구동력으로 작용한다. 상하이 세계박람회는 상하이 자체의 큰 활력이자 장강 하구의 삼각주에 도시 전

시 집단이 곧 등장할 동력을 부여했다.[20]

첫째, 전시산업은 지역에 직접적인 경제적 이득을 준다. 장강 하구의 삼각주 주변에 큰 규모의 세계적 혁신 설계로 이루어진 전시관들이 난징, 항저우, 닝보, 수저우, 양저우, 이우, 타이조우, 유야오와 쿤샨 같은 도시에 들어서고 있다. 삼각주 지역의 도시에서는 매 5일마다 평균 하나의 전시회나 컨벤션이 열리고 있다. 이러한 추세 속에서 상하이는 중국 전시산업의 강력한 엔진이 되고 있다. 문제점이 없는 것은 아니다. 전시산업이 여전히 '작고, 분산되고 무질서한' 초기 단계라는 한계가 그것이다. 상하이 세계박람회를 수주한 수많은 업체들의 경험을 통해 이러한 한계가 상당수 극복될 것이다.

둘째, 전시산업은 계속적으로 브랜드 가치를 향상시켜 다른 산업의 개발을 촉진하는데 주도적 역할을 한다. 지역경제에 대한 전시의 추진계수는 일반적으로 1:7과 1:9 사이이므로 지역경제에 막대한 긍정효과를 갖는다. 전시면적이 1000㎡ 늘어날 때마다 거의 100개의 고용효과가 창출되며, 수송, 관광산업, 케이터링, 통신 및 광고 같은 연관 산업의 개발을 촉진할 수 있다. 전시산업 이외의 다양한 산업 중에서 관광산업이 가장 많은 이득을 본다. 관광산업에서 자원통합과 상호작용을 통해 전시산업은 궁극적으로 삼각주 관광브랜드를 창출시킨다. 소위 말하는, 전시산업의 파급효과가 주최 도시는 물론이고 인근 도시까지 미친다. 또한, 전시산업의 발전은 삼각주 지역의 통합을 더욱 촉진할 것이다. 런던이나 뉴욕, 파리, 동경 같은 세계적인 도시집단, 또는 대도시집단의 역할을 상하이가 수행하고, 삼각주에 이 같은 대집단이 완성되어 나갈 것이다.

셋째, 전시산업은 지역 산업구조의 향상을 촉진시키며, 그 사회적 이익이 전체 지역의 총괄적인 발전을 더욱 촉진시킨다. 전시산업 발달은 3차산업을 촉진하고 산업구조를 최적화시키며 자원분배의 효율성을 개선시킨다. 전시를 통해 시장정보, 기술 및 제품이 광범위하게 교환될 수 있다. 전시경제는 호텔산업뿐 아니라 서비스, 운송, 관광산업, 광고, 장식, 국경검색, 세관, 부동산, 레스토랑, 통신과 같은 연관 산업을 포함한다. 더 나아가 전시산업으로 인한 경제외적 이익, 즉 사회적 이익도 중요하다. ① 고용기회의 증대, ② 전시산업을 통한 도시 기반시설의 건설, ③ 도시의 브랜드가치 향상과 경쟁력 제고 등을 들 수 있다. 전시산업은 심지어 도시 재건축과 도시 이미지 재형성에도 중요 역할을 한다.

상하이 세계박람회가 이상의 모든 목표에 접근한 것은 아닐 것이다. 그러나 한 가지 분명한 것은 세계 200여 나라의 전시설계와 건설 과정을 직접 구경하거나 작업에 참여했다는 점이다. 상하이와 삼각주의 관련자 뿐 아니라 전 중국대륙의 관련자들이 모두 보았다는 사실, 더 나아가 1억여 명 구경꾼의 전파로 13억 인구가 참여했다는 그 파급효과를 주목한다. 사실 세계박람회 역사상 파급력이 가장 높은 박람회일 가능성을 보여주었다.

박람회와 도시와 생태
미래도시 환경과 박람회의 생태

Five

문명인들은 거의 습관적으로 집을 지니고 있다. 인간의 집은 감옥이다. 그를 압박하고 속박하는 감옥, 그를 보호해 주는 편안한 안식의 쉼터가 아니고 말이다. 그는 조심스럽게 살아간다. 마치 자신이 지붕을 떠받치고라도 있는 듯이. 그리고 마치 벽은 금방이라도 무너져 자신을 덮칠 것처럼 온갖 무장을 하고 있고 발은 저 밑 지하실을 기억하고 있다. 근육은 결코 긴장을 푸는 법이 없다. 집을 정복하고, 그 속에 편안히 앉아 있는 법을 배우며, 지붕과 바닥과 벽이 하늘과 나무와 땅처럼 자연스럽게 서로를 안고 있는 일은 매우 드물다.

- Henry David Threau, "JOURNAL", 1841. 4. 26

아름다운 도시의 자연적인 특성은 무엇일까? 강이 있고, 거기에 폭포와 초원, 호수, 언덕, 절벽 혹은 독특한 바위들과 숲, 그리고 하나씩 따로따로 서있는 고목들. 이런 것들은 아름답다. 돈으로는 결코 값을 매길 수 없는 높은 가치를 지닌다. 만일 어떤 도시의 주민들이 현명하다면, 설사 비용이 만만치 않게 든다 해도 이런 것들을 보호하려고 하리라.

- Henry David Threau, "JOURNAL", 1861. 1. 31 [1]

박람회가 추동시킨 도시혁신의 모델

1 도시재생운동은 19세기의 역사적인 세계박람회에서부터 일관된 내용이었다. 19세기에는 런던, 파리, 모스크바, 빈, 필라델피아, 시드니, 멜버른, 암스테르담, 뉴올리언스, 앤트워프, 글래스고, 바르셀로나, 브뤼셀, 시카고, 샌프란시스코 등 많은 도시에서 세계적 규모의 박람회가 열렸다. 박람회는 산업기술의 발달이란 본래의 자본주의적 목적 이외에도 근대도시로 발전하는데 결정적 역할을 했다.

1893년의 빈Vienna 세계박람회가 좋은 사례이다. 빈 세계박람회는 행사장인 도나우 호반에 있는 프라다공원에 대규모 공공투자를 실시했다. 환상가로環狀街路의 외곽부 정비를 진행하는 동시에 변모해가는 빈의 모습을 세계에 알리겠다는 의도가 깔려있었다. 빈 박람회가 극장, 박물관, 미술관, 의사당 건설 등 국가적 도시개조 사업과의 관계에서 파리박람회와 일정한 공통점을 지녔다면, 필라델피아1876년와 시카고박람회1893년는 상업적 성격이 강하여 박람회와 백화점이 동시 발생적으로 이루어진 경

지구를 살리자 (UN관)

우이다.[2] 시카고박람회가 제시한 '상품 유토피아'는 박람회 이후에도 미국 백화점에 커다란 영향을 미쳤다. 그런데 도시재생이 긍정적인 경우도 있었지만 반드시 그렇지는 않았다. 파리박람회를 계기로 이루어진 파리의 재건설과 구옥들의 파괴는 고전적인 도시거리를 파괴하는 결과를 빚었으며, 도시 재건설에 정치적인 목적도 숨겨져 있었다. 근래 수십 년 사이에 열린 박람회들을 중심으로 살펴보자.

일본 오키나와 세계박람회1975년를 국제 해양박람회로 잘못 알고 있는 이들이 많은데 실제로는 통산성에 의해 '국제 해양개발 박람회'로 구상되었다. '개발'이라는 명칭을 주목해야 한다. 따라서 전시관이나 전시내용에서 일본 정부의 의도적 개입이 강력했으며, 개발을 주요 컨셉으로 하고 미래도시를 그 공간모델로 했다. 박람회장 안에서는 환경피해에 세심한 주의를 기울였으나 총 부지면적의 1/3을 매립하는 과정에서 회장 밖 주변부는 짧은 기간에 공사가 진행되어 환경훼손이 심각하게 이루어졌고 이에 대해 무감각했다. 박람회장의 주요 시설인 아쿠아폴리스Aquapolis 내에 조성되었던 해양박람회 공원은 당초에는 관광버스로 성황을 이루었으나 종료 후에는 관광객의 외면으로 적자를 면치 못했다. 관리기구인 제3섹터는 자금난으로 문을 닫고 아쿠아폴리스도 폐허로 전락했다.

스페인 세비야 세계박람회1992년는 행사 당시에 총 73개 동을 세웠다. 행사 종료 후에 전시시설은 4개동만 사용하고 27개동은 모두 철거했다.

오사카박람회

오키나와박람회

리스본박람회로 새로개장된 리스본역

행사장 시설을 영구시설45.8%보다는 임시시설 중심으로 운영하고 행사장 부지는 연구단지, 도시공원, 상업단지 등 복합용도형으로 이용했다. 이탈리아 제노바 세계박람회1992년는 도시 내 기존시설을 행사장으로 조성 활용했다. 수리 및 증축으로 가급적 신규투자를 억제하고 기존 항구의 고건물을 최대한 활용했으며, 종합적인 소규모 전시관 신축으로 도시구조 변형을 최소화했다. 행사건물은 총 31개동으로 그 중 27개동은 영구시설로 활용했다. 영구시설 비율이 87%로 영구시설 중심형으로 운영했으며, 행사장 부지는 전시·상업·항만시설이 공존하는 복합용도형으로 이용했다.

대전 세계박람회1993는 주제관 등 일부를 제외하고 전체를 임시건물로 건설하여 철거 후에 부지를 한국토지공사에 반환한다는 계획을 수립했다. 이후 여러 사례분석을 통해 영구 엑스포의 성격을 지닌 유희시설과 과학시설의 혼합 형태로 과학공원을 조성하는 방향으로 가닥을 잡았다. 행사 당시 총 69개동에서 행사 이후에 전시시설 19개동이 운영되고 있으며 행사 당시의 시설 중 36%에 해당하는 25개동을 제대로 활용하지 못하고 있다. 서쪽의 상설 전시구역은 기존 시설을 그대로 유지하면서 엑스포 과학공원으로 운영하고 있으나 동쪽 국제전시구역의 임시건물들은 모두 철거하고 국제 비즈니스파크로 조성할 계획이었으나 이 역시 무산되었다. 대전 세계박람회는 사전에 철저하게 준비되지도 못하였고 사후 활용계획에서 실패를 거듭함으로써 박람회의 효과를 살리는데 실패하고 아까운 예산을 무참할 정도로 낭비한 좋은 사례이다.

포르투갈 리스본 세계박람회1998년는 정부가 운영에 전혀 관계하지 않고 수익창출을 목적으로 한 민간회사Socirdate Parque EXPO가 운영하였으나

친환경 박람회로 알려진 사라고사 박람회

대부분의 전시 및 행사가 해양역사 관련 이벤트에 국한되고 해양문화, 해양관광, 수산, 해양과학 등에 관한 메시지를 제시하지 못했다. 다만 '98 EXPO의 상징인 '바스코 다 가마' 다리 총연장 17km를 남겼다. 민간회사는 사후 활용계획도 떠맡았으며, 단지 개발과 판매에 관한 전권도 위임받았다. 영구시설이었던 4개 주제관 부지는 문화, 위락 성격의 공원으로 조성, 유토피아관은 다용도 실내 돔 경기장과 실내공연장, 해양지식관은 과학박물관, 임시건물인 남부 국제전시구역은 철거 후에 주거지역으로 개발하여 2만 5천여 명이 지금 살고 있다. 영구 건물로 세운 북부 국제전시구역은 대형 쇼핑센터와 행사장 관리소로 활용되었다. 행사장 시설은 영구시설 비율이 81.7%로 영구시설 중심형이다.

독일 하노버 세계박람회 2000년는 '엑스포 2000 하노버 GmbH'라는 민간회사가 운영 독일 연방정부, 작센주, 하노버시, 시 상공관련 대표 참여했다. 행사 후에 기

존 상설 박람회장 공간을 유지하고 있다. 이는 하노버와 프랑크푸르트를 중심으로 24곳의 상설박람회장 중의 한 곳을 확장하여 하노버 박람회장으로 조성한 것이다. 동측 행사장은 상설 박람회장으로 운영, 임시 시설이 설치된 서측 행사장은 부지에 대학시설을 포함한 연구 및 업무단지, 주차장, 기념공원 등으로 활용했다. 행사 종료 후에 7개 동만 사용하고 나머지 30개 동은 철거했는데, 시설물 철거 시에 다량의 산업폐기물 발생이 문제점으로 지적되어 가능한 한 재활용 건축자재를 사용했다. 건축자재 재활용 계획에 따라 임시전시 시설의 비율이 높았다.

일본 아이치愛知 세계박람회2005년는 '자연의 예지'Nature's Wisdom를 주제로 자연환경을 배려한 공생형 박람회장을 조성했으며, 사후 부지 활용방안까지 철저하게 검토하여 친환경적인 개발을 실천한 사례이다. 천연 숲과 연못, 산책로, 수영장 등 기존 공원을 그대로 활용했다.[3] 세토섬 전체를 개발하려다가 환경단체의 반대로 축소하고 환경피해가 적은 인근 나가쿠테 지역을 중심으로 행사장을 조성한 바 있다.[4]

스페인 사라고사 세계박람회2008년 조직위원회에서는 환경자원부Environmental Resources Agency를 설치하여 입지선정, 건축물 배치 등에 환경 기준을 적용하여 결정하고, 사전에 지속가능한 개발을 위한 목표를 설정하는 등 친환경계획을 수립하여 추진했다. 입지는 6개 후보지에 대하여 수리·수문학적 상태, 수질, 지형적 특성, 토양, 강 제방의 초목 및 다른 식물의 상태, 동식물의 서식지 및 이동, 조망 등 입지적 특성과 환경영향, 도심과의 거리, 토지의 개발 가능성, 도시계획, 강의 활용성 등 사회적 특성을 평가하여 결정했다. 또한 공기질 및 소음, 교통 및 이동수단, 에너지, 도시개발, 기반시설, 소비, 물, 폐기물, 종의 다양성, 관광

및 레저, 문화 및 사회 등 11개 분야에 대한 개발 목표를 사전에 마련하여 추진했다. 바람통로를 고려한 건축물의 배치, 환경영향을 최소화한 부지 경계선 설정, 친환경 자재의 사용, 신·재생에너지의 이용, 친환경 교통수단의 도입, 환경영향을 최소화하기 위해 입주자와 계약 내용 등의 환경규제도 사전에 고려했다.[5] 운영상의 친환경적 입장을 하나의 도표로 살펴본다.

스페인 사라고사의 친환경적 박람회 운영

친환경 중점사항	친환경의 내용	비고
환경영향에 대한 지속적인 평가	환경영향평가 전문회사와 계약을 통해 단계별 환경실태를 모니터링하여 박람회 개최 전·후 환경영향을 평가	환경감시는 건설 및 운영단계 뿐만 아니라 박람회 이후 3년까지 수행
에너지 소비 절감 및 신·재생에너지 사용	에너지 손실이 적은 건축설계로 소비를 절감하고, 전체 소요 에너지의 60%를 태양광 발전, 풍력발전으로 충당	단지 소용에너지의 40%는 가스발전으로 충당. 발전용 연료전지는 소비용으로 채택하지 못함
쓰레기발생 최소화와 재활용·퇴비화로 자원 회수	관람객 쓰레기, 행사 쓰레기 등 쓰레기 발생이 최소화되도록 계획하고, 발생된 쓰레기는 재활용(40%), 티비화(60%)하여 처리	아르곤주 규정에 소각은 금지되어 있으며, 일부는 매립 처리
개발 및 운영에 따른 이산화탄소 발생의 중립을 위한 수목 식재	15만 톤의 이산화탄소 중립을 위한 350만주의 수목식재	환경영향에 대한 지속적인 평가
전시장 연계교통은 친환경 차량을 사용, 단지 내에는 차량 미사용	전시장 연결 교통은 수소 및 바이오 디젤 차량, 케이블카 사용	노약자, 어린이를 위한 전기차, 휠체어, 유모차 사용
플루비(Fluvi card, 환경카드) 사용	환에너지를 일정기준 이하로 절약하였을 경우, 책정된 마일리지를 적립받아 기념품 등 혜택, 사라고사 전 주민을 대상으로 물, 전기, 가스 절감 실적, 대중교통 이용실적, 생활하수 오염방지 노력 등 마일리지로 적립	지역은행인 이베르까하(Ibercaja) 은행이 경품·정산 시스템을 구축

옛 상하이를 묘사한 그림 (상하이박람회의 도시관)

2 사실 박람회장 개발뿐만 아니라 그 어떤 도시 개발도 환경파괴를 수반한다. 가령 미국 뉴욕의 배터리 파크 시티 같은 사례에서 보듯이 사회적 관심을 무시한 채 환경파괴를 담보로 한 개발 사업이 진행된 경우가 있는 반면에, 선덜랜드 재개발사업 같이 주민과 공생하는 대안적 개발도 있다.[6] 선덜랜드에서는 지역 주민을 참가시켜 공동체의 아이덴티티를 고양하고 지역개발에 긍정적 영향을 끼칠 수 있도록 한 것이다. 지난 런던의 역사가 재개발의 공과를 잘 설명해주고 있다. 18세기에 최초의 블룸스베리Bloomsbury 광장을 건설한 후, 런던의 도시개발은 극빈자가 거주하던 주택과 상점을 밀어내면서 중산층과 부자들의 집을 만들어냈다. 세습지주가 넓은 면적의 토지를 통제했기 때문에 공공의 개입이나 규제 없이도 갑작스런 철거가 가능했다. 귀족지주는 자

유롭게 건축할 수 있었고, 그들의 도시 재생renewal계획은 런던에서 빈곤을 한층 더 집중시켰고, 쫓겨난 군중은 어느 때보다도 가까이에서 군집했다. 빈민굴이 파괴되어 근린지역이 위생적·사회적 혜택을 받지만, 가난한 자들을 위한 집이 대체되지는 않았다. 이렇게 도시 재생계획이 진행된 결과로 철거가 시작될 때 집 없는 인구는 인근의 길과 안뜰로 밀려났으며, 새로운 주거지가 완성되었을 때 이 증가한 압력을 낮추도록 하는 조치도 없었다.[7]

도시재생을 내세운 반생태적·반인간적 사례는 20세기 들어와서도 본질적으로는 변하지 않았다. 상하이 박람회장에서는 끊임없이 인류의 미래를 노래하지만, 정작 중국 내에서도 대단위 철거와 도시건설이 무참할 정도의 속도전으로 이루어지고 것이 현실이다. 이는 대한민국의 어제

수정궁 내부. 철골과 유리로 조립과 분해가 용이하였다(런던박람회, 1851년)

와 오늘의 자화상이기도 하다. 박람회가 내건 구호 상의 평화와 개별 삶의 조건에서 이루어진 평화가 전혀 다를 수 있음을 세계박람회는 그 스스로 '디스플레이'하고 있는 중이다.

거주지가 사라진 터전에 박람회장이 건설되고, 박람회 이후에는 다시금 유니버설 스튜디오 같은 테마공원도 건설될 것이다. 세계박람회장 건설과 인프라 정비, 기업 유치 등의 실질적인 운영을 맡은 '상하이 세계박람회 유한공사'는 공적 자금과 주식에 의한 자금, 부지 이용 등을 통해 자금을 회수할 것이다. 어찌되었건 간에 사회주의 국가임에 틀림없는 중국의 세계박람회 실행 과정은 전후 일본이 행정적인 유도를 전면에 내세워왔던 세계박람회보다 자본주의적인 색채가 훨씬 더 전면에 드러나 있다. 세계박람회가 모습을 바꾸어 글로벌화해 갈 가능성, 내셔널 이벤트라기보다는 오히려 다국적인 메가 이벤트로서 세계박람회가 계속 개최되고 그 이상의 순환 시스템이 창출된 가능성이 엿보인다. 베이징올림픽/상하이 세계박람회의 조합이 도쿄올림픽/오사카박람회의 조합으로 겹쳐 보인다. 상하이박람회의 도시 주제와 무관하게 '개발'에 대한 풍요로움이 재확인되는 장으로서 세계박람회가 작동했다. 토교대학의 요시미 순야가 상하이 세계박람회가 열리기 전에 출간된 책에서 던졌던 예상했던 우려를 다시 읽어보자.[8]

최근 중국에서는 급격한 공업화로 여러 가지 공해, 환경문제, 도시화에 따른 사회의 왜곡 현상이 나타나고 있다. 국가의 인구 규모가 엄청나기 때문에 지구환경에 미치는 영향도 막대하다. 그러나 상하이 만국박람회에서는 이러한 문제가 아닌, 이 나라의 많은 이들이 마음을 빼앗긴 도시적 풍요로움에 초점을 두고 있다. 개최의 최대 목적이 거대 도시의 재개발이므로, 도시 그 자체가 테마가 되는 것도 당연하다고 할 수 있다. 그러나 이렇게까지 노골적으로 보다 풍요로운 미래를 표방하는 테마는 근년에 보기 드문 것이다. 일본 대중이 1970년에 센리의 만국박람회 회장에서 본 환상을 중국의 대중은 2010년의 황푸강에서 보고, 일제히 몰려들게 되는 것일까.

3 박람회가 도시를 주제로 다루고, 도시의 저탄소 녹색성장, 도시 건축의 재활용성 등을 강조하는 만큼 박람회의 파빌리온도 친환경적으로 건설될 필요가 있다. 그런데 파빌리온 건설 과정에서 생태적인 소재를 선택하여 사후에도 재활용하는 원칙이 20세기 후반으로 접어들면서 생태환경에 대한 세간의 관심과 더불어 처음 시작된 것으로 보고 있으나 이는 역사적 사실과 다르다. 이미 1851년 런던박람회에서 재생가능성 소재가 선보였기 때문이다. 생태건축의 강조가 20세기 후반 생태환경의 파괴와 더불어 본격화된 것은 사실이지만 이미 19세기부터 박람회장에서 선보이고 있었던 것이다.

1851년 런던박람회를 살펴보자. 임시 건물 수정궁은 기둥, 들보, 지붕 등의 재료를 나중에 다시 쓸 수 있도록 규격화된 것으로 채택했다. 따라서 이들 재료는 제작하고 조립하기가 용이했다. 건설관리 시스템도 능률적이었다. 건물을 짓기 시작할 때는 공사장 주위의 벽에 둘렀던 판자들은 나중에 해체해서 건물 마무리로 재활용했다. 배수시설을 설치했으며, 빗물이 산등성이와 골짜기 모양으로 설계한 지붕에서 속이 텅 빈 건물 기둥을 통해 직접 빠져나갈 수 있도록 설계했다. 모든 기둥 사이의 간격은 7.2m, 또는 이 거리의 배수여서 모든 연결품을 표준화시킬 수 있었다. 건설하는 데 걸린 시간은 고작 17주였다. 조립식 건물이어서 지

투발루관

붕은 벽을 세움과 동시에 설치되었다. 건물을 지지하는데 벽이 필요 없는 이 방식을 외벽공법이라 하며, 이는 모든 현대식 마천루에서 쓰고 있는 방식이다.[9]

수정궁 안이 온실 같이 답답해질 것을 우려하여 공기순환과 열 조절 시스템을 설계했다. 벽에는 통풍을 위해 창을 냈으며, 건물에 그림자가 지도록 지붕에 커다란 캔버스를 매달았다. 이들로부터 증발한 물은 에어컨 역할을 하기도 했다. 박람회가 끝난 뒤, 수정궁은 해체되어 런던 남쪽의 시드넘에 더 커다란 규모로 세워져 80년 넘게 휴식과 문화공간의 중심지로 서 있었다. 이와 같은 제1회 세계박람회의 전통을 놓고 볼 때, 어쩌면 21세기의 박람회가 막상 생태를 구두선으로 내걸고는 있으나 오히려 내용면에서는 반생태적일 수도 있다.

근년의 박람회는 거의 필수적으로 생태적 입장을 포함하고 있다. 상하이도 오늘날 부각되고 있는 기후·에너지 문제에 대단한 관심을 기울였다. 열에너지는 한 형태에서 다른 형태로 변환될 때 많은 양이 사라지고 만다. 물질은 '순환'하지만 에너지는 단지 '흐를' 뿐이므로,[10] 오늘의 지구상에서 사용되는 화석연료는 엄청난 문제를 일으키고 있다. 재생가능한 에너지원으로 지구온난화의 영향을 줄일 수 있는데도 화석연료를 낭비하거나 고갈시키는 어리석은 짓이 반복되고 있기 때문이다. 지구온난화로 빙하가 녹고 해수면이 상승하면 심층수의 순환이 붕괴된다. 염분을 함유하지 않은 눈과 빙하의 녹은 물이 바다로 가면 염도가 낮은 물은 수심이 깊은 곳으로 가라앉지 못하게 된다. 심층수 순환의 붕괴에 의해 범지구적으로 생물다양성이 파괴될 것이다. 또한 연안의 도시들도 침수될 수 있다.

해안선은 대체로 인구 밀집 지역이라 해수면 상승의 영향을 가장 직접적으로 받는다. 세계 인구의 약50%가 해안에 살고 있으며 많은 대도시들 또한 해안에 위치한다. 해안가는 전 지구 평균보다 약 2배 정도로 빠르게 인구가 증가하는 지역이기도 하다. 가장 타격을 받는 해안역은 아프리카 서쪽의 세네갈에서 앙골라에 이르는 늪지대, 남아메리카 북쪽 해안의 베네수엘라에서 가이아나와 브라질, 바다에 임한 거의 모든 미국의 동부지역, 인도네시아와 필리핀의 많은 섬들, 파키스탄에 접한 대부분의 해안지역 등이다. 북해에 연한 네덜란드, 영국, 덴마크, 독일, 폴란드도 해수면 아래에 놓이는 지역이 더욱 늘어날 것이다. 연구에 의하면, 2080년경에는 북유럽의 범람위험에 처할 주민 숫자가 현재보다 10배 증가할 것이라고 한다.

산호섬도 상승하는 해수면으로 인하여 죽어갈 것이며, 산호섬에 의지한 미크로네시아 등의 섬나라 운명도 종료될 것이다. 중국, 특히 상하이의 동쪽 해안선으로부터 톈진天津에 이르는 지역은 해수면 상승에 특히 취약하다. 인구 1천만 명이 살고 있는 톈진을 비롯한 대부분의 도시와 주변 지역이 과거 40여 년 동안 약 3m 가라앉았는데 도시개발로 인한 지하수 과도 사용이 그 원인이다. 매년 2mm 속도로 해수면이 상승하고 있어 일부 지역은 해수면 아래에 놓여있다. 강어귀에 위치한 런던, 함부르크, 세인트피터스버그 같은 도시들은 폭풍해일의 위험에 더욱 노출될 것이다.[11]

도시의 과도한 인구밀집은 화석연료 사용을 급증시키며 에너지 과소비는 지구환경에 결정적인 후과를 남기고 있다. 기후변화는 빙권Cryo-sphere; 빙하, 수권Hydrosphere; 바다, 육지, 지하수 등, 대기권Atmosphere, 생물권Biosphere,

암석권Lithosphere 등의 상호작용에 의해 변화하며, 태양과 육상의 화산활동, 판구조론 등에 의해 그 요인이 결정 나지만 인간이 사용하는 화석연료에 따른 대기 중의 이산화탄소 증가가 결정적 요인이다. 기후변화에 관한 정부간 협의회IPCC는 2100년까지 예상되는 약 1.4~5.8의 온도상승은 인간의 화석연료 사용에서 나온 이산화탄소 때문이라고 보고했다. 상하이 세계박람회도 이러한 세계적 추세를 반영하여 파빌리온 건축과 운영에 있어 가능한 친환경성을 강조하고 나섰다. 각 국가관별 친환경 적 파빌리온 건축과 전시설계를 간략 살펴본다.

일본관의 Eco Tube는 누에 형상으로 세계 최초의 pillow 멤브레인 방식을 채택했다. 색상은 태양과 물을 혼합한 연홍색이다. 얇고 투명한 소재로 태양광선을 최대한 흡수하여 발전·이용한다. 거대한 돔 구조 자체가 투명성이 뛰어난 이중 외부 박막과 태양열 발전이 설치된 내막으로 구성된 하나의 태양열 발전시설이다. 구멍은 빗물을 모아 재활용하며,

일본관

일본관 내부

솟아오른 뿔은 숨구멍 역할을 하여 실내 더운 공기와 찬 공기의 유통을 촉진시켜 에어컨 사용을 최소화시킨다. 접착식 태양전지를 내장한 텐트 구조세계 최초를 이용한 전기 생산, 수집한 빗물의 순환을 통한 냉각안개 장치 사용, 에코튜브의 굴뚝 효과를 이용한 냉난방 부하 절감, 공기, 물 그리고 빛의 순환을 통해 환경 부담을 6%로 감소, LED를 사용한 유기 EL조명, 하이브리드 풍차와 자체 발전 등을 채택했다. 파빌리온으로 들어가면 일본이 개발한 하수도 오염수를 식용수로 정화시키는 기술, CO_2 배기량 조절장 등이 선보인다. 일본은 이번 박람회를 위하여 무려 40여 개의 새로운 친환경기술을 개발했다.

    인도관은 태양에너지 배터리판, 풍차, 초본식물, 대나무 등 천연재료를 사용하여 '무공해 화학물질 디자인'을 실현했다. 새집증후군을 없애기

사우디 아라비아관

위하여 다양한 식물성 재료를 사용한 것이다. 돔 표면에 초본식물을 사용했으며, 남죽楠竹 격자와 철근 콘크리트를 사용한 방음 천정 패널에 이르기까지 다양한 전통적 재료와 현대적 재료를 사용했다.

    사우디아라비아관은 공중에 걸려있는 달배Moon Ship에서 착안했으며, 지상과 지붕에 대추야자나무를 심었다. 전시관은 태양에너지를 사용하고 있으며 옥상의 야자나무 군락은 그 자체 환경적 건축의 상징이다. 산유국임에도 생태지속성을 강조한 것이다. 전시관에 창문이 없으나 내부 조명은 태양열을 이용한 전기 공급으로 해결한다. 꽉 막힌 내부 공기 유통은 전시관 공기 유입구를 통한 자연 대류로 해결하여 생태적 입장을 견지했다.

뉴질랜드관

인도네시아관

　뉴질랜드관은 파빌리온 상층을 흙으로 덮고 식물을 심어 자연과 인간의 교감을 나누게 했다. 건축과 자연적 정원의 결합은 당연히 건축물 자체의 에너지를 보존시킨다. 뉴질랜드관과 비슷한 성격의 아일랜드관이 있다. 5개의 장방체 전시구역은 서로 경사진 통로로 일체를 이루며 돌출된 건축물과 잔디로 뒤덮인 언덕이 감싸고 있다.

　친환경적 소재로 건물 외벽의 소재를 채택하는 사례들이 다수 선보였다. 첨단적 시설만이 아니라 지극히 초보적인 자연소재를 이용한 친환경생태적인 건축기술이 선보였다. 제3세계 국가군에서는 베트남관과 인도네시아관이 인상적이다. 인도네시아 파빌리온은 동남아시아의 주산품인 대나무를 이용하여 대나무 숲과 물을 조화시킨 풍토를 재현하고 있다. 대나무 통로를 만들어 외벽을 보호하고 있으며 곳곳에 대나무를 이용한 통로 바닥, 대나무 장치 등을 채택하고 있다.

　베트남관도 대나무를 소재로 한 건축자재를 채택하여 자연과의 조화를 상징했다. 대나무는 강렬한 햇빛으로부터 건물을 보호하며 에너지 소비를 줄인다. 또한 파도치는 대나무 건축자재는 박람회 이후에 그대로 살아남아 다른 건축물에 사용될 수 있다.

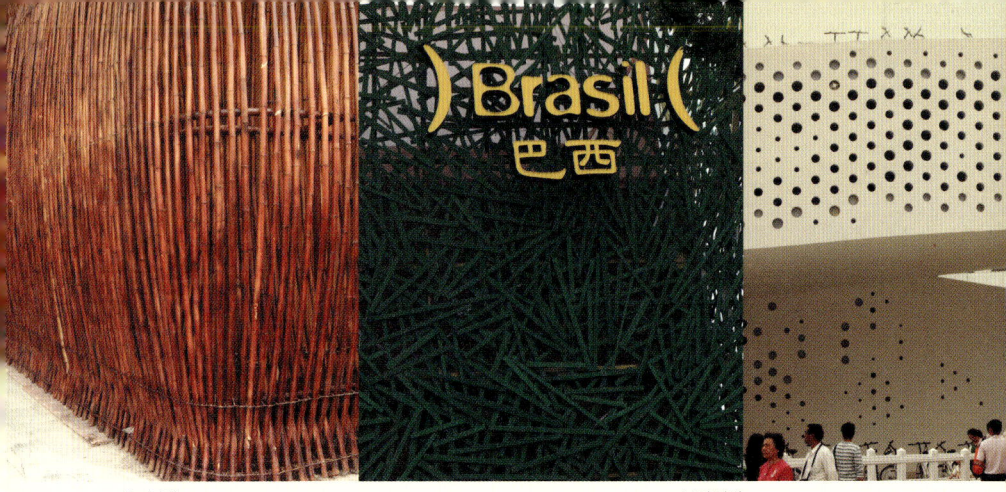

베트남관   브라질관

    브라질관은 친환경 녹색의 새 둥지를 형상화했다. 재활용이 가능한 목재로 전시관을 감쌌다. 멀리서보면 열대 밀림과 같은 푸른 옷으로 보인다.
    캐나다관은 캐나다 특산인 붉은 삼나무의 부식능력을 이용했다. 상하이의 장마기간에도 곰팡이나 변형을 염려하지 않아도 될 뿐만 아니라 비가 오는 날에 오히려 은은한 삼나무 향이 더욱 그윽하게 뿜어 나와 찌는 듯한 더위에 지친 관람객들에게 훌륭한 휴식처를 제공했다. 최대한의 공기를 머금을 수 있는 풍부한 식물 조직세포를 가진 붉은 삼나무의

캐나다관

덴마크관

탁월한 방음 단열효과를 과시하는 건축자재 파빌리온이다. 목재산업이 국가기간산업인 캐나다는 친환경 목조주택 개발에 대한 관심이 지대하며 브리티시컬럼비아대 산림과학센터처럼 '나무의 모든 것'을 연구하는 곳도 있다.

덴마크관에서 가장 인상적인 것은 뫼비우스의 띠처럼 말린 나선형 건축을 통해 올라가면 만나게 되는 자전거이다. 전시장내에 자전거길을 만들어 직접 자전거를 타면서 친환경 교통수단을 체험할 수 있다. 자전거가 상징하는 환경친화성을 잘 강조된 파빌리온이다. 채광 시설도 햇빛이 외벽의 구멍을 통해 실내를 비추도록 설계되었다. 모두 LED 광원이 설치되어 전시관 내의 밝기를 조절할 수 있으며, 밤에는 외벽을 조명하는 에너지로 이용된다. 비아르케 잉엘스[12] 같은 스타 건축가의 아이디어로 덴마크의 상징인 인어공주까지 모셔왔다.

스페인관은 중국전통 바구니와 비슷한 스페인 전통 나뭇가지wicker-weaving로 바구니 형태를 본떠서 건물을 뒤덮었는데 단열기능과 방수기능이 우수한 마감재이다.

스페인관

　호주관은 온도와 습도에 따라 색이 변하는 특수금속을 이용하여 세계적으로 유명한 호주 평야의 붉은색 암석 에어스 록 Ayer's Rock을 형상화했다. 바위는 아주 특수한 강철을 이용하여 만들어졌으며 호주에서 흔히 쓰이는 것이다.

　스위스관의 가장 괄목할만한 기능은 외장 커튼월에서 콩 형태의 태양전지가 전기를 생성시킨다는 점이다. 알루미늄으로 짠 듯한 커튼 형태의 외장재를 사용했다. 외장 커튼월은 숲의 이미지로 사람들로 하여금 자연을 연상시킨다. 리프트를 타면서 박람회장 경내에서 알프스의 자연을 만나는 것 자체가 자연의 혜택을 깊게 생각해 보게 한다.

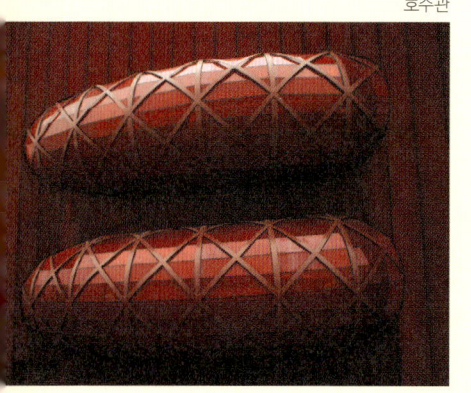

호주관

스위스관

　독일관은 4개의 불규칙인 기하체로 구성된 외형공간으로 통기성 그물 모양의 건축 신소재를 이용했다. 박람회 폐회 이후에는 소재를 이용하여 파라솔을 만들었다. 금속 공에서 지구 모양과 지구가 육성한 씨앗, 그 씨앗이 꽃으로 변화는 모습 등을 연출하여 지구를 한번쯤 깊게 생각하게끔 한다.

　이탈리아관은 신소재 투명 콘크리트를 사용하여 친환경 인본주의를 추구했다. 투명 콘크리트는 유리질의 콘크리트 조건에 따라 각기 투명도가 달라지며 건축 내외의 온도, 습도 등과 감응한다. 외부 광선이 들어와

독일관

이탈이아관

실내조명 역할을 하며, 바람길 역할도 해 내부 온도 조절 효과를 낸다.
　핀란드관은 일명 '자이언트 주전자'로 불리며 재활용 합성물을 사용했으며 해체 후 재조립이 가능하다. 강재를 볼트로 조립한 구조로 건물이 쉽게 분해 조립되도록 하여 박람회 이후 해체하여 다른 장소에서 레스토랑, 사무실이나 도서관 등으로 사용이 가능하도록 설계했다. 아트리움의 두꺼운 벽은 친환경 건축자재재활용 제품인 종이와 플라스틱 합성물로 만들어져 탄산가스 배출량을 최소화했다. 도시 건설에서 에너지 효율을 극대화

핀란드관

시키고 친환경 기술을
추구하는 핀란드의 이
념을 담았다.

룩셈부르크관

그러나, 과연 위와
같은 친환경적 요소에
도 불구하고, 박람회
자체가 지니는 반환경적 속성에 관한 고민을 하지 않을 수 없다. 오늘날
세계박람회가 환경 친화와 저탄소 녹색세상을 부르짖으면서도 정작 박
람회 자체는 반환경적임을 고민해보는 것이다. 중국관이나 엑스포 문화
센터 등 영구시설 이외에 대부분의 국제관은 사후 활용 없이 헐리게 된
다. 상하이 세계박람회장 곳곳에 들어선 거대한 파빌리온들이 철거되는
순간에 발생할 엄청난 폐자재와 쓰레기에 관하여, 심각한 고민을 하지
않을 수 없기 때문이다.

더 나아가서 박람회의 파빌리온들은 저마다 IT로 무장하고 첨단 전
시기법을 선보이고 있다. 그러나 우리가 청정산업으로 오해하고 있는 IT
산업이야말로 자연생태계와 인체에 치명적인 화학물질을 다량 사용하는
산업이다. 반도체 칩 생산에 필수적인 6인치 크기의 웨이퍼_{반도체 기판이 되}
_{는 원 모양의 판} 하나를 생산하는데 필요한 화학물질이 무려 9kg에 이른다.
웨이퍼에 회로 디자인을 그려 넣는 에칭 과정, 오염물질 제거를 위한 세
정 과정에도 많은 양의 유기용제 솔벤트와 산화용액이 사용된다.[13] 친환
경성과 생태주의를 저마다 표방하고 있는 수많은 파빌리온에서 오히려
반환경적 상황이 벌어지고, 철거 과정에서도 문제가 뒤따르는 것이다.

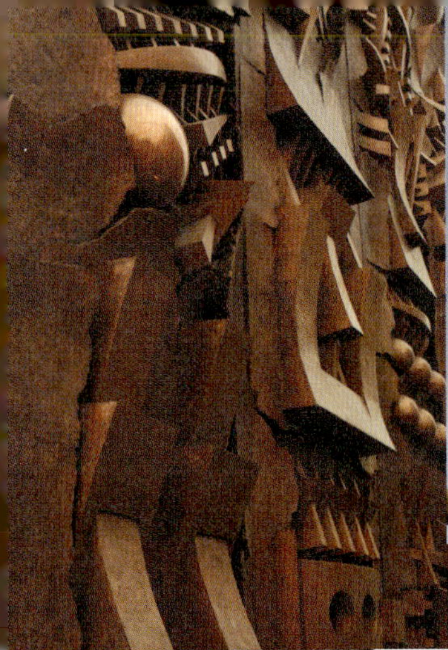
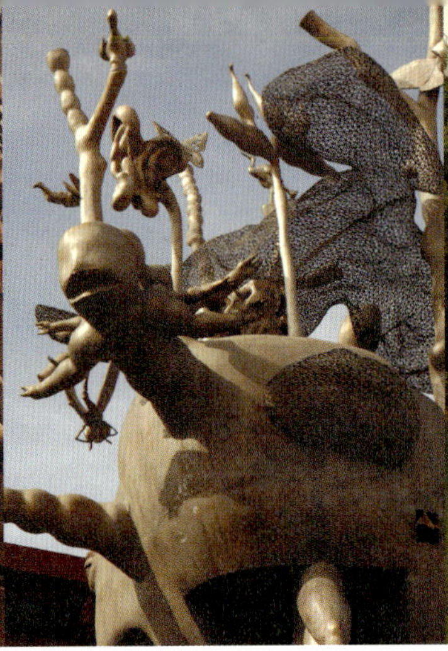
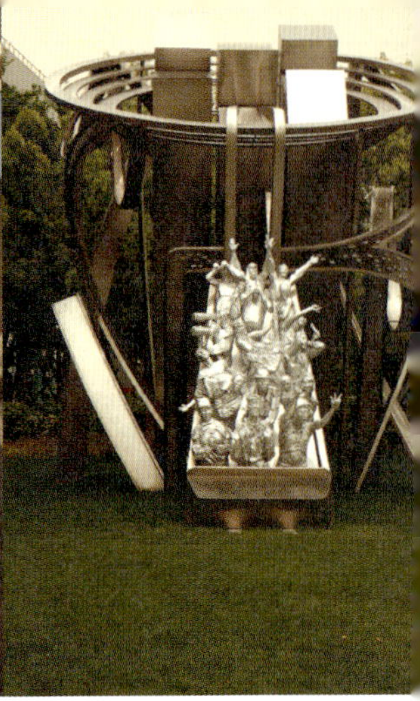
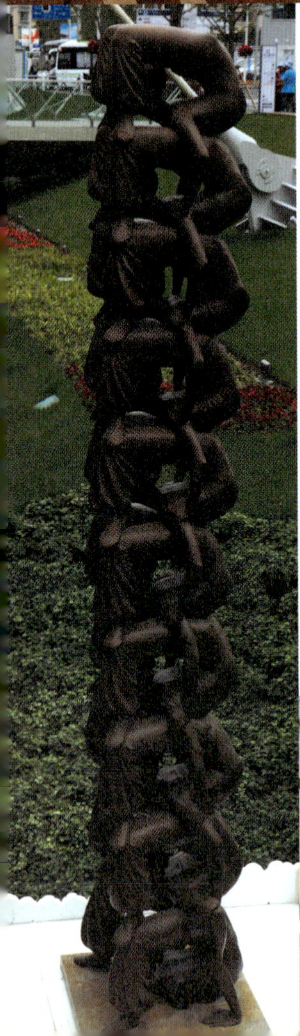
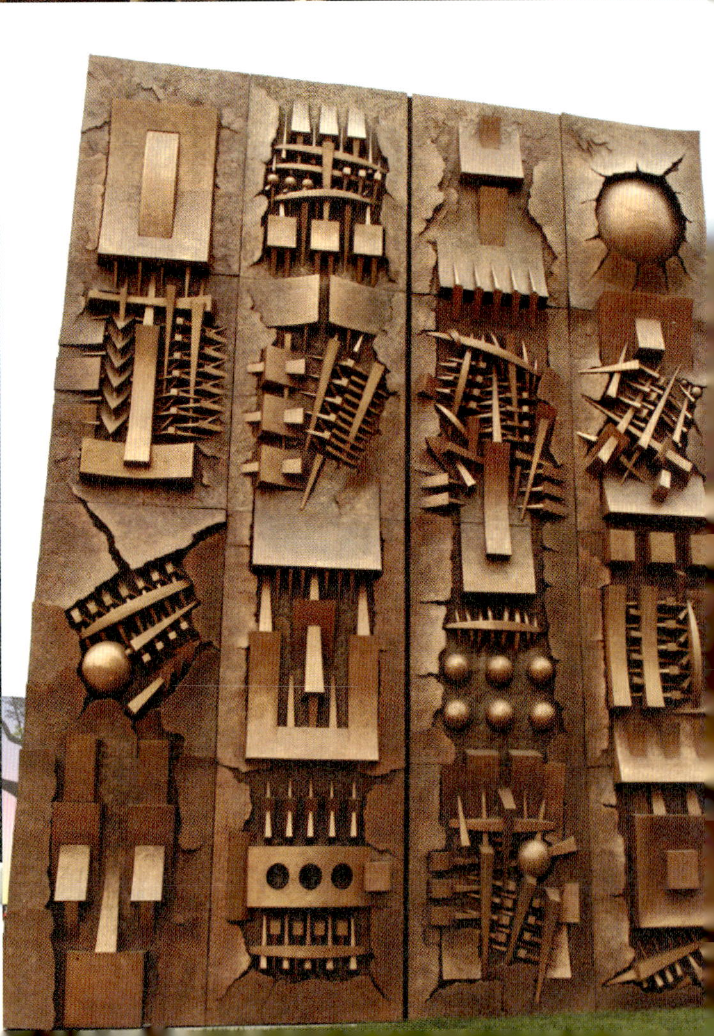

주제관과 UBPA의 도시 생태성

1 중국 파빌리온 중에서 생태적 관점이 가장 잘 반영된 곳은 역시 주제관으로 여겨진다. 주제관에 설치된 2.8Mw메가와트의 태양에너지 지붕의 태양전지 면적은 30,000여m2이므로 단일 면적으로 세계 최대이다. 연 발전량이 280만Kwh에 달하여 상하이시 2,500여 가구의 1년 전기 사용량에 해당되며, 이산화탄소 배출량 연간 2,800톤 감소표준 석탄 1,000여 톤 절감 효과 효과가 있다. 세계 최대는 또 있다. 5,000m2의 생태 녹색 벽은 여름에는 복사열을 차단하여 외벽 표면의 공기 온도를 낮춰준다. 겨울에는 보온막이 형성되어 풍속을 감소시켜 외벽의 사용 수명을 연장시켜준다

푸시의 주제관인 '도시미래관' 전시장에는 풍력발전기와 태양을 따라 태양에너지를 수집하는 8면경八面鏡 태양에너지 발전기가 있다. 일반 태양광 발전기보다 전기에너지를 3~4.5배 더 생산하며, 이 발전기는 햇빛을 수직으로 반사, 특수 제작된 원뿔형 반사경을 통해 수평 방향의 산

란광으로 전환하여 전시관의 자연채광으로 사용이 가능하다. 또한 황푸 강변에 위치해 있어 열펌프 기술을 이용하여 전시관의 온도를 조절할 수 있다. 또한 푸시에는 옛 난스 화력발전소가 변신한 결과물이 우뚝 서있다. 165m의 공장굴뚝이 201m의 탑으로 개조되었다.

엑스포센터의 친환경 설계도 주목된다. 석재와 유리를 사용한 외벽을 통해 자연 통풍과 채광 등 자연 에너지를 활용했다. 지붕에 설치한 태양에너지 설비 총용량은 1Mw이다. LED 조명, 하천수 열원 열펌프, 빙축열 냉방시스템, 수축열 냉방시스템, 빗물 수집 등 친환경 기술을 채택했다. 에너지 절감효과는 연간 표준 석탄 소모량 약 2,160톤 절감_{상하이 1만 가구 주민의 1년치 전기 사용량}, 연간 이산화탄소 배출량 5,600톤

주제관의 생태

엑스포 센터

절감, 연간 수돗물 약 16만 톤 절약1천 가구 주민의 1년 치 물 사용량 등이다. 박람회장에서 에너지 문제를 가장 압축적으로 보여주는 것은 지구온도를 실시간으로 알려주는 온도탑이다.

B구역 엑스포센터도 녹색 건축물의 본보기다. 태양에너지, LED조명, 석빙고, 상수원, 지열펌프, 빗물수집 등 선진기술을 널리 이용하여 저탄소 기술과 녹색 재료를 통해 미래도시 건설의 희망을 보여주었다. 엑스포 축에서도 독특하고 아름다운 40m 높이의 '선 벨리'에서도 햇빛을 지하에까지 비쳐줄 뿐만 아니라 신선한 공기를 지하로 운송하여 지하공간을 순환시키고 에너지를 절감시켰다.

또한 상하이 박람회장 내에는 여러 개의 공원을 배치하여 녹색의 공간을 확보했다. 1560m에 달하는 강안선을 갖춘 바이롄징공원, 유일한 습지공원으로 수생식물이 정화 기능을 하는 후탄공원, 강가의 공공녹지로서 독립된 소규모의 생태시스템을 구축하고 있는 엑스포공원 등이 그 것이다. 그 밖에 홍콩관의 소형 습지공원이 주목된다. 홍콩관 3층에는 지붕이 없는 공간이 마련되어 식물들이 햇빛과 빗물을 풍족하게 받으면서 자라나도록 설계되었다. 홍콩의 유명한 마이포 습지 같은 생태환경을 상징하고 있다. 그런데 무더운 박람회장에서 가장 심각하게 느껴진 소감은 숲과 나무가 없다는 점이다. 재개발공사로 밀어붙이다보니 나무를 심을 시간적 여유가 없었을 것이지만 아마 애초부터 나무가 거의 없었을 것이다. 중국은 대륙의 규모에 비하여 숲이 차지하는 면적이 불과 10%대를 갓 상회하는 낮은 수준이다. 상하이 푸둥과 푸시의 박람회장에 숲은 없고 친환경성을 내세운 공원들이 있지만 공원에서조차 뙤약볕을 피하기 어려운 지경이라, 유감천만이 아닐 수 없다.

세계 수전관

국제기구관 중에서 친환경성을 강조한 전시관은 세계물이사회관과 세계기상관이다. 세계물이사회관은 '생명의 물, 발전의 물'이라는 주제로 자원 재해, 유엔 천년개발계획, 자금난, 기후변화 등의 도전을 담고 있으며, 어린이 코너에서는 물의 도전과 해결방식을 담아냈다. 세계기상관은 구름 모양의 4개의 타원형 모양으로 만들어졌다. 4D영화관의 파노라마식 기후변화, 현장 일기예보를 체험하는 엑스포 기상대, 여러 가지 재해 조기경보 이념 등을 관람할 수 있다. 그런데 세계기상관을 둘러본 솔직한 소견은 너무도 당연한 사실을 너무도 당연하게 나열식으로 보여줄 뿐, 깊은 정서적 감동은 약하지 않나 하는 느낌이다. 기후문제를 전시기법 면에서 지나칠 정도로 안일하게 전시했다는 생각이 든다.

세계 기후관

2️⃣ 중국은 주제 구현 전시관을 단독 건물이 아닌 5개로 분산 건설했다. B구역푸둥의 도시사람관, 도시생명관, 도시지구관, D구역푸시의 도시발자취관, E구역푸시의 도시미래관이 그것이다. 크고 넓은 데다 각각이 분산되어 떨어져있어 단독 주제관으로 설정되어온 기존 박람회의 역사 자체를 바꾸고 있다. '작은 것이 아름답다'[14]하는 식의 생태건축관은 중국에게는 해당되지 않는다.

푸동 B구역의 주제관이 메인 파빌리온으로 부지 면적 11.5ha, 연면적 14.3만m2지상 9.3만㎡, 지하 : 5만㎡이므로 박람회 역사상 최대 규모일 것이다. 서측 전시장은 188m의 세계 최장 경간徑間, 동-서 경간은 126m, 자그마치 축구장 3개 크기이다. 파빌리온 외형은 종이접기에서 컨셉을 빌려왔으며, 기묘한 입체적 건축구조를 이룬다.

주제관

지붕은 상하이 골목의 지붕창을 정면으로 열고 뒷면의 경사진 특징을 모방하여 상하이의 전통적인 석고문石庫門 건축양식을 반영했다. 베이징 특유의 골목길이 후퉁胡同이라면, 상하이 특유의 '우물이 있는 골목은 리룽里弄이다. 베이징 주거양식이 쓰허위안四合院이라면 상하이는 룽탕弄쏲이다. 테마관은 바로 상하이의 골목과 지붕을 모티브로 디자인한 것이다. 남북 180m, 넓이 126m, 높이 14m의 아시아 최대의 기둥 없는 건축물이 이렇게 탄생했다.

| 주제관 ① – 도시인관 | 인간의 전면적인 발전은 도시의 지속가능한 발전의 전제임을 내걸고 있다. 테마는 '도시화 과정은 사람의 요구에 순응하고 존중하는 것'이며, 전시연출 내용은 전 세계 여러 유형의 사람과 가족을 통해 도시 이야기를 그려냈다. 세계 6대주 6개 도시의 각기 다른 배경을 갖고 있는 여섯 가족의 모습을 영상으로 담아냈으며 ① 근무 ② 교류 ③ 학습 ④ 건강 ⑤ 가정의 다섯 테마 전시구역으로 설명하고 있다. 전시관 마스코트는 하이바오 가족海寶之家으로 전시공간은 다음과 같다.

① 미국 피닉스시의 핵가족
② 네덜란드 로테르담의 독신가족
③ 아프리카의 편부모가족
④ 브라질 상파울루의 빈둥지가족
⑤ 호주 멜버른의 이민가족
⑥ 중국 정저우(鄭州)의 4대/5대가족 등

| 주제관 ② – 도시생명관 | 도시는 하나의 생명체와 같으므로 도시의 생명과 건강은 인류가 함께 아끼고 보호해야한다. 테마는 '도시를 하나의 생명체처럼 아껴야 한다'에 있다. 전시관 마스코트는 활력 하이바오活力海寶이며, 전시연출 특징은 도시를 하나의 생명체로 만들어 관람객에게 도시의 '맥박'을 느끼게 해주는데 있다. 활력 기차역은 파리 리옹Lyon역을 본떠 설계했으며, 다섯 개의 키오스크, 즉 인구의 도시, 물류의 도시, 에너지의 도시, 금융의 도시, 정보의 도시를 나타낸다. 가상기술을 이용하여 가상의 수도관, 가스관, 전기관, 쓰레기관 등을 연출했다. 전 세계의 대표적인 5개의 도시 광장 전시장에는 원형 스크린 7개와 면적이 1,000㎡인 스크린으로 만들어진, 상해엑스포에서 가장 큰 초대형 스크린이 설치되어 800명 동시 수용이 가능하다. 아르헨티나 독립과 역사의 상징인 부에노스아이레스 5월 광장, 케냐 수도인 나이로비의 광장, 인도 최대의 관문인 뭄바이Mumbai의 역전광장, 캐나다 개척시대 당시의 기지인 에드먼턴Edmonton 광장, 중국 쓰촨四川성 대지진 이후의 시계탑 광장 등이 선보였다.

| 주제관 ③ - 도시지구관 | 테마는 '인류와 도시, 지구는 공생관계'이다. 전시 주인공은 지름 32m의 지구이며, 마스코트는 지구 보안관 하이바오護林海寶이다. 전시 연출의 특징은 도시 확장에 의한 생태문제를 인식한 후, 의식전환을 통해 해결법을 도출하여 관람객들로 하여금 도시가 지구 오염의 주범인 동시에 해결자라는 것을 깨닫게 해주는데 있다. 하나의 스토리라인을 중심으로 '지구의 빛', '지구의 위기', '블루 플래닛'푸른별, '해결법', '지구는 하나' 등의 전시장으로 나뉜다. 전시장별 특징은 지구의 마치 우주에서 지구를 바라보는 느낌이 나도록 연출했다.

① 지구의 빛 : 전시장에 있는 빛나는 수정구슬은 도시를 상징하며 수정구슬이 밀집해 있을수록 그만큼 도시화가 많이 진행되어 있는 지역임을 알 수 있다.
② 지구의 위기 : 오행(五行)인 "목, 화, 토, 금, 수"를 상징하는 영상물이 번갈아 나타난다. 계량기, 깔때기, 수도꼭지 등 도구를 이용하여 지구 자원이 점차 감소되고 있음을 형상화하고 지구의 환경오염과 기후변화, 자원고갈 등의 제 현상을 전시한다.
③ 푸른 별 : 지상으로 12미터 떨어진 곳에 '의식의 다리'가 있으며, '의식의 다리' 밑에 지름 32미터의 자전하는 지구가 있다. 갓 태어난 녹색 지구가 오염과 무분별한 개발 등으로 인해 점차 노란색으로 변하고 붉은 화염에 휩싸이다가 일련의 노력 끝에 다시 푸른 모습으로 돌아오는 영상이 펼쳐진다.
④ 우리에게 지구는 하나뿐 : 돔 모양의 스크린을 통해 어떻게 지구를 보호해야 하는지에 대한 영상물을 볼 수 있다.

| 주제관 ④ - 도시발자취관 | 테마는 도시의 과거를 통해 도시 문제의 해결법을 도출한다. 세계 도시의 기원에서 출발하여 현대문명으로까지 나아간 인간, 도시, 환경 등의 제 관계를 추적한다. 전시 주인공은 중국 둔황敦煌과 그리스의 문물, 중국 징항京杭대운하, 콘스탄티노플 비잔티움, 이스탄불 등이다. 멈포드Lewis Mumgord가『역사 속의 도시』The City in History를 쓸 때, 그는 4천년 도시사를 성벽, 주택, 거리, 광장, 즉 도시를 구성하는 기본적인 형태의 진화를 추적하면서 서술했다. 도시발자취관은 흡사 멈포드의 책을 보는 듯한 인상을 준다. 전시관 마스코트는 하이바오 교수海寶敎授이며 시대별 도시개발 모습을 통해 인류의 발전단계와 인류가 추구하는 미래도시상을 전시한다. 총 4개의 전시공간으로 나뉜다.

① 로비(환상의 도시) : 위린쿠(榆林窟), 막고굴(莫高窟) 벽화의 모사도 전시, 중국 둔황(敦煌)의 당나라 문물(조각품 5점, 경전 5점)도 전시한다. '도시의 기원' 전시장은 시공을 초월하는 기분이 드는 전시장으로 옛 고대 도시의 모습을 전시한다. 유프라테스강과 티그리스강이 만든 메소포타미아 문명, 양자강과 황하가 만든 중화문명 등이다.

② 도시의 발전 : 콘스탄티노플, 비잔티움, 이스탄불의 실제 배경, 티베트의 포탈라궁과 티베트박물관의 도움을 받아 제작한 '설상 고원'이라 불리는 티베트의 도시 모습, 중국 고궁박물관과 독일 베를린박물관의 전시품을 이용한 중국과 서양의 고대 궁전 생활모습, 청 건륭(乾隆)황제 시대 쑤저우(蘇州)의 번화한 모습을 담은 12m 장폭의 '고소번화도'(姑蘇繁華圖 · 徐揚작)를 첨단기술을 이용하여 3D로 재현한 모습 등이다.

③ 도시의 지혜 : '채플린 로봇'을 통해 새롭게 각색한 '모던타임스'를 보여주며, 인류가 도시개발 속에서 직면한 문제들의 해결사례를 전시한다. 신기술을 이용하여 중국 징항(京杭)대운하 전경과 주변 도시풍경 재현했다. 상하이는 석고문 개조를 통한 지혜를 소개했다.

| 주제관 ⑤ – 도시미래관 | 푸서 E구역에 위치한다. 테마는 '꿈이 인류도시의 미래를 이끌다'이다. 전시관 마스코트는 우주인 하이바오太空海寶이다. 총 4개의 전시공간으로 구성되어 있으며, '어제의 꿈', '꿈과 실천', '다양한 가능성', '미래가 현실로' 등이다.

① 어제의 꿈 : 옛 SF영화를 통해 그 시절 미래에 대한 환상을 보여준다.
② 꿈과 실천 : '어제의 꿈'이 실천이 되는 전시장으로 책으로 둘러싼 기둥이 특징이다. 옛 발전소 기둥을 그대로 사용했으며, 기둥에 있는 책장을 넘기면 도시에 대한 인간의 환상이 책에서 나타난다.
③ 다양한 가능성 : 변형 가능한 도시 모형의 무대가 있다. 세계 9개 도시(베이징, 고베, 프라이부르크, 캔버라, 샌디에이고 등)에서 모인 9명의 도시인(도시설계사, 건축인부 등)이 말하는 도시의 현재와 미래를 스크린을 통해 만나볼 수 있다. 인물이 바뀔 때마다 배경이 해당 도시로 바뀌기 때문에 가만히 서서 여러 도시를 여행하는 기분이 든다.
④ 미래가 현실로 : 5가지 유형의 미래도시를 만나볼 수 있다. ▷ 도시의 거리가 아이들이 뛰어놀 수 있는 운동장이 되는 '정원도시' ▷ 공부를 하지 않아도 지식을 배울 수 있는 '지식도시' ▷ 도시의 하천이 수상공원이 되는 '물의 도시' ▷ 사람들이 우주여행을 할 수 있는 '우주도시' ▷ 자동차가 만들어내는 에너지로도 충분히 도시가 움직이는 '에너지도시' 등이다. '조화 광장'에 있는 500m2의 초대형 터치스크린에서는 애니메이션이 상영된다.

3 푸시의 E구역에 위치한 UBPA_{Urban Best Practice Area}의 생태성도 주목할 필요가 있다. UBPA구역은 닝보寧波관, 시안西安관, 메카관, 밴쿠버관, 상하이관, 마드리드관, 런던관, 함부르크관, 알자스관, 론알프주관, 마카오관, 청두成都관, 오덴세관, 론알프주 조명관, 기타 UBPA 전시관 5개로 구성된다. UBPA는 BIE에서 일상적으로 요구하는 것으로 해당 박람회의 주제에 맞는 세계 각국의 대표적인 사례를 수집 전시하는 방식으로 이루어진다. 따라서 기존의 국가관 파빌리온에 포함되지 않게 각각의 참가도시들이 세계엑스포에 독립적으로 참가할 기회를 부여한다.

UBPA는 각 도시가 수행하고 있는 가치 있는 도시계획을 보여주는 쇼케이스로 기능하며, 참가도시는 도시경영 성과와 도시발전 전망 등을 전시한다. 상하이 세계박람회의 UBPA는 4개의 전시 영역으로 구분되었다. 살아있는 도시, 지속가능한 도시화, 문화유산의 보존과 활용, 건축환경에서 기술적 혁신 등이다. UBPA 공간은 옛 공장건물을 바꾼 곳으로 4개의 파빌리온 클러스터가 만들어졌다.[15] 공장건물을 개조하여 쓴 것 자체가 친환경적 성격을 잘 보여준다. 신 재생에너지 개발에 대한 지대한 관심에 힘입어 에너지 효율을 높이고 제로에너지를 실현하는 탄소제로도시_{Carbon Zero City}를 희구했다.

특히 주거환경에 관한 관심이 두드러졌으며, 이는 UN에서 일찍이 이루어진 1996년의 '인간 정주에 관한 이스탄불선언'_{UN-HABITA Istanbul Declaration on Human Settlements}에 기초하고 있다.[16] UN은 '밀레니엄 목표'_{UN Millennium Development Goals}, 2009년 2월를 가난과 배고픔의 종식, 교육의 보편성, 젠더 평등, 어린이 건강, 어머니 건강, HIV/AIDS 퇴치, 환경적 지속가능성,

범지구적 파트너십 등으로 설정한 바 있다.[17]

친환경적인 도시는 미래도시의 전범이 될 것이며, 인간의 행복지수와 밀접하다. 노벨경제학상 수상자 조지프 스티글리츠Joseph E.Stiglitz[18]와 아마르티아 센 등이 구성한 '경제 성과와 사회 진보 측정을 위한 위원회The Organization for Economic Performance and Development and the European Commission'의 보고서The Measurement of Economic Performance and Social Progress Revisited에서 분명하게 설명하고 있듯이, 이제 필요한 것은 막연한 GDP국내총생산 수치가 아니라 '대안적 국민총생산 설계'일 것이다. GDP는 경제 전반의 성장과 총량은 계산할 수 있지만 막상 삶의 질, 사회적 건강도는 측정할 수 없

UBPA 실물전시거리

기 때문이다. 그런데 대안적인 '행복GDP', '행복경제학'이 성립되려면 그동안의 일변도의 경제성과 위주의 공식적 도시경영, 소비생활 등이 아니라 오히려 비시장 영역에 대한 인정이 요구될 것이다. 도시의 건강하고 행복한 삶도 GDP만으로 측정할 수 없으며, 상하이 세계박람회가 주제로 내걸은 "Better City, Better Life"를 만들어나갈 수도 없다. 그러한 점에서 UBPA 사례들은 대부분 새로운 발상에 입각한 도시의 미래를 보여주고 있다.

UBPA에 전시된 여러 도시계획 중에서 독일 함부르크의 신 내구성 건축사업, 즉 함부르크 하펜시티HafenCity 프로젝트를 하나의 사례로 살펴

보자.[19] 이는 엘베강 유역에 위치한 함부르크시가 야심만만하게 추진 중인 대규모 도심 재생 프로젝트로 21세기 유럽에서 가장 주목받는 항만 재개발 신도시로 평가 받고 있다. 면적은 여의도 절반 크기이지만 약 86억 유로10조 4500억 원가 투입되고 있으며, 민간투자로 함부르크시가 전액

하펜시티

출자한 특수법인 하펜시티 유한회사가 진두지휘하고 있다. 옛 부두와 창고가 있던 내항 지역을 비즈니스와 최첨단 생태형 주상복합, 레저와 문화가 어우러지는 복합적 도시공간으로 창출할 계획이며 본 프로젝트는 10년 전부터 시작하여 앞으로 10년이 더 소요될 예정이다. 강항江港에 머물고 있는 함부르크를 가능한 한 북해北海로 옮겨서 북해를 기반으로 한 국제 해항海港도시로 발돋움하겠다는 의지이다. 19세기에 독일의 대외팽창을 주도했던 제국주의 항구의 붉은 벽돌 건물들의 원형을 살리면서 극장, 박물관, 쇼핑샵, 광장 등이 속속 들어서고 있다. 비틀즈가 연주하던 추억의 함부르크항은 이처럼 변신에 성공하고 있는 중이다.

이미 세계적 수준의 해양박물관이 들어섰으며, 곳곳에 향료박물관 같은 자그마한 인프라들도 속속 입주하고 있고 요트장도 만들어져 배들이 오고간다. 디자인, 미술, 음악, 영화, 연극 등 창조적 작업이 이곳에서 벌어질 전망이다. 아무리 상업지구라도 층고를 7층으로 제한하며, 개발부지의 20~35%는 반드시 공공용으로 확보하여 산책로, 광장, 공원 등을 풍부히 확보함으로써 시민 및 관광객에게 보다 나은 도시환경을 제공하고자 한다. 지속가능한 발전의 표본 도시로서 하펜시티 같은 모델이 세계 곳곳에서 창출되어야한다. 한국의 경우에도 부산의 북항 재개발, 인천의 재개발 등 옛 항구의 혁신과 도시재생운동이 요구되고 있다. 상하이 UBPA에는 그 밖에 다음과 같은 도시들이 선보였다.

- 중국 절강성 텅토우 藤頭

유일한 농촌 사례로 텅토우는 "마을이 풍경 속에 있고, 풍경이 도시 속에 있다"라는 생활모델이다. "자연생태를 통해 관광을 개발하고, 관광을 통해 생태를 보호한" 녹색마을의 대표격으로 전시되었다. 친환경적인 음악소리, 24절기의 변화 등을 감상할 수 있다.

- 중국 섬서성 시안 西安 대명궁 大明宮 유적 보호 재건축 사업

당나라 장안은 남북 8.6km, 동서 9.7km. 둘레 길이 36.7km의 정리된 장방형의 도시다. 대명궁은 당나라의 정치, 경제, 문화의 중심지였으며 그 면적이 3.2 ㎢로서 자금성의 4배에 달한다. 896년에 전란으로 파괴된 것을 1950년대부터 발굴 작업을 진행하였고, 본격적인 복원작업과 주변 재건축 작업이 동시에 이루어지고 있다.

- 중국 사천성 청두 成都의 흐르는 물 공원

청두의 흐르는 물 공원成都 活水公園을 본떠 축소판으로 건설했다. 천일합일天-合-의 동양적 생태관에 입각한 활수공원은 다양한 생태시스템을 활용하여 고인 물을 다시 활성화시키는 새로운 오수처리법을 전시했

다. 활수공원의 20여개의 '식물의 못'은 하루에 약 300만 톤의 오수를 처리하여 세계적으로 주목을 받고 있다.

■ 중국 마카오 100년 전통 전당포 "덕성안"의 재건 및 활용

마카오 100년 전통의 전당포로 현재는 마카오 최초의 정부와 민간이 공동으로 건축한 박물관으로 탈바꿈했다. 전당포 전시관, 영웅인물 갤러리, 마카오 자료관 등이 설치되었다.

■ 중국 상하이 에코하우스

상하이시 민항閔行구에 지어진 중국 최초의 시범 에코하우스이다. 상하이시의 에너지 소모가 없는 생태시범 첫 번째 건축물이다.

■ 사우디아라비아 메카 미나 Mina 텐트마을

메카는 성지순례자가 많은 사우디아라비아의 미나 지역은 세계에서 인구 밀도가 가장 높은 지역 중 하나이다. 성지순례 Haji는 이슬람 5대 의무 중의 하나이므로 12월 10일을 전후하여 각국 순례자가 한꺼번에 메카로 몰려들어 수백만을 헤아린다. 텐트마을은 불과 4㎢에서 어떻게 300만 명

의 거주문제를 해결했는지를 보여준다. 18개 텐트와 지름 26m의 파라솔을 이용하여 극한 조건 속에서의 거주환경을 보여준다.

■ 캐나다 밴쿠버의 문화유산와 살기 좋은 도시

좁은 만과 프레이저 강 사이의 반도에 자리 잡고 북서태평양으로 나아가는 길목에 위치한 밴쿠버는 세계에서 가장 살기 좋은 도시 중 하나이다. 그러나 밴쿠버의 발상지였던 개스타운Gastown은 한동안 낡고 위험한 상태로 방치되다가 1970년대에 대대적인 도시재생을 통해 네오빅토리아양식의 거리로 변신했다. 빨간 벽돌이 반듯하게 깔린 거리, 가스등, 상점, 아트 갤러리, 재즈 클럽, 레스토랑 등이 19세기 분위기를 연출해 주는 지역이다. 또한 밴쿠버 올림픽 선수촌을 통해 지속가능한 개발을 통해 어떻게 도시가 살기 좋게 되었는지를 전시한다.

■ 스페인 마드리드 공공 임대주택의 혁신적 실험

마드리드 정부는 유럽에서 규모가 가장 큰 사회주택 건설을 진행했다. '대나무집'과 '공기나무Air Tree'로 대표되는 재생에너지와 신형 친환경 소재, 에코기술 등이 건축에 광범위하게 사용되었다. 마드리드 시내의 '공기나무' 건축은 기후적으로 변형되는 도시건축으로 100% 재활용이 가능한 철재를 사용했으며, 실제로 나무들이 층층이 심어져 에너지를 100% 자급자족한다.[20]

■ 영국 런던의 제로에너지 생태주거단지 개발사업

런던 남부 베딩톤의 '제로에너지 생태주거단지' 모형을 전시했다. 베

딩톤은 베드제드Bed ZED; Beddington Zero fossil Energy Development,[21] 즉 석유와 석탄 등 화석 에너지를 전혀 사용하지 않고 개발한 지역이다. 런던 최초의 친환경 주택단지로 영국은 물론이고 세계적인 주목을 받고 있으며, 에너지 자립단지이자 친환경 탄소 제로 도시 개발의 롤모델, 탄소 에너지발생을 줄이는 직주근접職住近接을 실현했다. 이들의 성공을 벤치마킹 하기 위해 전 세계에서 연간 1만여 명이 찾아 올 정도다. 같은 영국의 그리니치 밀레니엄 빌리지Greenich Millenium Village도 주목된다.

■ 덴마크 오덴사Odense의 자전거 부활

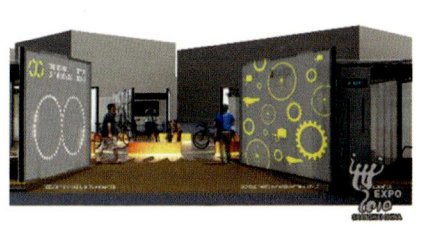

덴마크의 국가 파빌리온 자체가 자전거로 시작하여 자전거로 끝을 맺었듯이 덴마크는 UBPA에서도 자전거를 내세웠다. 코펜하겐에서 150km 떨어진 북해의 도시 오덴사는 매우 일찍부터 자전거 도로를 건설했으며, 자전거 일상화에 알맞은 최적의 환경을 실천하여 '자전거의 도시'로 불린다. 화석연료를 최대한 피하고 자전거 중심으로 살아가는 오덴사 사람들의 지혜와 경험, 미래적 비전이 전시되었다. 오덴사 사람들에게 자전거는 단순한 교통 수단 이상의 삶의 방식이다. 오덴사가 안데르센의 고향이고, 그의 인어공주 조각상 진품이 코펜하겐에서 곧바로 상하

이박람회장으로 공수되어왔음을 고려할 때, 덴마크가 오덴사를 UBPA로 내세웠음은 주도면밀한 느낌마저 든다.

■ 프랑스 알자스Alsace의 워터스크린 태양에너지 건물

에너지사용을 최소한으로 할 수 있는 태양에너지 건물이다. 워터스크린 태양에너지 벽은 컴퓨터로 자동제어 되며 실외 온도와 일조량의 따라 자동개폐가 가능하다. 에너지 절약 조명시스템이 선보였다. 알자스는 유럽 녹색성장의 선두주자이자 세계 녹색성장의 롤모델로 손꼽힌다.

■ 프랑스 론알프주 Ro'hne-Alpes의 도시환경 속 친환경 에너지 및 지속가능한 터전

지하 1층, 지상 4층 구조이며 천연 건축자재를 사용한 것이 특징이다. 식물로 뒤덮인 지붕은 공기정화, 온도조절 등의 기능이 있으며 폭우가 내릴 때도 배수가 잘 된다. 론알프주는 프랑스 동쪽 중앙에 위치하며 주도는 리옹Lyon인데 목축업과 농업, 공업이 모두 발달해있다.

국가관과 지방관
랜드마크 중국관과
신중화 세계질서

Six

하늘과 땅의 첩첩이 쌓인 순수한 기운(襲精)은 음과 양이 되고, 음양의 순일한 기운(專精)은 사계절이 되었으며, 사계절의 넘쳐흐르는 기운(散精)은 만물이 되었다. 양을 모아 쌓은 뜨거운 기운은 불을 만들고, 불의 순수한 기운은 해가 되었으며, 음을 모아 쌓은 차가운 기운은 물이 되고, 물의 순수한 기운은 달이 되었다. 해와 달의 순수한 기운이 넘쳐흘러서 별이 되었다. 하늘은 해, 달, 별을 받아들이고 땅은 물, 빗물, 먼지, 티끌을 받아들였다.

- 淮南子 天文訓

두관과 중국홍의 역사전통과 현대미

1   중국관이 자리 잡은 A Zone 뿐 아니라 건너편 B · C Zone에서도 중국관은 한 눈에 들어온다. 중국관 자체가 랜드마크 타워이다. 길을 잃다가도 중국관을 바라보면 중심이 잡힌다. 베이징 자금성의 톈안문天安門에서 수많은 문을 거쳐서 그대로 직진을 거듭하듯이 중국관을 향하여 모든 나라들은 '알현'드리는 형세이다. 과거 중화세계의 직간접적 영향력이 미쳤던 A Zone의 전통적인 아시아 국가는 물론이고 C Zone의 구미 유럽국도 중국관에 읍소하는 형국이라는 나의 생각은 지나친 것인가. 중국 언론은 이렇게 자평했다.

개혁개방 30년 동안 도광양회(韜光養晦)를 해오던 중국이 2008년 올림픽과 2010년 엑스포를 통해 혁광현세(赫光顯勢)하고 있다. 중국관은 지난 30년의 성과에 걸맞은 것이어야 했다. 이를 위해 2007년 4월 25일, 전 세계 중국계 건축설계사를 대상으로 건설 방안을 공개 모집한 결과, 두공 모양의 현 중국관을 확정했다. 두공은 건물의 기둥과 대들보를 연결하는 깔때기 모양의 구조물로 대들보에 걸리는 하중을 분산, 동일 강도의 대들보로 기둥간의 간격을 더 넓게 설계할 수 있도록 하는 역할을 한다. 목조 건물의 대들보가 가지는 강도의 한계를 최대화하여 넓은 공간을 가진 건축물을 만들 수 있도록 한 중국적 특색의 전통 건축기법이다. 목조 구조가 상징하는 친환경성과 기술적 성과를 통한 공간 확장, 위를 향해 확장되는 형상 등이 엑스포의 주제와 중국의 자신감을 두루 만족시킨 것이다. 이렇게 두공 조형미와 관(冠) 상징성을 결합하여 동방의 관이 탄생했다.

중국관은 중국 공학원工程院 원사院士인 하경당何鏡堂교수가 총 설계사를 담당하여 2007년 12월 18일 착공, 2009년 6월 23일 불과 1년 반 만에 완공되었다. 국가관은 하늘을 상징하며 동방 전체를 아우르는 관으로 설정하여 중국이 세계박람회를 통해 중화세계의 도래를 선포하는 느낌을 준다. 위로 치솟는 화려한 갓 모양은 천하의 곡식 창고를 뜻한다. 국가관과 연결된 지방관은 땅을 상징하는데 넓게 퍼진 형상으로 중국을 윤택하게 하고 사방을 부유하게 함을 우의적으로 표현하고 있다. 하늘과 땅이 결합하여 천하를 이루고 그 천하가 동방에 우뚝 솟아있음을 내외에 선포한 것이다.

중국관은 통칭 '동방의 관'東方之冠으로 부지면적만 71,300㎡연면적 160,000㎡에 달한다. 평수로 환산하면 부지 21,600평, 연면적이 거의 5만여 평에 육박하는 엄청난 규모이다. 국가관은 높이 69m연면적 46,000㎡, 지역관은 높이 13m연면적 114,000㎡으로 3,400억 원이 들었다고 한다. '도시 발전 속의 중화 지혜'Chinese Wisdom in Urban Development를 주제로, '동방지관, 정성중화, 천하양창, 부서백성東方之冠, 鼎盛中華, 天下粮倉, 富庶百姓[1]'을 설계이념 삼아 조화和諧를 핵심으로 하는 중국인의 지혜를 강조했다.

중국관의 건축 주제는 두공이다. 두공 양식은 춘추전국시대 B.C.770~B.C.467에 넓게 유행하던 것으로 물경 2000년 이상의 역사를 지닌다. 목구조 건물에서 개방적인 평면이나 개방된 복도를 두기 위해서는 처마가 외부 기후로부터 보호될 필요가 있었다. 가장 바깥기둥으로부터 서까래를 가능한 길게 빼내고 동시에 처마의 공간을 넓게 확보하기 위해서는 까치발 가구架構를 사용하는데, 이를 위하여 까치발식으로 내민 공포栱包가 사용되었다.[2] 사실 중국 전통 목재 건축물에서 목재를 교차하여 만드는 지붕 형상의 기본은 교차이다. 교차란 문화에 대한 의미로 재해석할 수 있으며, 그 점을 살릴 수 있는 건축물로서 무언가를 들고 있는 건물로 발전했다. 또한 여러 개의 뼈대를 서로 교차하게 만들고 네 개의 기둥이 그것을 들어 올리는 하나의 그릇의 형상으로 발전시켰으며, 이는 '중국의 그릇'中國器이라 부를만하다. 네 개의 기둥 위쪽으로 하나의 공간이 있게 설계하였으나 너무 단조로워 현재의 안으로 변경했다고 한다.

2 고대 중국도시를 알기 위해서는 중국에서 가장 오래된 기술 관련 백과사전인 주례고공기周禮考工記를 펼쳐보아야 한다. 역대 중국 황제에게 하늘과 땅에 제를 올리는 것은 황제들의 가장 중요한 정치활동이었다. 천단天壇이 그 대표 격으로 고대 중국 건축의 탁월한 공간조직의 재능을 최고로 실현한 중국 건축의 '랜드마크'이다. 중국 사상체계의 가장 두드러진 특징은 하늘에 대한 숭배이며, 자연계의 해와 달, 별, 바람, 천둥, 번개, 비, 산 과 강에도 제각각 신이 있어 인간과 자연을 지배한다고 믿어왔다. 따라서 중국인들은 자연신에 대한 구복의 일환으로 천단, 지단, 일단, 월단, 풍신묘 등의 제단을 쌓아왔다. 특히 천단은 명·청의 황제가 직접 하늘에 제사 지내고 풍년을 기원했던 제천행사의 제단이었다. 천단의 사상적 기조는 하늘의 숭고함, 그리고 황제와 하늘 사이의 친밀한 관계를 나타내는 것이다. 천단의 건축적 위대함은 개개 건축물에 있는 것이 아니라 대공간의 축성에서 자연과 인간 간의 합일을 구하는 정신적 공간세계를 구현한 전체의 공간 구성에 있다. 베이징 도성도에도 내성의 중심축 상에 자금성과 경산이 있고 외성의 중심축 좌우에 선농단과 천단이 마주한다. 자금성이 중국 권력구조의 원형공간이라면 천단은 중국인의 형이상학적 원형공간인 것이다. 자금성은 일상의 질서를, 천단은 영원의 질서를 상징한다. 상하이의 국가관은 이 같은 우주적 세계관을 내면적으로 계승했다. 일찍이 중국인들은 '하늘의 도를 둥글다圓 하고 땅의 도를 네모지다方고 부른다'고 했다. 사각형 모양으로 건축된 중국관은 땅의 도를 표현하여 네모지게 만든 것이다.

중국관 공간조합의 질서는 규범規과 되돌림回의 통일이다. 이는 중국 전통 도시건축의 원형에서 비롯했다. 규범은 전통 중국 건축의 의식화儀

式化 공간에서 유래했다. 자연본질의 중심을 상징하는 대칭형 공간에 사람의 발걸음을 유도함으로써 단순 공간을 각기 다른 층을 가진 점진적인 공간배치로 변모시키는 것이 고궁故宮의 공간질서관이다. 되돌림回은 전통 중국건축의 의식화 공간에서 유래한다. 무질서한 듯 보이는 자연의 체계성을 질서로 삼아 자연공간을 인문화한, 장악 가능한 자연의 정화로 승격시킨 것이 강남 원림園林의 공간질서관이다. 중국관은 규범과 되돌림이라는 두 형식을 일체화하여 국가관의 중심 대칭공간과 지역관의 넓게 퍼진 공간 사이로 각양각색의 인적 활동을 끌어들였다. 하늘과 땅의 결합, 규범規과 되돌림回의 통일은 중국 전통 도시건축의 원형이다. 국가관과 지역관의 이러한 배치는 천지의 조화와 만물의 형통을 은유적으로 표현함으로써 동양 철학의 하늘과 땅에 대한 이해를 나타낸 것으로 여겨진다. 중국관의 공간 조합은 유구한 중국 전통 문화의 정수를 계승함과 동시에 '도시, 생활을 더 아름답게'라는 상하이 세계박람회의 주제를 표현한 것이다.

　69m 높이의 국가관이 전시지역의 바로 옆에 즐비하게 늘어선 고층빌딩에 의해 왜소해 보이지 않게 하기 위해 국가관 지붕 중앙에 '하늘을 잇는 빛기둥接天光柱'을 설치하여 국가관의 변별력과 위용을 높이는 효과를 꾀했다. 중국관의 건축관建築觀에 우주적 세계관이 개입되어있다는 좋은 증거이다. 나는 그 '접천광주'에는 올라가보지 못했다. 그런데 중국관에서 가장 핵심적인 곳은 아무래도 접천광주가 있는 옥상층 같다. 옥상층에 올라가본 경험담에 의할 것도 없이, 나지막한 평지로만 이어진 박람회장 내에서 가장 높은 전망대 구실을 하여 조감도로 사진을 찍을 수 있는 유일한 공간이다. 내가 나름 열심히 찍어낸 사진들 가운데 부감俯

중국의 전통적 정원 (쑤저우 졸정원)

瞰이 결여되어있음은, 전적으로 그 중국관 꼭대기를 구경하지 못한데서 비롯된다고 변명한다면……

국가관이 두관斗冠의 전통 건축문화요소를 형상화한 것처럼, 지역관 설계 역시 중국적 요소를 십분 활용했다. 지역관은 첩전문자疊篆文字로서 중화 인문, 역사, 지리 정보를 전달하고자 했다. 지역관 외부의 나선 복도 벽면에 첩전문자로 중국 34개 왕조의 이름을 새겨 중화 역사의 유구함을 상징했다. 첩전문자는 중국의 역사를 담아내는 마음으로 그림으로 박람회를 찾은 중국인들에게 다가가고 있었을 것이다. 그런데 중국 34개 왕조가 모두 중화中華인가에 관해서는 당연히 의심이 들었다. 이른바 오랑캐들은 어디로 갔던가! 이들 글씨를 보면서 5~6세기의 인물 유협劉勰의 말을 떠올렸다.

언어는 마음의 소리이며, 문자는 마음의 그림이다.[3]

전시 디자이너는 '마음의 소리'를 전달하고자 했던 것 같다. 일단 전시기법으로는 성공적인 것 같다. 나선 복도 중간의 휴게 공간 시설의 표면에는 각 성, 시, 구의 명칭 34개를 새겨 넣어 중국의 지역적 광대함과 물산의 풍부함, 각 지역 간의 단결과 공동 발전을 상징했다. 그런데 중국관과 서양의 파빌리온을 비교하면서 드는 느낌은 역시나 미학적인 근본적 차이이다. 중국적 미학으로 서구의 파빌리온을 재단할 일이 못되며, 마찬가지로 서구의 미학으로 중국관을 뒤흔들 일이 아니라는 점이다. 인민대학교 미학과 장파교수는 동서양의 차이를 이렇게 설명하고 있다. 중국관을 바라보면서 그의 견해가 떠올랐다.

> 서양인은 무엇을 보든지 간에 '실체'의 관점에서 바라보았고, 동양인은 '기'의 관점에서 바라보았습니다. 동양인들은 우주 공간에 기라는 것이 존재한다고 믿었습니다. 인간이든 사물이든 완전한 구분은 불가능하다고 생각한 것이지요. 그렇기 때문에 동양인들은 사물의 본질을 알고자 할 때 피상적인 이해나 서양의 형식논리가 아닌 사물에 내재되어있는 것에 대한 깨달음을 중요시합니다.[4]

3

주제 의식을 건축물에서 구현하기 위해 중국관에서 중시된 것 중의 하나가 중국홍中國紅이다. 600여 년 역사의 천안문과 고궁의 중국홍을 창조적으로 추출하여 중국관의 특수한 건축 형태에 적합하게 재구성했다. 중국홍은 '열정, 기운찬 전진, 단결'의 민족적 품격을 상징한다. 전통적으로 중국인은 붉은색을 숭상하며, 자신들의 지킴이

색으로 인정한다. 붉은색 숭상은 적어도 주나라로 소급된다.[5] 당시 유행하던 글자체인 금문金文에는 특별히 붉을 적赤자가 많이 출현한다.[6] 주나라 이후로 붉은색에 대한 명백한 숭배는 한나라 시대에 재확인된다. 한 고조漢高祖 유방劉邦은 자신을 '적제赤帝의 아들'이라 칭했다. 이후 붉은색은 권력과 부귀를 상징하는 색이 되었다. 주문朱門, 주호朱戶 등의 단어는 부귀권세가의 대칭이 된다. 시대가 흐르면서 붉은색 숭배는 귀족사회뿐만 아니라 민간 전반에 걸쳐 중국인 모두가 좋아하는 색이 되었다.

붉은색은 단지 숭상하는 색에 그치지 않고 귀신을 몰아내는 색으로 인식된다. 음양오행陰陽五行의 다섯 색 중에서 양의 기운이 가장 왕성한 색은 푸른색과 빨간색이다. 음양오행 상으로 오방정색五方正色과 오방간색五方間色이 구분되니, 붉음은 남방의 정색이며, 오행으로는 불火이다. 오행에서 양의 기운이 가장 왕성한 색이 푸른색과 빨간색이므로 지킴이 색으로 빨강이 선택된 것.[7] 색채 연구의 세계적 권위자인 파버 비렌Faber Biren은 부적과 주문의 붉은 색채를 주목했다.[8] 빨강은 사람이 이름붙인 첫 번째 색이며, 세계에서 가장 오래된 색 이름으로 간주하는 사람도 있다. 그래서 사람들은 아예 '태초에 빨강이 있었다'라고 했다.[9] 중국관이 붉은색을 취하였음은 전통적 입장도 있지만 붉음이 지니는 원초적 힘에 의탁한 측면도 있다.

국가관의 중국홍은 고궁의 붉은 색을 그대로 가지고 온 것은 아니다. 국가관의 붉은 색을 결정할 때 두 가지 난제가 있었다. 하나는 고궁의 붉은 색은 황금색, 흰색, 회색 등 고궁의 다른 부분의 색들과 어울려 그 선명한 미감을 드러낼 수 있으나 국가관은 그러한 다양한 건물 조합과 색깔의 지원을 받을 수 없어 주 색조를 붉은 색으로 했을 경우 너무 단조로

중국인이 좋아하는 색

워 질 수 있다는 문제의식이었다. 따라서 자연광과 밤의 조명에 따라 각기 다른 느낌의 중국홍이 연출되게끔 했다.

중국관의 중국홍을 유심히 살펴보면 그 색깔이 동일하지 않음을 알아차릴 수 있다. 위가 넓고 아래가 좁은 국가관의 구조상 하단에 그림자가 생겨 상단은 밝고 하단은 어두워지는 시각적 효과가 발생하게 되어 있기 때문이다. 상단이 하단에 비해 가벼워 보이게 함으로써 전체 건물이 경박해 보이게 할 우려를 야기했다. 건축물이 우뚝하고 의연한 것을 좋아하는 중국인의 심미안에 맞지 않는 문제를 발생시킨 것이다. 이를 해결하기 위해 중국홍을 약간씩 밝기가 다른 1~4호의 붉은색으로 구성했다. 맨 상단의 한 층에 가장 어두운 1호 붉은색, 그 아래의 두 단에 1호보다 밝은 2호색, 다시 아래의 3개 층에 기본색인 3호 붉은색, 맨 아래의 한 개 층에 가장 밝은 4호색을 썼으며, 지붕을 받치는 4개의 기둥에 다시 3호색을 씀으로써 명암 차이로 인한 착시현상을 명도의 차이로 상쇄한 것이다.

수직으로 올록볼록한 판을 사용한 점도 주목된다. 평판에 붉은 색을 구현할 경우, 자연광 아래에서 반사광이 생겨 흰색처럼 보이는 문제가 있다. 반대로 수직의 요철무늬 위에 붉은 색을 입힐 경우 반광이 없어지면서 광원의 각도에 따라 요철 면에 그늘이 생겨 밝은 붉은색과 보라색에 가까운 어두운 붉은 색이 어우러져 풍부한 색감을 표현하게 된다. 아울러 건물의 고도에 따른 붉은 색의 편차를 고려해 높은 곳에는 요철의 간격 4cm 짜리, 기둥에는 3cm 짜리의 판을 사용했다. 단순화한 수직 요철 무늬의 판과 요철 간격에 대한 조정 등을 통해 대범하고 통일적이면서도 풍부한 중국홍을 표현했다.

청명상하도, 3D로 되살아온 천년의 도시

상하이에서는 타워 식의 별도의 랜드마크 건축물은 짓지 않았다. 국가관 파빌리온인 중국관 자체가 랜드마크이기 때문이다. 돌이켜보면, 박람회가 태동하던 19세기의 건축가들은 철과 유리를 이용하여 단순하고 기능적인 양식을 만들어냈다. 런던 수정궁1850~51은 세기의 도전을 통해 현대적인 양식을 발전시켰다. 빅토리아시대, 기술이 이룬 새로운 생산물을 전시하기 위해 만든 거대한 박람회장은 전통적인 장식을 전혀 두지 않은 초대형 온실이었다. 설계자인 조지프 팩스턴Joseph Paxton,1803~65은 건축가가 아니라 원예사이자 온실건설업자였다. 빅토리아 여왕의 남편인 앨버트공이 영국 산업화가 이룬 역량을 과시하기 위해 첫 세계박람회를 열기로 결정하였을 때, 주어진 기간 내에 통상적인 구조의 건물을 세우는 것이 거의 불가능했다. 오직 조립식 구조로 덮개를 씌우는 것만이 유일한 해결책이었고 팩스턴은 이를 실현했다. 6개월 만에 동일한 모듈의 주철 기둥과 빔들이 제작되어 하이드 공원으로 운송되었고, 이렇게 세워진 뼈대 위에 표준화된 창틀을 부탁했다. 74,000㎡의 땅을 덮기 위해 1.2미터 규격의 유리판 18,000개로 지붕과 벽을 형성했다.

동시대의 한 비평가는 수정궁을 가리켜 '철과 유리의 승리'라고 했으며, 존 러스킨 같은 이는 수정궁을 '유리로 만든 바보짓', '유리괴물'이라고 혹평했다. 이 혁명적인 구조물은 당시 정통적인 건축물에는 별다른 영향을 주지 못했다. 사실 수정궁은 빅토리아시대의 구조물이라기보다는 20세기 유리 커튼 월 마천루의 선구자로 보아야할 것이다.

자유의 여신상 내부형틀을 만들었던 교량구조 기술자 귀스타브 에펠Gustave Eiffel,1832~1923은 에펠탑1887~89으로 철제 뼈대가 만들어낼 수 있는 모든 것을 보여주었다. 305m의 이 탑은 한동안 세계에서 가장 높은 구조물이었다. 에펠탑은 1889년 파리 박람회의 입구로 사용되었는데 15,000개의 철제와 2,500,000개의 리벳구멍으로 짜여 있는 거대한 조각 그림 퍼즐이다. 8,000톤에 이르는 금속 트러스트의 무게는 16,000㎡ 면적의 기단부로 전달된다. 탑의 실루엣은 구조를 직설적으로 드러낸다. 두 개의 넓은 기단부 위에 놓인 4개의 기둥은 정상부로 갈수록 가늘어지면서 점차 뾰족하게 모아진다. 유일하게 비구조적인 요소는 기단부를 연결하는 아치뿐이다. 에펠이 덧붙인 이 아치는 방문객들이 이 탑이 고상한 건축물로서 안전하다고 신뢰할 수 있도록 하려는 의도로 만들어진 것이다.[10]

몇몇 혁신적인 기술의 발전을 제외하면, 19세기 구조물의 대부분은 여전히 과거를 모방하고 있었다. 사회와 불안, 전쟁 그리고 혁명의 시대에 건축가들은 고전적인 디자인으로 회귀함으로써 연속성을 표현했다.

UFO를 닮은 엑스포문화센터

영국의 건물들은 기둥, 둥근 아치, 사원의 전면, 돔, 측면의 익부翼部 등 익숙한 요소들로 구성되었다. 이와 같은 혼합은 순수한 그리스 양식이나 로마양식이라고는 볼 수 없는 뒤범벅인 경우가 많았지만, 신고전주의의 부활이라고 불렸다. 1807년 엘진Elgin경이 파르테논에서 대리석을 뜯어와 런던에 설치하자 단순한 그리스의 물결이 혐오스러운 나폴레옹에 연관된 로마제국의 웅장함을 대체했다. 박물관이나 우체국 같은 건물에 적용된 그리스풍의 부흥이 영국의 건축을 실질적으로 독점했다.[11]

이처럼 서구 건축사에서도 대규모 랜드마크 건물들은 지극히 전통적이거나 에펠탑처럼 지극히 현대적인 양식이었다. 상하이 박람회에서도 지극히 전통적인 중국관과 현대적인 엑스포문화센터 등이 대조를 이루면서 랜드마크로 기능했다.

밤이 되어 중국 국가관이 불그레하게 물들어갈 때면, 바로 건너편에 있는 엑스포문화센터가 화려한 조명을 받으며 비행접시처럼 비상을 준비한다. 황푸강변의 엑스포문화센터에서 매일 밤 '빛의 향연饗宴'이 펼쳐지는 것이다. 중국관이 복고주의적이되 현대적 미감으로 전통의 현대적 계승을 강조하고 있다면, 엑스포문화센터는 지극히 현대적인 미감으로 대칭을 이룬다. 국가관과 엑스포문화센터기 서로 대칭관계를 이루면서 영구시설로서 랜드마크 기능을 분담한 것이다. 국가관과 더불어 사후에도 존속할 건축물이므로 훗날 박람회장을 찾으면 이들 건물군만이 랜드마크로 남아서 상하이박람회를 증거할 것이다. 따라서 박람회 기간 중에 바라보는 모습과 대부분의 국가관들이 철거된 이후에 바라보는 모습이 전혀 다를 것이다.

UFO를 닮은 컬처센터는 미끈한 지붕에 점점이 박힌 LED조명 가운데 노란빛 띠가 더해져 금방이라도 하늘로 날아오를 듯하다. 가히 '밤의 엑스포'라 부를만하다. 엑스포문화센터는 날아오는 비행접시의 모양으로 보는 각도에 따라 다른 모습을 보여준다. 대형 중앙무대를 중심으로 1만8000석 규모의 실내 공연장이 들어서 있다. 부지면적 67,242.6㎡, 연면적 16만㎡, 지상 4층연면적 108,000㎡, 지하 2층연면적 52,000㎡ 규모다. 문화센터 서남측으로 육교가 연결되어 있다. 지하 1층과 엑스포 축 사이는 보행통로, 지하 2층 남측은 지하차도를 잇는 입구가 설치되어 있는 다목적 가변형 실내 공연장이다. 중앙 무대를 중심으로 좌석이 둘러져 있으며 파티션과 가변 좌석을 이용하여 필요에 따라 5,000석, 8,000석, 10,000석, 12,000석 또는 18,000개 좌석으로 변경 가능하다. 중앙 무대는 스케이트장이나 농구장, 콘서트장 등 다양한 용도로 사용이 가능하여 다목적 공연장 외에도 영화관, 스케이트장, 볼링장, 라이브클럽, 전망복도, 실내 놀이터, 자동차 전시장, 2만㎡의 쇼핑 공간, 문화 공간, VIP클럽 등이 설치되어 있다. 사후에 대형 엔터테인먼트 행사, 스포츠, 패션쇼 등 예술과 관광, 쇼핑 등이 모두 가능한 문화 소비 공간으로 사용될 예정이다.

현대적인 거대 유리창으로 만들어진 랜드마크 건물이 하나 더 있으니 엑스포센터가 그것이다. 런던 박람회의 수정궁이 '현대적'으로 되살아온 느낌이다. 길이 414m, 넓이 99m, 높이 39m, 600명 수용이 가능한 국제회의장, 2,600명 수용이 가능한 대강당, 3,000명 수용이 가능한 연회장, 5,000명 수용이 가능한 다목적강당 등으로 구성된다. 고위급 포럼 및 중요 경축행사 개최, 엑스포운영·지휘센터 및 프레스센터 운영, 국가 원수 등 VIP 접대 등의 용도로 쓰인다. 사후에는 국제적 수준의 국제센터로 활용되며, 필요에 맞게 공간을 확장·분할하여 사용할 수 있어

상하이엑스포 문화센터 공연 장면

영화 상영, 문화행사 개최, 결혼식 개최 등으로도 활용이 가능한 유연성을 지닌 건축물이다.

2 이제 중국관 안으로 깊숙이 들어가 본다. 중국관 전시설계는 당연히 전시 주제인 도시와 밀접한 연관을 이룬다. 광대한 공간과 예술적 장치를 통해 공간의 조형미를 구성하고 영상과 기타 다양한 예술적 기교로 설계이념을 표현했다. 중국관 전시구역은 삼분되었다. 위층이 핵심전시장, 중간층은 경험의 영역, 아래층은 기능적인 영역이다.

49m 높이에 자리 잡은 핵심전시장인 전시구역1은 '동방의 족적'東方足迹이다. 고대 중국인들이 도시를 발전시켜온 지혜가 연출되어 있다. 초대형 멀티미디어극장이 설치되어 있으며, 개혁개방 30년간 자강불식自强不息해온 중국의 도시개발 경험과 중국인의 건설에 대한 열정, 미래에 대한 염원을 소개하고 있다. 통으로 사용한 대형공간에는 멀티미디어를 이용한 국보급 명화 청명상하도淸明上河圖를 전시했으며 국보 원본도 병행 전시했다.

41m 높이에 자리한 경험의 영역인 전시구역2는 '지혜의 여행'智慧之旅이다. 모노레일 유람열차를 타고서 시적 몽환 속에서 고금대화 방식으로 참관체험을 하게 되는데, 양쪽에 목조건축, 돌다리, 벽돌과 기와, 원림 등을 배치했다. 고대부터 현대에 이르기까지 중국 도시발전의 성과물과 위대한 지혜를 피부로 느끼도록 했으며, 독특한 심미적 효과를 의도한 것 같다. 기능적 영역인 전시구역3은 33m 높이에 위치하며, '피어나

중국관 내부 풍경

는 도시綻放的城市'로서, '저탄소 미래'를 주제로 저탄소 미래에 대한 중국의 답변을 들을 수 있다. 중국의 지혜를 모아 미래 도시화의 도전에 대응하는 모델을 전시하고 지속가능한 발전을 실현하기 위한 중국식 모범 답안이 제시되어있다. 이렇게 핵심 전시, 역동적 체험, 미래에 대한 상상이라는 3차원으로 도시 발전에 대한 중화의 지혜와 상하이박람회의 주제를 표현했다.

 중국관에서 눈길을 가장 강력하게 잡아끈 것은 핵심전시관 내에서도 그 핵심을 차지한, 다시 말하여 중국관 전체 속에서 중핵을 차지한 랜드마크 전시인『청명상하도』淸明上河圖이다. 송대의 화가는 즐겨 부유한 가족생활의 안 모습이나 거리의 풍경을 그렸는데 이 같은 회화자료 가운데

12세기 초엽의 카이펑을 그린 장편 풍경화張擇端 作가 바로 이 그림이다. 1998년에 『생활잡지』生活雜誌에서 뽑은 '과거 1천년 래 인류생활에 영향을 끼친 1백대 사건'에 화약무기, 차, 중국공산당장정 등과 더불어 제56건에 이 그림이 올라있다. 중국관 전시관 내에 '국보 중의 국보'라고 소개한 설명문에 지나침이 없는 것이다.

불행하게도 이같이 생명력 있는 사실적인 필치의 그림은 명나라시대 미술수집가의 취향이 꽃·대나무·풍경에 치우쳐 있었기 때문에 소중히 소장되지 않아 현재까지 보존되어있는 것 자체가 몇 점에 지나지 않는다.

'당대 제1성으로 북송의 수도인 카이펑의 열기에 가득찬 요란한 장면' 當代第1城北宋京城開封的熱鬧場面을 반영하고 있다. 향료점, 찻집, 목기점, 여관, 사원, 성곽, 홍교, 선박 등 당대 풍물이 총출동했다.[12] 천 년 전 세계에서 가장 큰 도시였던 변경汴京의 변화하고 생동감 있는 모습이 연출되었. 청명절은 양력 4월 5일 전후에 해당된다. 이즈음은 중국 대부분 지역의 날씨가 풀리면서 만물의 싹이 돋아나서 사람들은 새롭고 맑은 느낌을 갖게 된다. 따라서 이날을 청명절이라 했으며, 조상의 산소에 가서 묘를 말끔히 청소한다. 기나긴 겨울을 지나면서 조상의 묘는 바람과 눈비로 인하여 흐트러져있기 때문이다. 청명절 하루 혹은 이틀 전은 한식날이라고 한다. 오늘날로 치면 '봄의 축제'인 셈이다.

중국관 전시전문가는 청명상하도첩을 3D로 거대하게 만들어 옛사람들이 걷고 농담하고 물건을 부리고 배를 젓게 만들었다. 전시연출 방식은 아주 단순하고 명료한 것이나 이 '국보 중의 국보' 그림이 힘을 받쳐주었다. 옆에서는 진품을 동시에 진열하고 있어 그 작품의 진품을 구경하는 것만으로도 상하이박람회를 찾아온 '본전'은 쉽게 뽑혔다. 명품전시란 바로 이런 것을 일컫는 말이 아닐까. 전시연출가는 상하이가 강의 도시, 물의 도시임을 잘 인식한 것 같다. 장강은 수량이 풍부하고 물산이 많은 사천성의 성도 부근까지 배로 운항할 수 있어 남중국 상업의 주요한 동맥이었다. 제국의 동부에 둘러쳐진 운하의 그물망은 도시를 연결시키는 교통로이며, 밤낮 구분 없이 사람과 물자의 유통이 끊이지 않았다. 『청명상하도』가 그려질 당시인 13세기의 중국은 매우 '근대적'이었다. 화폐경제의 완전한 실시, 지폐의 사용, 어음의 발달, 세련된 차문화, 소금과 면화 생산, 외국 무역의 큰 비중, 그리고 지방생산품의 특산화 등이 그것이다. 사회생활·예술·오락·공공조직·기술의 여러 분야에서 중국은 당시 타의 추종을 불허하는 가장 앞선 나라였다. 그림에는 이 같은 역사적 사실이 살아있는 실체로 그려져 있다.

3D로 구현된 청명상하도

3D 청명상하도 관람

그런데 역사에서는 우연히 사건이 정해져버리는 경우가 종종 있다. 이 그림의 무대인 카이펑이 그러했다. 1126년에 여진의 만족 기마병이 송의 수도인 황하 유역의 변경汴京, 오늘의 가이펑을 급습해서 이를 함락시키고 남방으로 피난민들을 유출하기 시작한 시점에서 운명이 항저우를 신왕조의 수도가 되도록 할 이유가 전혀 없었다. 그러나 운명의 여신은 항저우를 선택했다. 장강 유역과 대규모의 무역항복주와 천주 등이 출현하고 있던 동남해안의 중간점에 위치하고 있어서 항저우가 남송의 수도인 동시에 당시 급속히 발달하고 있던 남중국 경제활동의 중심처가 되도록 운명이 정해진 것이다. 그러나 불과 2세기가 지나지 않아 이 중간 규모의 지방도시는 세계 최대, 세계에서 가장 인구가 많은 도시로 성장한다. 오늘의 상하이 땅과 강은 역사적으로 이 같은 도시에 원초적 뿌

리를 드리우고 있는 것이다. 꼴레쥬 드 프랑스의 자크 제르네Jacque Gernet
가 쓴 「몽골 침략 전의 중국인의 일상생활」1959은 항저우의 일상의 삶을
매우 유려한 필치로 그리고 있다. 그가 설명한 카이펑에 대한 묘사를 그
대로 옮겨보자.[13]

카이펑은 중국 허난성 북동부 도시로 황하의 남쪽에 위치한다. 오대십국(五代十國)의 혼란기를 수습한 송(960~1279)은 수도를 카이펑으로 정한다. 송은 군사적으로는 성공하지 못했으나 문화와 번영의 황금시대에 접어들어 수도 카이펑은 당시 세계에서 가장 큰 도회지였다. 그러나 1127년 송은 여진족이 세운 금(1115~1234)의 공격을 받아 수백만에 달하는 난민이 강남으로 이주하였으니 남송(南宋)이 시작된 것이다. 남쪽 임안(臨安, 오늘의 항저우)으로 천도한 송은 강북을 금에게 바치고 강남에 안착한다. 이를 기점으로 장강 심각주, 이른바 강남이 히난성을 대신하여 새로운 경제와 문화의 중심지로 부각된다. 물론 금나라도 1157년에 카이펑을 남경으로 정하고 재건한다. 그러나 1234년에 몽골과 남송의 군대에 의해 금이 멸망하며, 1279년에는 남송 역시 몽골의 손으로 넘어가면서 카이펑은 영화롭던 세월을 모두 마치게 된다.

清明上河圖

박람회장 안에 구현된 다민족국가의 모순과 희망

1 중국관은 중국국가관, 31개 성·시·구가 참여하는 지역관, '홍콩-마카오-대만관'의 세 부분으로 나뉜다. 국가관은 2만㎡, 지역관은 4.5만㎡, 홍콩-마카오-대만관은 3천㎡로 총 6.8만㎡의 건축면적을 자랑한다. 파빌리온의 이 같은 전략적 배치는 박람회가 지극히 정치적일 수밖에 없음을 증명해준다. 즉, 상하이 세계박람회의 파빌리온들은 저마다 다른 목적을 가지고 '정치적 풍경'[14]을 연출하고 있는 중이다.

무엇보다 중국관에는 총 56개의 기둥이 있어 56개 소수민족을 상징한다. 소수민족은 중국에서는 가장 '정치적'인 문제인 것이다. 전시관은 지역별로 조직되어 있기에 이들 소수민족이 개별적으로 두드러지게 보이지는 않지만, 각 지역관에 이들의 행색이 분명하게 드러난다. 중국의 다양한 특성이자 현실적 고민이며 미래의 난제이자 중국의 저력이기도 한 다양한 민족들이 전시관에 '디스플레이'된 것이다. 그 목록을 살펴보면,

한족(Hàn Zú,漢族), 좡족(Zhuàng Zú,壯族), 만주족(滿族), 후이족(Húi Zú,回族), 먀오족(Miáo Zú,苗族), 위구르족(Wéiwú'ěr Zú,維吾爾族), 투쟈족(Tǔjiā Zú,土家族), 이족(Yí Zú,彝族), 몽골족(Měnggǔ Zú,蒙古族), 티베트족(Zàng Zú,藏族), 부이족(Bùyī Zú,布依族), 동족(Dòng Zú, 侗族), 야오족(Yáo Zú,瑤族), 조선족(Cháoxiǎn Zú,朝鮮族), 바이족(Bái Zú,白族), 하니족(Hāní Zú, 哈尼族), 카자흐족(Hāsàkè Zú,哈薩克族), 리족(Lí Zú,黎族), 다이족(Dǎi Zú,傣族), 쉐족(Shē Zú,畲族), 리수족(Lìsù Zú,傈僳族), 거라오족(Gēlǎo Zú, 仡佬族), 둥샹족(Dōngxiāng Zú, 東鄉族), 고산족(Gāoshān Zú, 高山族), 라후족(Lāhù Zú, 拉祜族), 수이족(Shuǐ Zú,水族), 와족(Wǎ Zú,佤族), 나시족(Nàxī Zú,納西族), 치앙족(Qiāng Zú,羌族), 투족(Tǔ Zú, 土族), 무라오족(Mùlǎo Zú, 仫佬族), 시버족(Xībó Zú,錫伯族), 키르기스족(Kēěrkèzī Zú, 柯爾克孜族), 다워르족(Dáwòěr Zú,達斡爾族), 징포족(Jǐngpō Zú,景頗族), 마오난족(Màonán Zú, 毛南族), 사라족(Sǎlá Zú, 撒拉族), 부랑족(Bùlǎng Zú,布朗族), 타지크족(Tǎjíkè Zú,塔吉克族), 아창족(Āchāng Zú,阿昌族), 푸미족(Pǔmǐ Zú, 普米族), 예벤키족(Èwēnkè Zú,鄂溫克族), 누족(Nù Zú,怒族),징족(Jīng Zú,京族), 지눠족(Jīnuò Zú,基諾族), 더앙족(Déáng Zú, 德昂族), 바오안족(Bǎoān Zú, 保安族), 러시아족(Éluósī Zú, 俄羅斯族), 유구르족(Yùgù Zú, 裕固族), 우즈벡족(Wūzībiékè Zú, 烏孜別克族), 먼바족(Ménbā Zú, 門巴族), 어룬춘족(Èlúnchūn Zú, 鄂倫春族), 두롱족(Dúlóng Zú, 獨龍族), 타타르족(Tǎtǎěr Zú,塔塔爾族), 나나이족(Hèzhé Zú, 赫哲族), 뤄바족(Luòbā Zú,珞巴族) 등

같은 소수민족이라고 해도 인구 대비 1천만 이상, 100만 이상, 10만 이상 100만 미만, 1만 이상 10만 이하, 1만 이하 등 민족별 차이가 극심하다. 지역관에서는 많은 소수민족이 몰려 사는 5개 자치구를 특별 할애하여 독립전시실을 꾸미고 있다. '녹색 정원, 푸른 꿈'을 내건 광시 좡족 자치구廣西壯族自治區, '도시 발전 속의 초원문명'을 들고 나온 내몽골자치구內蒙古自治區, '자연적 닝샤, 융합의 도시'의 닝샤 후이족자치구寧夏回族自

治區, '하늘의 티베트'의 티베트자치구西藏自治區, '신장은 좋은 곳'의 신장웨이우얼 자치구新疆維吾爾自治區가 그것이다. '어쨌거나' 중국은 '통일적 다민족적 중화인민공화국'이다. 그래서 이런 공식적인 선언들이 일상적으로 이루어지고 있다.

소수민족 안내원

여러 민족이 하나의 다민족국가를 형성하고 또 여기서 한걸음 더 나아가 하나의 민족으로 융합됨은 민족관계사의 주요한 내용이다. 일반적으로 봐서 통일이 먼저이고 민족융합은 다음의 일이다. 통일 다민족국가를 형성함으로써 국내의 여러 민족들 간의 융합을 촉진시킨다. 우리의 통일 다민족국가 제도는 민족의 융합이나 공고화를 이룩할 수 있는 제도이다.[15]

『총, 균, 쇠』의 저자 제레드 다이아몬드Jared Diamond는 위 '통일 다민족국가론'과 무관하게 유전학적인 차이가 중국민 사이에 분명하고도 드넓게 존재함을 이렇게 강조했다.

우리는 중국의 통일성을 너무나 당연시하기 때문에 그것이 얼마나 놀라운 착각인지를 망각하기 쉽다. 중국은 겉으로는 통일이 되어있는 것처럼 보여도 사실은 그렇지 않다. 그것은 유전적인 문제 때문이다. 전 세계의 모든 민족을 인종별로 대강 분류할 때 중국인들은 모두 이른바 '몽골인종'이라 뭉뚱그려서 부르고 있지만, 실제로

이 범주 속에는 유럽의 스웨덴, 이탈리아인, 아일랜드인 사이의 차이보다 훨씬 더 큰 차이가 감추어져있다.[16]

소수민족에 대해서는 중국 뿐 아니라 방대한 국제적 연구도 이루어지고 있는 중이다.[17] 연구를 하면 할수록 중국에서 민족문제만큼 중요한 것이 없음을 다시 깨닫곤 한다. 오늘의 중국이 강성부국強盛富國을 강조하면 할수록, 점차 중화주의로 더 깊게 빠져드는 것이 아닌가, 그런 생각을 지울 수 없다. 회족回族과 평남국平南國의 역사를 하나의 좋은 사례로 살펴보자. 당대 중국이 가졌던 대단한 포용력을 엿볼 수 있다.

713~14년에 대식국의 사절이 내조하였는데 황제에게 절을 하지 않았다. 이를 문죄하려 했으나, '그 본국에서는 오직 천신알리신에게만 절할 뿐, 왕을 알현해도 머리를 바닥에 대고 인사하는 법이 없다. 대식의 풍속이 우리와 다른데 대의에 따라 멀리서 온 사람에게 벌을 줄 수 없다'고 하여 황제를 포함하여 모든 이들이 이를 따랐다.[18] 이 간단한 기사는 당나라의 톨레랑스가 이질적인 중동과 동사시아의 만남을 평화와 상호 이해 쪽으로 이끌었음을 보여준다. 항구도시에 모여 사는 수십만 명의 이슬람 상인이 자치를 누리기도 하고 2~3세가 과거에 급제하여 벼슬을 하기도 했다. 20세기 후반까지 이슬람이 뿌리를 내리지 못한 서구 사회에 비하면 이슬람에 대한 동아시아의 관용은 놀라운 수준이었다. 송나라 시절에는 광주 등지에서 이슬람 상인들이 화려한 모스크를 건립했으며, 명나라에서는 운남 출신의 이슬람교도 정화가 대원정의 우두머리로 발탁되기도 했다. 모로코 탕헤르 출신의 전통적인 이슬람 명문사족으로 30여년에 걸쳐 아시아·유럽·아프리카 3대륙을 여행한 이븐 바투타 Ibn Batutah가

남긴 항저우에 관한 방문 기록 중에서 일부를 발췌해본다.

- 이 도시는 지구상에서 내가 본 가장 큰 도시다. 길이만도 3일 거리로서 시내를 관광하려면 도중에 숙박을 해야 한다.
- 유태인과 기독교인, 그리고 태양을 숭배하는 터키인들이 거주하고 있는데, 인구수가 꽤 많다.
- 우리는 제3도시로 들어갔다. 거기에는 무슬림들이 살고 있다. 훌륭한 도시로서 시가는 여타 무슬림 지역처럼 잘 정돈되어 있으며, 많은 사원과 무앗진19들이 있다. 우리가 이 도시에 들어갈 때, 정오 예배를 알리는 무앗진들의 선례성(선례성)을 들었다. 우리는 이집트 출신의 오스만 븐 아판의 자제들의 집에 투숙했다. 원래 대상인으로서 이 도시가 마음에 들어 정착했다.
- 이 도시에는 무슬림들이 많다. 우리는 그곳에서 15일이나 체류했다. 매일 밤낮으로 새로운 초대연이 베풀어지는데, 음식은 매번 다른 것이었다.
- 우리는 화선(火船) 같은 배를 탔다. 아미르의 아들은 다른 배를 탔는데 가수와 악사들이 함께 했다. 가수들은 중국어와 아랍어, 페르시아어로 노래를 부르고 있었다. 아미르의 아들은 페르시아 노래를 즐겼다.[20]

마테오 리치Matteo Ricci가 중국에서 포교하던 시절에 카이펑에는 7~8가족의 유대인이 있었으며 유대교당을 지었다. 항저우에는 더 큰 유대인 공동체가 있었다. 리치는 카이펑의 유대교회당에 예수회원 한 명을 보냈으며 융숭한 대접을 받았다. 회당에 있는 히브리어 모세오경의 글씨가 고대식이라는 점에서 이 유대인 공동체가 오랜 역사를 지니고 있다는 점을 알았다.[21]

그러나 이와 같은 문화 및 인종·종교 다양성의 공존 메커니즘은 19세기 중반에 접어들면서 파열음을 내기 시작했다. 복잡해지는 사회에 부

옛 항구도시 천주(泉州)의 이슬람사원과 무덤

이슬람 유적

패한 정치가 역행을 하고 성리학적 관료들에게는 새 시대의 모순을 해결할 능력이 없었다. 결정적 사건은 약 4000여명의 무고한 이슬람교도들이 살육당한 1856년의 쿤밍昆明 학살사건이었다. 그 전까지 동족이 학살당할 때마다 별 효과가 없는 진정서만 올리곤 했던 회족回族의 명망가들은 비로소 들고 일어나지 않으면 전멸하리라는 것을 깨달았다.

그리하여 회족의 거두 두문수杜文秀, 1823~1872가 군사를 일으켜 운남성 대부분을 거의 20년간 통치하게 될 평남국을 건국했다. 중국에서 최초로 이슬람국가가 세워진 것이다. 아랍어로 작성된 평남국의 공문서에서 두문수는 '술탄 술라이만'을 자칭하고 반청전쟁을 이교도와의 신성한 항쟁이라고 서술할 만큼 이슬람적 정체성을 드러내기도 했다. 그는 한족의 반청감정을 역이용하여 한족을 중용했으며, 명나라에 충성심을 표했다. 명나라 군복을 입고 한회일심漢回一心을 내건 두문수에게 많은 중국인 반란자들이 모여들었다. 그에게 이슬람과 중국문화에 공존하는 코드가 존재했기 때문이다. 태평천국太平天國 이후에 청은 평남국을 궤멸시키고 지도층을 살육하였지만 '한회 공동체 만들기'는 운남의 회족을 하나의 네트워크로 만드는 역할을 했다.[22] 평남국의 역사적 사례는 단일적·통일적 중화보다 다양성에 기초한 중화가 훨씬 유연하고 탄력적임을 말해주는 것이다.

또한 중국 역사를 보면, 한족이 중국을 지배한 역사 못지않게 이민족이 중국을 지배한 역사가 많았다. 북위·요·금·원·청北魏·遼·金·元·淸 다섯 이민족 왕조국가가 그것이다. 그러나 각 이민족이 중국을 경략하고 이후 국가를 경영함에 있어 한족의 절대적 협조가 수반되었다. 소수의 정복 민족이 한족의 협조 없이는 지배가 불가능했기 때문이다. 소수 이민족들은 중국인을 통치함에 있어 한족 이외의 민족을 준지배자로 등용했다. 청나라의 팔기제八旗制에서 보듯이, 자신들의 독특한 병제를 시행했으며, 변경의 여러 소수민족들은 대개 '분할하여 통치'한다는 원칙을 지켰다. 근현대까지 파장을 미친 청나라를 보면, 이한치한以漢治韓이 청나라의 중국 통치상 근본방침이었음을 알 수 있다.

  가장 세심한 주의를 기울인 부분은 사회문화 정책이었다. 특히 중국인 지식계층에 대한 사상전에서 역대 황제가 친히 진두에 나서 분투했는데, 그 중에서 화이사상華夷思想의 극복, 정통사상의 확립, 충의사상의 고취 등은 가장 역점을 둔 어젠다였다. 부수적으로 학술 진흥, 혼인정책, 선무정책 등도 활발하게 전개되었다. 동시에 만주인이 그 민족의식을 상실하여 민족의 결속을 문란시키지 않도록 다방면의 노력을 했다. 그러나 중국문화는 어느 사이에 이러한 노력까지 용해·침식하여 점차 통치자까지 긴장을 풀게 하고 민족정신을 소모시켰다. '오랑캐'의 통치기간을 보면 북위는 약 150년, 요는 200여년, 금은 120년, 원은 100여년, 청은 약 270여년, 도합 850년으로 진과 한나라 이래 중국역사의 약 1/3에 해당된다. 즉 중국은 유사 이래 3분의 1에 해당되는 기간을 이민족의 지배 아래 놓여있었다.[23] 중국은 한족 못지않게 '오랑캐의 나라'였던 셈이다.

티벳관   신장관

중국의 성은 22개 지역에서 모두 참가했다.

안후이성(安徽省) – 생활을 다채롭게 하는 안후이 문화
푸젠성(福建省) – 서해의 거친 일몰, 매력적인 푸젠
간쑤성(甘肅省) – 실크로드 · 도시의 노래
구이저우성(貴州省) – 매혹 · 아름다움 · 구이저우 · 피서천당
헤이룽장(黑龍江省) – 빙설의 독특한 환경
허난성(河南省) – 중국의 중앙, 도시의 원천
허베이성(河北省) – 수도 주변의 땅, 매력적 허베이
광둥성(짖東省) – 광둥 기루(騎樓), 녹색생활
하이난성(海南省) – 하이난, 생활을 더 아름답게
후베이성(湖北省) – 강과 호수가 연결된 도시공원
후난성(湖南省) – 도시의 무릉도원
장쑤성(江蘇省) – 금수 장쑤, 아름다운 정원
장시성(江西省) – 생태 장시
지린성(吉林省) – 백두산하[24] 노래가 넘쳐나는 도시
랴오닝성(辽宁省) – 강철과 바다의 운율로 활기찬 성
칭하이성(靑海省) – 중화 급수탑 · 삼강원
산시성(山西省) – 동력연역시대
산둥성(山東省) – 제나라 노자에서
싼시성(山西省) – 인문적인 장안의 여행
쓰촨성(四川省) – 천부지국, 생명의 배
윈난성(云南省) – 다채로운 윈난, 조화로운 도시와 농촌
저장성(浙江省) – 도시와 농촌의 행복, 아름다운 정원

이 많은 성들을 제대로 보려면 그 것만으로도 한 나절 이상 걸릴 것이 분명하다. 표본으로 윈난성이나 광둥성 같은 몇 개 성들을 들려본 소감을 전체 평균 삼아 촌평한다면, 중국 각 성의 지역적 특성과 역사적 전통, 자연적 조건들을 의연하게 전시하고 있을 뿐더러 그 특장이 분명하다는 것에는 동의하지만, 이른바 박람회가 추구하는 '전시'라는 기본 속성에서는 아직 멀었다는 느낌을 어쩌랴! 그런데 애써 추천받은 데로 저장성浙江省 절강성을 둘러본 소감은, 자신들의 역사문화적 총량과 경제산업적 목표치를 그 좁은 공간에서 이 정도로 표출하기도 쉽지 않음을 감지한다. 지방마다 전시연출 능력에서 수준 차이가 존재하는 것이다.

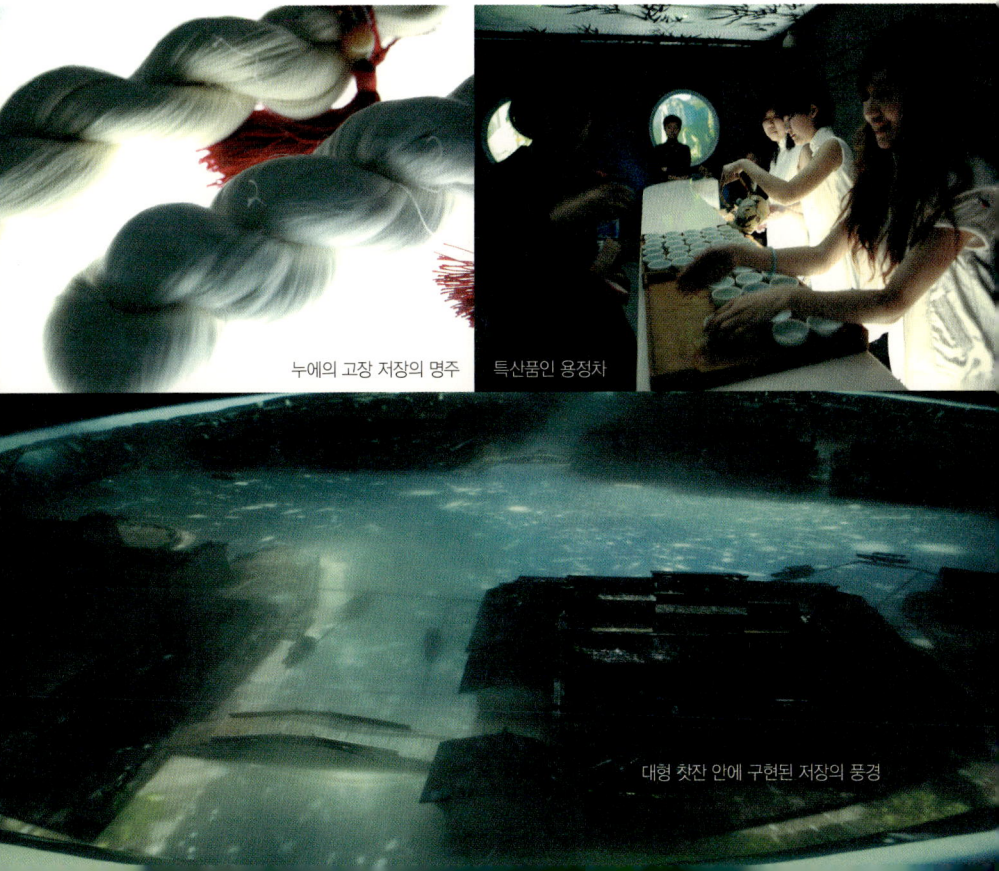

누에의 고장 저장의 명주   특산품인 용정차

대형 찻잔 안에 구현된 저장의 풍경

저장관은 불과 300㎡에 불과한 공간, 전시 핵심은 물이 가득 찬 대형 찻잔의 영상물이다. 찻잔을 빙 둘러서 관람하는 형태인데 영상과 모형의 연출적 조화가 슬기롭다. 높이 3m, 직경 8m의 대형 도자기는 저장성 서남부 용천시의 용천자기 생산지에서 직접 만들어 왔다고 한다. 전시실 입장을 기다리는 동안, 안내원이 특산품인 용천자기에서 용정차를 담아 제공하며 아예 찻잔까지 선물로 준다. 차를 무려 세 잔이나 마시고 잔도 세 개를 받아왔다. 산수와 도시의 공생, 정원과 역사의 동행, 도시와 농촌의 연동, 삶과 이상의 상호 연계 등을 표현하는데 대형 찻잔을 영상물 삼아 전통, 역사, 특산, 풍물, 산업, 미래 등등을 적절하게 교직했다. 저장성의 성도는 항저우다. 중국 최대의 해만인 항저우만으로 흘러드는 첸탄강, 중국에서 가장 섬이 많은 곳이자 중국의 대표적인 호수인 시후西湖가 있는 곳이다. 저장성은 '누에의 고장'이기도 하다. 장강 유역은 오랜 양잠의 역사를 지니고 있으며, 1958년 저장성 오흥현 전산양의 신석기 유적지에서 탄화된 비단 조각과 인자 무늬가 찍힌 명주끈과 명주실이 발굴되었다. 과학적 측정결과 모두 4천7백 년 전의 유물임이 판명되었다. 저장관은 이 같은 역사문화적 총량을 찻잔 그릇에 담아 대단히 탁월하게 묘사했다. 중국 전시기술의 역량이 만만치 않음을 보여준다.

4개 직할시 전시관의 주제는 다음과 같다.

베이징(北京市, 북경직할시) - 매력 있는 수도; 인문과 과학기술 및 녹색의 도시
충칭(重慶市, 중경직할시) - 산지의 산림도시
상하이(上海市, 상해직할시) - 영원한 신천지
톈진(天津市, 천진직할시) - 열정적이고 매력 있는 빈하이, 조화로운 신구(新區)

북경관

상해

배 위에서 영상을 관람하는 상하이 관

상하이의 은막의 스타들

지역관 외부에 베이징시에서 내걸은 플래카드가 맘에 들었다. 인문과 과학기술 및 녹색이라! 과학기술과 녹색을 강조하는 경향성이 강한 반면에 인문에 대한 푸대접이 다반사인 대한민국에서 찾아온 객에게 인문이라는 두 글자의 힘이 이처럼 반갑게 느껴질 수가 없었다.

중국 지역관에서 가장 중요한 전시장은 역시 주최지인 상하이일 것이다. 그래서 다른 직할관은 몰라도 상하이관은 반드시 들렸다. 상하이관은 '영원한 신천지'라는 주제를 내걸었다. 상하이관에 들어선 사람들은 영상관 내의 배 위에 올라타게 되어있다. 안개 속에서 작은 배가 출렁이면서 달리기 시작하면 갈대밭의 소녀가 우리를 마중한다. 황포강을 달리는 뱃머리에 1920년대의 그 옛날 화려했던 식민지 건축물과 경마를 즐기는 백인들, 상하이 영화계를 주름잡던 은막의 주인공들이 화면을 장식

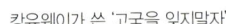

캉유웨이가 쓴 '고국을 잊지말자' 대만해협 (무첸성 하문)

한다. 이 같은 영상물들이 대개 그러하듯이 그 결말은 오늘날의 마천루 같은 화려한 상하이의 발전상을 칭송하는 홍보선전으로 치닫는다. 그래도 배에서 내리고 난 다음에도 물의 도시, 제국의 도시, 식민의 도시, 다양성의 도시, 예술의 도시 등등으로 헌사하고 싶은 상하이의 체취가 아련하게 남는다. 그만큼 상하이 역사문화의 무게가 가볍지 않다는 증거일 것이며, 스토리텔링에 일정 정도 성공하고 있기 때문이다.

1992년에 반환된 홍콩, 1999년에 반환된 마카오, 그리고 독립이냐 통일이냐는 상시적인 대만해협의 긴장을 반영하는 대만이 독립관으로 설정되어있다. 2개 특별행정구인 마카오澳門 특별행정구, 홍콩香港 특별행정구 전시관은 중국관 정면에 배치되었을 뿐더러, 특히 마카오관은 토끼형상의 유리 건물로 건축되어 중국관의 붉은빛 아우라가 그대로 투영

색상이 변하게 설계된 대만관

홍콩관

된다. 높이를 19.99m로 설정하였음은 중국 반환 년도인 1999년을 기린 것으로, 이 역시 정치적이다. 중국 화남지방의 고대 토끼 모양 등롱을 본뜬 마카오관은 그 주제를 '문화의 융합, 조화로운 구현'으로 설정했다. 옥토끼의 머리와 꼬리는 수소가 가득 찬 기구로서 마음대로 상승하거나 하락할 수가 있다.

    상하이세계박람회가 개장될 즈음, 중국과 대만 양안에는 훈풍이 밀려오고 있었다. 대만의 최전방으로 중국 인민해방군의 포대가 노리고 있는 진먼다오金門島와 중국 푸젠성福建省 샤먼廈門 사이를 본토인들이 배를 타고 자유롭게 오가고 있다. 중국은 대만인의 뿌리와도 같은 푸젠성에 해협서안海峽西岸 경제구를 건설할 예정이며, 양안회담이 속속 열려 대만 기업인들이 중국투자를 가시화한지 오래이다. 박람회 기간 중에 경제협력기본협정인 ECFAEconomic Cooperation Framework Agreement가 체결되어 양안 간의 장벽이 무너졌다. ECFA는 상품무역관세 및 비관세장벽 철폐, 서비스무역, 투자보장, 보호조치, 경제협력, 분쟁해결 등을 포함한 광범위한 무역협정이다.

박람회 기간 중에 본격적인 차이완Chaiwan 시대가 열리고 있었다. 중국 본토인에게 대만관은 인기 코스가 되었으며, 특히 대만의 아리산, 일월담 등 자연경관 홍보가 중국인의 마음을 사로잡았다. 대만 타이페이 월드트레이드센터TWTC에서는 대만관 홍보를 대대적으로 하고 있었다. 1일 평균 7,000여명의 중국관광객이 대만으로 입국하고 있으며, 대만인들은 본토를 가기 위해 비행장으로 몰려가도 표를 구하지 못하는 실정이었다.

'무한한 도시'를 주제로 내건 홍콩관은 3층 건물로 중간층을 투명하게 통하게 하여 홍콩의 개방성을 살리고 있다. 홍콩과 각 지역의 긴밀한 연계와 무한한 잠재력을 표현하며, 글로벌 운송, 정보, 금융네트워크 등이 연계되어 지속가능한 발전을 드러낸다. 전시관 3층의 소형습지공원은 홍콩 신계지의 마이포 습지나 습지공원(Hong Kong Wetland Park)을 연상케 한다.

3

중국국가관과 지방관을 포함한 파빌리온 전반을 어떻게 바라보아야할 것인가. 박람회의 본령은 '드러낸 전시'임에 틀림없지만 박람회를 구경하는 일은 '숨겨진 코드'를 찾는 해석 작업이기도 하다. 그러나 박람회 같은 행사를 정리하는 지식인의 이중적 관계는 분명히 설정해놓고 넘어가야할 것 같다. 이점에 관해서는 발터 벤야민W.Benjamin이 잘 기술하고 데이너 폴랜D. Polan이 해석해 놓은 게 있다.

한 일화로 시작하자면 ······ 작지만 문화적으로는 풍부한 유산을 갖고 있는 한 마을에서 어떤 지식인이 시장터 쪽으로 창이 나 있는 여관의 위층 방에 묵고 있다. 그 지식인은 창문에 서서 '바바리아의 루이2세 왕성에서도 볼 수 없을 만큼 훌륭한 발레' 구경을 한다. 이 광경은 '일상사'의 현장. 즉 경제관계의 왕성한 활동으로서 시장의 일상적 세계관이다. "9시경 내가 일어났을 때쯤에는 완전히 아수라장이었다. …… 돈이 무대에 엇박자로 춤추며 등장하더니, 천천히 젊은 여인네들이 밀고 밀리며 앞으로 나왔다". 그러자 지식인은 수동적으로 구경하는 데 그치지 않고 적극적으로 읍내의 삶에 뛰어든다. 그러나, "내가 시장터로 옷을 차려입고 내려가자마자 굽어보던 광경의 혼잡함과 싱싱함은 사라져버렸다. 아침의 거저 굴러들어온 구경거리는 높은 자리에서 감상해야 한다는 것을 깨달았다". …… 춤과 음악은 커녕, 교환과 거래만이 있을 뿐이었다. 아침의 상쾌함만큼 완전히 상실되어버리는 것은 없을 것이다.

벤야민이 쓴 이 일화는 진보적이거나 또는 진보적이고자 하는 지식인의 복잡한 위상 및 위치의 응축된 재현으로 읽을 수 있겠다. 일련의 반복적인 이미지들이 이 이야기를 가로지르고 있다. 첫째, 도시 군중의 활력을 높은 지점에서 내려다 보는 관찰자로서 지식인의 처음 위치, 둘째, 도시의 활력은 지식인을 손짓하듯 유혹하는 목소리라는 생각, 셋째, 순수 지적활동에서 참여의 경지로 나아가려는 지식인의 욕구, 넷째, 사회적 실재實在는 고정된 의미를 갖는 것이 아니라 시점 관점에 따라 시장에 가까이 갈수록 모양이 변화한다 다른 형태를 띤다는 생각, 마지막으로, 장거리 시점이 제일 좋고, 아마 지식인으로서는 제일 적합하다는 지식인의 자기만족적 선언 등이 그것이다.[25] 박람회의 경관과 각각의 파빌리온을 바라보는 나의 시각이 또한 그러했다. 파빌리온들을 우두커니 구경하다가 그들에게 다가가자 저마다 자신의 국가를 내세우며 곧추서있는 모습으로 다가왔다. 상하이세계박람회의 200여개 국제관 파빌리온 속에서 무언가 강력한 '정

박람회장 전체 전경

치적 풍경'이 확인된 것이다.

파빌리온과 무관하게 박람회장에 들어설 때부터 관심을 끈 것은 거대한 검문검색 시스템이었다. 즉, 상하이 세계박람회장에서 아주 인상 깊게 본 풍경은 공안公安의 모습이었다. 어느 박람회장에서도 검문검색은 한다. 비행기를 타건, 배를 타건 검문은 필수이다. 그런데 상하이박람회는 검문에서도 박람회 역사상 최대이다. 물을 들고 들어가던 사람들은 당연히 음료수를 버려야한다. 라이터도 불가다. 폭탄테러를 염두에 둔 배려 같다. 감시의 눈초리가 곳곳에서 지나칠 정도로 많이 눈에 뜨임은 그 자체 상하이 세계박람회의 랜드마크적인 풍경이다. 상하이조직위는 의식하지 못할 수도 있지만, 제3자 외국인의 눈에는 그렇게 보인다.

지난 1980년대에 대한민국을 방문한 외국인들이 지하철, 광장, 대학교 잔디밭 할 것 없이 과도하게 늘어선 경찰을 보고 경찰국가의 이미지를 떠올린 것과 같다. '공안'이 강조되는 박람회 풍경은 오늘의 중국이 근

어디서나 눈에 띠는 공안

엄한 국가주의적 풍경에서 한 치도 벗어나지 않았으며, 벗어날 의도도 없음을 고백하는 것과 다름이 없다.

'직선의 사고'는 시민참여 방식에서도 드러난다. 상하이시 자원봉사자 등 시민적 참여 열기가 대단하고 매우 헌신적이고 체계적임은 사실이지만, 우리식 관점에서의 시민참여도에 대해서는 다른 평가를 내릴 수도 있다. 중국 국가관과 지방관, 각 나라의 국제관이 대체로 국가 프로파간다의 한 형식으로 존재한다면, 이를 보완·완화시킬 수 있는 NGO를 중심으로 한 파빌리온에 대한 배려는 거의 없다. 역사적으로 박람회는 지나칠 정도로 자본에 종속된 국가 프로파간다를 내세워 왔다. 그러한 제 문제를 극복하기 위하여 십수년 전부터 세계박람회에서 NGO관을 설정하고 실제 NGO의 참여를 권장하고 있는 중이다. 지난 일본 아이치박람회에서 NGO관의 역할이 컸던 것에 비하면 상하이의 경우는 거의 없는 느낌이다. 중국의 하드파워는 강한데 소프트파워는 그야말로 소프트하다는 소감이다.

상하이 세계박람회에서는 NGO역할을 '대중참여관'이 떠맡았다. '대중참여관'은 '우리의 집'이라는 주제를 가지고 '3개의 네트워크인터넷, 통신네트워크, 방송TV망, 3개의 스크린컴퓨터 모니터, 휴대폰 화면, 디스플레이' 등 현대화된 인터랙티브 전시수단으로 대중의 참여성을 구현했다. 관람객들은 관람객이기도 하고 개최자이기도 하다. 전시 내용은 수시로 바꿀 수 있어 전시관의 참여성과 개방성, 원활성을 보여주었다. 전시관 주제는 끊임없이 변화하는 '종이'로서 인류가 도시 발전의 과거와 현재 및 미래를 기록하고 증명하고 있음을 의미한다. '발자취' 전시구역에서는 수십만 장의 다채로운 사진으로 박람회의 기억을 남겨놓아 박람회의 역사와 연혁을 전시하며, 높이 4m, 길이 16m 되는 편폭이 긴 영상은 인터렉티브식 전시로 뛰어난 연출을 선사했다. 전시관을 관람할 때에 찍은 멋있는 사진 장

대중참여관

면은 현장에서 전송할 수 있고 '체험' 전시구역에서 원사 등 명인들과 직접 교류할 수 있으며 '성상' 전시구역에서는 자신의 꿈의 도시를 구상할 수 있다.[26]

그러나 중국의 현실에서 NGO관을 설정한다는 것 자체가 쉽지는 않은 문제였을 것이다. 서구의 NGO와 중국이 생각하는 NGO의 결정적 차이가 존재하기 때문일 것이다. 천안문사건을 바라보는 시각만큼이나 서방과 중국의 입장이 다를 수 있기 때문이다. 이러한 측면에서도 세계박람회는 지극히 그 내면에 '정치적 풍경'을 연출하고 있는 것이다. 세계체제를 유지하는 많이 다른 두개의 대립모순이 NGO란 명칭에서부터 발생하고 있었으며, 중국이 이 같은 문제를 대중참여관이란 지극히 중국적인 명칭으로 의연하게 대응하고 있는 모습이 인상적이다.

대중참여관 내부

한국과 상하이
혁명·자본·퇴폐의 간극

Seven

영국 조계 안에 공원이 하나 있어 각국 남녀들이 와서 모여 논다. 다만 돈미(豚尾,중국인)들이 들어오는 것은 허락하지 않고 있다. 이것으로 돈미가 수난당하는 것을 볼 수 있다. 그런데 만약 우리나라에 이러한 외국 공원이 있다고 하면, 또한 우리나라 사람들이 들어가 노는 것을 허락하지 않을 것이니 어찌 한탄스럽지 않은가.
- 「윤치호 일기」, 1885. 2. 11.

"Liberte'(자유) E'galit(평등) Fraternite'(박애)의 세 가지 표어를 상징하는 삼색기 날리는 프랑스 조계의 공원인 만큼 여기 조선의 피 끓는 청년과 역사 오랜 선구자들의 족적이 수천 수만으로 찍혀 있는 조선인과 깊고 절실한 관계에 있는 공원이다. 지금도 물론 그러하다. 프랑스 조계 내의 조선 거류민은 현재 약 900명이다. 프랑스 공원의 잔디밭에 드러누워 두어 시간만 있으면 조선 동포 1, 2인은 반드시 만나게 된다.
- 洪陽明, 「楊子江에 서서」『三千里』15호, 1931. 5.

애국의 추억

19만 9천 원, 혹은 29만 9천 원짜리 상해 패키지여행 광고가 신문 하단통을 채운다. 여행 일정에는 빠지지 않고 단박에 구경하는 '상해-항주-소주' 코스와 '동방명주, 송성가무단'이 포함된다. 21세기 보편적 대한민국인에게 제시되고 선택되는 상하이 여행상품은 이같이 '값싼 해외여행'이란 인식을 주고 있다. 엄밀하게 말하면 상하이야 말로 중국 내에서 '명품관광'이 가능한 몇 안 되는 도시임에도 불구하고 가깝다는 이유 하나로 저평가되고 있는 실정이다. 2005년 여름, 상호도 기억이 나지 않는 아주 화려한 난징둥루南京東路의 중국음식점에 들어갔다가, 즐비하게 늘어놓은 금그릇물론 금도금이었겠지만과 금수저, 1인당 점심식사비 수십만 원에 해당하는 가격표를 보고 놀라서 그대로 나왔던 기억이 새로운데, '19만 9천원에 3박 4일'이라는 그릇된 인식이 보편적 한국인을 지배하고 있다. 그래서 '보편적 대한민국인'들은 지금 이 순간에도 학창시절에 함께 추었던 잊지 못할 상하이 트위스트를 추면서, '잊지 못할 사랑의 트위스트'란 가사 속의 상하이를 현실로 받아들이고 있는 중이라고 단언한다면, 지나친 예단일까.

한국인의 상하이에 대한 평소 인상은 앞의 상하이 트위스트나 상하이 박, 혹은 의협심 많은 깡패나 협객, 길거리 담벼락에 쪼그린 채 아편을 빨아대는 벌거벗은 중노인, 고급 매춘부와 저급 윤락녀, 상하이 영화계를 수놓았던 화려한 은막의 스타들, 패왕별희에서 보았던 경극京劇의 화려하고 농염한 색깔과 메이란팡梅蘭芳, 1894~1961 같은 절세의 배우, 김구로 대표되는 상해 임시정부의 독립운동사나 윤봉길 의사의 폭탄 의거 등에 고착된다. 개혁개방 이후에 한국인촌이 형성되고 유학생, 주재원, 사업가, 중소상인의 진출이 활발해지면서 상하이의 경제적 미래가치 증대,

상하이 전경

증시와 펀드의 동향, 명품 짝퉁시장 등이 앞의 서사들을 제압하는 형상이며, 가장 민감한 대목은 역시나 위안화의 오르내림이다. 거대 담론과 미세 담론이 뒤섞이고, 개혁개방으로 생겨난 특장과 모순을 바라보는 안목까지 곁들여지면서 상하이를 진단함도 결코 간단치 않은 일이 되었다. 상하이가 변한만큼 대한국인의 상하이관도 절대적으로 변화를 요구받고 있는 중이다. 막대한 부를 물려받는 푸얼다이富二代와 핀얼다이貧二代를 모두 이해하는 한국의 젊은이들이 대거 상하이를 학습하고 있으므로, 미래세대 한국인의 상하이관도 급변할 것이다.

아리스토텔레스가 『정치학』POLITIKA[1]에서 '도시는 다양한 부류의 사람들로 이루어진다. 비슷한 사람만으로는 도시가 존재할 수 없다'고 했을 때, 적어도 상하이는 이 말에 책임을 질만한 자격이 있는, 중국에서도 몇 안 되는 도시다. 상하이는 베이징과 더불어 중국 최대 도시이자 세계 유수의 국제도시이기도 하지만, 그 인종적, 문화적 다양성에서 베이징과 비교할 수 없는 중층적·복합적 속성을 유감없이 보여주고 있기 때문이다. 국가권력의 중핵이 집중된 베이징의 권력적 위상이 베이징의 이미지를 다분히 하드파워로 포장하고 있다면, 상하이는 황푸강만큼이나 빠르고 유동적인 소프트파워로 이미지를 형성하고 있다. 매춘, 영화, 문학, 카페, 댄스홀, 호텔, 비즈니스, 군함, 광둥상인, 공산주의운동사 같은 상호 다른 층위들이 상하이의 역사적 '결' 속에 녹아있다. 나무의 나이테가 있듯이 '결'이라는 것이 남아 있어 우리는 이를 '역사'라고 부르는 것이며, 상하이의 '역사의 무게'도 지문처럼 지워지지 않고 우리에게 전해오는 중이다.

뉴욕대의 도시 역사학자 리차드 세넷Richard Sennet이 도시의 본질을 다루면서 '살과 돌', 즉 육체와 도시의 제 관계로 규정했듯이, 도시는 콘크리트더미 같지만 분명히 살아 움직이는 '살'로 채워져 있다. 도시에서 살아가는 이들이 무엇을 보고 들었는지, 코를 자극했던 냄새는 무엇이었는지, 어디서 먹었는지, 무엇을 차려 입었는지, 언제 목욕을 했는지, 어떻게 사랑을 했는지 등등, 세넷이 보기에 그러한 것들은 도시공간에서 느껴지는 물리적 감각의 역사적 카탈로그 이상이다.[2] 베수비오화산의 폭발로 사라진 고대도시 폼페이에서 발굴된 유물들은 수도 없이 많지만, 저 자거리 귀퉁이 유곽에 그려진 춘화의 변치 않는 자세와 색깔에서 인간적 삶의 장기지속성을 읽게 되는 것이다. 그날의 폼페이를 지배하고 호령하던 권력과 권력의 제 관계는 사라졌어도, 그 도시를 채웠던 '살'의 내음은 그대로 전해오는 중이다. 그래서 도시를 '살과 돌'로 해석한 세넷의 견해에 동의하면서, 상하이에도 그러한 살들이 살아 움직이고 있음을 강조하지 않을 수 없는 것이다. 상하이를 받아들이고 우리들 모두의 도시로 접수하기 위하여, 우리는 살과 돌의 내적 관계들을 모두 고려해야 할 것이다. 동방명주에 올라가보고 황푸강 유람선을 타고서 식민지 시대 야경을 구경하고, 상해임시정부 청사의 태극기 앞에서 잠시 옷깃을 여미는 방식만으로는 상하이가 쉽사리 우리들에게 다가오지 않을 것이다.

2

1896년 4월 1일, 특명전권대사 민영환[1861~1905] 일행은 러시아 황제 니콜라이 2세의 대관식에 참석하기 위해 제물포항에서 배에 오른다. 민영환의 대관식 사행은 조선 정부와 러시아 정부 상호간의 필요에 의한 결과였다. 사행은 명성황후 시해와 아관파천1896. 2. 11이 일어난 직후였다.³ 일행은 영등포를 건너 인천 제물포항에 닿는다. 그곳에서 러시아 군함 크레지호를 타고 서해를 가로질러 상하이에 당도, 영국 상선을 타고 일본 나가사키長崎로 간다. 화륜선을 타고 시모노세키下關를 거쳐 다시 세도나이카瀨戶로 접어들며 고베神戶에 닿는다. 다시 요코하마橫濱로 들어가며 태평양을 건너 캐나다와 미국을 경유한다. 밴쿠버에서 기차를 타고 뉴욕으로 가서 배를 타고 대서양을 가로질러 영국에 도착한다. 한국인의 세계여행에서 상하이가 관문이었음을 알 수 있다.

한국인들의 하와이 이민도 상하이를 통과했다. 하와이 이민은 1902년12월 22일 121명이 제물포항에서 출발한 것을 시발로 1905년 후반에 이민이 금지될 때까지 7,226명의 이민이 계속되었다.⁴ 1903년 1월 13일, 121명이 겐카이마루玄海丸를 타고 하와이에 당도하게 되며 플랜테이션을 뛰어넘어 다양한 직업으로 진출하게 된다.⁵ 이민자가 택한 항로도 '제물포-상하이-나가사키' 수순이었다. 그들은 나가사키에서 신체검사와 예방접종을 받고, 그 중 19명이 탈락하고 104명만이 상하이에서 온 미국 증기선 갤릭Gaelic호에 탑승한다. 갤릭은 요코하마를 거쳐 1903년 1월 13일 하와이 호놀룰루에 도착한다. 이후의 배들도 대체로 나가사키, 요코하마, 혹은 고베를 거쳐 미국으로 갔다.

한말부터 한국인의 대양 항해는 기본적으로 제물포에서 상하이를 거쳐 나가사키혹 고베를 거치는 수순이었다. 그만큼 모든 항로의 기본이 상하이를 통과했다. 다이쇼大正시대에 접어들면 부정기선이 아닌 정기항로가 개설된다. 1920년 나가사키항이 개수되며 1923년에 '나가사키-상하이' 일화연락선日華聯絡船인 상해환上海丸과 장기환長崎丸이 취항한다. 일화개항日華開港을 축하하는 기사가 연일 신문을 뒤덮었다.[6] 1924년에 이르면 일본 쪽 기점이 나가사키에서 고베로 변경된다. 에도江戶시대의 '세계로 열려진 창구'였던 나가사키의 역할이 축소되고 개항장으로 본격 성장한 고베가 역할을 떠맡은 것이다. 연락선의 1등 식당은 서양식 레스토랑으로 꾸며졌으며, 취항에 따른 각종 관광안내 책자들, 기념엽서도 속속 발행되었다. 1935년에는 국제산업관광박람회가 나가사키와 운젠雲仙에서 성대하게 열렸으며, 62만 8천여 명의 인파가 몰려들었다.[7]

이처럼 식민지 조선과 제국 일본, 중국의 네크워크에서 상하이는 어쩌면 베이징보다 훨씬 중요하다. 한·중·일 삼각 네트워크의 또 다른 표징은 상해 임시정부와 홍구 공원이다. 오늘날 상하이를 방문한 한국인 '1번지' 역시 홍구 공원과 임정 청사이다. 이들 역사적 공간의 탄생 기저에는 한·중·일의 삼각 관계, 영국·프랑스 등 제국의 관계까지 중첩적으로 연루되어 있다.

상하이는 수많은 한국인이 거쳐 간 풍운의 공간이다. 청말에 열강에 의해 빚어진 제국의 도시였던 만큼 그들 열강의 각축 속에서 살길을 찾아 애국지사는 물론이고, 밀정, 아편장사, 매춘녀 등 다양한 직업군이 상하이로 흘러들었다. 고위 인사로는 1882년에 유학자 강위姜瑋가 이홍장이 세운 최초의 해운사 윤선초상국輪船招商國을 방문, 정관잉鄭觀應과 쉬룬徐潤을 만났다고 한다. 최초의 프랑스 유학생으로 춘향전을 최초로 프랑스어로 번역하기도 한 근왕주의 개화파였던 홍종우洪鍾宇,1854~1913가 1894년 김옥균을 저격한 곳도 상하이다.[8] 1894년 3월, 일본에 실망한 김옥균은 청의 이홍장李鴻章과 담판할 생각으로 상하이로 건너갔으나 민씨 정권이 보낸 자객인 홍종우에게 동화양행 객실에서 암살된다. 이 일이 터지자

상해항로안내서. 상하이와 나가사키를 오가는 일본우선주식회사 발행.(좌로부터 1928년,1930년,1933년)

청은 김옥균의 시체와 홍종우를 조선정부에 인도했다. 김옥균의 시체는 양화진에서 다시 능지처참되어 전국에 효시되었다.

20세기 접어들면서 상하이의 한국인 거주자가 늘어나기 시작했다. 불완전한 통계에 따르면, 1909년경 상하이 거주 한국인 수는 89명이었는데, 1920년에는 700명, 1930년에는 937명으로 불어났다. 대체로 상하이에 한국인 공동체가 생겨난 것은 1910년 한일병합 이후 독립운동의 거점 및 해외 도항의 중계지로서 상하이가 부상하면서부터이다.[9] 윤치호, 이광수, 여운형, 임원근, 신규식, 이동휘, 안창호, 김규식, 박찬익, 선우혁, 이동녕, 이시영, 김동삼, 신채호, 조소앙 등 식민지 조선의 우국지사들이 안식처를 구한 공간이었다. 3·1운동 이후에 망명을 하여 독일로 유학을 떠난 이미륵李彌勒,1899~1950의 경우에 상해는 유럽으로 떠나는 중간 기착지 역할도 했다. 이미륵이 남긴 안중근 의사의 부인과 자녀들과 함께 밥을 먹은 경험의 기록이 인상 깊게 기억 된다.[10] 상하이를 거쳐 간 이들 중에서 윤치호1865~1945의 경우를 예로 들어 그의 상하이관을 살펴보자.

　개화청년, 일본 · 중국 · 미국 유학생, 정부관리, 독립협회 활동가, 문필가, 교육가, 종교지도자, 그리고 일제말기의 친일활동가 등 복잡다단하게 채워진 그의 이력서를 생각하면서 『윤치호 일기』를 읽어 보면, 당대 상하이에 대한 한 조선지식인의 시각이 잘 드러나 있다. 윤치호는 1985년 1월 23일 아침에 머리를 자른다. '상하이로 가면 반드시 학교에 머물면서 양인과 더불어 허물없이 상종하고 학예를 익혀야 하는데 이와 같이 하지 않으면 서로 어긋남을 면할 수 없기 때문'이라고 했다. 그날 밤 11시경에 배에 올라 24일 새벽 4시경에 출발했고 26일 아침 8시에 상하이에 당도했으니 52시간이 소요되었다. 첫 인상을 말하면서, '높고 큰 집, 양행과 상점이 즐비하여 같이 구경할 만하다. 한번 보아서는 능히 기억할 수 없는 곳으로 가히 동양의 큰 도시라 할만하다'고 했다. 그의 일기에서 몇 대목만 뽑아보면 당대 상하이의 풍경과 이를 바라보는 한 조선지식인의 인종주의적 시각까지 덤으로 엿볼 수 있을 것이다. 그는 상하이 체류 기간 내내 주로 서양인 · 일본인과 친교하고 있으며, 성경 공부에 몰두하면서 지극히 사회진화주의적인 태도를 견지하여 유난히 청결을 강조하고 이를 일본 · 서양과 비교하면서 종내는 한국과 비교하고 있다. 중국인의 공원 출입금지, 상하이의 살림살이, 중국인의 기질, 쑤저우蘇州의 풍경도 묘사하고 있다.[11]

- 영국 조계 안에 공원이 하나 있어 각국 남녀들이 와서 모여 논다. 다만 돈미(豚尾.중국인)들이 들어오는 것은 허락하지 않고 있다. 이것으로 돈미가 수난당하는 것을 볼 수 있다. 그런데 만약 우리나라에 이러한 외국 공원이 있다고 하면, 또한 우리나라 사람들이 들어가 노는 것을 허락하지 않을 것이니 어찌 한탄스럽지 않은가(1885. 2. 11 『윤치호 일기』).
- 가옥은 대개 2층, 혹 난간에 조각을 하거나 서까래에 칠을 하기도 했다. 그 재목이 정아하기는 하나 일본의 거리에는 미치지 못한다. 상하이 성내에는 가는 곳마다 돌을 깔았고, 의복은 비단에 수놓은 화려한 것이다. 돌이켜 보건대, 우리나라의 부귀한 사람, 호사한 자제들의 의복은 이곳 보통 사람의 평상시의 옷에도 미치지 못한다. 이는 비록 적은 일이나 우리나라의 재물 없음을 가히 알만하다. 길 위에서 마구 오줌을 누어 더러운 냄새가 성안에 가득하다……늘 이를 닦지 않는다. 이에 덕지가 두세 촌이나 두터이 쌓여있고 색깔은 황금과 같다. 입만 벌리면 더러운 냄새가 개똥과 같은데 다년간 이를 닦지 않는 것으로 귀한 것을 삼는다. 밤낮으로 일을 하여 자못 부지런한 듯하지만 그 조루(粗陋)한 것으로 미루어 볼 때 그 게으름 또한 볼 수 있다. 인민들은 허풍떨기를 매우 좋아하고, 부문(浮文)을 숭상하고, 떠들기를 좋아한다. 나라의 체면은 돌보지 않고 다만 푼전의 이익만을 찾는다. 음식은 정결하지 못하여 구역질이 나게 한다. 외국인이 업신여기기를 마치 개나 돼지처럼 하는 데도 스스로를 중국인민이라 하고 다른 나라 사람들을 지목하여 오랑캐라 한다. 아아, 심하다. 하늘은 어찌하여 이 나라 인민으로 구제하여 맑고 신선한 공기가 있는 곳으로 옮겨놓으려 하지 않는가. 청인 장사꾼들은 무역하는데 매우 익숙하다고 한다 (1885. 2. 15, 『윤치호 일기』).
- 청인 요리사가 음식 조리하는 것이 매우 불결하여, 썩은 물이나 똥오줌 흐르는 물에 쌀을 일어, 이를 보니 싫어짐을 금할 수 없는 까닭이다 (1885. 4. 1, 『윤치호 일기』).
- 청인은 귀천을 막론하고 공원 밖에서 주저하여 감히 들어오지 못하는 것을 보니 호인(胡人.청인)들이 수모받는 것이 한탄스럽게도 하거니와 그 스스로 큰 체하는 것이 더욱 가증스럽기도 하다. 서양 남녀들이 세상을 능행하나 능히 대적하

지 못하는 것이 가장 원통하고, 우리나라가 떨치지 못하는 것이 매우 근심스럽고, 일본인이 능히 변화한 것이 참으로 대견스럽다 (1885. 5. 24, 『윤치호 일기』).
– 쑤저우강을 거슬러 올라가다. 물은 누런 색. 강폭이 매우 좁고 양 언덕에는 나무 숲이 우거져있다. 전원 곳곳에 시골집들이 흩어져 있다. 이곳저곳에 물을 끌어올리는 기계가 있는데 소의 힘을 이용하는 것, 두 사람이 발로 움직이는 것, 손으로 하는 것이 있다. 가히 농가의 편리한 방편이라고 하겠다. 지면과 수면의 차이가 5, 6촌에 불과하고 수면과 같은 곳도 있다. 언덕 가까이 물이 얕은 곳에는 물소들이 누워 헤엄치고 있다. 선로에는 물소가 소보다 많다 (1885. 8. 1, 『윤치호 일기』).
– 쑤저우성을 보매 가히 이 나라에 사람이 많고 재화가 넉넉함을 엿볼 수 있다. 그런데 청국은 문명한 여러 나라와 통호(通好)한 지 이미 60여년이 지났으나 이같은 대도회에 학교, 병원, 볼만한 놀이터가 없고 도로가 거칠고 인민이 완고하니 실로 한탄스러움을 이기지 못하겠다. 더욱 강하를 통항하는데 작은 기선의 편

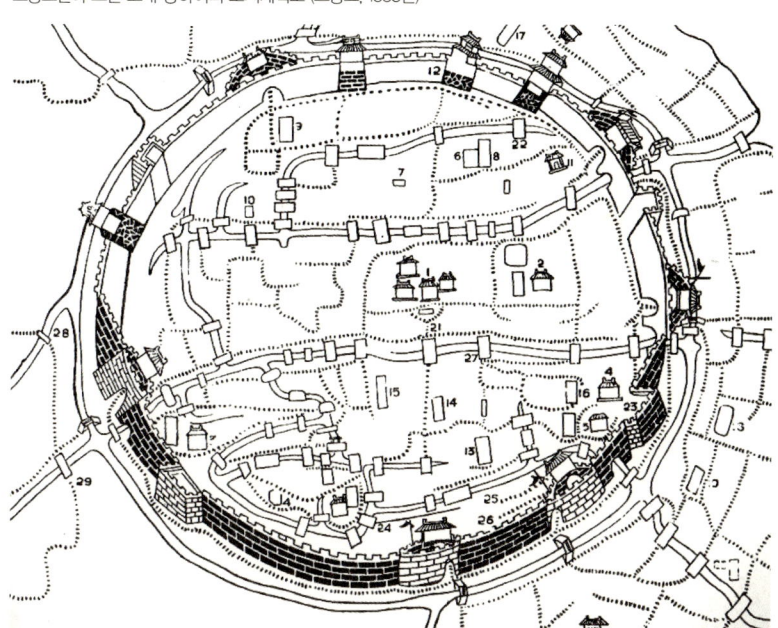

프랑스인이 그린 고대 상하이의 도시계획도 (프랑스, 1888년)

의도 없이 둔한 노와 엉성한 배로 다녀 운행이 더디고 더디다 (1885. 8. 8, 『윤치호 일기』).

- 상하이 청인 도로의 지린내, 구린내를 짐짓 못 견디겠으니, 이보다 더 더러운 조선에 사는 사람들은 똥구더기라는 욕먹어 싸다 (1988. 9. 10, 『윤치호 일기』).
- 좁은 길에는 향내(중추절의 제사)와 구린내 차마 견디기 어렵다. 똥뒷간 같은 조선에서 성장한 나에게 이러할 때 서양 사람들이야 오죽이나 청인 더러운 것을 업신여기겠는가. 청인 남녀노소 없이 헛된 맹서와 욕 잘하기는 우리나라보다 배는 심하다. 글 읽고 행세하는 사람 자제라도 그 입이 더럽기 측량 없다. 남의 방에 들어오면 세간 뒤져보며 남의 편지 뜯어보며, 그 요란하고 추잡하기가 우리나라 사람보다 더하다. 노소장유(老少長幼)없이 다른 나라 사람 업신여기는 교만한 풍속 짐짓 눈이 아파 못 보겠다. 그 중에도 광똥(廣東)사람이 심한 듯하다. 청인의 집은 음침하기 측량없어 일본사람의 정결하고 명랑한 집에 비할 수 없다. 그러나 우리나라 사람의 똥뒷간 같은 집이야 어찌 청의 2층 집에 비교하겠는가. 한심스럽다 (1988. 9. 20, 『윤치호 지도 일기』).

그로부터 불과 30여년 뒤, 조선의 지식인들은 대거 상하이로 자리를 옮겨 임시정부 수립에 나서게 된다. 상하이는 교통이 편리할뿐더러 쑨원이 이끄는 광동정부의 지원도 받을 수 있는 곳이었다. 영국, 프랑스, 미국 등의 조계가 있어 일본의 영향력에서 벗어날 수 있는 조건도 갖추었으며, 특히 우호적으로 대해 주었던 프랑스 인사들의 도움으로 프랑스 조계에 살면서 활동을 펼쳤다. 식민지조선에서 속속 독립지사들이 상하이로 몰려든 것이다. 망명지란 참으로 묘한 아우라를 연출해준다.

Liberte'(자유) E'galit(평등) Fraternite'(박애)의 세 가지 표어를 상징하는 삼색기 날리는 프랑스 조계의 공원인 만큼 여기 조선의 피 끓는 청년과 역사 오랜 선구자들의

조선 망명객들이 자주 찾던 와이탄공원

족적이 수천수만으로 찍혀 있는 조선인과 깊고 절실한 관계에 있는 공원이다. 지금도 물론 그러하다. 프랑스 조계 내의 조선 거류민은 현재 약 900명이다. 프랑스 공원의 잔디밭에 드러누워 두어 시간만 있으면 조선 동포 1, 2인은 반드시 만나게 된다.[12]

상하이시 노만구盧彎區 마당로馬當路 보경리普慶里 306의 4호에 자리 잡은 임시정부 청사에는 태극기와 사무집기들이 남아있어 사실 훗날 수집한 복제품들이지만 독립운동가들의 고난에 찼던 세월을 웅변해 주고 있다. 1990년 노만구 인민정부에서 붙여놓은 '물물보호단위' 돌간판에 '大韓民國 臨

時政府 舊地'라 각인되어 있다. 1919년 4월 10~11일까지 대한민국 각도 대표와 해외 대표자들이 모여 임정을 탄생시킨 애초의 건축물은 오늘날은 남아있지 않기 때문에 23년 동안 한민족의 정신적 지주로 버텼던 현존 상하이청사가 중요하다. 1926년부터 1932년까지 6년간 사용됐던 3층 벽돌집으로 상하이의 석고문石庫門 근대 건축양식이다. 석고문은 그리스 건축양식인 돌기둥과 페디먼트Pediment가 서양을 거쳐 상하이에 흘러들어온 것이다. 밤이 되면 상하이 최고의 레스토랑과 나이트클럽, 술집을 찾는 이들로 불야성을 이루는 신천지. 건국의 아버지 쑨원孫文,1866~1925의 집, 중국공산당 불멸의 성지인 일전대회지一全大會址 같은 유서 깊은 건물이 있는 곳이기도 하다. 일전대회는 1921년 7월 1일 중국 공산당 제1차 전국대표회의가 열린 곳. 당시는 불란서 조계였으므로 상해 임정 청

상해임시정부 청사 입구

사와 지근거리다. 마오쩌둥이 '조그만 불씨가 들판을 태운다'고 휘호한 바로 그 건물이다.

  그러나 임정의 상하이 생활도 1932년 윤봉길 의사의 의거 이후 끝이 났다. 임시정부 요인들은 일제의 탄압을 피해 충칭中慶까지 기나긴 장정에 올라야했다. 청사는 황폐화되었으며, 60여 년이 흐른 1993년에야 국내 기업체와 시민단체의 손길로 제 모습을 찾는다. 상하이시는 임정 청사 주변 1만4000여 평을 재개발하기로 방침을 정하고 주변 건물에 대한 철거를 진행한다. 중국 정부가 일전대회지는 보존하기로 했지만 가까운 곳에 있는 임정 청사에 대해선 명확한 입장을 밝히지 않았었다. 천만다행으로 살아남았다.

  1993년, 2000년 두 차례에 걸쳐 대 수리공사가 이루어졌다. 사무실

임시정부 청사 내부

집기인 책상과 의자, 전기 스탠드, 실내등, 선풍기, 전화기, 보온병, 괘종시계, 세면대야, 뒤주, 죽제 광주리, 솥, 찻잔 등 일체의 생활용품을 구입했다.[13] LG, 삼성 등 한국기업이 비용을 대고 한국정부가 나서서 상하이당·시 행정관리와 기념관 개관을 협상하여 그야말로 '한중우호'차원에서 문을 열게 된다. 청사 관리처는 복단대학, 화동사범대, 상해외국어대학 등의 전문학자를 초빙하여 학술위원회도 만들고 한국과 교류에 나서고 있다. 심포지엄이 열리고 책자도 발간되고 있으며, 한국인 '순례 코스 1번지'로 자리 잡았다. 임시정부 건물이었지만 당연히 모든 관리는 중국인이다. 사진도 찍지 못하게 한다. 선뜻 동의하기 어렵다. 유물에 손상이 갈 이유도 없으며, 대부분 복원하면서 사다 모은 복제품이나 책자에서 반사분해한 복제사진을 액자에 끼어 넣은 것인데, 사진을 찍을 수 없다는 안내직원들의 태도가 냉랭하기까지 하다. 어쨌든 건물이 남아있고 사적으로 지정되어 보존 관리되고 있는 현실에 만족해야할까?

진열관 초입에는 이승만, 박은식, 이상용, 홍진, 김구, 이동녕 수순으로 지도부들의 초상이 액자에 박혀있다. 상해 임시정부는 정보와 자금의 수합업무를 위해 국내에 연통제聯通制를 실시하고, 연락업무를 위해 교통국을 설치했으며, 선전활동의 일환으로서 『독립신문』을 발간했다. 임정은 활동의 중점을 외교선전운동에 두고 파리강화회의와 워싱턴회의일명 태평양회의, 1921. 11 등에 대표를 파견하여 조선독립을 호소하였으나 실제로는 냉담한 반응에 봉착했다. 외교운동이 한계에 부딪치자 임정 주변에서는 운동노선 등을 둘러싼 각 세력 간의 갈등이 표면화되었다. 임정 출발 당시부터 무장투쟁을 주장하던 세력은 이승만이 미국 대통령에게 국제연맹에 의한 한국위임통치를 청원했던 사실을 들어 그를 공격했다. 내부에서는 출신 지역을 둘러싼 갈등도 암암리에 표출되고 있었다. 상하이 임정청사의 한자리에 모인 사진첩의 우호적 분위기와 다르게 독립운동 전선은 사실 분열과 통합이라는 고뇌에 찬 시련의 연속이었다.[14]

다른 무엇보다 임시정부 환국 사진이 가슴 아프게 다가온다. 임시정부가 당시 남한을 점령한 하지 장군 이하 미군들에게 접대 받은 수준을 웅변하기 때문이다. 1945년 11월 23일, 임정이 오랜 고난을 감수하며 벌였던 반일 광복투쟁을 마치고 고국으로 환국하는 대형사진이 그것이다. 김구 일행이 홍교 비행장에서 기다리는 모습, 귀국 후에 서울운동장에서 열린 시민 환영대회의 담화 발표, 이렇게 진열관 관람은 끝난다. 1992년 노태우, 1994년 김영삼, 1998년 김대중, 2003년 노무현 대통령의 방문 기념 서명이 시명 액자와 기념사진으로 걸려있다. 임시정부보다는 대한민국 건국에 관심을 가진 이명박 대통령의 액자는 보이지 않는다.

홍커우 공원虹口公園은 1932년 4월 29일 윤봉길 의사가 일본군 상하이 사변 전승 축하식에 참석한 일제 군인들을 향해 물병 폭탄을 투척한 의거 현장. 사실 그 보다는 수만 명의 일본인 조계지란 사실이 중요할지도 모른다. 빨랫감이 주렁주렁 걸린 일본 조계지 앞에서 서면 게다짝 소리가 들리는 듯하다. 그 당시 임시정부는 극단적인 분열과 오랜 세월의 고단함으로 많이 지쳐있는 식물 상태였기에 그의 의거는 조국광복의 '마중물'이었다. 윤봉길은 일본파견군 상하이주둔 사령관인 시라카와白川義則 대장을 폭사시키고 제3함대 노무라野村吉三郎사령관은 실명하는 등 7명의 군 수뇌부를 가격했다. 대단한 일이다. 열악한 민족해방전선에서 이와 같은 테러는 어쩌면 최고 수준의 독립운동이었을 것이다. '테러리즘, 누군가의 해방투쟁'[15]이란 책을 읽어보시길!

윤봉길 의사 흉상

윤봉길은 당연히 현장에서 체포되었다. 그리고 그해 12월 19일, 윤의사는 일제에 의해 총살되었으니 꽃다운 나이인 불과 25세. 이렇게 또 한 명의 열혈청년이 꽃잎으로 산화했다. 중국인들은 그를 천추의열千秋義烈이라 칭했다. 중국인들은 1994년 윤 의사의 호 매헌梅軒을 상징하는 기념관 매정梅亭을 홍커우 공원에 세우고 안내원을 배치했다. 1998년에는 윤의사의 기념비를 세웠다. 그의 의거가 중국인에게 강한 인상을 남긴 증거이다. 중국 정부는 이 사건을 계기로 임정에 대한 대대적 지원을 약속하게 된다. 하지만 독립운동가에 대한 대대적인 체포 수색도 뒤따랐다. 미국과 유럽은 일본 편을 들면서 임정을 테러집단으로 몰아세웠으며, 결국 임정은 상해를 떠나 항주杭州, 가흥嘉興, 장사長沙 등지로 이동하다가 최후에 중경中慶에 당도하게 된다.

홍커우 공원은 지금은 당대의 문호 루쉰魯迅 공원으로 이름이 바뀌었다. 두 눈 가려진 채 최후를 맞이하는 윤의사의 죽음을 담은 마지막 사진이 처연하다. 공원에는 루쉰 기념동상도 서있어 한 시대를 가로지르던 풍운아들의 힘이 전해진다. 중국에서 바라보는 루쉰에 대한 평가 한 대목.

중국 문화혁명의 주장이며, 위대한 문학가일 뿐만 아니라, 위대한 사상가·혁명가이다. 루쉰의 기질은 가장 꿋꿋하고 추호의 노예적 비굴함도 없다. 이는 식민지·반식민지 민중의 가장 고귀한 품성이다. 루쉰은 문화전선 상에서 전 민족 대다수를 대표하여, 적들에게 가장 용감하게 돌진한, 가장 정확하고, 가장 용감하며, 가장 단호하며, 가장 충실하고, 가장 열정적인 미증유의 민족영웅이다.

루쉰 동상

청년 윤봉길 의사가 죽은 것은 1932년. 루쉰이 타계한 것은 그로부터 4년 뒤인 1936년. 암흑과의 전투로 일관했던 루쉰이 죽었을 때, 그의 관은 하얀 천으로 덮여졌으며 이렇게 씌어있었다고 한다. '民族魂'. 반면에 윤의사가 죽었을 때, 그는 그야말로 '개 같이' 파묻혔다. 루쉰의 산문집에서 '생명의 길, 진보의 길'1919년을 펼쳐본다.[16] 산문집의 제목이 '아침 꽃을 저녁에 줍다'였던가. 오늘의 중국이 혹시나 저녁에 아침 꽃을 줍고 있는 것은 아닌지. 이 땅의 지식인이 루쉰을 읽기 시작한 것이 1920년대, 30년대부터였으니 그를 읽어낸 역사도 조만간 100년에 당도할 것이다. 그래도 또 읽어야하는 것은, 개혁개방 이후 대명천지 중국 상하이에서 읽어야 하는 이유가 아직도 남아 있기 때문이다.

인류의 멸망, 그것은 몹시 쓸쓸하고도 슬픈 일이다. 그러나 몇몇 인간의 멸망은 결코 쓸쓸하거나 슬픈 일이 아니다. 생명의 길은 진보의 길이다. 그것은 언제나 무한한 정신의 삼각형의 비탈길을 따라 위로 올라가는 것이며, 그 어떤 힘도 그것을 저지하지 못한다. 자연이 인간에게 부여한 부조화는 아직도 매우 많으며, 인간 스스로 위축되고 타락하여 퇴보하는 현상도 매우 많다. 하지만 생명은 이로 인해 뒤로 물러서지 않는다.……생명은 죽음을 두려워하지 않는다. 생명은 죽음 앞에서도 웃음을 짓고 춤을 추며, 명멸하는 인간들을 딛고 다시금 앞으로 나아간다. 길이란 무엇이던가? 없던 곳을 밟고 지나감으로써 생기는 것이 바로 길 아니던가. 가시덤불을 개척함이 아니던가. 길은 예부터 있었고 앞으로도 영원할 것이다. 생명은 진보적이고 낙관적이다. 그러기에 인류는 결코 쓸쓸하지 않을진저.

은막의 여왕이었던 후 디(Hu Die)의 초상(1933년)

3 상하이는 '영화의 도시'이기도 했다.[17] 또한 조선인으로서 불꽃처럼 살다간 중국의 영화 황제, 중국이 사랑한 배우, 김염金焰, 본명 金德麟, 1910~1983의 활동 본거지이기도 했다.[18] 그는 서울에서 태어났으나 우리나라 최초의 서양의사로 세브란스에 근무했던 부친 김필순이 독립운동으로 수배를 당하자 1921년에 만주 통화로 망명하게 된다. 북만주 치치하얼에서 소년기를 보냈으며, 톈진天津의 남개 중학을 중퇴하고 1927년 상하이로 가서 민신영편공사에 입학하여 영화계로 투신한다.[19] 그가 상하이에 당도할 무렵인 1926년에 이미 상하이에는 17개의 영화관에서 매일 2만여 명의 관객이 영화를 보고 있었으며, 연중 관객이 700만 명에 이를 정도였다. 이러한 관중숫자는 이미 당시 세계 다른 대도시와 비교해서 결코 뒤지지 않았다.[20]

상해의 영화촬영 (1930년대)

이렇듯 번성하던 영화의 도시에서 김염이 새로 얻은 이름 '焰'은 '불꽃'을 뜻하는 것으로 루쉰의 산문시 사화死火, 혹은 볼셰비키 기관지『이스크라』에서 따온 것으로 보인다.

김염은 1930년에 영화『야초한화』野草閑花의 주역을 맡아 인기를 끌기 시작했으며, 1934년 상하이 영화잡지『전성』電聲의 영화 황제 인기투표에서 1위를 차지한다. 그의 부인은 중국 여배우 친이秦怡이다. 1930년대 상하이는 퇴폐적이고 관능적인 멜로영화가 판을 치고 있었다. 이러한 때 상하이 영화계에 등장한 김염의 준수한 외모와 명랑하면서도 온유한 성격은 신문화를 대변하는 진보적이고 세련된 이미지와 결합하여 중국의 젊은이들을 매료시켰다.

그러나 영화배우로서 최고의 정점에 이르렀을 때, 김염은 항일 영화인의 삶을 선언한다. 부친 김필순도 안창호, 김구, 신채호 등과 함께 신민회의 핵심인물로서 중국 망명 후에도 독립운동 기지를 만드는 등 항일투쟁이 몸을 바쳤다. 독립지사 김규식이 그의 고모부이며, 대한애국부인회 회장으로 3.1운동을 주도한 김마리아가 그의 사촌이고, 누이동생인 김위가 김학철[21]과 함께 조선의용대 창립대원 중의 하나임을 생각한다면 대를 이은 항일을 짐작할 수 있을 것이다.『아리랑』[22]의 주인공 김산의 평전에도 당연히 그가 등장 한다.[23] 1935년, 김염은 비밀리에 난징으로 향한다. 독립운동 자금을 전달하고자 백범 김구를 만나기 위해서였다. 이 두 사람은 이후에도 수차례 만남을 가졌다. '배우는 부자들의 심심풀이 노리개가 아니다. 자신의 예술이 사회에 유용하도록 항일 반제 투쟁의 힘이 되어야한다'고 김염은 말했다1932년. 이 시기 항일영화의 대표작인『대로』大路는 대중적으로도 큰 성공을 거두었다. 주인공들이 일본군 앞잡이의 방해 공작을 뿌리치고 항일투쟁을 위한 도로를 개통한 후 적기의 공습에 장렬히 전사한다. 영화 말미에 부활한 청년들이 대로가大路歌를 부르며 전진하는 장면은 수많은 중국인들의 심금을 울렸다. '무거운 짐을 지고 나아가세. 자유의 길이 곧 열리리니!'. 국민당정부는 일본과의 관계를 의식하여 이 영화필름을 불태우고 상영을 금지시킨다.

영화를 닮았는지, 그의 부친은 일제의 체포망이 조여오자 만주벌판의 치치하얼로 도망갔다가 그곳에서 일본 스파이들에게 독살 당한다. 1949년 중화인민공화국이 수립되자 김염도 중국영화계에서 지도적 위치를 차지하지만 그 역시 문화혁명의 칼날은 피하지 못했다. 문혁 4인방의 하나인 장칭江靑은 자신의 과거를 잘 알고 있는 1930년대 상하이 예술인들을 인민의 적으로 규정하며 숙청을 단행한다. 김염은 이때 얻은 병으로 사망하고 만다. 단 하나인 아들 김첩은 문혁 와중에 정신이상자가 되어 오늘도 바보처럼 살아가고 있다. 김염은 상하이의 용화혁명열사공묘에 안장되어있다. 남골함 번호 08호 17번.

중국과 수교 이전, '중공' 영화는 수입 불가였고, 홍콩과 대만의 무협영화만이 판 쳤다. 이러한 상황에서 김염 같은 진보적 인사의 영화는 상영될 기회가 없었다. 우리가 매우 늦게야 김염을 알게 된 사연이 이러하다. 1930년대 은막계를 주름잡았으며, 청년 시절에 공산주의 청년동맹 활동을 했고 열렬한 중국공산당 당원인 부인 진이는 지금도 상하이 영화협회장을 맡아 왕성하게 활동하고 있다. 1995년 중국영화 90주년 행사에서 중국인들은 조선인 배우 김염을 중국 영화사상의 최고 지위에 올려두었다.

한류강박증과 대한민국관

이제 상하이 세계박람회의 한국관을 소개할 시간이다. 한국관은 A Zone에 위치한다. 그런데 그 구역에서 단연 두각을 나타내는 전시관은 중국관이다. A Zone에는 중동이 포함된 '아시아의 친구들'이 포진되어 있으며, 한국관과 일본관도 포함된다. 자신들은 69미터 높이의 위용을 자랑하면서도 다른 국가관들은 20여 미터로 고도제한을 가한 주최 측의 텃세 때문에, 사실 A Zone에서 중국관을 뛰어넘어 두각을 나타낼 여지가 있는 국가관은 애당초 존재할 수 없다. 불만이다. 그러나 어쩌랴! 누군가의 표현처럼 '중국식'인 것을!

한국인에게는 역시 한국관이 소중하다. 스페인 사람들이 스페인관을, 베트남 사람들이 베트남관을 소중하게 방문하는 것과 다를 게 없다. 2012 여수 세계박람회를 앞둔 관계 전문가, 국회의원, 장차관 등의 VIP, 언론매체 등은 물론이고 일반 관광객이 속속 한국관을 방문한다. 연면적 5,910㎡, 부지면직 6,160㎡의 철골 3층 구조높이 19.8m의 위용을 자랑하는 독립관. 건축 컨셉은 '한글을 모티브로 한국문화의 다양성과 융합적인 특성을 기호와 공간의 융합으로 표현한다'이다. 외관 디자인은 한글 픽셀 소재 외관, 역동적인 야간 LED 경관조명, 재미예술가 강익중의 아트 타일 작품 등이다. 전시 구역은 테마관 Welcome wall, Culture Zone, Nature Zone, Humanity Zone, Technology Zone, 영상관, 여수엑스포 홍보관, 한중우호관이다. 한국관의 핵심 컨셉은 '기술과 문화가 어우러진 미래도시 연출'이다.

한국관 전시구성

1층 대기 공간 (Green Street)	전방위 접근이 가능한 개방형 필로티 공간으로, 공연·키오스크·워터스크린을 통해 즐겁고 신나는 한국의 도시 소개
테마관 (Colorful Life)	4개 테마(Culture,Humanity,Nature,Technology)를 통해 다양한 삶이 펼쳐지는 한국의 도시 연출
영상관 (Chorus City)	뮤지컬 형식의 멀티미디어 영상을 통해 소통하고 융합하며 서로 배려하는 도시 표현(수용규모 400명)
여수엑스포 홍보관	'바다의 소중함'과 '바다와 인간 공존의 길'을 테마로 영상 및 장치를 통해 2012 여수엑스포 홍보(면적 300m2)
한중우호 교류관 (We love China)	그래픽 패널(한국 내 중류), 한중 대표작가의 공동작품 설치 등을 통한 한중 우호관계 표현(면적 160m2)

한국관 개념도

한국관 외관

한국관을 꼼꼼히 둘러본 소감은, 실상 상하이 세계박람회의 주제인 '도시'와는 별 무관한, '홍보관 스럽다'는 느낌이다. 2008년 스페인 사라고사 박람회 한국관 외벽의 컨셉도 한글이었다. 불과 2년 만에 열린 박람회 컨셉도 한글이다. 한글이 아무리 우수한 문자라고 해도, 한글만을 내리토록 세계전시장에 얼굴로 들이미는 전략은 쇼비니즘일까, 매너리즘일까. 한국문화의 브랜드가치를 높이는 일도 중요하다. 실제로 세계박람회는 전통적으로 자국의 문화를 내외에 전시하는 고급 홍보적 속성을 지닌다. 그렇지만 홍보에도 격이 있는 법이며, 단순 홍보를 뛰어넘는 또 다른 무엇을 요구한다. 21세기 초반, 대한민국에서 연일 강조하고 흥분하고 있는 한국홍보 '강박관념'이 '한류'로 표출 중이며, 한국관의 전체적인 줄거리도 '한류'라는 두 글자로 압축된다. 한류를 강조하는 만큼 박람회 전체 주제와는 별 상관이 없는 홍보관으로 잔류할 뿐이다.

1층의 그늘진 공간은 대기 공간 및 전통공연장으로 이용되고 있다. 전통공연이 있는 시간에는 그런대로 흥청거리지만 공연 없는 대개의 시간에는 공간이 그대로 비워져있다. 40% 이상의 공간을 활용하지 않고 있다. 건축가는 1층의 여유로운 비움을 충분히 고려했음 직하지만, 그 넓은 전시장을 누비고 다녀야 하는 피곤한 관람객에게 층을 올라가서야 전시물을 만날 수 있음은 불행한 일이다. 전방위 접근이 가능한 개방형 필로티 공간임은 사실이지만, 가끔 공연이 있을 뿐 1층 어디서고 '즐겁고 신나는 한국의 도시 소개'는 이루어지지 않는다. 테마관 Welcome Wall은 '한중우호 증대와 중국내 일부 혐한 분위기 해소'를 목적으로, 그 슬로건도 'Your Friend, Korea'다. 한중우호를 겨냥하는 의도겠지만, 조금 비굴하다는 느낌이 든다면?

본격적으로 Culture zone에 들어서면 'Panorama of Delights Moment of Passion"이란 컨셉에 걸맞게 8개 영역을 교차시켜 영상으로 보여준다. 해학탈춤, 생동난타, 흥취국악, 열정비보이, 몰입태권도, 경쾌패션쇼, 환희한류스타, 격정판소리이 그것이다. Nature ZONE에서 는 한국인의 친환경 생활 모습을 10가지 사례로 보여주었고 '다이나믹 청계천'을 보여주었다. 사라고사 엑스포에서 청계천이 등장했는데 또다시 청계천이다. 이른바 녹색성장의 성과물과 비전이 'ECO EVERYDAY'란 이름으로 표현되었는데, 서울이란 메가시티의 정체성은 없고 청계천만 부각되어있다.

Humanity ZONE에 들어가면 롤링 포춘Rolling Fortune이 있다. 레버를 돌리면 메시지가 나오는데, 주역 자미두수紫微斗數에서 발취한 8가지 중국식 덕담을 통해 한국관을 찾은 관람객에게 축원의 메시지를 전달한다. 그리고는 한국음식김치, 불고기, 시루떡, 고추장, 삼합–막걸리, 비빔밥 소개다. 막걸리는 모르되 한국인 중에서도 일부 비선호층이 존재하는 '삼합'을 세계에 내걸은 이유는, 잘 모르겠다.[25] Technology ZONE은 첨단 IT기술로 미래도시 생활을 표현하겠다고 하였으나 용연과 방패연, 한자와 한글, 홍등과 청사초롱 등 중국과 한국의 문화적 친연성이 강조될 뿐, 이 역시 상하이박람회의 전체 주제와 별 상관이 없다.

Chorus City로 명명된 영상관은 동방신기의 유노윤호, 슈퍼주니어와 중국인 멤버 등 4명이 나온다. 도시적 내용을 담고 있으나 기본 컨셉은 한류를 이용한 스타플레이어 전략이다. 액정에서 물고기가 떠가고 여수엑스포 마크가 새겨진 지구의가 달려있는 출구를 빠져나가다가 뒤늦게 여수엑스포 홍보관 이었음을 알게 된다. 나가는 길목에 알 수 없는 컨셉으로 이해 불능의 홍보관을 만들어 둔 것으로 홍보효과는 거의 없을 것 같다. 불과 2년 뒤에 세계박람회를 유치하는 나라라는 느낌을 강하게 전달받고 나갈 관람객이 없을 것이다. 마지막으로 당도한 한중우호 교류관에서 금란지교金蘭之交의 나무를 만나게 되는데, 한국과 중국의 옛 동전이 결합되어 있어 돈을 사랑하는 많은 중국인들이 손을 대고 '부자 되게 해주세요'를 축원하는 듯하다.

그래도 한국관인데, 칭찬을 늘어놓아야 하나 무슨 칭찬을 해야할 지 잘 모르겠다. '디지털 피로감'이 몰려온다. 언제부터인가 한국의 전시업계는 디지털 만능에 빠져있다. 뻔한 홍보성 내용으로 스토리텔링이란 주장을 늘어놓고, 문화콘텐츠라는 이름으로 디지털을 적용하여 별 특색 없는 디스플레이를 곳곳에서 수행하고 있는 중이다. 국내에서 습관처럼 통용되는 디지털 중심의 전시 매너리즘을 그대로 세계박람회장에 옮겨왔다. 첨단 전시기법과 미래의 전시가 선보이는 세계박람회의 오랜 전통과 역행하는 느낌이다. 한국을 제대로 홍보하려면 아날로그적인 실물은 왜 전혀 고려되지 않는지, 또 다시 '디지털 피로감'에 젖어든다.

중국 국가관의 거대한 '청명상하도' 3D나 아리비아관의 디지털 영상을 보고온 사람들에게 우리의 디지털 전시는 궁색하기 이를 데 없다. 통크게 제작하지도 않고 예산 절감하기 위해 오밀조밀하게 나누어 디지털 전시를 하는 것은 장엄하고도 재미있는 서사구조를 지닌 진정한 스토리텔링과 무관하다. 예산 절감하여 이윤을 극대화시키려는 업체들 노력의 귀결점이라고나 할까. 한국은 의연하게 한류만 강조할 것이며, 관성에 젖은 전시업체들은 구태의연한 전시 컨셉을 가지고 예산을 낭비해 나갈 것이다.

2 상하이에서 돌아와 보니 이런 난리도 없다. 살펴본 매체들의 평가는 당연히 칭찬 일색이다. '상하이엑스포 한국관, 달라진 국격', '한국관 인기 절정', '한국관은 한글세상', '한류의 첨병', '33일 만에 100만 명 입장 돌파', '한국관 인기 넘버원은?', '매일 인파 3만 명 북적, 한국 IT에 감탄', '한국관 인기몰이, 500만 예상', '한국관 단연 인기 최고', '한국의 날로 인기몰이에 나섰다', '한국관 뜨거운 열기', '한국관 밀물', '중국 한류 원조 재현', '한국 돌풍 숨은 주역은?', '한류 휘몰아치다', '상하이 엑스포 – 사로잡았다', '한국의 날, 대한민국이 분위기 최고조 이끈다 호평', 심지어 '썰렁한 상하이 엑스포, 한국관만 북적' 같은 이해 불가능한 제목도 검색된다.

북한관이나 캄보디아관 같은 제3의 전시관이 아닌 마당에 적어도 유럽 선진국이나 웬만큼 알려진 나라의 전시관에는 늘 관람객이 줄지어 늘어서게 마련이다. '한국관만 북적'은 사실이 아니다. 특히 엄청난 인파로 심하게 줄을 서야하는 C구역의 일부 유럽관 앞에 장사진 쳐있는 줄서기를 고려해 본다면, '한국관만 북적'은 사실 왜곡이다. 한국관 선호도가 높은 것은 분명한 사실이지만, 인파의 선호도와 전문가의 평가를 모두 비교해야 할 것이다. 모처럼 상하이 출장 취재 나와서 기분 좋게 구경하고 돌아간 기자들의 손에서 나온 기사답게 천편일률적이다.

'도시'를 주제로 한 세계박람회에서 도시보다는 한류라는 이름, 특히 아이돌스타에만 의존하는 전략이 과연 엑스포정신과 무슨 상관이 있는지, 이 역시 알 수 없다. 한중우호를 주제로 유노윤호, 슈퍼주니어 등 한류 스타들이 출현한 영상물이 관람객의 눈길을 끌었으며, 한국주간5월 26일~30일의 대미를 장식한 KOREA Music Festival에 강타, Boa, 슈퍼주니어 등이 한국의 대표 가수로 참석했다. 동아시아 인기스타들이 참석하여 1만여 관객과 티켓을 구하지 못한 공연장 밖의 수천 명의 팬들이 장사진을 쳤다. 이날 표 5천장 가운데 2천5백 장은 중국, 나머지는 한국인에게 배부되었다. 중국 언론은 보도통제를 하였지만, 콘서트 무료티켓을 둘러싼 소동 중에 1명이 사망했다! 세계박람회 역사에서 전시관에서 사람이 사망한 특이한 기록이 경신되었다.

주최 측이 콘서트티켓을 무료 교환해주다가 교환이 중단되자 수천 명의 팬이 티켓 부정유출이 아니냐며 항의했고, 현장은 큰 혼란에 빠졌다. 분노한 팬들이 달려들었으며 이 와중에 2층 난간에 있던 소녀가 1층으로 밀려 떨어졌고 공황상태에 빠진 관람객들이 밀치고 넘어져 1백 명 이상의 부상자가 발생했다. 사람이 쓰러졌는데도 이를 밟고 지나가면서 부상을 입었다. 패닉상태에 빠진 관중이 경찰과 충돌을 빚었다. 사건이 발생하자 경찰당국은 병력 천여 명을 동원하여 한때 한국관을 폐쇄했으나 상하이엑스포 조직위는 이번 사건과 관련하여 공식 발표를 하지 않고 사건 발생 자체를 부인했다.

상하이박람회 개장 이후 가장 극심한 혼잡이었다. 그야말로 인기몰이만 생각한다면, 매일 매일 아이돌스타들 불러다가 공연시키면 한국관은 늘 '대박'일 수도 있지만, 이런 방식은 세계박람회의 역사와 전통과 별 상관이 없는 일들이다. '상하이엑스포, 한류 몰아닥치다' 등의 판에 박힌 기사들을 비판적으로 바라보지 않을 수 없는 이유가 여기에 있다. 박람회는 최고의 전시가 '디스플레이'되는 곳이지, 아이돌스타들의 춤과 노래가 '디스플레이'되는 곳이 아니기 때문이다. 본말이 전도되었다.

자국의 한류 팬을 '교육'시키기 위해 중국의 반한류 팬이 나섰다. 반한류 팬은 한류 팬이 한심하다며 6월 9일 인터넷을 통해 총궐기대회를 열고 한류 팬에 대한 총 비난에 나섰고 이에 대한 한류 팬의 반박도 뒤따랐다. 네티즌들은 자신들의 분노를 엑스포조직위나 당일 3천여 명의 무장병력을 동원하여 에워쌌던 경찰 당국을 공격하는 대신, 엉뚱하게 한국대사관과 당시 공연했던 슈퍼주니어를 비롯한 한류스타들을 비난하는 댓글을 올렸다. 인가 채팅 사이트 QQ에 있는 한류스타 관련 400여 카페는 이날 '성전'으로 글이 폭주했다. 검색 사이트 바이두의 한류스타 자유게시판에도 동시에 15만 명이 클릭하여 서버가 다운될 정도였다. 지금도 인터넷에서는 '혐한의 전쟁'이 계속되고 있다.

중국에서 한국으로 전달되던 전근대적인 문화 소통 방식이 역전되어 한국에서 중국으로 전달되는 것이 분명히 존재하고, 이는 오랫동안 중화사상에 물들어있던 중국인의 의식을 바꾸는 계기가 될 수 있다. 하지만 역설적인 현상은 이러한 한류열풍과 거의 동시적으로 관官의 비호 아래 중국의 고구려사 왜곡 등 신중화주의가 본격화되었다는 사실이다.[26] 한중관계에서 '대한민국', '한민족'이라는 민족주의적 꼬리표를 반드시 앞세워야하는지를 되물어야 할 시점이다. 지금의 한류는 어깨에 대한민국이라는 견장을 차고 지나치게 힘을 잔뜩 주고 있는 상황이다. 또한 지나친 자랑은 오히려 열등감의 역설적 표현이 아닐까.[27]

우리는 한때의 홍콩 영화 붐이나 중국 음식 선호를 향류香流, 중류中流로 부르지는 않으며, 맥도널드가 널리 퍼진 현상을 미류美流라 하지도 않는다. 강대국 문화가 한국에 확산되는 것에 관하여, 프랑스의 불류佛流, 러시아의 노류露流 따위의 명칭을 붙이는 것도 존재할 수 없다. 지나친 한류의 자기중심적 발현은 주체성 없는 소국 콤플렉스의 발현일 뿐이다. 상하이 세계박람회 한국관을 발주하고 만든 사람들의 가치판단이 세계박람회의 전체적 성격을 모르는 상태에서 맹목적 한류 분위기에 무비판적으로 휩쓸린 결과일까. 그것이 아니라면 상하이 박람회의 공동주제인 '도시의 더 나은 삶'과는 전혀 무관한 국가 홍보성 기획이란 것이 대한민국의 국가 프로파간다 강박증을 반영한 것은 아닐까 생각해 본다. 어쩌면 현재 우리의 수준을 솔직하게 잘 보여주었다는 느낌도 든다.

국가 프로파간다를 국가 브랜드 제고라고 생각하는 잘못도 범하는 것 같다. 국가브랜드란 한 국가의 자연환경, 국민, 역사, 문화, 전통, 정치체계, 경제 수준, 사회 안정, 제품, 서비스, 문화 등의 유형 또는 무형의 정보화 경험을 활용하여 내외국민에게 의도적으로 심어주고 기획된 상징체계라 할 수 있다. 국가 브랜드는 하루아침에 만들어지지 않는다. 어쩌면 우리의 가장 정확한 한류는 4·19를 통해 아시아 제 국가들에 확산시킨 민주화 열기가 원조일 수도 있다. 비보이 등이 한국을 가장 대표하는 국가브랜드는 아닐 것이다. 외국의 전문가들이 보는 한국의 이미지를 고려해보자. 성공에 대한 열정과 특유의 근면성, 성실한 모습과 활기, 예의 바람 같은 긍정적 요소가 있다. 반면에 지나치게 남을 의식하고, 공공장소에서의 매너 부족, 급한 성격, 이중성, 열등의식, 체면중시 등의 부정적 이미지도 있다.[28] 상하이 박람회장의 한국관의 모습은 혹시나 지나치게 남을 의식하는 우리의 열등감에서 비롯된 것은 아닌지?

3

한국기업관의 주제는 'Green City, Green Life'이다. 12개 기업이 연합해 3,000㎡ 규모의 단독관자체 건축으로 건립했으며 D구역푸서에 위치한다. 중국시장에서의 기업 브랜드 인지도 제고 효과를 고려하여 중국진출 기업 위주로 공동 참가했다. 금호아시아나, 두산, 롯데, 삼성전자, 신세계이마트, 포스코, 한전, 현대자동차, 효성, LG, SK텔레콤, STX 등이 참여했으며 299억 원이 소요되었다. 건축 컨셉은 우리 전통의 역동적인 춤사위와 상모돌리기를 형상화하여 사람과 환경, 문명의 선순환을 표현하고 있다. 물결이 건물 전체를 역동적이며 유연하게 휘감는 형상이다. 시간대별로 다양한 야간 LED 경관이 조명된다. 푸시 지역 기업관 건물 중 유일하게 황푸강변에 위치한 랜드마크이며, 외피는 쇼핑백으로 재활용할 수 있도록 합성수지 천막재를 사용했다. 전시·영상은 참가 기업의 기술·서비스 및 그린라이프 체험 공간 등을 첨단 영상과 미디어로 연출했다.

한국기업관에도 촌평을 가하라면, 앞의 한국관과 연장선상에 놓이며, 여기서도 '디지털 피로감'이 몰려온다. 한국기업관에서 나누어주는 플라스틱 손잡이 달린 싸구려 부채를 받아들고, 이웃 일본기업관에서 세련되게 디자인된, 후지산이 새겨진 천가방과 그 안에 잘 챙겨준 선물을 받고 나왔을 때의 차이라고나 할까. 이웃 일본관을 동시 비교하면, 충분히 우리의 수준이 공정하게 인식될 것이다.

1층 진입공간 (거울의 꿈)	5만개의 거울을 통해 기업연합관의 주제 전달(서서히 변하는 이미지와 함께 기업 로고 노출)
3층 전시관 (Pre-show)	12개 참가기업의 녹색 비전, 중국내 사회공헌 활동 소개
영상관 (Chorus City)	각 기업의 기술이 융합해 더 나은 세상을 만들어 가는 Green Ocean을 멀티미디어(LCD모니터 192대)로 연출
2층 전시관 (Post-show)	한국기업이 만드는 미래도시에서 Green City, Green Life를 체험할 수 있도록 구현

쓸쓸하면서도 당당한 조선민주주의인민공화국관

 애써 북한관을 찾아보았다. 박람회 기간 동안 천안함 사건으로 남북관계가 뒤숭숭하여 도대체 북한관을 구경하는 것조차 누구에게 말하기 어려운 분위기였다. 남북관계가 왜 이 정도로 파탄이 난 것인지, 남북이 이렇게까지 싸움을 해야 하는가를 생각해 보지 않을 수 없었다.

 한국관에서 지척거리지만, 북한관은 그야말로 구석진 곳이다. 북한관은 A구역에 자리 잡고 있다. A구역에는 중심에 중국관이 거대한 자세로 버티고 있고 가장 많은 사람들이 몰려드는 구역이다. 반면 북한관은 가능하면 사람들을 피하려는 듯 가장 한미한 구석에 자리 잡고 있다. 북한관의 뒤편은 외부와 경계를 이룬 막다른 공간으로 박람회장의 변방 중에서도 변방이다. 나라 살림이 어려운 북한은 중국의 지원으로 전시관을 마련했다. 북한이 세계박람회에 참여한 경우가 거의 없는 것으로 아는데, 매우 특이한 행보이다. 아무래도 중국에서 열렸기에 가능한 일이었다. 중국의 전시관 지원을 받은 나라는 북한만이 아니다. 아프리카, 아시아, 중남미의 많은 나라들이 중국으로부터 지원을 받았다. 중국의 다자외교가 상당한 힘을 발휘하는 중이다. 따라서 '북한관은 중국의 지원으로 만들어졌다'는 식으로만 서술하는 것은 사태의 왜곡이며, '세계의 많은 나라들을 중국이 집중적으로 관리하고 외교적·경제적으로 지원했으며, 북한전시관도 그 일환이다'는 표현이 정확할 것이다.

한국관에서 북한관까지는 걸어서 10분 이내 거리다. 그렇지만, 분단의 상흔은 여기서도 분명하다. 한국관에 수많은 한국인이 방문하고 있으나 막상 북한관에 들리는 이들은 거의 없다. 하기는, 한국박람회 기간 중에 한국외교부가 외국에 소재한 북한음식점에서 밥을 사먹어도 불법이라는 공문을 내려 보냈다는 애기도 있고 하니, 나의 북한관 참관은 합법인가, 불법인가?

북한관의 전시기법은 아주 단순 명료하다. 이웃 캄보디아나 우즈베키스탄의 전시기법과 수준이 닮았다. 평양시내 소개와 주체탑 모형, 금강산 선녀와 고구려 고분벽화 등으로 채워졌다. 면적 1,000㎡의 임대관

박람회측에서 건축물 제공으로 무역성貿易省 하급기관인 '상업회의소'에서 주관했다. 그 주제는 'Urban Development of Pyongyang, the Capital of DPR Korea'조선 수도 평양의 도시발전이다. 건축·전시 특징은 북한 국기와 천리마 동상으로 외관을 장식하고, 4.5m 높이의 주체사상탑을 세웠고, 전시관 안에 대동강을 축소해 형상화했다. 평양의 발전이 전시 주제다. 공식 안내서에 '하이테크 기술수단'을 활용하고 있다고 하였으나, 막상 세계적 첨단 전시기법과 무관하다. 상하이엑스포 조직위원회에서 공식적으로 펴낸 안내책자에 이렇게 소개했다.

> 전시관은 조선민주주의 인민공화국의 민족특성과 현대적인 미감을 집대성하였는데 국기, 천리마 동상 등 도안으로 외벽을 장식했으며, 주체사상탑, 대동강, 조선식 정자, 작은 동굴을 주요 전시 내용으로 하이테크 기술수단을 활용하여 수도 평양의 유구하고도 현대적인 품격과 면모 및 조선민주주의인민공화국의 아름다운 풍경, 독특한 문화, 그리고 교육, 과학, 문화, 체육 등 분야에서 이룩한 커다란 성과를 펼쳐 보이고 있다.

중국관 옆에 대만관이 설치되고, 이번 상하이박람회를 계기로 대만과 중국 본토 간에 정치협상이 이루어졌으며, 경제인 및 화교 등도 다수 방문한 중국의 행보와 비교된다. 이웃 일본관에는 반드시 들려보는 한국인들이 불과 10분 이내 거리의 북한관에는 거의 얼씬도 하지 않는 풍경을 어떻게 해석해야 할까. 그런데 여전히 '고난의 행군'을 하고 있는 북한관에 붙어 있는 슬로건이 매우 당당하다. Paradise for People! 이 또한 보는 마음이 편치만은 않다.

국제관 파빌리온
파빌리온의 풍경

Eight

Zone A
China Pavilion

Zone B
Theme Pavilion

Zone C
Africa Pavilion

Zone D
Pavilion of Footprint_ Theme Pavilion

Zone E
Pavilion of Future_ Theme Pavilion

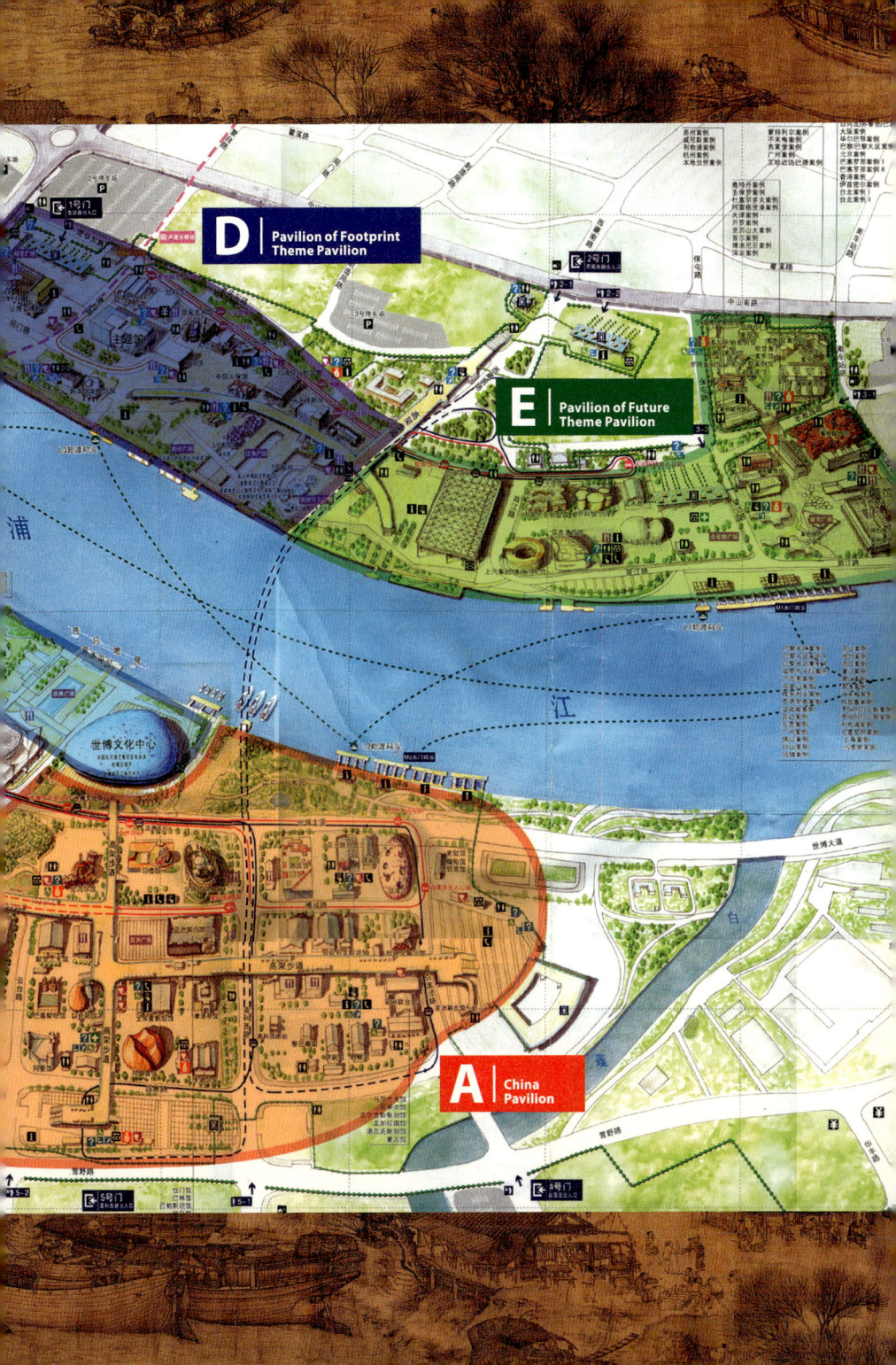

Zone A

:: 중국관
:: 지방관
:: 홍콩관, 마카오관, 대만관
:: 한국관, 일본관, 이스라엘관, 파키스탄관, 오만관, 네팔관, 인도관,
   사우디아라비아관, 모로코관, 아랍에미리트관, 투르크메니스탄관, 우즈베키스탄,
   카타르관, 이란관, 카자흐스탄관, 베트남관, 스리랑카관, 북한관, 레바논관
:: 아시아 연합관 1
   – 몰디브관, 동티모르관, 키르기스스탄관, 방글라데시관, 타지크스탄관, 몽골관
:: 아시아 연합관 2
   – 예멘관, 바레인관, 팔레스타인관, 요르단관, 아프가니스탄관, 시리아관
:: 아시아 연합관 3
   – 라오스관, 미얀마관

일본관 마음의 조화, 기술의 조화
Harmony in Mind, Harmony in Action

역대로 세계박람회의 일본관은 일본 특유의 엄밀한 전시 준비와 충분한 사전 준비 기간, 만족할만한 예산으로 아시아에서는 가장 선진적인 위상을 보여 주었다. 소요비용 130억 엔(정부 50%, 기업협찬 50% 부담)으로 한국관(382억 원)의 4배 수준이다. 부지면적 6,000㎡, 건축연면적 7,200㎡, 높이 24m(3층)로 일본의 박람회 참가 역사상 가장 큰 규모다.

건축 컨셉은 '자주색 누에 섬(Purple Silkworm island)'이다. 24m 높이의 건물에 움푹 파인 부분과 촉각을 만들어 생명체를 표현했다. 태양과 물을 혼합한 연홍색이다. 누에 건물은 중일 간의 문화적 연계성을 상징한다. 중국에서 일본으로 전해진 누에를 가공한 비단직조 기술을 통해 중일의 문화적 연관성을 보여주고자 했다. 참고로 중국에서 누에벌레는 나비로 탄생하는 고귀한 재생과 부활, 장수를 상징한다. 과거, 현재, 미래의 세 부분으로 구성되며, 일본 전통과 현대적인 분위기를 융합했다. 전시구역 1은 중일의 문화교류를 통한 문화의 계승발전. 전시구역2는 일본의 사계절과 현대 첨단기술, 특히 로봇 전시를 통해 일본의 첨단기술과 미래 생활을 보여주는데 역점을 두었다. 따오기 형상의 도우미 의상은 중국이 따오기 한 쌍을 일본에 전달한 우호관계를 뜻한다. 아주 인상 깊게 본 것은 도우미들의 따오기 의상과 전시주제까지 일괄 디자인으로 일치시킨 토탈디자인으로서의 일관성이다.

인도관 조화로운 도시
Cities of Harmony

인도관 풍경은 밤이 가장 아름다운 것 같다. 밤이면 산치 스투파에서 본 따온 둥근 지붕에 구리로 상감해 넣은 전시관 불빛이 은은하게 배어나온다. 스투파는 다양성의 조합(Unity in Diversity)을 상징한다. 참관자들은 시공터미널의 동영상을 통해 4,5천년 전의 고대 인도와 중세기인도, 그리고 현대인도로 들어간다. 갠지즈 강을 통하여 천년의 시간을 거슬러 변천해온 도시와 마을로 시간여행을 떠난다.

이스라엘관 보다 나은 삶을 위한 혁신
Innovation for Better Life

전시설계자 하임 도탄의 외조부는 도탄의 어머니를 1919년 상하이에서 낳았다. 이런 인연 때문인지 설계자는 중국 상하이와 이스라엘을 상징하듯 두 개의 알 같은 모양의 조개비를 겹쳐놓았다. 곡선으로 이뤄진 두 개의 건축물이 서로 껴안고 있는 형상. 해안도시 상하이의 문화적 특색인 해파문화(海波文化)[1]에 착안해 조개를 형상화했다. 한쪽은 예술적으로 다듬어진 돌, 다른 한쪽은 투명한 유리로 만들어졌다. 이러한 디자인은 인간과 자연, 대지와 하늘, 과거와 미래 사이의 대화와 혁신과 기술의 상징이다. 상하이문화와 이스라엘문화의 정체성을 적절하게 결합시킨 것이다. 자연과 대화를 나누는 '속삭이는 정원', 유태인의 역사와 공유되는 '빛의 마당', 3D공간으로 지구를 360도에 돌아볼 수 있는 성대한 이노베이션홀을 통한 이스라엘의 과학기술력, 도합 세 개의 체험구가 기다린다. 이스라엘 파빌리온 주변의 이슬람문명권 파빌리온을 생각하면서, 전시관 내부에 시오니즘(Zionism)이 전시되지 않았음을 다행으로 생각해본다.

이란관 도시, 다원문화의 융합
Blending of Diverse Culture in the City

전통적 이슬람건축과 영광스런 고대예술, 다채로운 현대의 삶이 결합되어있다. 이슬람 전통건축의 특색을 반영한 파빌리온 외벽에는 당대 실크로드의 노선이 그려져있다. 지도를 매우 흥미롭게 살펴보았다. 동방에서 출발한 실크로드의 대상들이 이란을 거쳐 터어키를 통하여 로마로 넘어갔으며, 다른 노선은 알렉산드리아로 향하였다. 그런데 재미있는 것은 시안(西安)까지 노선을 그려놓고 거기서부터 점선으로 만주를 거쳐 한반도 남부에 이르는 노선도 그려놓았다는 점. 아마도 이 지도를 그린 사람이 중국에서 실크로드가 그치는 것이 아니라 한반도까지 이어졌음을 명확히 하였으며, 한반도에서 바다를 건너 일본까지 이어졌을 가능성도 암시한 것이리라. 파빌리온에서는 '천년의 도시' 테헤란과 '오아시스의 도시' 이스파한(Isfahan)을 통하여 페르시아의 영화를 읽어낼 수 있다. 물, 흙, 빛과 색상을 주요 디자인 요소로 하고, 청각·시각에서는 물소리를 만들어 우주를 상징하게 하였으며, 흙은 인류와 창조를 상징하고, 빛은 대자연과 신성한 정신의 원천을 상징하였으며, 색채는 찬란한 종(種)을 상징하였다. 2010년 6월 12일 '이란의 날'을 맞이하여 이란 아마디네자드(Mahamoud Ahmadinejad) 대통령이 이란관 안에서 연설을 하였으며, 이에 상하이 당서기가 답사를 하였다. 이란대통령은 당연히 중국관을 둘러보고 꼭대기에 올라가 엑스포장 전체를 조망하고 떠났다.

카자흐스탄관 아스타나 – 유라시아의 심장
Astatana-the Hearth of Eurasia

카자흐스탄 전시관은 젊고 다이나믹하게 성장하고 있는 수도이자 옛 실크로드의 거점인 아스타나의 쇼케이스다. 유리막벽과 막구조 재질로 외벽을 꾸렸다. 지식의 영토, 4D 영화관, 도시 매트릭스 2030, 인터랙티브 오락, 아스타나 지역, 소프트 포럼, 아트 존(포토 갤러리), 굿모닝 카자흐스탄 등 8개 전시구역이다. 중심 이야기는 수도 아스타나인데 자신들이 내건 주제처럼 아스타나를 '유라시아의 심장'으로 생각했기 때문이다. [2]

레바논관 이야기 하는 도시
The Tell-Tale Cities

동서교류의 거점이었던 레바논의 인문풍속, 자연풍경과 역사유적을 전시하였다. 눈길을 끄는 것은 역시 건물 외벽에 장식한 페니키아 자모이다. 기원전 11세기에 발명된 페니키아 문자(Pheonician alphabet)는 소아시아의 시조 언어로서 오늘에까지 이어져서 알파베트에 남아있다.

우즈베키스탄관 문명의 십자로
The Crossroad of Civilization

파빌리온은 전통적인 겹친 나무벽과 격자창으로 둘러싸여있으며 시간의 변화에 따라 벽 색깔도 변화한다. 채색된 리본과 천은 우즈베키스탄의 시간,전통,문화,역사의 융합을 상징한다. 동서문명의 십자로를 기억할 일이다. 파빌리온에서는 실크로드의 중요 거점으로 티무르의 황금시대가 각인되어있는 사마르칸드(Samarkand)의 아름다운 건축물과 문양, 당대의 화려한 복장과 장신구 등도 엿볼 수 있을 것이다. 1999년 여름, 우즈베키스탄 타슈겐트의 폴리토젤 옛협동농장에서 보름여를 지내면서 함께 지냈던 고려인들이 떠올랐다. 실크로드의 요새였던 이곳에는 고려인들이 대거 몰려살고 있기 때문이다. 물론 파빌리온 어디서고 고려인에 대한 배려는 없었다.

네팔관 카트만두의 전설 - 도시 영혼의 탐색과 사고

Tales of Kathmandu City seeking the Soul of a City, Exploration and speculation.

카트만두는 히말라야 산맥에 자리잡은 '천개의 사원'을 지닌 경이로운 도시이다. 수많은 관광객이 찾아오는 '관광의 도시', '순례의 도시'이기도 하다. 파빌리온은 카트만두 천년의 역사를 불탑 형식과 민가 형식으로 펼쳐보인다. 중앙에 불탑을 세우고 시기가 다른 여러 민가들을 둘레에 배치하였다. 석가모니의 고향인 네팔 룸비니에서 떠온 성수를 파빌리온 정초식 때 뿌렸다고 하며, 전시기간 중에 부처님 진신사리도 전시하였다. 네팔인은 대부분 힌두교신자이며 불교는 10%에 불과하다. 그러나 네팔 불교는 그 상징성에서 매우 중대한 의미를 지니며, 불교와 힌두교는 싸우지 않고 공생공존하고 있다. 애니카센터로 명명할 정도로 뛰어난 고대의 건축장인 애니카를 기념하고 헌정하는 파빌리온이라는 점이 특징이다. 350호의 네팔가정에서 2년에 걸쳐 만든 도자기와 목조가 인상적이다. 공연이 곁들여진다. 네팔관 풍경은 역시 야경이 으뜸이다. 불이 들어오면 탑이 환하게 빛나면서 종교적 신심과 영혼이 깃든 풍경을 연출하기 때문이다. 그런데 이상의 종교적 풍경이 어느 정도는 진실이겠지만, 서양에서 빚어낸 오리엔탈리즘적인 시각에서 주어진 부분도 많다. 네팔은 더 이상 고대의 추억이 아니며, 캐넨드라국왕의 퇴진과 왕정제의 변동에서 잘 보여주듯 격동의 세월을 헤쳐 가있는 중이다.

스리랑카관 전통에서 현대로
Tradition to Modern

전통적인 날염(Batik)공예로 천정을 물들이고 네 벽면은 국기로 장식하였으며 5개 역사도시를 중점적으로 보여준다. 스리랑카는 인도양의 눈물인가,혹은 진주인가.싱할라어, 타밀어 등을 쓰지만 싱할라어 인구가 대부분이다. 불자는 싱할라어,타밀어는 주로 힌두교도들이 쓰고있는데,전시관이디서고 타밀 엘람 해방 호랑이(LTTE: Liberation Tiger Tamil Eelam) 이야기는 보이지 않는다.문화유산으로서 아누라디푸라성, 시기리야성,보라나루와, 캔디 등을 전시하고 있다.

파키스탄관 다양성 속의 조화
Harmony in Diversity

건축물은 무굴제국의 영화를 보여주는 16세기 라호르 포트(Lahore Port)를 같은 크기의 비례로 복제하여 만들었다. 세계문화유산 라호르 포트는 '파키스탄의 궁전'이라 불린다. 라호르는 파키스탄 제2의 도시로 펀자브(Punjab)주의 주도. 인더스강 지류인 라비강을 따라 형성된 인더스 평원 북부에 위치한다. 라호르는 옛 시가지와 시 남쪽에 새로 만들어진 상업주거지역, 그리고 주변의 교외지역으로 나뉜다. 16세기 무굴(Mughul)제국의 황제가 만든 옛 시가지의 라호르 요새 성벽은 화려하게 색을 입힌 타일을 써서 만든 뛰어난 건축물로 손꼽힌다. 전시물은 문화·전통·역사의 다양한 조합이 이루어졌다. 파키스탄의 복식과 문화와 역사, 중국과 파키스탄의 우정, 댄서와 음식 등이 소개되었다. 전시관에 들어서면 수도 이슬람바드(Islambad)의 풍광과 파키스탄의 종교,생활 등을 통해 도시와 촌락의 발전 모습을 보여준다. 특이하게도 마오쩌둥 주석의 옛 포스트를 파격적으로 전시하여 중국과의 우호를 꾀하고 있다. 옛 실크로드의 경유지로서 전승되는 역사유산들도 전시되고 있다. 1층에는 파키스탄의 유산을 담은 전자책들, 2층에는 파키스탄이 배출한 걸출한 여성들이 전시되고 있다. 이슬람과 여성 억압이란 일상적 담론에 반하는 포용력을 과시하고자 하였다.

카타르관 나의 도시,현재의 야망과 미래의 희망

My City:Present Ambitions and Future Expectations

카타르의 랜드마크인 바르잔 타워(Barzan Tower)를 연상케한다. 태음력 관측전망대이자 진주 채집꾼과 어민이 돌아왔음을 표시하는 신호탑이었으며,이는 고래로 카타르인의 기억을 대표한다. 카타르의 수도인 항구도시 도하(Doha)에서 북쪽 25Km에 있는 움사랄 모하메드(Umm Salal Mohammed) 요새는 본디 19세기 말에 군사목적이 아닌 마을수호를 위해 진흙으로 축조하였다. 서양식으로 건설된 감시탑인 바르잔타워의 T자형으로 생긴 직사각형 모양은 중동에서는 보기 드문 건축양식이다. 그 중 하나는 4층으로 되어 있으며 두꺼운 성벽은 총안이 있는 전형적인 아랍스타일이다.

사우디아라비아관 **삶의 활력**
Vitality of Life

공중에 반달모양의 배가 걸려있는 달배(Moon boat)로 꿈과 우정을 싣고 있다. 보트 위의 갑판에 심은 야자나무는 '떠있는 하늘 정원'을 뜻하며, 사막의 오아시스를 상징한다. 달배는 아라비안나이트에서 왔다. 신비스러우면서도 현대적인 달배는 사우디아라비아의 메카를 향한다고 한다. ³ 관람객은 실내의 현대적인 전시물 뿐 아니라 정원에서 베두윈(Beduuin)의 전통적 텐트도 만날 것이다. 농구장 2개 크기의 3D 영화관을 모노레일을 타고 천천히 달린다. 중국관 다음으로 큰 10억 위안,우리돈으로 1800억원이 투입되었다. 거대한 반원형 아이맥스 영상은 세계 최대 규모이며 거대 사막과 활량한 사막에서의 도시 창조, 아라비아해까지 선물한다. 모노레일로 천천히 움직이면서 규모의 놀라움과 비일상적인 경험으로 100분 쇼를 위해 10여 시간을 기다리듯 줄지어선 관객들의 의연함을 생각하면서, 사우디아라비아관을 설계한 자하드(Jahad)는 50년 한국 스포츠의 요람이었던 동대문운동장을 거의 제거하고 자신의 스타일대로 변화무쌍한 현대건축물을 들이밀은 건축가로 낯이 익다. 돌아나오는 길에 VIP전용 응접실을 구경하는 것도 재미있다. 사우디아라비아가 분명히 '왕국'임을 드넓고 안락하며 권위적인 양탄자에서 느껴본다.

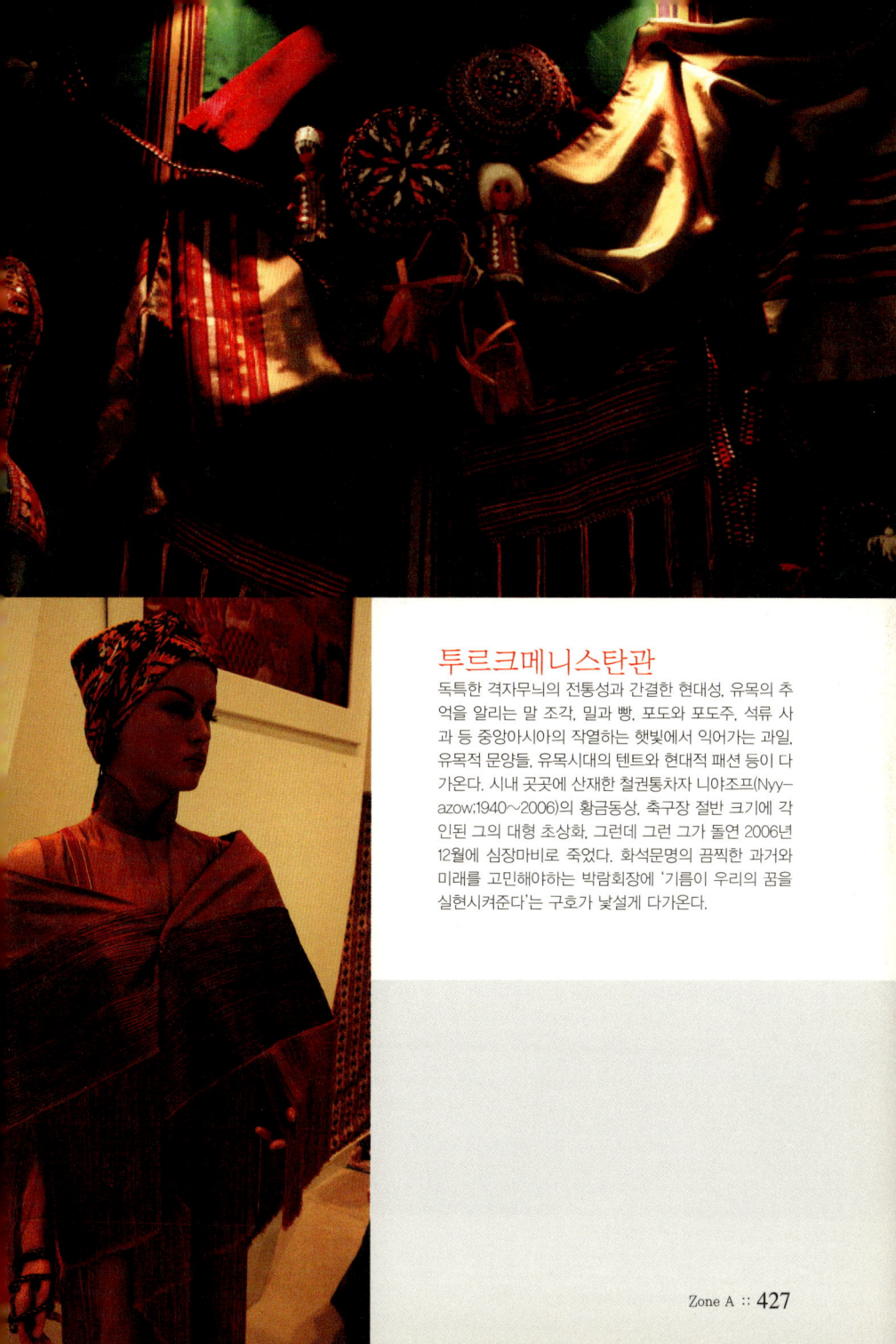

투르크메니스탄관

독특한 격자무늬의 전통성과 간결한 현대성, 유목의 추억을 알리는 말 조각, 밀과 빵, 포도와 포도주, 석류 사과 등 중앙아시아의 작열하는 햇빛에서 익어가는 과일, 유목적 문양들, 유목시대의 텐트와 현대적 패션 등이 다 가온다. 시내 곳곳에 산재한 철권통차자 니야조프(Nyy-azow;1940~2006)의 황금동상, 축구장 절반 크기에 각인된 그의 대형 초상화, 그런데 그런 그가 돌연 2006년 12월에 심장마비로 죽었다. 화석문명의 끔찍한 과거와 미래를 고민해야하는 박람회장에 '기름이 우리의 꿈을 실현시켜준다'는 구호가 낯설게 다가온다.

아랍에미리트(UAE)관 꿈의 힘
Power of Dreams

황금빛 사막으로 뒤덮혀있다. 거대한 사막의 기복이 살아있다. 모래언덕들,와이드 스크린, 아랍 에미레이트 건국 이후 오늘의 변화, 두바이와 아부다비가 연출된다. 시시각각 변색하는 스테인리스 패널을 이용하여 아라비아반도 룹알할리(Rub Al Khal) 사막의 사구(砂丘)를 표현하였다. 낙타 방울 소리가 울려 퍼지며, 전통적인 풍속과 종교 의식을 보여준다. 단편영화 '눈깜짝할 순간'을 보면서, 정말 이 나라가 순간에 변화하였음을 감지한다. 미디어 폴을 통한 사전 정보 제공, 대기 동안 쉴 수 있는 가드이라인과 대기공간의 콘텐츠화가 인상적이다. 나는 사막의 풍경을 닮은 파빌리온 앞에서 기다리면서 '사막의 순례자' 테오도르 모노(Theodororw Monod,1902–2000)를 떠올렸다. [4] 그는 '사막은 관대하지 않다'고 분명히 말하였다.
사막은 영혼을 조각하고 육체를 단련시키며, 멈춤, 수면, 어둠, 침묵이 중심을 잡도록 한다고 말하였다. 유목민은 황량한 사막의 풍경 속에서 모래 언덕의 색깔이나 돌무더기의 형태 같은 아주 미세한 지표를 기준으로 삼지,유목민이 지닌 예리한 시각과 정신,직관에도 불구하고 '부서질 듯한 약한 자유'만을 보장받는다고 하였다. 아랍에미리트 파빌리온의 사막풍경은 이와 같은 '약한 자유', 즉 척박한 풍토를 반영하지만, 다른 한편으로는 그 사막에서 퍼올리는 오일달러의 위력이 부여한 '지나친 자유'를 과시함은 아닐까. 경제위기로 공사가 중단되고 내몰리는 두바이의 잘못된 신화를 생각해보면서, 그 두바이의 신화가 유독 한국에서는 아주 강하게 힘을 얻고 있는 그릇된 착각도 생각해보면서.

오만관 발전의 여행

An Evolving Journey

아라비아의 해양 거점인 토후국(土侯國) 오만(Oman)은 예나 지금이나 수많은 배들이 통과하는 지정학적 위치를 자랑한다. '발전의 여행'으로 주제를 내걸고 전시관을 아예 유리배로 설정하였으며, 장식물 삼아 닻도 하나 물가에 세워두었다. '신밧드의 모험'을 스토리텔링하였다. 오만은 신밧드가 태어난 곳으로 오랫동안 무역도시였음을 기억할 일이다. 오만의 고대도시, 사막의 도시, 산천의 도시, 해안의 도시, 그리고 오만만 연안에 있는 수도인 항구도시 마스카트(Muscat)도 전시되었다.

베트남관 하노이, 천년의 역사

1000-Year History of Hanoi

하노이 1000주년이다. 방문자들은 베트남의 환경보호와 도시발전에 관한 역사를 배우게된다. 하노이의 수도로서의 역사는 베트남 최초의 중앙집권체제 독립왕국인 리왕조(1009-1226)의 시조인 태조 리 꽁 우언이 1010년 첫 도읍으로 정하면서다. 국가 창건자 리 국왕은 당시 수도를 물색하다가 용이 승천하는 지역을 발견하고 탕롱(昇龍)이라 명명하고도읍을 정한다. 리왕조 국호는 다이비엣(大越)이었으며 중국은 안남국이라 불렀으니,우리가 안남이라 부르는 이름이 여기서 비롯되었다. 고층 빌딩이 올라가는 하노이의 개발 열기 속에서 민족해방운동의 가열찬 역사를 살아온 이 '아시아의 작은 용'이 탕롱의 1천년 역사를 기억하려고 한다. 베트남관에 들어가면서,왠지 베트남관이라는 생각보다는 '월남관'이란 명칭이 떠오름은 아주 어렸을 적에 읽었던 월남망국사(越南亡國史)란 책 때문이었까. 1906년에는 현채(玄采)가,1907년에는 주시경과 이상익이 번역해서 무려 세 차례나 출간된 이 책이야말로 한국인이 본격적으로 베트남을 알게 된 계기였으며, 당대의 '아시아의 연대'[5] 방식이었다. 그러나 그 전에도 뻬이징에 나가있던 양국의 사신을 통하여,또는 월남에 당도한 표착민을 통하여 두 나라는 상호 이해하고 있었고,심지어 베트남의 최고 시인 응우옌 짜이같은 이도 일찍부터 조선에 알려져 있었다. 자신들의 역사를 깊게 다루되,베트남전쟁의 참화는 일체 배제하고 전시하였다.

아시아연합관 1

방글라데시관 벵갈 황금시대의 정신과 성장
Spirit and Growth of Golden Bengal

태양과 물과 숲이 펼쳐져있는데 민화풍의 말들이 줄지어 서있다. 모던 풍경을 상징하는 새로운 도시구역의 물에 비친 건축군, 전통을 현대적으로 해석한 패션과 현대적인 실크옷과 니트옷, 새우를 비롯한 수출용 수산물, 벵골만의 호랑이와 해변의 숲, 해안에 몰려나온 인파와 사진판넬을 배경으로 음식을 팔고 있는 조리사들, 출구에서 소형조각품과 수제 카페트와 벽걸이를 판매하는 안내원을 만난다. 자체 브랜드를 강조하는 패션 판넬에서 'we product, we export'의 절박하면서도 자부심있는 문귀가 눈에 띈다.

몰디브관 몰디브의 미래

Maldives - Tomorrow

관광강국이지만 해수면 상승에 따른 섬의 침몰을 걱정하면서 미래의 영토를 외국으로 옮길 준비까지 하는 비운의 인도양 섬나라. 해수 침입을 막아주는 콘크리트댐으로 보호된 항구, 산호섬의 그림 같은 야자숲과 수중 다이버가 연출하는 수중세계, 즐비하게 들어선 건축군, 전통적 공예품과 소라를 연출하였다. 문화,예술,관광,환경,어업,도시화 등을 전시하였다고 하지만, '몰디브 테마파크'를 구경한 느낌.

아시아연합관 1

몽골관 고비사막과 도시
Gobi and the city

핵심은 공룡알이다. 도시를 취약한 알로 비유하면서 도시발전은 우월한 생태균형에 기초함을 역설한다. 실제로 알은 균열되어있다. 몽골제국의 영역도와 징기스칸,그의 용맹한 기마행병이 그림으로 등장한다. 고비사막의 전통적인 낙타행렬과 포크레인,트랙터 등으로 상징되는 개발의 먼지와 굉음이 병렬적으로 담겨졌다. 몽골이 꿈꾸고 직면하는 전통과 개발의 병존과 모순이 불안한 알에 투영되었다. 그러나 전시장에 전시될 수는 없었겠지만, 오히려 몽골이 품고 있는 알의 취약성은 강력한 정경유착으로 빚어진 부패의 그림자가 강력하게 미치는데서 균열의 틈새가 생겨나는 것은 아닐런지.

타지키스탄관 도시구조의 진화와 아름다운 생활
The Evolution of the structure and the Good Life

타지키스탄은 중앙아시아 가스자원의 60%를 차지하며, 이러한 정황이 전시관에 반영되었다. 눈 덮힌 산과 폭포 같은 자연환경, 역사적 사건의 모델과 건축물이 산악국가의 삶과 역사에 스며있다. 옛실크로드의 거점으로서 동서문명교류의 흔적도 보여준다.

아시아연합관 1

키르키스탄관
비슈게트 – 세계로 열려진 도시
Bishket - the city open to the world

전통적 천막 유르트(yurt)를 닮은 전시관은 유목민과 자연 사이의 조화로운 공존을 상징힌다. 중앙아시아 내륙국가의 수도 비슈게트는 유목사회에서 산업도시로 변모해가고 있지만 거대한 초원에 자리잡아 여전히 살아있는 옛도시이다. 영화와 포스터, 사진,전시물,문화적 전시물이 이 나라의 문화와 역사, 관습,그리고 경제와 문화와 관광발전과 조화로움을 보여준다.

东帝汶
与我们同在
与自然同在

동티모르관 우리와 함께, 자연과 함께
Be with Us, Be with Nature

어둡다. 너무 어두어 사진을 찍을 수 없을 정도다. 통나무조각이 세워진 문과 로스팔로스(lospalos)지붕이 돋보이는데 야자수 잎과 수제로 직조한 공예품이다. 인간과 자연 사이의 조화로운 삶을 연출한다. 어두운 전시관 내에서 동티모르 대량학살의 추억과 독립국가 건설 이후의 독립 세력 간의 반목, '아시아 태평양의 미국'을 자처하고 나선 오스트레일리아의 동티모르 주둔군을 떠올려본다.

아시아연합관 2

아프가니스탄관 아시아의 심장, 기회와 자원의 땅
Heart of Asia, Land of Opportunities & Resources

파빌리온은 헤라트(Herat)의 유명한 블루 모스크(Blue mosque)를 복원한 것이다. 짙은 파랑과 녹색의 모자이크 타일은 사람들로 하여금 '동양의 밤'으로 이끌어낸다. 유목 텐트와 일상의 물건들, 옛 양탄자와 직조물, 은제 수공예품과 산호는 화려했던 기념비적인 아프가니스탄의 영화를 말해준다. 수공예품, 견과, 산호, 보석 등을 팔고 있는 작은 바자도 열었다. 아직도 아프가니스탄에서는 전쟁이 계속되고 있지만, 파빌리온만큼은 그런 전쟁과 무관하게 평화롭기만하여 도대체 박람회란 것 자체가 '위선적 전시'가 아닌가하는 심한 생각도 들게한다.

팔레스타인관 올리브의 도시,평화의 도시
Olive City, Peace City

파빌리온은 팔레스타인 깃발과 경건한 아랍식 문이 있는 환타스틱한 올리브 도시를 나타낸다. 중앙에 커다란 올리브가 우뚝 서있다. 올리브 기름이 팔레스타인의 가장 중요한 산업이기 때문이다. 올리브가지는 평화와 우정을 상징하며, 올리브의 녹색은 조화와 환경적 보호, 지속가능한 발전을 상징한다.

바레인관 작은 것이 아름답다
Small is Beautiful

흰벽과 둥글게 굴곡을 이루는 전통적인 건축이다. 페르시아만의 따스한 나라답게 따스하고 흥미로운 전시물이 채워진 굴곡진 길은 관람객을 바레인의 전통으로부터 현대세계로 안내한다. 고대 장인정신이 펼쳐지며, 비디오와 터치 인터렉티브 전시기법도 전시된다.

시리아관 다마스커스,지금도 사람이 살고있는 가장 오래된 도시
Damascus: the Oldest Capital Still Inhabited

시리아의 뛰어난 건축과 문화가 다마스커스의 3대에 걸친 민속적 주거지같은 요소로 설명되었다. 전시 요소는 실크로드와 아랍 도서관의 문화적 이야기로 구성되었다. 고대 하무카르(Hamoukar)에서 현대 다마스커스까지 3개의 홀로 이루어졌다. 가운데 우물이 인상적이며, 4500년 된 이 오래된 도시가 '시리아의 중심'이자 '하늘의 중심'임을 알려준다. 다마스쿠스에서 사람들이 처음 정착한 시점은 실제로는 1만 2천년도 더 되었다. 앗시리아인, 바빌로니아인, 페르시아인, 그리스인의 흔적이 남아있으며, 초기 기독교문명도 그대로 전해온다. 중세에는 의술의 중심지로 각광을 받았음을 기억하게 한다.

아시아연합관 2

요르단관 우리는 도시이며, 우리는 삶이다 – 일상을 벗어나 특이함으로
We are City, We are Life; We make our ordinary lifestyle, extraordinary!

다문화국가 답게 요르단은 문화의 용광로이다. 파빌리온은 고대문명의 매력을 전달하고 인간과 도시, 자연과 삶 사이의 조화, 과거와 현재와 미래건 간에 영구히 지속되는 발전과 혁신의 이상을 전달한다. 알카즈네 보물창고는 '알리바바와 40여명의 도적'이야기에서 빌려왔다. 요르단의 지중해항구인 아카바(Aqabah), 고대도시에서 현대도시로 발전한 암만(Amman)도 소개된다.

예멘관 예술과 문명
Art and Civilization

파빌리온은 문화와 관광, 과학과 다른 요소에서 예멘에 거둔 중요 성과를 담고 있으며,이는 도시 발전에서 경제와 무역의 중요성을 강조하는 것이다. 예멘의 수도 사나(Sanaa)가 무역중계지로서 기능하였던 역사와 오늘의 경제지리적 이점을 강조한다. 사나는 그 자체가 예술품 같은 도시로 4천 여개에 달하는 고건축물이 제각기 다양성을 보여준다. 대상들이 쉬어가던 중심지로 아랍문화의 높은 수준을 말해주는 사나를 소재로 '예술과 문명'이란 정당한 주제를 내건 셈이다. 아라비아 반도의 남단에서 해양실크로드의 거점 역할을 하던 천연 항구도시 아덴(Aden)도 엿볼 수 있다.공예품과 공업품도 팔고 있다.

아시아연합관 3

라오스관 매력있는 도시 – 세계문화유산도시 루앙프라방
City of Charm - Luang Prabang Charming World Heritage Town

그 유명한 고대도시 루앙프라방이 중심을 차지한다. 제3세계 대개의 나라들이 그렇듯, 그들도 소소한 목각 기념품을 들고 나왔다. 전통적 불상과 거북이, 로마시대풍의 나신이나 애완견 목각물도 가지고 나와 전통과 완전 무관하게 팔고 있었다. 자연보호와 지속적 번영,지속가능한 도시발전의 중요성 등 일반적 담론을 내거는데서 라오스관도 예외는 아니다.

미얀마관 조화로운 생태시스템이 있는 더 나은 도시화
Better Urbanization with Hamonized Eco-System

거대한 벽과 다리는 미얀마의 전통건축과 전통도시 풍경을 보여준다. 불상과 사리탑의 도시인 양곤(Yangon)은 쉐다곤(Shwedagon) 파고다 같은 아름다운 문화유산이 즐비하다. 신성한 절과 고건축물을 본떠서 미얀마의 지방양식과 풍부한 자원, 뛰어난 문화를 소개한다. 파빌리온의 하이라이트는 미얀마 건축의 대칭적 구조와 농촌을 상징하는 다리이다. 당연히 현재 진행되고 있는 미얀마의 억압적 정치상황은 전혀 발견할 수 없으며, 오로지 평화로운 건축물과 도시만이 전시되고 있다. 미얀마의 가스전 채굴과 시장개척에 여념이 없는 대한민국과 중국, 인도 등의 경제논리에 가려진 미얀마의 참모습은 당연히 '전시'되지 않았다.

Zone B

:: 엑스포센터, 엑스포문화센터(공연센터), 엑스포 축
:: 주제관(도시사람관, 도시생명관, 도시지구관)
:: 바오강(寶鋼) 스테이지(공연장)
:: 말레이시아관, 싱가포르관, 인도네시아관, 태국관, 브루나이관, 캄보디아관, 필리핀관, 뉴질랜드관, 오스트레일리아관
:: 세계기상관, 세계무역센터협회관, 적십자관
:: 국제정보개발네트워크관
:: 대중참여관
:: 생명햇빛관 : 장애인관
:: UN 연합관
  세계보건기구, 세계지적재산권기구, 세계무역기구, 세계관광기구, 세계은행,
  국제전기통신연합, 국제원자력기구, 국제해사기구, 유엔, 유엔인구기금,
  유엔인간정주위원회, 유니세프, 유엔공업개발기구, 유엔기후변화협약,
  유엔에이즈계획, 유엔생물다양성협약, 유엔환경계획, 유엔무역개발회의,
  유엔자본개발기금, 유엔난민고등판무관사무소, 유네스코, 유엔식량농업기구
:: 태평양연합관
  바누아투관, 파푸아뉴기니관, 팔라우관, 통가관, 미크로네시아관, 사모아관, 피지관,
  쿡제도관, 키리바시관, 솔로몬제도관, 투발루관, 마셜관, 나우루공화국관, 니우에관,
  남태평양여행기구관, 태평양제도포럼관
:: 국제기구 연합관
  상하이협력기구관, 세계대중교통협회관, 세계물위원회관, 지구환경기금관,
  세계지방자치단체연합관, 동남아시아국가연합관, 동남아프리카동공시장관,
  세계자연보호기금관, 아랍국가연맹관, 국제 대나무 및 등나무 협회관,
  국제박물관협의회관, 프랑스어권비즈니스포럼관, 보아오아시아포럼관

브루나이관 미래를 위한 오늘

Now for the Future

방문객은 독특한 자연경관인 홍수림(Mangrove)을 통해서 들어선다. 부르나이 사람들의 삶과 보다 나은 경제 발전을 희구하는 꿈이 담겨져있다. 4D, 벽화, 터치 스크린 등으로 충실하게 국가프로파간다를 해내고 있으며, 자신들의 편직물과 은그릇 같은 수공예품도 선보이고 있다. 보르네오에 위치하지만 고대로부터 중국과 교유하였고, 일찍이 중국 화교들이 진출한 나라임을 기억할 일이다.

호주관 *상상력*

Imagination

호주 토착민의 자연관을 상징하듯 검붉은 황토색으로 넘실대는 벽이 특징이다. 호주 북부의 바위를 옮겨와 외부에 특수 처리를 하여 시간 흐름에 따라 색깔이 변화하게끔 만들었다. 전시관은 여행·탐험·향연이란 세 가지 테마로 구성했다. 즐거운 여행, 호주와 중국의 21명의 여성들의 짧은 다큐멘터리가 인상적이다. 고정형 펜스와 그늘막을 설치했다. 원형극장의 중앙무대에서 영상패널과 거대한 인형이 등장하면서 주제의 메시지를 전달한다. 음식판매대에서 휴식공간을 제공하며, 기념품샵에 관람객이 붐빔이 인상적이다. 마스코트는 호주 특유의 물총새로 결정되었다.

뉴질랜드관 자연의 도시; 땅과 하늘 사이의 삶

Cities of Nature: Living between Land and Sky

출입구 쪽으로 걸어다가보면 거대한 마오리(Maori)족 신상이 누워있고, 입구에는 대단히 큰 옥돌이 놓여 있어 중국인들이 손을 얹는다. 옥을 좋아하는 중국인들에게 이 초록색의 거대한 옥은 그 자체 행운의 상징이다. 뉴질랜드는 마오리족의 창조신화를 전시관에 가져와 파빌리온 컨셉을 신화에서 시작한다. 신인 탄(Tane)은 그의 부모인 하늘신 란기(Rangi)과 어머니 땅의 신 파파(Papa)를 분리시켜 우리가 살고 있는 세계를 탄생시켰다. 2000㎡ 규모로 환영하는 공간(광장), 실내, 지붕의 정원 세 영역으로 나뉜다. 지붕에 심어놓은 나무와 다양한 식물 역시 마오리신화를 간직하고 있다. 바다와 산과 들을 품고 있는 마오리의 전통이 도시 가운데로 들어온 것이다. 광장에서는 주기적으로 마오리족의 카파 하파(Kapa Hapa) 공연이 펼쳐져 마오리족의 원초적 울림이 선보인다. 전시관에서 만난 마오리족 여인의 입술 아래에 새긴 문신이 이채롭다.

싱가포르관 도시 교향곡
Urban Symphony

'도시 교향곡'을 주제로 한 물과 화원으로 이루어진 뮤직박스 형태이다. 음악분수와 옥상화원이 독특한 볼거리다. 음률과 리듬을 수단으로 도시와 자연 간의 조화와 융합을 표현했다.

캄보디아관   도시에서의 문화생활
Cultural Life in the City

역사문화유산을 중심으로 3개의 전시구역으로 나뉜다. 앙코르(Angkor), 오동(Odong), 그리고 프놈펜시기이다. 이들 3개의 시기는 과거에서 현대에 이르기까지 캄보디아를 지켜온 요소이다. 앙코르의 석조건축물, 오동의 도시건설과 프놈펜의 전설을 다루고 있다. 세계문화유산으로 뒤덮은 전시관에서 '숨겨진 전쟁'[6] 으로 인한 파괴와 지뢰, 폴 포트의 대량 학살극 등으로 무너진 육신을 생각하지 않을 수 없다. 박람회의 풍경은 지극히 문화적이고 평화적이지만 캄보디아가 겪었고 지금도 거쳐가고 있는 역사적 진실은 전람회장의 풍경과는 너무도 다르다.

인도네시아관 생물다양성 도시
Indonesia Biodiver City

건물 외곽을 생태적인 대나무숲이 감싸고 있다. 수많은 섬으로 이루어진 인도네시아 답게 문화적인 풍부한 다양성이 연출되고있다. 보르부드르 전통 문화유산과 생물자원, 배 같은 이동수단, 폭포와 숲 등이 전시되었다. 대나무는 생태환경적 건축을 상징하며, 대나무를 통하여 지속가능한 도시의 미래를 강조하였다. 중국의 정화(鄭和, 1371~1434)가 함대를 끌고 인도네시아에 들렸음을 기념하여 정화 전시구역을 독립적으로 만든 것이 눈에 들어온다. 도합 4층으로 나뉘어져있으며 천천히 올라가서 구경을 하면서 다시금 천천히 내려오게끔 되어있다.

말레이시아관 하나의 말레이시아, 도시의 조화로운 삶
One Malaysia City Harmonious Living

2개의 가파른 경사 지붕이 있는 전통적 말레이시아 건축에서 파빌리온 컨셉을 따왔다. 독특한 스타일을 자랑하면서 통합적인 국가정신을 표현하고있다. 기름 야자나무와 합성수지를 이용하여 재활용성을 고려하였다. 1층은 이슬람사원을 원형으로 삼았으며 국교인 이슬람의 전통이 대단히 중요함을 강조하고 있다. 관람객은 페낭(Penang)과 말래카(Malacca)의 유산, 공업도시에서 초현대적 도시로 발전한 쿠알라룸푸르도 엿볼 수 있다. 말레이시아 수공예품과 예술품, 그리고 고무와 목재생산품도 전시되었다. 전시관 앞에서 전통무용단이 독특한 민족무용을 선보인다.

필리핀관 도시 형성하기
Performing Cities

파빌리온 외관은 다이아몬드 같이 상호 분리된 문양으로 이루어졌으며,바람이 불면 모양이 조금씩 변한다. 외벽은 아우성치는 듯한 손으로 채워졌다. 음악과 춤으로 상상력을 돋군다. 작은 공연장도 있고 카누도 있는데 전시보다는 물건이나 식음료 파는 데 더 신경을 쓰는 느낌이다. 백주 대낮에 정치적 살해가 공공연하게 벌어지는 이 나라의 '숨겨진 풍경'을 생각하면서, 오로지 노래와 춤과 낭만을 강조하며 '도시 형성하기'란 제목을 내걸은 방식에 다소 불편한 느낌도 든다.

태국관 지속가능한 삶의 양식
Sustainable Ways of Life

파빌리온은 주로 붉은색과 황금빛으로 채색되었다. 건축 양식 역시 전통적 타이 건축물에서 빌려왔다. 정문 양쪽에 마스코트 수문장이 서있고 호수에 비친 황금빛 그림자가 역사를 말해준다. 전시물은 '조화로운 여행', '다른 톤의 조화' '타이의 조화' 등으로 이루어졌다. 파빌리온 어디에나 '금권 민주주의'에 기초한 취약한 나라, 연일 쿠테타로 지새우는 나라의 풍경은 전시되고 있지않지만, 이 모든 것을 불교적 영혼과 '관광강국 태국'의 화려한 안내판으로 가리기에는 역부족일 것만 같다.

태평양 연합관

태평양 – 도시로 향한 영감
Pacific - An Inspiration to Cities

8100㎡의 대형 공간에 태평양의 섬나라들이 들어섰다. 바누아투, 파푸아뉴기니, 팔라우, 통가, 미크로네시아, 사모아, 피지, 쿡, 키리바티, 솔로몬제도, 마샬군도, 나우르 등이다. 국제기구로서 남태평양관광기구(South Pacific Tourism Organization)와 태평양 포럼(Pacific Forum)도 참여했다. 전시 컨셉은 16척의 돛배로 각각의 섬나라를 형상화하고 수공예품, 토템 등의 신앙상징물, 편직물 등을 전시하였다. 주최국의 지원에 의해 '유치'된 작은 섬나라들의 전시인지라 상하이 조직위원회에서 전시설계와 전시장을 모두 제공하였다. 섬의 특색이 제대로 보이지 않고 획일적인 전시방법으로 태평양의 원초적 모습과 현대적인 제 과제는 거의 보이지 않는다.

Pacific Pavilion
태평양 연합관
太平洋联合馆

프렌치폴리네시아

法属波利尼西亚的太平洋珍珠

首都 • 帕皮提
Capital • Papeete
人口 • 287,032
Population • 287,032
独立日 • 法国殖民地
Independence • Territory of France
货币 • 太平洋法郎
Currency • Pacific Francs
专属经济区域 • 5,030,000平方公里
EEZ • 5,030,000 sqkm
土地面积 • 3,827平方公里
Land Area • 3,827 sqkm
最高点 • 2,241米
Highest Point • 2,241m

French Polynesia
The Pearl of the Pacific

태평양 연합관 사모아

쿡

The Cook Islands

태평양 연합관   솔로몬

466 :: 국제관 파빌리온_파빌리온의 풍경

투발루

Zone B :: 467

태평양 연합관 통가

피지

Zone B :: 469

태평양 연합관　　　　　　　　　　　　　　　　　　　　　　나우루

팔라우

Zone B :: 471

태평양 연합관　　　　　　　　　　　　　미크로네시아연방

태평양 연합관　　　　　　　　　　　　　　　　　바누아트

파푸아뉴기니

유엔관 하나의 지구, 하나의 유엔
One Earth, One UN

'하나의 지구, 하나의 유엔'을 주제로 유엔 산하 기구들이 펼치고 있는 지속 가능한 발전, 기후 변화, 도시 관리 분야의 실적을 표현했다. 특히 다양한 기후관련 활동이 주목을 끈다. 유엔 깃발과 같은 푸른색 외관이 인상적이다. 갖가지 국제기구들이 유엔관이 집결되어 있는데,언제나 그렇듯이 국제기구관은 재미라는 측면에서는 가장 멋이 없는 파빌리온이다. 의무 방어전같은 관람을 피하려는 사람들은 굳이 유엔관에 들어설 필요가 있을까, 그런 생각이 든다면 ? 사실 유엔은 매우 일찍부터 중심에서 변방으로 밀려나 미국을 비롯한 강대국의 결정에 고개를 숙이는 존재[7] 가 되었음을 고려하면서.

국제기구 연합관

국제기구연합관에는 상하이협력기구관, 세계대중교통협회관, 세계물위원회관, 지구환경기금관, 세계도시와 지방자치단체연합관, 동남아시아국가연합관, 동남아프리카동공시장관, 세계자연보호기금관, 아랍국가연맹관, 국제 대나무 및 등나무 협회관, 국제박물관협의회관, 프랑스어권비즈니스포럼관, 보아오아시아포럼관 등이 연합으로 입주해있다.

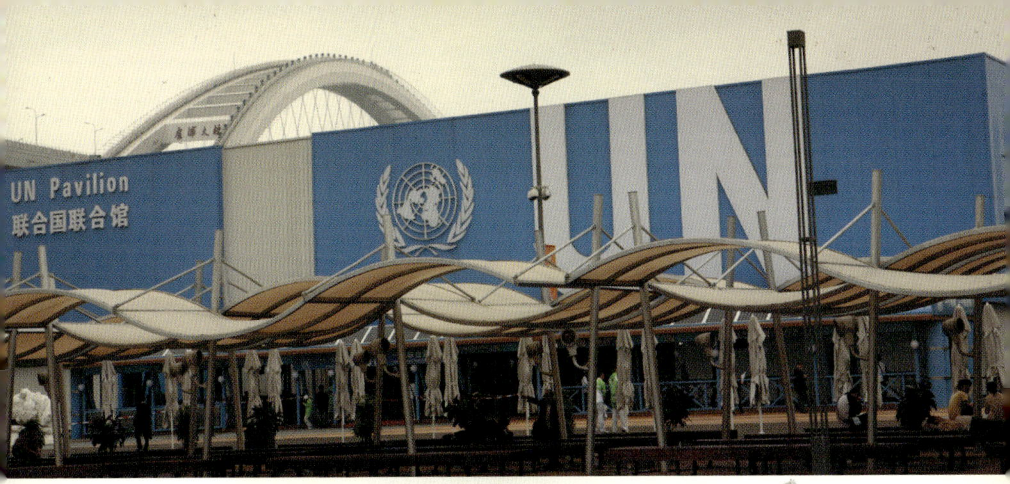
UN Pavilion
联合国联合馆
UN

WTCA
EXPO 2010
SHANGHAI

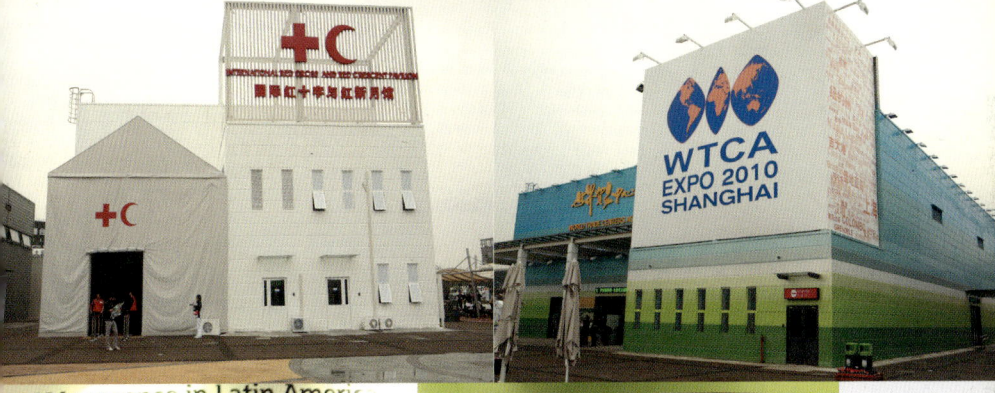

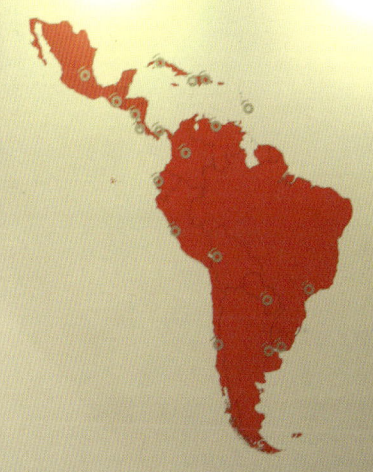

ICOM presence in Latin America
and the Caribbean
Caption:
ICOM membership presence
Headquarters of ICOM National Committees

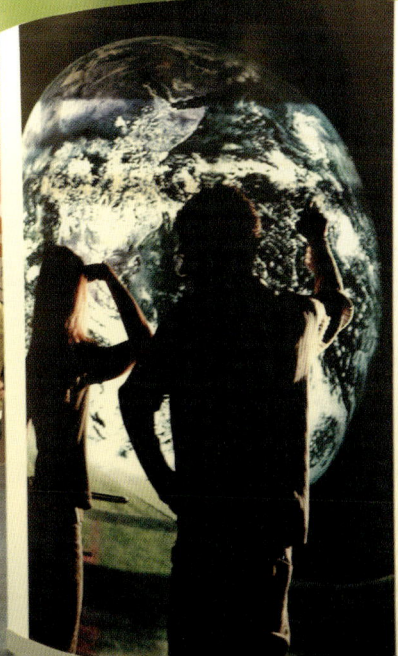

Zone C

:: 터키관, 벨기에-EU관, 덴마크관, 우크라이나관, 브라질관, 쿠바관, 룩셈부르크관, 벨로루시관, 리투아니아관, 나이지리아관, 캐나다관, 스페인관, 헝가리관, 아이슬란드관, 앙골라관, 핀란드관, 크로아티아관, 리비아관, 그리스관, 알제리관, 아르헨티나관, 라트비아관, 영국관, 루마니아관, 베네수엘라관, 프랑스관, 폴란드관, 보스니아헤르체고비나관, 노르웨이관, 남아공관, 러시아관, 미국관, 튀니지관, 이집트관, 네덜란드관, 콜롬비아관, 페루관, 아일랜드관, 에스토니아관, 체코관, 슬로베니아관, 슬로베키아관, 포르투갈관, 칠레관
:: 오스트리아관, 스위스관, 스웨덴관, 이탈리아관, 세르비아관, 멕시코관, 독일관, 모나코
:: 유럽 연합관1: 몰타관, 산마리노관, 리히텐슈타인관, 키프로스관
:: 유럽 연합관2: 아르메니아관, 알바니아관, 아제르바이잔관, 불가리아관, 마케도니아관, 그루지야관, 몬테네그로관, 몰도바관
:: 카리브공동체 연합관: 자메이카관, 바베이도스관, 바하마관, 카리브개발은행관, 카리브공동체관, 세인트빈센트그레나딘관, 세인트루시아관, 세인트키츠네비스관, 가이아나관, 도미니카연방관, 앤티가바부다관, 수리남관, 벨리즈관, 그레나다관, 트리니다드토바고관, 아이티관
:: 중남미 연합관: 에콰도르관, 우루과이관, 파나마관, 니카라관, 과테말라관, 도미니카공과국관, 볼리비아관, 온두라스관, 코스타리카관, 엘살바도르관
:: 아프리카 연합관: 기니관, 기니비사우관, 마다가스카르관, 말리관, 말라위관, 에리트레아관, 중앙아프리카공화국관, 베냉관, 감비아관, 모리셔스관, 모리타니아관, 우간다관, 부룬디관, 르완다관, 차드관, 니제르관, 가나관, 가봉관, 지부티관, 콩고관, 콩고민주공화국관, 토고관, 적도기니관, 수단관, 라이베리아관, 카보베르데관, 나미비아관, 탄자니아관, 아프리카연맹관, 케냐관, 코트디부아르관, 코모로관, 짐바브웨관, 에티오피아관, 레소토관, 모잠비크관, 소말리아관, 보츠와나관, 카메룬관, 세네갈관, 세이셸관, 시에라리온관, 잠비아관

이탈리아관 사람의 도시
City of Man

상하이의 골목길 놀이인 '놀이 막대'는 이탈리아에서도 놀아진다. 재미있는 것은 이 놀이가 이탈리아에서는 '상하이'로 불려진다는 점. 파빌리온은 이러한 아이들 놀이에서 착안하였다. 각각의 잘라진 형태의 파빌리온 건축선은 놀이기구를 닮았다. 20개로 나뉘어진 전시관의 각 기능단위는 이탈리아의 15개 주, 5개 자치구를 상징한다. 일종의 모자이크관으로 다양한 이탈리아문화의 정체성을 암시한다. 밀라노 최고의 오페라 교향악단의 공연도 이루어졌으며, 패션 강국답게 프라다나 베르사체 등의 패션쇼, 상품 홍보전략이 거국적으로 펼쳐진다. 무엇보다 중요한 것은 파빌리온 소재가 투명 콘크리트라는 점. 박람회를 계기로 중국에 신소재를 팔고자 하는 프로모션의 기회로 간주될 수 있다. 건축물 신소재와 구조적 역학을 통하여 에너지 절약과 활용을 모색하고 있는 점도 주목된다.

아이슬란드관 순수 에너지 – 건강한 삶

Pure Energy - Healthy Living

얼음의 패턴이 'ICE CUBE'(角氷)로 디자인되었으며, 중국식으로 빙도(氷島)라 명명하였다. 외벽을 그림으로 표현하였다면, 내벽은 아무 것도 없는 텅빈 상태. 주로 영상에 의존하여 아이슬란드의 화산, 얼음이 뒤덮힌 산하, 사계절 변화하는 자연 풍광 등을 파노라마처럼 펼쳐보인다. 아날로그적인 전시물이나 전시장치가 하나도 없이 오로지 영상만으로 꾸몄다.

아일랜드관 도시와 농촌, 인공과 자연의 관계

Relationship between Urban and Rural, Man-maid and Natural

5개의 장방형 전시구역이 독립적으로 구성되어있되 경사로로 연결되어있으며, 농촌과 도시의 제 관계를 설명한다. 전시관 내부는 아일랜드의 창의성, 고대 역사, 빛나는 현대 문화와 교육전통, 기술발전 등을 다루며, 놀랍도록 아름답고 다양한 섬을 다루고 있다. 관람객은 선사시대로부터 현대에 이르는 역사발전 단계별로 차이가 나는 국가와 도시의 생활 특색을 구경하게된다. 3개의 전시구역은 켈트(Celt)의 유산과 아일랜드 민족의 자연과 공존하는 지혜를 전시한다. 주 전시품은 아일랜드의 황금시대를 상징하는 켈트 십자가이며, 이는 지난한 외세와의 투쟁을 상징한다.

① 다섯 개의 독립적인 갤러리를 배치
② 시골광장에서는 아일랜드 문화유산의 하이라이트가 공연됨
③ 아일랜드 젖줄인 리피강을 따라가는 도시여행을 하다보면 독립영웅인 오 코넬(O Connell) 등 지난 독립투쟁의 흔적이 다가옴.

아일랜드 파빌리온에서 예이츠(William Butler Yeats, 1865-1939)의 '어쉰의 방랑과 기타 시편'을 떠올림은 당연하다. 어쉰이 여행한 환상의 나라는 켈트족의 '영원한 청춘의 나라'(Tir Na N-Og)로 불리어지는 이상향으로 '죽음, 늙음, 슬픔, 질투심, 미움, 오만' 등 시간과 감각을 초월한 세계이다. 예이츠는 전설적인 위대한 켈트 시인이며 이교도 무사인 영웅 어쉰과 아일랜드의 아름다운 고대 자연종교를 지배한 기독교의 상징인 성 패트릭(St.Patrick)을 대립시켰다.⁹ 풍부한 아름다운 상상력이 담긴 켈트의 정신을 노래하여 아일랜드 문예부흥의 주춧돌이 된 이 작품을 생각하면서, 아직도 해결되지 않은 아일랜드의 장기지속적 과제들을 파빌리온 곳곳에서 마주치는 것이다. 파빌리온의 잔디밭에서 아일랜드에서 찾아온 것으로 여겨지는 관광객 몇 명이 흑맥주를 따서 건배하고 있었다. 더블린의 명주인 기네스 흑맥주. 중국 땅에 와서 자신들의 술로 건배하는 아일랜드인을 생각하지 않을 수 없는 것이다.

룩셈부르크관 작은 것이 아름답다
Small is beautiful

작은 면적에서 살아가는 나라로서 작은 공간을 최대한 이용하는 룩셈부르크인의 세계관을 표현한다. 디자인 컨셉은 한자의 숲과 성채에서 빌려왔으며, 벽은 숲으로 둘러싸인 이미지를 전달한다. 무엇보다 인상적인 것은 기다림을 극복한 파빌리온이라는 점. 대개의 전시관에서 무작정 기다려야한다면, 룩셈부르크는 전혀 다른 전략을 선택하였다. 출입문을 다양하게 설치하여 각자 보고 싶은 곳으로부터 출입이 가능하게 유연전략을 펼쳤다. 입구에는 국가 상징인 황금빛 여인(Gelle Fra)이 3m 높이로 관람객을 마중한다. 재생 가능한 철과 유리와 나무를 이용하여 '유럽의 녹색 심장'이라는 명성에 걸맞게 현대적이면서도 편안한 라이프스타일을 제시한다. 전시시설 못지않게 식당에서 맛볼 수 있는 맥주, 포도주, 샴페인, 소세지, 그밖의 다양한 토속 요리가 눈길을 끈다.

Zone C :: 483

영국관 새로운 도시 이야기
A Tale OF New City

영국은 '세계박람회의 고향'이란 애칭을 지닌다. 1850년의 하이드파크에서 열린 만국박람회 덕분이다. 그 박람회는 '과학과 경제의 올림픽'으로 불렸다. 수정궁이 유리로 사람들을 감동시켰다면, 영국은 이번에는 다른 종류의 수정궁을 선보였으니 상하이박람회의 주제인 도시를 조명하는 빛과 생각의 파빌리온이다. 6만 여개에 이르는 20m 길이의 투명 아크릴 촉수가 건물 외부를 덮었다. 건축 개념은 영국의 진취적 기상과 빅토리아 시대의 영광을 표현하였다. 빛의 화분으로 불리는 6층 높이의 전시장 지붕에는 고슴도치의 바늘처럼 7.5m 길이의 야채씨앗이 들어있는 광섬유 필라멘크 만여개가 촘촘히 박혀있다. 그래서 '씨앗의 성당'이라고도 부른다. 영국은 이같은 전시를 통하여 밀리네움 씨앗은행(Millenium Sed Bank) 프로젝트를 환기시키고자 하며, 이는 2000년에 왕립식물원(Royal Botanic Gardens)가 시작한 국제적 운동이기도 하다. 가벼운 미풍의 흔들림에 따라 전관 표면에 변환 가능한 광택과 색채를 형성한다. 낮에는 햇빛을 끌어들이고 밤에는 조명을 밖으로 뿜어낸다. 정보와 영상 전송을 통하여 참관자는 전관의 표면에서 전관 내부의 각종 활동까지도 볼 수 있다. 파빌리온 주변은 말아놓은 종이처럼 자연스럽게 펼쳐져있어 사람들이 편하게 쉴 수 있는 공간으로 설정되었다.

① 영국의 수도인 런던으로부터 벨파스트, 카르디프, 에딘버러 등을 포괄하는 녹색지도(Green maps)를 전시. 도시의 녹색지도를 제대로 이해하려면 도시에서 건물들을 모두 지워버리고 남겨진 녹색만 관찰하는 것이다.
② 관람객은 각기 다른 종류의 씨앗들을 만져보고 인식할 수 있다. 20m 높이의 둥글게 둘러싸인 씨앗구조물로 이루어져있다. 씨앗은 지속가능성과 자연의 다양성, 생명의 잠재력을 드러내는 개념. 낮에는 이들 7.5m의 긴 장대가 섬유질 필라멘트처럼 작동하며, 실내를 환하게 밝혀준다. 밤에는 각각의 막대에 들어있는 빛의 원천이 전체 구조물을 어둡게 한다.
③ 살아있는 도시 안에서 살아있는 식물과 상상의 식물이 뒤섞인, 식물의 풍부한 다양성을 쇼케이스로 보여준다. 어떻게 과학이 의학과 건축 같은 다양한 영역에서 자연을 이용하며, 어떻게 미래의 나무들이 기후변화와 여타 범지구적 문제에 해답을 줄 수 있는가를 전시한다.
④ 2012년의 런던올림픽 선전홍보 역할도 한다.
⑤ 축구장 같이 넓은 '종이' 영역은 실제로 아이들이 축구도 할 수 있고, 관람객이 도심 공원처럼 편하게 쉬는 곳이다. 이 공간에서는 발레나 연극, 교향악단, 무용 등의 공연이 벌어진다. 영국의 축구스타가 아이들에게 공 다루는 기술을 가르쳐주기도 한다. 또한 셰익스피어의 오리지널 연극이나 개작된 작품이 공연되기도 하는 예술가의 공간이다.

벨기에 – EU관 뇌세포

The Brain Cell

철과 유리로 건축되었다. 뇌세포 컨셉은 벨기에가 자랑하는 예술적 성취와 지적 유산에 기초한 예술적 풍요로움과 과학적 성과를 연상시킨다. 라틴과 독일, 앵글로 색슨의 전통이 녹아있는 벨지움에서 중심성(centrality)은 언제나 정체성의 근본적인 토대였으며, 뇌세포는 이를 상징한다. 파빌리온은 유럽의회, 나토 건물 등이 있는 벨지움의 '유럽 허브'로서의 역할을 뜻하며, 벨지움은 물론이고 유럽의 문화다양성과 통합성을 꾀한다. 전시관 내에서는 벨기에 특산인 초콜릿공장을 만날 수 있으며 당연히 맛볼 수도 있다. 다이아몬드쇼도 거행하는데, 자신들이 식민지시대부터 거느려온 다이아몬드자본의 거대한 힘이 보여지나, 동시에 반군과 전쟁과 착취로 얼룩진 '악마의 보석'은 보이지 않는다.

포르투갈관 세계를 위한 광장

Portugal, a Square for the World

외장과 내장의 베니어판에 붙인 막은 환경친화적이고 재활용이 가능한 포르투갈산 코르크이다. 전시 구역은 넷으로 나뉘는데 레스토랑과 와인을 맛보는 구역을 포함한다. 출입구에 있는 홀인 디지털 스크린과 주제 전시룸은 포르투갈의 역사와 문화, 경제와 매일 매일의 일상의 삶을 전시하는 쇼캐이스다. 5세기에 걸친 중국과 포르투갈의 관계와 영향도 전시된다. 전시물은 과거 5세기에 걸친 중국과 포르투갈의 관계, 세계의 광장으로서의 포르투갈, 지속가능한 철학 등을 담았다.

스위스관 농촌과 도시의 상호작용
Rural and Urban Interaction

북적거리는 박람회장 내의 어느 일개 전시장에서 리프트를 타고 자연을 거슬러 오르는 쾌감을 느낄 수 있다면, 스위스관이 그러하다. 전시장 내에서 리프트를 탄다는 발상 자체만으로도 대담하다는 느낌이다. 리프트 탑승시간은 고작 8분이지만 흡사 초원 위를 나르는 강렬한 느낌을 받는다. 우천시 리프트가 작동 불가로 고장이 다수 발생하는 아쉬움이 있다. 전시주제는 '농촌과 도시의 교류'로 사람사이의 균형, 자연과 기술을 다룬다. 기술적 통찰과 아름다운 꿈, 즉 스위스관이 보여주고자 하는 현대 스위스의 특징과 뛰어남, 미래에 닥쳐올 혁신과 높은 수준의 삶의 질 등을 조합하고 있다. 건축개념은 모순된 요소의 혼합(음양의 조화)에 있다. 10m 높이의 아이맥스 영화스크린 '알프스'는 알프스산의 쇼케이스로 공간에 비해 스크린이 큰 것 같고, 자유동선으로 관람객의 이목을 끌지 못하는 것 같다. 전시관 외부를 알루미늄 그물망으로 뒤덮고 태양열로 자체 발광하는 일만 일천개의 붉은 조명등을 드리웠다. 흡사 시집가는 신부가 망사로 얼굴을 가린 느낌이다. 건축요소는,

① 리프트 타고 지붕으로 올라가면서 도시와 농촌의 아름다움을 체험.
② 지붕층을 복잡하게 가로지르는 리프트, 알루미늄 재질로 만든 커튼 사이로 도시의 분주함을 표현한 전시물.
③ 음과 양의 중국철학처럼 숭성 전체 벽면에 첨단기술과 자연이 교묘하게 조화를 이룸. 음양사상은 자연과 기술의 결합으로도 나타난다. 전시관 외관은 인터랙티브식 지능 장막, 빛 에너지이 시각효과, 도시와 농촌의 상호 의존,상호 공존 관계를 구현한다.

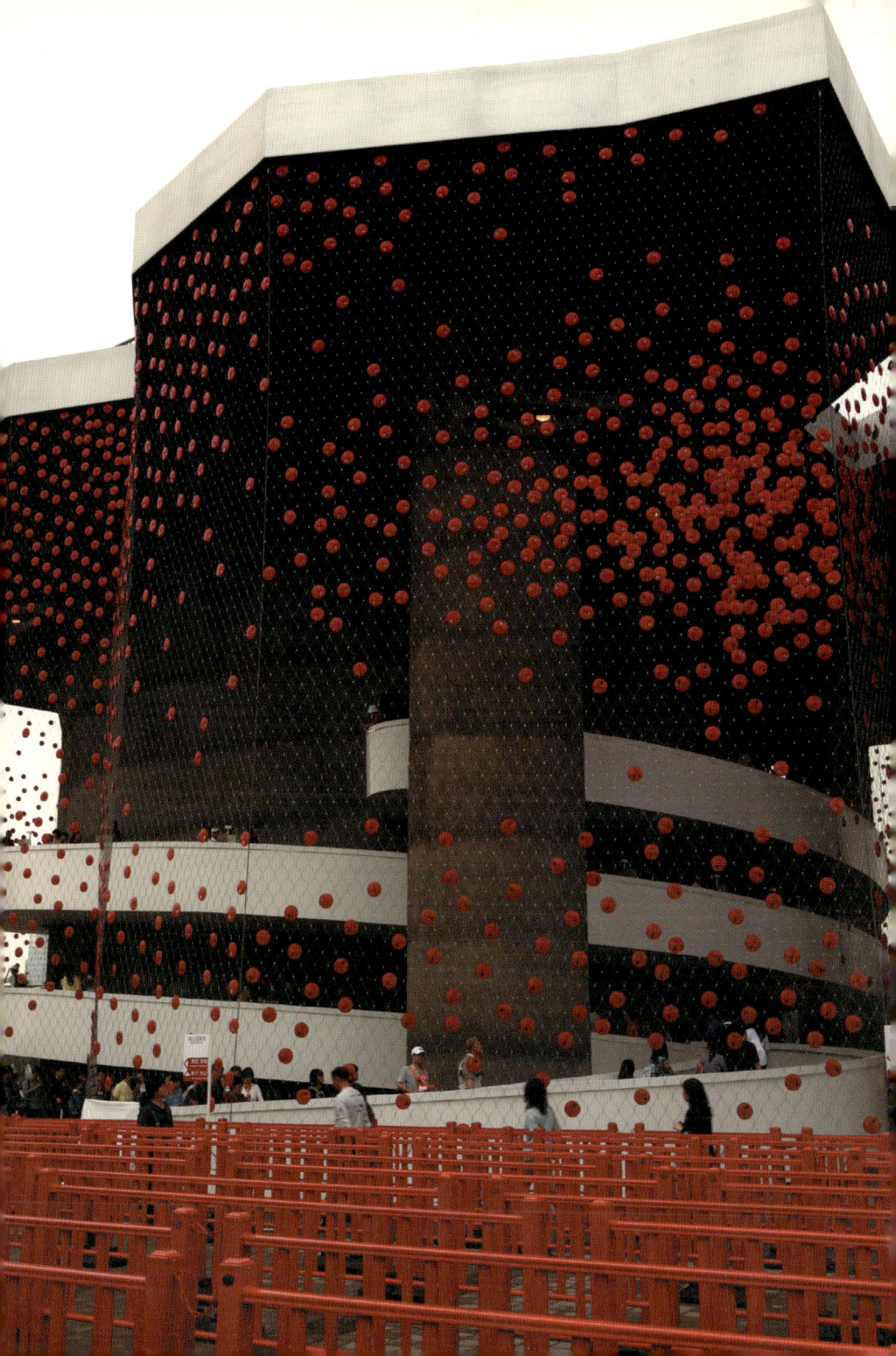

네덜란드관 행복한 거리

Happy Street

26채로 이루어진 톡특한 네덜란드 파빌리온은 '행복의 거리'라는 테마에 맞게 흥미롭게 관람할 수 있다. 팔각형 파빌리온 형식은 중국인이 좋아하는 8을 고려한 결과이다. 천천히 입장한 관람객은 동물형 의자로 이루어진 휴식공간과 현란한 색상의 파라솔을 지나 무려 400여m에 이르는 길을 걸어올라간다. 26채의 작은 건물은 저마다 건축의 혁신을 의도하는 아이디어로 그득 채워졌으며, 게중에는 반 고흐 같은 화가의 작업장도 살펴볼 수 있게 하였다. 정문이 없어 그저 걸어올라가기만하면 되는 유연한 동선이 편하게 느껴진다. 또한 관람객은 쇼윈도 창문을 통해서만 건축물의 실내 풍경을 구경할 수 있다. 50여개의 오렌지 컬러의 햇빛 가리개는 네덜란드가 오렌지공화국임을 상징하며 환경친화성을 강조한다. 1934년 시작된 암스테르담의 시네마 클럽을 구경한다거나, 공중으로 돌출한 사무실을 구경하는 것도 흥미롭다. 튤립농장을 재현하듯 귀빈실에는 튤립 꽃잎으로 만든 왕관도 전시하여 거대한 중국 꽃시장을 겨냥하는 네덜란드의 의지를 읽어볼 수 있다.

스페인관 우리들 부모들의 도시에서 아이들의 도시로
From the City of Our Parents to the City of Our Children

'세대에 걸쳐 전해져온 도시'란 테마에서 출발하여 스페인의 도시 변천을 묘사한다. 아방가르트 건축의 피빌리온을 시도하였다(바르셀로나의 Miralles-Tagliabue 스튜디오에서 디자인). [10] '스페인 바구니'란 건축명을 지니며, 파도처럼 등줄기들이 구비치면서 흡사 성난 모습으로 서있다. 등줄기는 중국·스페인에서 두루 쓰이며 동서 교류를 상징한다. 외벽은 8,524개의 등나무 판으로 구성하였는데 건축물 외관을 따라 대기공간을 형성한다. 전시존은 스페인 도시의 기원, 오늘날의 스페인 도시, 어린이들이 마주하게 될 미래의 도시란 주제로 나뉘며, 부모세대로부터 미래의 아이들의 도시까지 포괄한다. 한자로 쓴 달과 태양의 캘리그라피가 예술미를 더하며, 플라멩고춤을 통해 예술,열정 등을 담았다. 관람객은 마지막으로 등장하는 거대 아기인형을 만나게 되므로써 그 아기들이 자라났을 때의 미래도시를 상상하게된다. 파빌리온 은 환경과 지속가능에 대한 스페인의 생각을 담았으며, 엑스포 주제인 '베터 시티, 베터 라이프'의 영감을 그리고자 했다. 스페인의 화려한 역사와 오늘의 문화적 자산, 미래 세대의 희망이 도시에서 3세대에 걸쳐서 이어짐을 전달하고자 한다. 농촌으로부터 도시로의 엑소도스는 변화의 동력이며, 이는 중국이 현재 겪고 있는 것이기도 하다. 주제는,

① 자연에서 도시로
② 부모의 도시에서 현재로
③ 우리 현재의 도시에서 우리 후세대의 도시로
④ 먼 옛날의 야만과 문명부터 현재까지의 변화

건축 개념은 격정이 넘치는 스페인 풍정에 기초하며,
① 복고풍 짙으면서도 창의력이 다분한 등나무 예술조형.
② 중국전통 바구니와 비슷한 스페인 전통 나뭇가지(wicker-weaving) 바구니형태.
③ 스페인관 외벽을 둘러산 부동한 색의 등나무줄기들로 시와 그림의 정취가 물씬 풍기는 한자의 시가 (詩歌)를 조형.
④ 구석구석을 밝혀주는 등나무 줄기의 사이사이를 뚫고 흘러든 햇빛이 주목된다.

300인이 동시에 식사할 수 있는 스페인식당이 설치되어 올리브와 사프란 색소, 발렌시아 지방의 명물 파에야, 지중해의 포도주, 하몬 세라노 같은 햄, 오징어 링 튀김 같은 음식을 제공한다.

노르웨이관 자연의 선물
Norway Powered by Nature

노르웨이의 숲은 방문객들에게 시원한 경험을 만끽하게해준다. 15그루의 거대한 소나무와 중국 대나무로 이루어진 파빌리온은 노르웨이의 자연을 상징한다. 소나무가 노르웨이에서 널리 쓰이고 있다면 중국에서는 대나무가 쓰이고 있다. 노르웨이는 살아있는 땅이며 노르웨이의 자연과 조화로운 삶, 자연에 대한 태도, 자연이 노르웨이에 던져주는 영감 등을 다루고 있다. 국토의 70%가 빙하와 호수,그러면서도 70% 인구가 도시에 몰려사는 복지국가의 대명사 노르웨이의 자연에 대한 무궁한 사랑이 배어있다. 노르웨이의 도시는 주로 해변에 있으며 숲과 산들에 둘러싸여있고 북극해를 포함한다. 바이킹의 유산이 고스란히 남아있는 오슬로(Oslo) 풍경도 전시된다. 환경친화적인 디자인, 환상적인 북극의 라이트 쇼, 영상을 통한 놀라운 여행 등으로 전시구역이 이루어졌다.

이집트관   카이로, 세계도시의 어머니
Cairo, The Mother of the world City

검정색과 흰색이 교차하는 외벽 색조는 모던풍을 상징한다. 전시공간은 두 부분으로 나뉘어진다. 전시 아이템은 이집트의 풍부한 고대 역사와 문화를 알려주는 물질 자료, 필름, 그림 등이다. 파빌리온은 어떻게 과거를 탐색하며 현대에 적응하는가를 잘 설명해준다. 과거의 오랜 도시이자 현대의 중요 도시로서 카이로가 처한 위치와 미래적 비전을 강조하였다. 따라서 전시물도 경이로운 이집트의 역사, 경제, 관습, 문화, 전통 등을 보여주며, 카이로의 고대적 풍경과 현대적 다양성을 함께 제시한다.

스웨덴관 스웨덴 – 혁신의 정신
Sewden - Spirit of Innovation

전체적으로 장방형의 건물인데 4개의 교차로로 구분된다. 스웨덴의 국기를 닮은 형태이다. 파빌리온의 초점은 도시와 농촌 사이의 상호작용에 주어지며, 세 부분은 도시 영역에 주어지고 나머지 한 부분은 자연을 뜻하는 야외 테라스로 꾸려졌다. 기본개념은 혁신, 지속가능성 소통의 세 측면에 있다. 저변에 흐르는 개념은 가족과 선한 삶이며, 파빌리온의 메시지는 시민과 행정관료 사이의 소통이다. 지역 환경은 열려져 있고 조화로운 커뮤니티의 기반이기 때문이다.

덴마크관 　행복한 이야기들

Welfairtales

2010년 3월 26일, 덴마크 정부는 코펜하겐의 명물 인어공주를 상하이로 보냈다. 1913년 안드레센(1805-1875)[1]을 기념하여 세운 코펜하겐의 상징물이 상하이 박람회 덴마크관의 랜드마크로서 역사에 유례 없는 대여행에 나선 것. 코펜하겐의 인어가 앉았던 바닷가에는 중국 예술가 애매미(艾未未)의 설치작품이 대체 전시되었다. 주제어 'Welfairtales'는 'Well'과 'fairtales'의 합성어로 상하이로 보낸 인어공주를 상징한다. 파빌리온은 2층의 달팽이모양 건축물. 거대한 금속구조물로 만들어진 자전거도로와 도보가 결합된 12m 높이의 경사로가 핵심을 이룬다. 흰색의 강철 구조는 덴마크의 오랜 항해 전통을 상징하며, 파빌리온을 시원하게 하는 기능을 한다. 전시물은 인어공주와 자전거, 덴마크의 라이프스타일 등인데 비에르케 잉엘스 같은 스타 건축가의 작품과 아이디어이다. 박람회를 통하여 스타 예술가와 스타 프로젝트가 가능함을 잘 말해주는 사례이다.

프랑스관 감성도시

The Sensual City

6,000㎡ 규모의 신소재 콘크리트 재료로 만들었다. 마치 지면을 떠다니는 흰 궁전같다. 격자모양의 외벽이 거울 같은 물 위에 그림자를 드리우는 '차갑고 맑은 물의 나라'를 표현했다. 처음부터 끝까지 걸어 들어가는 공간으로 대기공간이 없어 동선이 매우 유연하다. 시작과 끝이 없는 것 같은 느낌. 개울이 흐르고 분수공연이 있는 정통 프랑스식 정원이다. 프랑스관 홍보대사 알랭드롱(Alain Delon)의 뮤지컬 '정겨운 프랑스'(Douce France) 공연. 로댕의 청동시대, 밀레의 만종, 파울 세잔, 피에르 보나르, 고흐, 마네, 고갱 등 6점의 국보급 그림과 1점의 국보급 조각상을 전시했다. 꼭대기층 프랑스식 레스토랑에서는 낭만적인 프랑스식 음식문화를 볼수 있으며, 꼭대기의 화원에서 천천히 걷다보면 황푸강의 아름다운 풍경이 한눈에 들어온다. '감성도시'에서 참관자들은 미각, 시각, 촉각, 후각, 청각의 성대한 연회에 참가하면서 프랑스의 매력에 빠져든다. 전람 동선의 한쪽은 영상벽면으로 프랑스 단편 고전 영화와 현대 프랑스영화를 상영하여 프랑스문화와 도시의 모습을 느낄 수 있게한다. 정중앙의 얕은 못은 물만 빼면 각종 문화활동을 경축하는 무대다. 조명효과를 배가하여 감성도시로 하여금 밤마다 고운 풍채를 과시한다. 감성적인 외관으로 하나의 수상세계를 조성하였다. 지극히 프랑스적이되, 예술이면서도 프랑스라는 국가프로파간다에도 충실한 파빌리온. 건축요소를 다시 정리하면,
① 최첨단 건축공법과 친환경소재
② 거울같이 맑은 수운 위에 떠다니는 수상전시관
③ 계류가 프랑스식 정원을 끼고 흐르고 한 가운데 작은 분수가 뿜어져나오는 감성적 전시.

핀란드관 영감의 공유
SHARING INSPIRATION

전시주제는 기술적 통찰력과 아름다운 꿈의 조화. 영감의 공유로 생활수준을 개선하는 아이디어를 촉진하는데 있다. 건축 개념은 호수에 떠있는 비대칭의 흰그릇(kirnu – 자이언트 주전자란 애칭). 빙하시대 암석이 침식되어 자연적으로 움푹 패인 모양이 모티브이다. 북유럽의 백야의 도시가 뿜어내는 강렬한 인상과 맑은 공기가 파빌리온에 잠복되어있다. 건축요소는,
① 대자연에서와 같은 얼음그릇 안에서 한가로이 산책하는 사람들에게 평화로운 공간을 제공
② 전시관 내부에서 편안한 기분으로 비 온 하늘을 볼 수 있는 중정
③ 사발모양의 오픈 에어 구조. 중국의 찻잔을 연상케하는 흰그릇 안에는 북방 특유의 핀란드 사우나도 마련되어 목욕탕이 딸린 유일한 파빌리온으로 기록될 것이다.

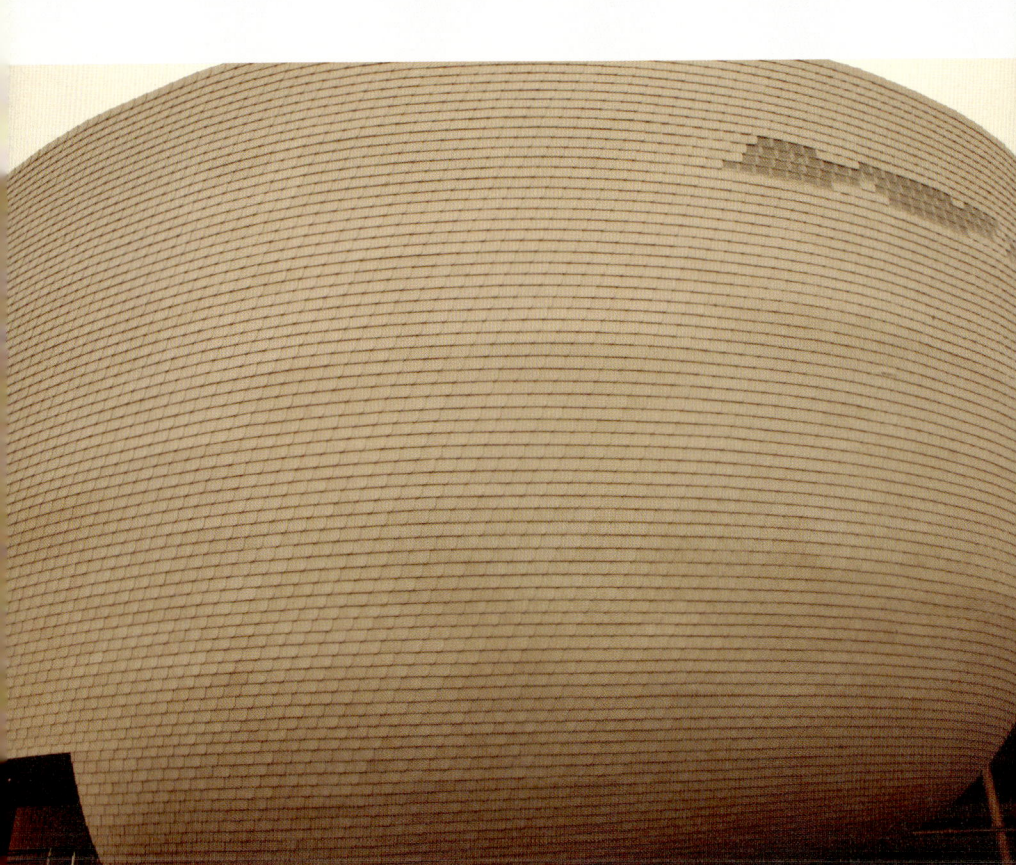

모나코관 　모나코의 과거, 현재, 미래
Monaco Past, Present and Future

진화하는 도시국가의 과거, 현재, 미래를 담은 파빌리온. 외벽은 모나코 해변을 상징하는 푸른 빛으로 감싼 형식이다. 관람객은 1929년에 시작된 모나코의 그랜드 프릭스의 KERS 시스템과 진화하는 도시 풍경을 만난다. 6분 분량의 '모나코, 영원의 바위' 라는 영화를 만나게되며, 럭셔리한 환경친화적 자동차도 만날 수 있다.

오스트리아관 조화를 느끼기

Feel the Harmony

다이나믹하고 추상적인 양식으로 이루어진 파빌리온은 빨강과 흰색의 도자기의 표면을 상징. 도자기는 전시관 내부에서도 발견된다. 도자기 표면은 중국에서 유럽으로 건너온 '중국적 물건'의 세기를 뛰어넘는 오랜 전통을 뜻한다. 지극히 상징적인 방식으로 오스트리아는 유럽으로 넘어온 중국 도자기 전통을 이와같은 파빌리온을 통하여 중국으로 되돌려주고자 하였다. 붉음과 흰색은 오스트리아 국기를 상징하며, 특히 붉음은 중국인들이 좋아하는 색깔로서 이를 통하여 중국-오스트리아의 우의를 전달하고 있다.

유럽연합관 1

몰타관, 산마리노관, 리히텐슈타인관, 키프로스관 등. 지중해의 요새국가로 북아프리카와 유럽문화가 만나는 몰타는 정면을 독특한 석조기둥으로 양식화시켰으며, 실내에 술을 파는 고풍스러운 바를 두었다. 그리스와 터어키의 분쟁이 계속되고 있는 키프로스의 에게해문명, 이탈리아에 둘러싸인 유럽에서 가장 작은 나라인 산마리노, 스위스·오스트리아와 국경을 접한 공국인 리히텐슈타인이 연합 전시관에 선보인다.

유럽연합관 2

아르메니아관, 알바니아관, 아제르바이젠관, 불가리아관, 마케도니아관, 그루지야관, 몬테네그로관, 몰도바관 등. 이란 북부에 위치하며 제1차대전시 오스만 투르쿠에게 50여만명이 학살당한 아르메니아, 이슬람을 믿는 유럽 유일의 나라인 알바니아, 카프카스 산맥에 의지하여 주로 농사를 짓고 사는 아제르바이젠, 흑해변의 불가리아, 알렉산드로스의 고향인 마케도니아, 스탈린의 고향이기도 한 그루지야, 발칸반도 아드리아해 연안의 몬테네그로, 독립 이후에도 여전히 가난한 삶을 살아가고 있는 몰도바 등이 연합관에 입주하였다. 연합전시관의 아르메니아관 정면에 세운 현대적 그림을 지켜보면서 혼선과 복잡계, 분산과 희망, 고립과 역동성 등의 미묘한 대조를 읽어본다. 복잡다단한 발칸과 소아시아의 역사가 그러하였듯이.

그리스관 폴리스, 살아있는 도시
POLIS, the Living City

라틴어로 도시를 지칭하는 폴리스를 내걸고 제대로 된 도시의 삶을 노래하고있다. 전시물은 그리스 도시의 24시간 삶을 박람회장이 공개된 12시간 동안 압축하여 보여주는 방식이다. '하루'라는 살아있는 유기체로서의 도시의 삶이 공개된다. 또 다른 전시물은 아케이드, 도시와 바다, 아고라, 환경, 도시- 농촌, 극장, 함께 살아가기, 까페와 레스토랑과 가게가 있는 광장 등이다.

독일관 조화로운 도시
BALANCITY

발렌시티는 'Balnce City'의 합성어. 전관 사면이 개방된 모양의 JSCNR 설계가 관람객에게 경쾌하고 시원스러운 느낌을 전달한다. 주 소재는 실버 벰브레인. 전시 동선은 항구에서 시작하여 도시 행정계획 사무실, 공장및 도시 중앙광장, 도시의 동력 중심에 도달한다. 청어,소시지, 햄 등 정통 독일요리, 하나의 냄비에 야채·콩·감자·고기 등을 끓여낸 아인토프 같은 서민음식도 체험할 수 있다. 전시주제는.

① 동력의 근원 전시홀 ; 전시홀 내의 거대한 금속구가 서로 영향을 주고 받아 사람들의 동작과 외침에 따라 각종 반응을 만들어낸다. 공의 표면에는 40만개의 LED를 심어 각종 형상과 색채를 표현하였으며, 참관자들이 부지런히 움직일수록 금속구가 만들어내는 능력도 커진다. 이 거대한 금속구가 도시에 활력을 준다.

② 인문회원 전시홀: 불빛과 색채, 소리로 만들어진다.

③ 발명문서관과 창조공장 전시홀: 독일의 설계 상품을 전시

④ 재료동산 전시홀: 각종 독일에서 발명한 신형재료를 전시. 건축요소는 3개의 부유공간과 하나의 원추형공간으로 구성되어 가볍고 우아한 느낌을 전달한다.

러시아관   뉴 러시아: 도시와 시민

New Russia : City and Citizen

아이의 눈으로 본 도시의 현존하는 동화이야기다. 6000㎡에 달하고 높이 20m의 탑이 있는 15m의 중앙 건물은 3000년 전으로 거슬러 올라가는 고대 우랄(Ural)타운을 상징하며, 이는 현대에는 없는 형식이다. 세 공간으로 나뉘어진 전시구역은 유명작가 니콜라이 노소브(Nikolay Nosov)가 쓴 어린이책 '두노와 그의 친구들의 모험'(The Adventure of Duno and his Friends)에 기초했다. '태양의 도시', '달의 도시', '꽃의 도시'가 그것이며, 아이들에게도 편안한 도시, 생동감 넘치는 도시 임을 뜻한다. 밝은 색으로 칠해진 파빌리온으로 들어서면, 관람객은 버섯 모양의 집으로 들어간다. '꽃의 도시'는 아이들을 상징하며, 색깔과 환타지에 관한 이야기이다. '태양의 도시'는 태양이 영원히 비추는 인공적 공간이다. 관람객은 버추얼적인 전시를 보게되는데 러시아 청년 작가들의 기술력을 알게 된다. 러시아관을 구경하면서 동화 속의 '태양의 도시'와는 무관하게 백야에 빛나던 상트페테르부르크(St.Peterburg)의 전설적인 황제의 도시를 떠올린다. '달의 도시'는 우주탐사에 관한 이야기인데, 러시아가 자부심을 지니는 우주탐험에 관한 영화와 인간의 탐험역사를 다루므로서 일종의 국가적 프로파간다에 복무한다.

터키관
안토리아, 문명의 요람
The Cradle of Civilization

2000㎡에 달하는 넓은 크기의 파빌리온은 인류 최초의 주거지 중의 하나인 신석기시대 문명의 중심지인 안토리아 카탈로윢(Catalhoyuk) 벽화 밑그림으로 붉은색과 미색으로 외곽과 내벽을 치장하였다. 붉은 빛의 동굴 같은 외관이 강렬한 느낌이다. 건축 컨셉은 '꿈꾸는 미궁의 상자'이다. '미궁의 상자' 답게 실제로 외벽의 구멍 사이에 황소, 숫 사슴, 수리 등의 추상화를 상감하여 벽화로 제작하였다. 터키 역사상 가장 오래된 마을로 안토리아 식석기시대 문명에서 영감을 얻었다. 벌집처럼 수 만명이 밀집하여 살아가는 이 거대한 유적지가 담고 있는 도시정신과 기능, 도시계획의 역사를 반영하였다. 파빌리온의 첫째 구역에서 사람들은 터어키 역사의 출발로 거슬러오르는 여행을 하게된다. 고대 터어키의 주거지를 알리는 고지도가 전시되고 최초의 인간들이 세운 건축물이 전시된다. 중간 구역에서는 360도 각도의 영화가 이스탄불 거리에서 유럽 문화도시의 중심을 보여준다. 전시관 2층에서는 터키식 불고기, 술 커피 등을 즐길 수 있다.

우크라이나관 고대에서 세우고 현대에서 만들기
Buiding on the Past, Shaping our Future

빨강, 흰색, 검정으로 장식된 파빌리온은 언뜻보기에 8개의 삼자명(三字銘: 중국 역학의 象,文,卦)으로 보이지만, 실제로는 우크라이나의 고대 부족들의 문화에서 기원한 상징물이다. 중간의 뱀 모양 바퀴는 시간의 지나감과 기후변화를 상징하며, 개 양식은 악귀를 축귀하는 것을 뜻하며, 태양은 끝없는 힘의 상징이다. 전시물은 고대로부터 현대도시까지를 다룬다. 유럽에서 가장 큰 카파치언(Carpathian) 국립공원의 일곱 가지 놀라움을 펼쳐보이며, 이는 우크라이나의 친환경성과 환경보호 정책을 잘 말해준다. 도자기라거나 그림, 자수, 목공예 같은 전통 수공예나 전통공연을 통하여 우크라이나의 전통을 이해하게 되며, 체험프로그램도 즐길 수 있다.

세르비아관 도시코드

City Code

파빌리온은 전통적인 세르비아 건축 전통에 기반하였으나 보다 현대적으로 만들었다. 구멍 뚫린 벽돌같이 어긋나게 쌓아올렸으며 빨강, 파랑, 노랑, 하양, 주황 등의 색깔로 이루어졌다. 벽면의 LED가 밤이면 빛이 난다. 내부는 홀, 전시구역, 라운지 등으로 이루어졌다. 시간이라는 요소를 가지고 현재뿐 아니라 과거와 미래의 세르비아와 연결되게끔 하였다. 다섯 사람의 타임 머신 여행, 세르비아 도시 사람들의 효과적인 시간 활용, 전체 유럽 대륙의 도시 역사와 자연 환경을 설명하는 유럽정원 등으로 전시 컨셉이 만들어졌다. 1914년 6월 28일, 사라예보의 총성이 오스트리아·헝가리의 황태자 페르디난드의 가슴에 명중하였고, 이로부터 4년 반이나 유럽을 전쟁의 도가니로 몰아넣는다. 물론 파빌리온에서는 근년에 이루어졌던 세르비아의 대학살에 대해서 언급도 하지 않는다. 우리는 이러한 역사들과 무관하게 오로지 '박람회적 도시'만을 구경하게 된다.

폴란드관 웃고 있는 폴란드

폴란드관 주제는 '인류가 창조한 도시'로 인간, 창조, 도시라는 3개 컨셉으로 이루어진다. 폴란드 건축의 정확한 사례로서 현대성과 민속예술을 결합한 양식이다. 벽돌이나 콘크리트로 건축되었다고 하기보다는 톱날로 잘라진 건축이라 부를만하다. 전통적이고 섬세한 종이자르기 양식과 단순하면서도 기하학적인 양식이다. 건축의 착상은 중국과 폴란드의 전통적인 종이자르기공예(剪紙工藝)에서 비롯되었다. 그 결과 거대한 종이자르기 공예품이 우뚝 섰다. 폴란드는 종이자르기 공예로 유명하며, 장인들은 단절됨이 없이 종이를 안에서 잘라나가는 뛰어난 기술을 전승시켜왔다. 상하이세계박람회의 폴란드측 커미셔너(Slawomir Majman)는 '폴란드 파빌리온의 디자인은 추상적 디자인과 미래적 사고를 지닌 고대 예술가를 연상케한다' [12] 고 하였다. 종이자르게로 잘라진 건축물답게 밤이면 안에서 새어나오는 불빛이 묘한 아우라를 창조한다. 빛과 건축을 이용하는 유연성이 돋보인다. '동쪽의 파리'라는 바르샤바, 타트라 산맥의 정기를 받는 크라쿠프, 발트해 연안의 최대 항구인 그단스크 같은 도시도 엿보인다. 2010년은 폴란드가 낳은 위대한 음악가 '쇼팽 탄생 200주년'이다. 그의 음악이 100명의 피아니스트와 100대의 피아노로 연주된다.

루마니아관 녹색도시

Greenopolis

사과에서 빌려온 녹색과 환경적 사고를 연상케한다. 사과는 루마니아에서 가장 보편적인 과일이며 지속 가능한 녹색도시의 건강한 삶을 표현하고자 했다. 전시구역은 녹색의 사과와 잘라진 사과들이 놓여진 공간으로 나뉜다. '밀레니엄의 반추', '역사와 자연에 의한 사회와 도시발전''자연에 가까운 도시적 삶'의 셋으로 나뉜다. 옛 루마니아 영화상영, 즉 'Stefan cel Mare'(1974), 'Mihal Viteazul'(1970) 상영이 이루어진다. 영화를 통하여 과거의 노스탤지어적인 루마니아를 생각하면서, 동시에 루마니아가 급격히 변화해온 속도감을 감지한다. 파빌리온이 철제 골조에 유리로 만들어졌기 때문에 밤에 조명을 비추면 녹색이 형형색색으로 변한다. 바닥에 뉘여진 사과조각은 루마니아의 수도인 부카레스트의 역사와 풍경을 보여주는 쇼케이스이다. 전시기간 중에 사과 앞의 무대에서 민속예술공연이 벌어진다.

슬로바키아관 인류의 세계

The World of Humanity

외관은 흰색바탕이며, 흰색 나선형과 녹색 · 파란색 나선형 문양이 그려져있다. 파빌리온으로 들어서면 광장으로 모여들게되어있는 꼬인 길들을 상징하는 나선형 층계가 있다. 슬로바키아의 중요한 역사적 기념비들로 채워진 벽면이 광장에 근접해있으며, 관람객은 이를 통하여 슬로바키아의 역사로의 여행을 하게된다. 도시의 일상을 담은 영화가 슬로바키아 도시의 변화와 발전상을 설명해준다. 도시와 농촌의 삶이 투사되는 굽은 벽면, 가구와 의상과 수공예품 등을 통한 슬로바키아 체험하기, 유명 슬로바키아 예술인의 음악과 춤이 선보인다.

슬로베니아관 **열려진 책**
Open Book

책에서 착상을 얻었으며 실제로 책을 쌓아놓은 서가 같은 느낌으로 디자인하였다. 전시장 안에 쌓아놓은 8권의 책은 중국전설에서 가져온 '바다를 건너는 8인의 신선'을 뜻한다. 8권의 책은 경제, 문화, 과학, 기술, 자연, 인류문화, 스포츠, 그리고 슬로베니아의 다른 측면들을 보여주는 쇼케이스이다. 관람객은 흡사 책장을 넘기듯이 각각의 페이지가 보여주는 다양한 문화를 만끽한다. 비디오, 오디어, 프로젝트 등을 통하여 경험을 읽는 멀티미디어 공간. 8권의 책이 가져다주는 보고 듣고, 만지고, 냄새 맡는 환상적인 감각의 공간으로 전시물이 구성된다.

벨라루스관   도시에서의 문화적 다양성, 경제적 복지, 과학기술적 혁신, 삶의 조건의 증진
Culture Diversity in the City, Economic Well-Being in the City, Scientific and Technical Innovations in the City, Improvement of Living Condition

도시발전에서 거둔 다양한 성과를 보여주기 위하여 다양한 수단을 강구하였다. 도시의 삶을 윤택하게 하고 경제적 성장과 사회적 복지를 선전하고, 과학기술적 혁신을 선전하고자 하는 벨라루스의 국가 프로파간다에 충실하다. 벨라루스의 수도인 민스크(Minsk)의 문화적 역사유산을 전시하고 자연의 야생성과 에코 투어리즘(Eco Tourism)을 강조하였다. 외벽에도 민스크의 강과 다리, 성당과 공공건물, 주택을 정겨운 풍경화로 그려두었다.

보스니아 – 헤르체고비나관
온 나라, 하나의 도시
Whole Country - One City

보스니아–헤르체고비나는 발칸의 화약고로 1차 세계대전으로 가는 길목에서 기폭제 역할을 했다. 근년에 이루어진 보스니아의 대량학살과 그 슬픈 역사는 파빌리온에서 찾아볼 수 없다. 역사는 분명히 잔혹하였으며, 운명은 이들 나라의 편이 아니었다. 적어도 근대의 비극으로는 그러하였다. 전시관 내부는 8각형과 다양한 패턴으로 이루어졌으며, 수공예구역, LCD구역, 영화와 식사구역 등으로 나뉘어졌다. 도시문화와 자연적 다양성이 표현되었으며, 도시와 나라 전체가 갖는 유기적 관계를 주제에 담았다. 관람객은 나무를 이용한 전통 수공예작업도 보게 된다.

크로아티아 도시의 다양성, 삶의 다양성
Diversity of cities, Diversity of Life

일명 '크로아티안 레드'로 불리는 붉은 색 파빌리온은 강철 구조물이며, 흰색 깃발이 펄럭이면서 묘한 대조를 이룬다. 비디오와 영상이 10개의 슬라이드 프로젝터에 의해 안쪽 벽에 투사되어 매일 매일의 크로아티아 도시민의 삶과 도시발전, 내륙과 해안, 고대와 새로운 도시 사이의 차이 등을 보여준다. 핵심 전시 컨셉은 도시의 음악과 소리, 크로아티아에서 본디 기원한 타이(tie) 전시와 판매 등이다.

체코관 문명의 과일
Fruits of Civilization

'문명의 과일'이란 주제 아래 도시의 탄생을 설명하고 있다. 보다 나은 도시를 창조하기 위한 기술적인 과일을 적용하면서 관람객은 이 거리 저 거리로 옮겨가면서 문명의 제 각기 다른 과일들을 발견한다. 체코의 수도인 프라하, 첨단 과학기술로 마련된 '떠있는 도시', 메인홀이자 멀티 미디어홀이고 물건을 파는 쇼핑 등으로 전시공간이 나뉜다. 출입구를 뫼비우스의 띠처럼 묘하게 나선형으로 만들어놓은 것이 인상적이다. 나무를 맞추는 전통적인 놀이, 키다리 어릿광대의 거리극도 선보인다.

Zone C :: 525

에스토니아관 도시를 구하라
Save City

도시와 관련된 여러 이야기를 들을 수 있는 파빌리온. 전시관 외벽의 현란하고 다채로운 색감이 강한 충동을 일으킨다. 발트해 연안의 아름다운 중세의 도시 탈린(Talin)을 기억한다면, 그네들의 고풍스런 문명의 빛깔과 냄새를 떠올릴 일이다. 재미있는 것은 귀엽고 친근한 다양한 색(빨강,파랑,노랑,녹색 등)의 돼지들이 늘어서있어 관람객이 시에 관한 생각을 돼지를 통해 전달한다는 점이다. 상하이세계박람회가 끝난 후, 상하이의 학교에 이들 수집된 글이 전달되어 관람객이 제시한 다양한 생각들을 분석하게된다. 매일 저녁 6시에는 카라오케가 열려서 에스토니아어는 물론이고 영어, 중국어 등으로 노래를 부른다.

라트비아관 숲과 바다와 땅과 하늘과 바람의 패턴
Patterns of Forests, Oceans, Lands, Sky and Wind

외관은 숲과 바다와 땅과 하늘과 바람의 패턴으로 장식되었다. 바람이 불면 10만개 이상의 플라스틱 판이 흔들들린다. 파빌리온에 입장하면 층계는 인간이 이룬 높은 수준을 상징한다.

리투아니아관 꽃피는 도시
Blossoming Cities

외관 디자인은 '숲 속의 꽃'에서 왔으며, 지속적으로 번영하고 꽃피우는 농촌과 시골의 꽃을 상징한다. 전시관은 도시발전, 건축물과 문화유산, 자연보호, 사람들의 성취물, 스포츠와 과학적 발전 등을 함축한다. 발틱해의 국제 정치, 문화, 경제의 중심지로서 리투아니아의 발전과정에서 나타나는 자연 친화적 지향점을 보여주는 쇼케이스이다. 관람객은 리투아니아를 높게 나르는 느낌을 받게되며, 손 수공예품을 DIY로 즐길수 있는 기회도 맛볼 수 있다.

헝가리관 조화와 창조와 친절

Harmony, creativity and hospitality

1000개 이상의 나무 막대로 파빌리온을 꾸몄다. 관람객은 흡사 마른 나무 숲을 거니는 느낌. 나무는 빛을 관통시킬 뿐더러 소리에 맞춘 오르내림으로 관람객에게 시각, 청각적 즐거움을 준다. 통나무 자체가 악기가 되는 것이다. 도나우 강변의 부다페스트에서 들려오는 헝가리 민속음악 차르다시(czardas)도 들려온다. 이들 헝가리인은 대부분 유목민족 마자르(Magyar)의 후손이므로 유목민의 노마드적인 방랑기가 배어있다. 헝가리 수학자에 의해 창조된 곰복(Gomboc)도 전시된다. 곰복은 헝가리인의 지칠 줄 모르는 창의력을 상징한다.

미국관 도전을 포용하기

Rise to the Challenge

미국은 2009년 7월에야 뒤늦게 참가를 결정하였다. '도전의 포용'(Rise to the Challenge)이라는 주제가 의미심장하다. 혹시나, 중국의 도전을 포용하겠다는 생각일까. ㄷ자 형태로 광장이 관람객을 향해 팔을 벌린 듯한 모습의 개방적 느낌이다. 외벽에서는 폭포가 흘러내린다. 외벽에 인공폭포와 미디어벽을 통해 청량감을 선사하고자 했으나 별 효과는 없다. 회색 파빌리온의 색깔은 미국의 상징인 독수리가 날개를 펼친 느낌이다. 파빌리온은 4개의 기본 개념, 즉 지속가능한 발전, 세계협력, 건강,성공을 위한 생존의 정신 등으로 구성하였다. 미국관은 거대한 회색 철강구조로 독수리 그 자체이다. 전시물은 미국의 존속과 혁신, 다양한 측면에서의 커뮤니티의 건축, 하이테크놀로지적인 제시를 포괄한다. 미국이 기회의 땅이며, 다양성의 도시이자 보다 좋은 커뮤니티를 위해 함께 변화하는 사회임을 말해준다.

대형 영상공간(700명 정도 수용)이 중심이다. 전시물의 핵심을 모두 영상이 차지할 뿐, 별다른 전시물을 보여주지 않고 있음은 할리우드적 전략 [13] 이 박람회에서도 예외없음을 말해준다. LCD영상은 중국어를 배우는 미국인 영상으로 중국인에게 친근감 제공하며, 4D영상은 중국에 대한 관심을 간접적으로 보여준다. 따지고 보면, 일본이 15년간에 걸쳐 중국 대륙을 유린한 뒤, 국공내전기에 미국은 중국 내전에 크게 개입했다. 마오쩌둥은 내전을 '표면적으로는 장제스이지만 실제적으로는 미국이 중국 인민을 공격한 전쟁이었다'고 갈파했다. 중국공산당은 미국의 직접 간접적 지원을 받은 국민당 세력을 일소함으로써 중국의 통일과 독립을 달성하게 된 것이다. [14] 이러한 역사적 과거와 무관하게 미국관 앞에 중국인들이 장사진을 치고 있다. 2010년 현재 미국 내의 대학유학생 제1위도 당연히 중국이다.

캐나다관 살아있는 도시 – 포용성,지속가능성,창조성

The Living City - Inclusive,Sustainable,Creative

전시주제는 편안하고 생기 넘치는 도시, 개혁과 혁신, 지속적 발전을 동시에 추구하는 도시이다. 손을 폭포수에 들이미는 관람객 숫자에 따라 각기 다른 시각적 효과를 보여주는 가상 폭포를 설치하여 도시는 모두가 함께 만들어가는 공간임을 은유적으로 표현하였다. 전시관은 공공 전시구역, 귀빈 예술구역, 행정관리구역, 다기능구역 등 5개로 구분된다. 건축개념은 캐나다 머리글자인 C 모양의 기하학적 형태이다. 캐나다는 친환경 목조주택을 최고 9층까지 올리는 공법이 발달하였으며, 친환경적으로 목재를 가공하고 건축에 응용하는 산업이 급속히 발달하고 있다. 무엇보다도 캐나다 문화의 상징이기도 한 태양의 서커스단 공연이 벌어짐을 주목할 필요가 있다. 건축 소재로 쓰여진 삼나무의 친환경성도 주목된다. 건축요소는,
① 각종 문화공연이 진행될 개방형 광장을 감싸안은 형태
② 전시의 주역을 맡은 태양의 서커스단 공연과 캐나다 문화전시효과를 극대화하기 위한 내부공간
③ 높이 17m의 캐나다관은 각기 다른 규격의 강철기둥을 사용한 철골구조로 외부는 캐나다산 붉은 삼나무 각목을 붙여 그 사이 사이로 자연빛을 유입.

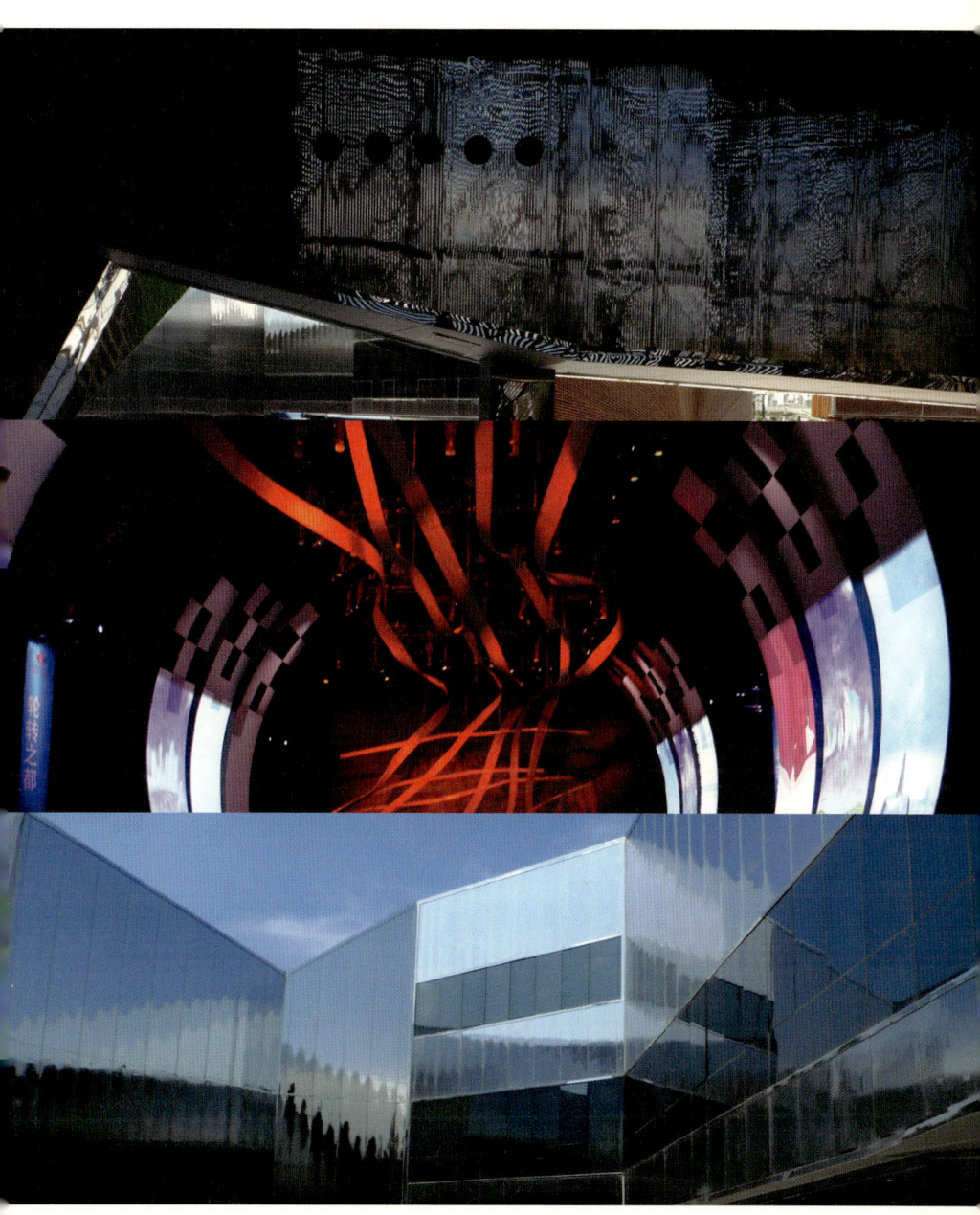

카리브공동체 연합관

1967년의 카리브 자유무역연합을 대체하여 1973년에 발족한 카리브해 연안국가의 조직(CARICOM). 사무국은 가이아나의 조지타운에 있으며 주 목적은 지역경제 협력이다. 전시는 현대적인 카리브 나라들의 경제,문화,관광, 나아가서 원주민문화로부터 식민지 유산에 이르는 역사적 궤적도 보여준다. 자메이카관, 바베이도스관, 바하마관, 카리브개발은행관, 카리브공동체관, 세인트빈센트그레나딘관, 세인트루시아관, 세인트키츠네비스관, 가이아나관, 도미니카연방관, 앤티가바부다관, 수리남관, 벨리즈관, 그레나다관, 트리니다드토바고관, 아이티관 등.

카리브공동체 연합관

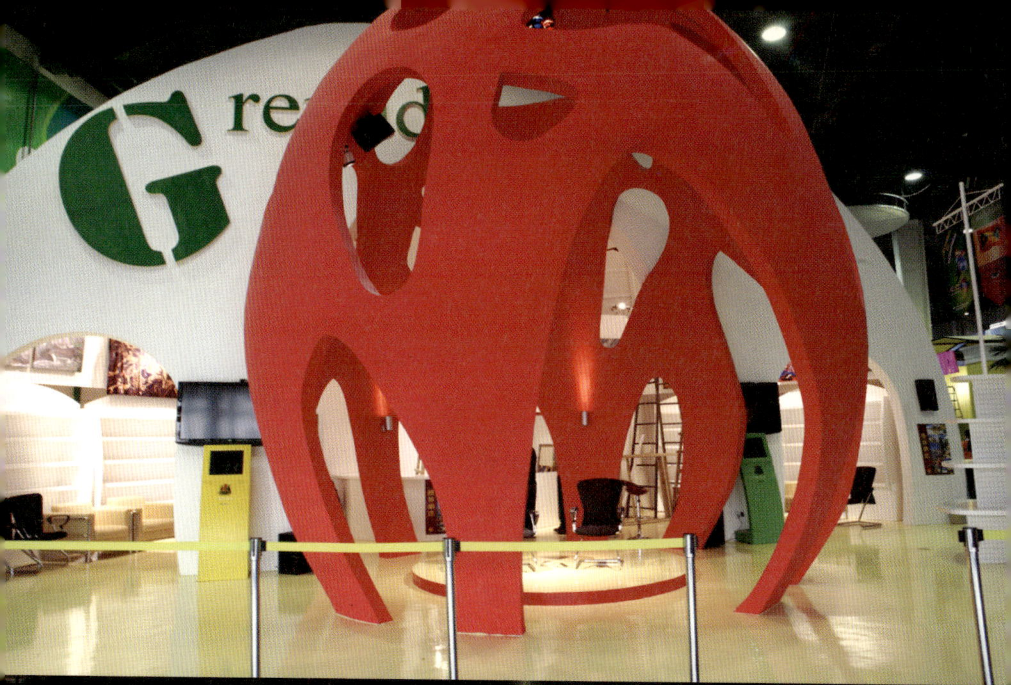

GUYANA
People, One Nation, One Destiny

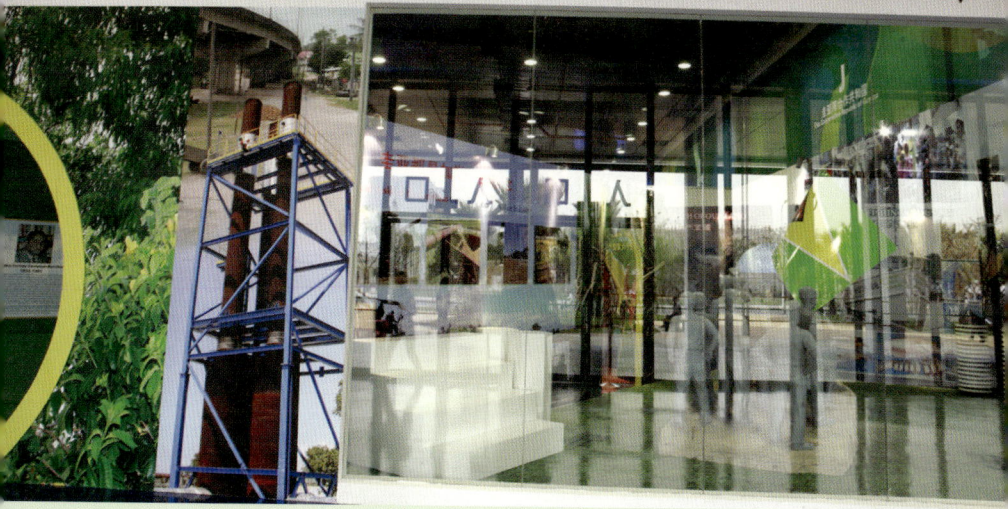

쿠바관 모두를 위한 도시
A City for Everyone

파빌리온의 강렬한 파랑색과 빨강색, 'CUBA'란 글씨의 강렬한 붉은색이 열정과 혁명을 말해주는 것 같다. 정부 연락사무소, 가게와 숍으로 구성된다. 흡사 쿠바 시내에 들어와 있는 느낌을 준다. 다기능적 목적의 공공 광장은 쿠바 도시의 핵심이며, 모든 도시 거주민의 동등한 기회를 상징한다. 전시 핵심은 쿠바의 유명한 담배하우스(Havana Cigar House), 수공예품, 하바나 클럽을 재현한 바에서의 칵테일 등이다. 영화관, 극장, 캬바레, 나이트클럽, 음악홀 등이 밤마다 흘러 넘치는 아바나의 풍경을 연상케한다.

멕시코관 보다 나은 생활
Living Better ; History and Future

따스하고 햇빛이 비추는 날에 연날리기는 전 세계 아이들이 좋아하는 놀이이다. 그러한 어릴 적 추억을 멕시코관이 연출하였다. 사람들은 파빌리온은 볼 수 없으나 4000㎡의 공간이 수 백개의 컬러풀한 멕시코 연으로 뒤덮여 있음을 발견한다. 가벼운 마음으로 소풍 나온 셈치고 연 아래에서 책을 읽거나 잠시 휴식을 취할 수 있다. 파빌리온 안에서 멕시코 연을 구입할 수도 있다. 연은 2.4-13m 길이의 철봉에 올려져 플라스틱으로 만들어졌으며, 빨강, 분홍,노랑, 녹색, 파랑색 등 다섯가지 색이다. 그래서 멕시코관을 '연의 숲'이라 부른다.[15] 연은 중국인도 선호하는 놀이이므로 연을 통해서 멕시코와 중국이 만나는 중이다. 멕시코에서 Nahuatl 말로 'papaloti'라고 부르는 연은 '나비'를 뜻한다.

전시공간은 유일하게 지하에 건설되었으며 멕시코의 과거와 현재,미래가 선보인다. 특히 마야문명의 유산과 식민시대의 유산, 현대도시가 교차한다. 멕시코문화는 아스텍문화, 스페인문화, 그리고 두 문화가 결합된 멕시코문화로 이루어지며, 도시의 성격 역시 예외가 아니다. 저명 현대화가의 그림도 전시되었으며 식당에서는 타코, 입안이 얼얼한 매운 고추, 용설란술인 데킬라(Tequila)도 맛볼 수 있다. 메소아메리카(Messoamerica)의 음식은 다양한 옥수수들이 변신하여 입맛을 즐겁게 한다. 레스토랑에서 데킬라를 한 잔 마시다가 프리다 칼로(Frida kahlo)[16] 의 그림이 새겨진 티셔츠를 입은 안내원 아가씨를 만난다.

Zone C :: 541

중남미연합관

에콰도르관, 우루과이관, 파나마관, 니카라구아관, 과테말라관, 도미니카공화국관 , 볼리비아관, 온두라스관, 코스타리카관, 엘살바도르관 등. 카리브와 대서양, 태평양을 모두 포괄하는 해역에 위치한 이들 나라의 유럽식민주의 잔재로부터 원주민 문화의 강렬한 흔적까지, 나아가서 현대적 모습까지 전시히였다. 연합관이 대개 그렇듯이 획일적이고 새로울 것이 없는 판에 박은 전시기법이 구경하는 내내 불편하게 다가온다. 어쩌면 중국이 일반적으로 구사하는 전시기법과 그 수준을 여실히 보여주는 정직한 전시관일 수도 있다.

중남미연합관

브라질관   활기찬 도시: 브라질도시의 삶을 느끼기
Pulsing Cities : Feel the Life of Brazilian Cities

'지구의 허파'인 녹색 아마존 숲을 상징하듯 외벽은 녹색나무로 감쌌다. 무엇보다 환경친화적인 건축임을 강조한다. 축구강국답게 2010 남아공 월드컵 경기를 전시한다. 삼바와 보사노바 음악이 관람객을 유혹한다. 삼바와 축제의 도시 리우 데 자네이루의 부유한 중산층이 사는 코카파바나 해안, 판자촌이 밀집한 파벨라스 같은 동네는 전혀 전시관에 없다. 또한 아마존의 녹색숲은 강조되지만 이를 불태워서 농장을 만들어나가는 자본의 탐욕도 보이질 않는다.

아르헨티나관   독립 200주년: 사람과 도시의 성과물 예찬

Bicentennial of Argentina's independence; A tribute to the Archievement of its People and Cities

1810년 5월 25일에 정부를 조직한 기념 파빌리온이다. 7월 9일 거리에 서있는 70m 높이의 오벨리스크가 1936년의 그다지 성공적이지 못한 불안정한 기념비였다면, 이번 박람회는 200주년을 기념하는 제대로 된 무형의 기념비일 것이다. 그림을 전시하고 200년 전의 전통적 수공예품을 전시하는 실내 공간,레저를 위한 녹색의 열려진 공간 등으로 나뉜다. 아르헨티나는 언제나 다문화주의를 추구해왔으며, 도시의 지속가능한 발전, 역사적 유산의 보존, 기술적 혁신과 환경 보존을 추구해왔음을 강조한다.

칠레관 관계의 도시
City of Relations

공중에서 바라보면 불규칙적인 너울 모양의 수정 잔을 닮았다. 바다에 떠있는 배를 추상적으로 표현하였다. 중심 구조는 녹슨 철과 유리. 수정 잔은 포도주잔도, 물잔도 아니며 어떻게 도시의 삶을 더 행복하게 할 수 있냐하는 미래의 꿈을 상징한다. 핵심 주제어는 칠레의 집, 시공의 우물, 다채로운 일주일, 녹색 환경보호 등이다. 칠레는 남미 국가들 중에서 임대관이 아닌 독립관을 지은 유일 국가. 신화적 상상력을 부여하는 조각상, 알 같이 생긴 중핵적 전시물에서 무한한 상상력이 뻗어나오는 전시다. 그런데 열심히 자신들의 포도주는 팔고있어도, 정작 칠레의 '어제 같은 옛날'은 보이지 않는다. '태평양의 진주'이면서 파블로 네루다(Pablo Neruda,1904~1973)가 살았던 팔바라이소(Valparaiso)의 아름다운 도시를 생각하면서 그의 '스무 편의 사랑의 시와 한 편의 절망의 노래'같은 시를 찾아보았지만, 역시나 박람회는 '국가프로파간다'에 충실함을 새삼 깨닫게 된다.

콜럼비아관 정열의 나라, 활동적인 도시
Colombia is passion, City is activity

외벽은 적도를 상징하는 다양한 나비로 꾸며졌으며, 내장은 태평양과 카리브, 안데스,오리노코강, 아마존 같은 요소로 꾸며졌다. 전통과 관습, 자연 자원과 도시발전의 제 측면이 과거, 현재, 미래의 세 요소로 전시되었다. 해양 전시구역은 콜럼비아의 해양적,특징을 나타내며 관람객은 흡사 태평양의 소리를 듣는 듯 싶다. 카리브구역은 숨막힐 정도로 아름다운 모래 해변과 카리브의 거대한 해안가 성을 보여준다. 안데스 구역은 거대한 도시의 발견과 커피농장을 말해준다. 아마존구역은 원주민 촌락과 열대림 풍경을 보여준다. 긴 머리를 늘어뜨린 원주민 처녀의 뒷모습에서 사라지는 문명의 슬픔 같은 것이 느껴진다.

페루관   먹거리가 도시를 키운다
Food Breeds the City

페루역사에서 가장 중요한 건축재료인 대나무와 땅에 기초한다. 외벽은 대나무로 장식되어 햇빛이 그대로 관통하게 설계되었다. 내부는 페루의 음식적 다양성을 전시하며, 음식이 어떻게 도시를 키우는가에 초점을 맞춘다. 아예 페루식 식당을 전시관 내에 만들었으며 프랑스, 중국, 인디언 음식도 선보인다. 페루의 매력을 전시하는 구역에서는 마추피추(Machu Picchu)를 비롯한 옛 페루의 문화유산을 전시하였다. 잉카인의 흔적을 더듬어볼 수 있는 리마(Lima) 같은 도시풍경도 엿보인다.

베네수엘라관 보다 나은 삶, 보다 나은 도시
A Better Life, A Better City

뫼비우스(Mobius)의 끈, 혹은 실험실 실린더 같은 기하학적 형상이다. 중국과 베네수엘라에서 공히 사랑받는 숫자인 8을 상징하며, 8은 베네수엘라의 국기에도 '볼리바르(Simon Bolvar, 1783~1830)의 8개 별'로 새겨져있다. 층계를 오르면서 8개의 별을 바라보며 남미를 누비고 다녔던 볼리바르를 생각하게 된다. 과거와 오늘의 베네수엘라를 함축적으로 표현하고 있는데 도시 문제를 강조하지 않고는 도시민의 삶이 행복할 수 없다는 신념에 기초한다. '숲 속의 사람들'(Shapono Yanomami)이나 전통부족의 집(Churuata Yekuana)같은 토착 원주민의 주거지가 전시되는데 그네들은 열대우림 속에서 수 천년간 살아온 사람들이다. 원주민 출신 대통령(Hugo Chavez)이었기에 이런 전시가 가능했을 법하다. 중국과 베네수엘라의 위성을 통한 쌍방 통신을 통하여 거대 스크린으로 생동감 넘치게 도시의 면모를 보여준다. 국립오케스트라와 어린이 오케스트라 공연도 볼 수 있다.

알제리아관 아버지 세대의 집

고건축유산의 하나인 카시바(Kachi Ba) 옛마을에서 참조한 북아프리카와 알제리아 건축양식을 보여준다. 관람객은 복제된 거리를 걸어 들어가서 '카시바를 걸으며' 라는 짧은 영화를 구경하므로써 시간을 초월한 알제리의 어제와 오늘을 만난다. 그런데 아무리 세계박람회라고는 하지만 프랑스와의 알제리전쟁 등의 흔적은 당연히 없다.

아프리카 연합관

53개 아프리카 회원국을 포괄하는 아프리카연합(African Union) 파빌리온이다. 면적 26,000㎡, 높이 9m, 각국별 전시면적 250㎡. 11개 연합관 중 가장 큰 규모이며 축구장 3개 반 만한 면적이다. 무성하고 울창한 아프리카 큰 나무를 그려넣어 대륙의 왕성한 생명력과 뿌리를 상징한다. 건축 컨셉은 '아프리카의 열정'. 국제적 수준의 잉크젯 코팅기술, 친환경 무공해로 제작되었다. 1만개가 넘는 금속구조물로 나무, 사막, 갈매기, 동물 등 아프리카적 특징을 반영하여 외부 벽면을 장식하였다. 전시존은 42개 아프리카 국가와 아프리카 연맹 전시관으로 나뉜다. 전시관 내 국가별 부스 형식으로 대기 동선은 전시관 내부를 활용하였다. 전시 구성미가 돋보이며 상당히 업그레이드된 전시콘텐츠로 구성되었다. 42개 아프리카 국가, 1개 아프리카연합이 들어섰다. 아프리카 문명의 원초적 풍경이 전시관 곳곳에 반영되었다. 그러나 전시관의 상당 부분은 실제로는 자신들의 토속 물품을 파는 장터로 이용되었다. 전시구경보다는 물건 구경이 더 많이 이루어진 파빌리온이다. 참가국은 가나, 가봉, 감비아, 기니, 기니비사우, 나미비아, 니제르, 라이베리아, 레소토, 르완다), 마다가스카르, 말라위, 말리, 모리타니, 모리셔스, 모잠비크, 베냉, 보츠와나, 부룬디, 세네갈, 세이셸, 소말리아, 수단, 시에라리온, 에리트레아, 에티오피아, 우간다, 잠비아, 적도기니, 중앙아프리카공화국, 지부티, 짐바브웨, 차드, 카메룬, 카보베르데, 케냐, 코모로, 코트디부아르, 콩고, 콩고민주공화국, 탄자니아, 토고, 아프리카연합 등

아프리카 연합관

아프리카 연합관

아프리카 연합관

앙골라관   더 나은 삶을 확신하며
Ensure a Better Life

외벽은 국가적 상징을 강조하는 아프리카 나무조각으로 장식되었다. 풍부한 에스닉적 성격의 조각과 회화가 수준 높은 기술로 성취되고 있다. 이러한 아이템은 도시발전의 지속가능성을 암시하기도 한다. 앙골라의 원형적인 삶과 토템을 전시하였다. 무엇보다 외벽의 강렬한 색이 현란하게 마음을 사로잡는다.

리비아관

시각·청각 하이테크놀로지로 장치된 리비아 파빌리온은 시간을 뛰어넘는 도시의 발전상과 번영을 나타낸다. 관람객은 옛 유목민의 도시 원형을 만날 수 있으며 동시에 현대 도시의 변모하는 모습도 만날 수 있다. 가다메스(Ghadames)의 좁은 도로와 트리폴리 풍경, 로만 스타일 빌딩 등이 리비아 도시에서 엿보인다.

튀니지아   황홀한 도시, 연결된 도시
Enthusiastic City, Connected City

역사도시 튀니스는 기원 전에 카르타고의 도시였으며 로마, 비잔틴, 아랍, 오스만 투르크 등 다양한 문명들, 게다가 유럽 식민주의 물결까지 지나갔기에 전통과 현대가 잘 결합되어있다. 파빌리온은 거대한 아치형, 유럽성과 전통적 꽃문양의 건축요소를 적용하였다. 내부는 아름다운 풍경이 있는 도시, 풍부한 문화가 있는 도시, 시간을 초월하는 문명이 있는 도시로 나뉜다. 감미로운 튀니지 음악이 들리는 가운데 유명한 시디 부우사이드(Sidi Bousaid)같은 튀니지의 전통 건축에 기초한 정원과 광장을 보여준다. 튀니지의 명물인 커피를 맛보는 공간, 카르타고와 고대 로마시대 유적의 폐허를 구경하면서 숨막힐 듯한 튀니지 풍경과 다문화, 시공을 초월하는 문명의 흔적을 찾아보는 공간이 별도로 마련되어있다. 공작과 다양한 새들이 노니는 타피스트리, 토착적인 꽃문양, 라틴말로 쓰여진 물고기문양 모자이크, 카르타고의 석비 등이 눈길을 끈다.

남아프리카공화국관 새로운 경제의 굴기

Rise of a Modern Economy - Ke Nako!

아프리카 원색을 사용하여 평화롭고 그윽한 분위기를 풍기는 파빌리온으로 만들었다. 휘어진 문은 거대한 닫집 같이 생겼으며, 내부는 다양한 색깔의 천으로 장식되었다. 이러한 요소들은 남아공 문화의 다양성과 보다 나은 문화를 창조하려는 자신감을 시사한다. 남아공을 상징하는 아이콘적 이미지, 문화적 원형을 말해주는 다채로운 색깔의 영상물, 문화적 휴머니티를 상징하는 전통적인 촌락과 담. 천정이 가죽으로 만들어진 둥근 파티오(안뜰)로 이루어졌다.

나이지리아관   우리의 도시들: 다양성 속의 조화
Our cities : Harmony in Diversity

외벽은 '아프리카 7대 경이' 중의 하나이자 나이지리아 수도인 아부자(Abuja)의 관문으로 불리는 주마 (Zuma) 바위를 닮았다. 파빌리온은 국기 색깔을, 대기홀은 야자수를 닮았다. 내부는 3개의 전시구역, 즉 서부아프리카 해안의 풍경, 해가 떠오르는 평화로운 나라, 비즈니스 영역 등이 그것이다. 전시는 어떻게 도시 안에서 다른 문화, 인종, 문화적 유산이 공동 영과 조화를 획득하는가에 초점을 맞춘다. 전시물은 나이지리아의 과거와 현재, 미래, 그리고 토산품 등으로 나뉜다.

모로코관

모로코는 아프리카 대륙의 북서쪽 끝자락에 위치하여 바다와 사막, 산맥 등을 두루 갖춘 절묘한 나라이다. 중세 이후 독립을 유지하여 온 모슬렘 국가였으나 1880년 7월 마드리드협정에 의하여 열강에 개방되었으며, 실제로는 프랑스에 복속되었다. 따라서 모로코에는 이슬람문화는 물론이고 식민유산의 흔적이 곳곳에 남아있다. 파빌리온은 사각의 DNA형상으로 대칭과 균형의 조화를 체현하였다. 이슬람문명 특유의 정교한 기하학적 무늬와 아랍적인 파스텔톤, 장엄한 장식품, 정교한 창문틀 등으로 채워졌다. 1층에는 군주제국가의 화려한 장인들이 빚은 수공예품, 2·3층은 생활공예품과 모로코의 여행자원이 전시되었다.

Zone D

도시발자취관(주제관), 엑스포 박물관, 종합예술홀, 상하이기업연합관, 우주관, 한국기업관, 일본산업관, 중국인민보험관, 중국석유관, 중국철도관, 코라콜라관, 국가전망(電網)관, 시스코(Cisco)관, Aururo(震旦)관

대한민국산업관 녹색도시, 녹색생활
Green City, Green Life

전통적인 상모춤에서 빌려왔다. 낮보다는 밤이 한결 아름다운 것 같다. 전시가 끝난 후, 외장은 플라스틱 백으로 만들어지며 상하이 사람들에게 전달된다.

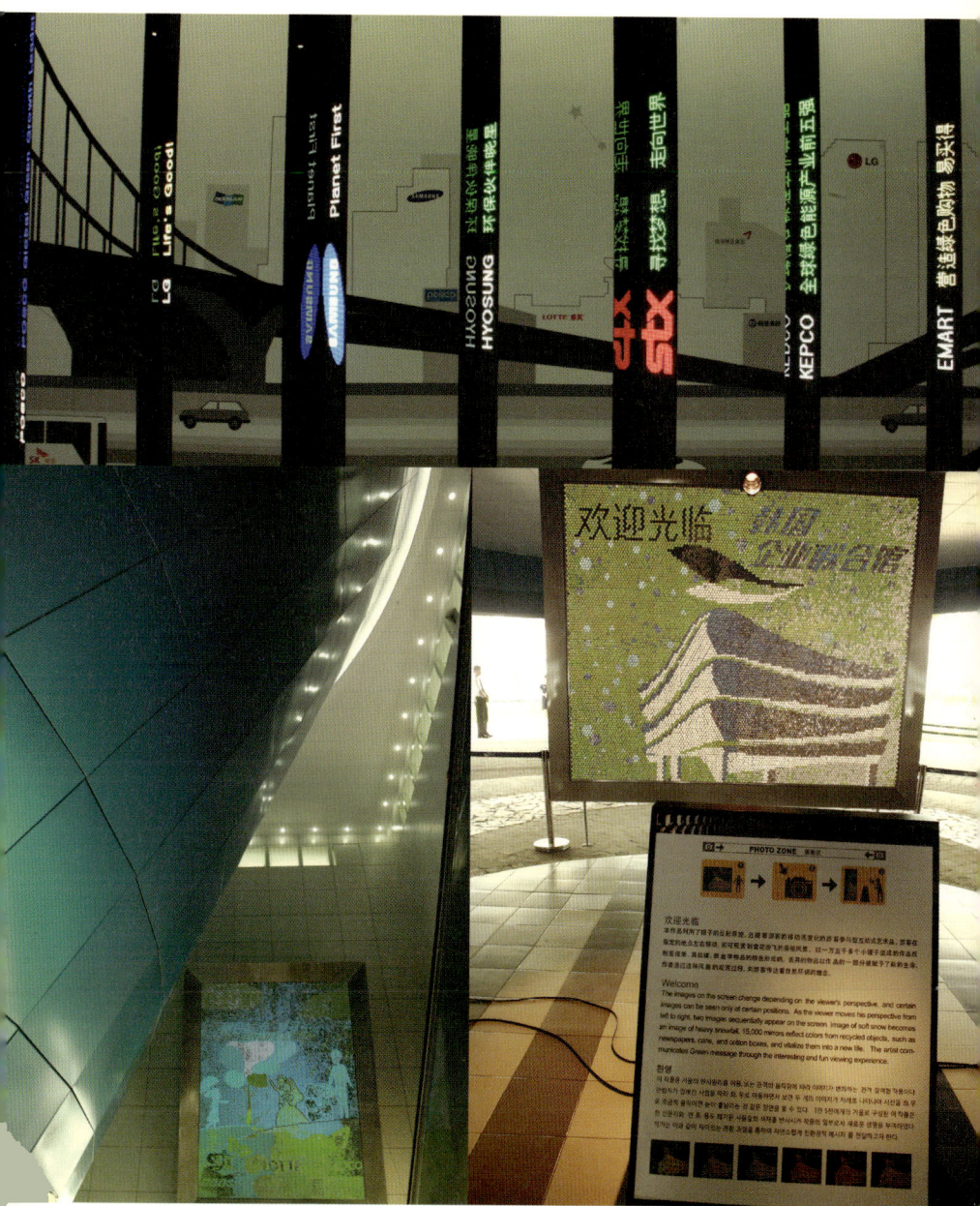

Zone D :: 571

일본산업관   일본의 아름다운 생활
Wonderful Life from Japan

일본 정부의 지원 없이 8개사, 2개 지자체(시즈오카, 요코하마)가 참여하였다. 부지면적 4,000㎡ (170m×84m×25m)이며, 주제는 "Wonderful Life from Japan"이다.

석유관 석유, 뻗어가는 도시의 꿈
Petroleum stretches urban dreams
중국 최대 석유회사인 국영 페트로차이나의 기업관. 석유관과 가스관으로 외관을 둘러쌌다. 초대형 LED 스크린을 통해 '석유, 도시의 꿈을 연장하다'라는 주제를 표현한다. 석유화학공업의 찬란한 홍보 속에서 화석문명의 종말을 감지할 수 없는 것이 흠이다.

진단(震旦)관 중국 옥문화로 말하는 새로운 도시스타일
New City Style Interpreted by chinese jade culture
수 천년 역사를 지닌 홍산옥인(紅山玉人)을 원형으로 전통 옥기의 총체적 모습을 전시. 옥과 진단기업의 일체화를 통하여 역사와 예술과 중국혼의 기업과의 유기적 결합을 꾀한다.

시스코관 지능+인테넷 생활
Smart+Connected Life
간결하고 명쾌한 직선의 전시관. 오늘날의 기술은 전 세계를 하나로 연결한다는 의미를 강조.

코카콜라관 행복으로 충만한 세계
A World Refreshed with Happiness
상하이박람회의 공식 스폰서로 펩시가 선정되었기에 반대급부로 코카콜라관을 만들 수 밖에 없었음을 기억할 일이다. 당연히 중심 전시물은 코카콜라병이다.

상하이기업연합관 나의 도시, 우리의 꿈
My City, Our Dream
닉네임 '매직 큐브'를 갖고있으며, 지능기술과 꿈의 경지및 인터렉티브 체험을 보여주는 생태건축물. 공업로봇, 360도 파노라마극장 등이 인상적이다.

우주마을관 조화로운 도시, 인류와 우주
Harmonious City, Human and Outer Space
끝없는 우주를 배경으로 인류의 우주탐색 발자취를 경험한다. 체험식 극장인 '우주산책', 중국의 전통적 천원지방(天圓地方)을 개념화한 '아름다운 집' 등이 인상적이다.

중국철도관 보다 나은 삶을 위해 공간을 확장하는 조화로운 철도
Hamonious railways expanded space for better life
구릿빛 금색벽과 유리벽으로 건축되었으며 LED조명으로 중국 철도망을 암시한다. 중국 철도발전의 연혁을 선전하는 전형적인 산업프로파간다 파빌리온.

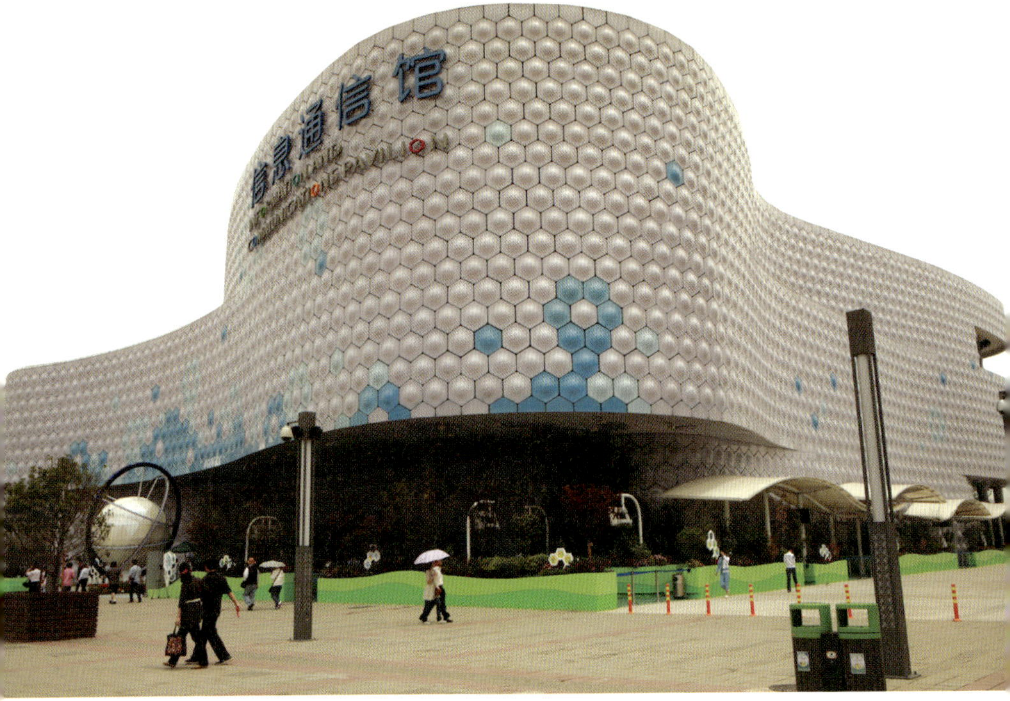
信息通信馆

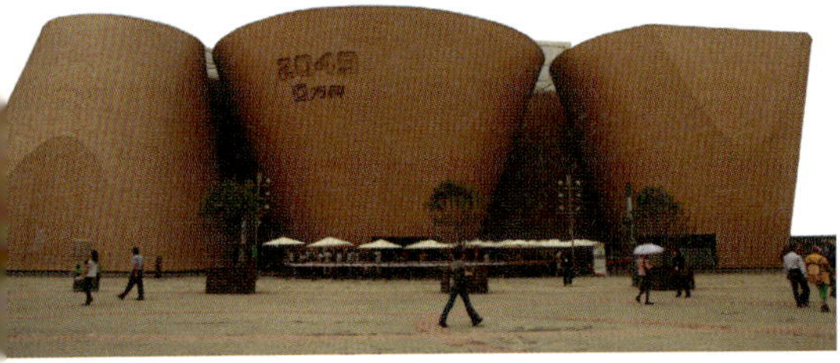

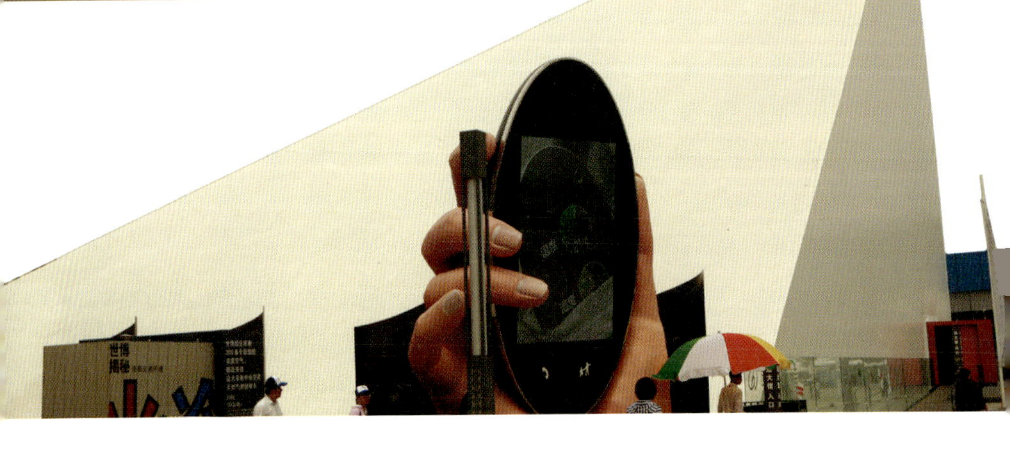

Zone E

:: 도시미래관(주제관), Vanke(萬科)관
:: 상하이GM관, 중국항공관, 중국선박관, 민영기업연합관, 위엔따(遠大)관, 정보통신관
:: UBPA(최우수도시사례)관

중국선박관 보다 나은 배, 보다 나은 도시
Better Ship, Better City
조선소 건물을 재활용한 파빌리온. 휘어진 단면은 배 형상을 닮았고, 선으로 새겨넣은 철강은 용의 뼈와 같다. 선박의 어제와 오늘, 미래를 구상하며, 야외에도 선박사자료가 전시되고 있다.

Vanke(萬科)관 존중의 가능성
Possibility by Respect
중국 최대의 부동산업체의 파빌리온. 7개의 짚으로 만든 파빌리온이 특이하다.

상하이GM관 과학과 미래의 혁신
Science and Future Innovation
사발 형식의 메탈 소재 디자인이 현대성을 상징한다.

민영기업연합관 무한한 생동감
Infinite Vitality
중국의 잘 알려진 기업들의 연합 파빌리온.

위엔따(遠大)관 방향
Direction
길과 삶과 DNA 조각으로 이루어진 파빌리온.

중국항공관 세계로 연결되는 항공
Avitation Connects Cities around the world
외관은 구름 모양. '도시를 연결하는 비행, 세계를 융합하는 항공'이 주제다. 무한대를 나타내는 수학기호 '∞'와 유사한 매직 큐브 형태는 무한한 우주의 신비를 의미한다.

정보통신관 도시의 꿈의 확장
Extending City Dreams
차이나 모바일과 차이나 텔레콤의 기업 연합관. '도시의 꿈을 연장시키는 정보통신'이 주제다. 무한한 커뮤니케이션이 바꿔 놓을 10년 후 미래의 생활상을 표현한다.

後註 Endnotes

■ 개최지 중국 | 대국굴기와 화평굴기

1. Marco Polo, *"The Description of the World"*, George Routledge & Sons Ltd., London, 1938 (김호동 역주, 『마르코폴로의 동방견문록』, 사계절, *2000, pp.372~373*).
2. 상하이 조직위원회에서는 2003년 12월 3일 전 세계에 로고 디자인을 공고했다. 2004년 4월 10일에는 로고를 위한 국제 디자인 심포지엄도 개최했다. 상하이시 공증사무소가 객관적인 감독을 하는 가운데 총 8000여개 제출물 중에서 1000개 이상이 예선을 넘었으며, 2004년 11월 29일 밤에 상하이 세계박람회 로고 선포식이 열리게 된다. 로고 디자인 당선의 영예는 지앙쑤 양천(*Yancheng*) 출신의 광고 디자이너 샤오 훙캉(*Shao Hongkang*)에게 돌아갔다.
3. CCTV, 『대국굴기 – 강대국의 조건』, 안그래픽스, *2007*.
4. Dwight.H.Perkins, *"CHINA: Asia's Next Economic Giant?"*, University of Washington Press, *1989*).
5. 매일경제증권부 중국팀, 『미국에 맞서는 초강대국 전략 G2시대』, *2009*.
6. EXPO SHANGHAI CHINA NEWS LETTER, No.49, BIE, *2010.1.28*.
7. 이기복 『일제하 '水産博覽會'와 조선수산업의 동향, 부산대학과 박사논문』, *2010*.
8. 張貴余, 『從'万'到'一' – 世博之路』, 上海教育出版社, *2010*.
9. 김기봉, 『동아시아 공동체 만들기』, 푸른역사, *2006, pp.8~9*.
10. 박선원, 「패권 잃어가는 미국, 한반도에서 기싸움」 『한겨레21』, *2010.7.16*.
11. 판위에, 김갑수 역, 『중국이라는 새로운 국가모델론』, 에버리치홀딩스, *2010*.
12. EXPO SHANGHAI CHINA NEWS LETTER, No.50, BIE, *2010.2.4*.
13. *Noam Chomsky*, 오애리 역, 『507년, 정복은 계속된다』, 이후, *2000, p.20*.
14. 1781년에서 1790년 사이에 잉글랜드에 수출된 중국의 차 잎은 모두 *9,626만 7,833원* 가량이었는데, 1781년에서 1793년 사이 잉글랜드의 모직품, 향료 등은 모두 *1,687만 1592원* 가량에 판매되어, 겨우 중국이 잉글랜드에 수출하는 상품가의 6분의 1에 달했다(白壽彝, 임효섭 임춘성 『중국통사강요』, 이론과 실천사, *1980, p.344*).
15. 정양원, 공원국 역, 『중국을 뒤흔든 아편의 역사』, 에코리브르, *2009*.
16. 강진아, 『문명제국에서 국민국가로』, 창비, *2009*.
17. 홍성구 · 송규진 · 강경락 · 박정현, 『근대 중국 대외무역을 통해본 동아시아』, 동북아 역사재단, *2008, pp.16~17*.
18. Janet L.Abu-Lughod, *"Before European Hegemony: The World System* A.D.1250-1350*"*, *1989* (박흥식 · 이은정 역, 『유럽 패권 이전 ; 13세기 세계체제』, 까치, *2006, pp. 345~380*.)
19. Georges Duby, 양영란 역, 『서기 1000년과 서기 2000년, 그 두려움의 흔적들』, 동문선, *1995*.
20. Janet L.Abu-Lughod, 앞책, *pp.345~380*.
21. James Morris Blaut, *"The Colonizer's Model of the World: Geographical Diffusionism and Eurocentric History"*, *1993* (김동택 역, 『식민주의자의 세계 모델』, 성균관대출판

부, 2008, pp.65~66).
22 Fernand Braudel, 주경철 역, 『물질문명과 자본주의』, 까치, 1995 참조.
23 Mark Elvin, "The Pattern of the Chinese Past – A Social and Economic Interpretation", Stanford Press, California, 1973 (이춘식 · 김정희 · 임중혁 역, 『중국 역사의 발전형태』, 신서원, 1989, p.220).
24 김응종, 『페르낭 브로델』, 살림, 2006, 194~195.
25 吉見 俊哉, 이태문 역, 『박람회 – 근대의 시선』, 논형, 2004, p.42.
26 Wolfgang Eberhard, "The Local Cultures of South and East China", Leiden, 1968, pp.9~10(정재서, 『동양적인 것의 슬픔』, 살림, 1996, p.89 재인용).
27 정재서, 같은 책, pp.96~97.
28 張光直, 『中國古代史的世界舞臺』『歷史』, 臺北, 1988, p.25.

개최도시 상하이 | 자본주의 세계공장과 시장의 변증

1   茅盾, 김하림 역, 『칠흑같이 어두운 밤도(子夜)』, 한울, 1986.
2   지용택, 『장강을 넘어 역사를 넘어』, 형성사, 1998, p.12.
3   허일 · 김성준 · 최운봉, 『정화의 배와 항해』, 심산, 2005, p.23.
4   『西洋番國志』(向達 校註, 中華書局, 北京, 1998).
5   Marco Polo, "The Description of the World", George Loutledge & Sons, 1938 (김호동 역, 『동방견문록』, 사계절, 2000, PP.375~376).
6   Ibn Batutah, 정수일 역, 『이븐 바투타 여행기』, 창작과 비평사, 2001, pp.340-341.
7   丘桓興, 남종진 역, 『중국풍속기행』, 프레미엄북스, 2001.
8   박원호, 『崔溥 漂海錄 硏究』, 고려대출판부, 2006, p.253.
9   崔溥, 서인범 · 주성지 역, 『漂海錄』, 한길사, 2004, p.220.
10 이종민, 『글로벌 차이나』, 산지니, 2007.
11 임종관 외, 『양산항 개장이 동북아 항만 경쟁구도에 미치는 영향』, 한국해양수산개발원, 2005.
12 李歐梵, 『Shanghai Modern; The Flowering of a New Urban Culture in China, 1930~1945』, Harvard University Press, 1999(장동천 외 역, 『상하이모던』, 고려대출판부, 2007, p.35).
13 文一平, 「나의 人生」, 『湖岩全集』제3권, 朝光社, 1978, p.495.
14 위르겐 오스터함멜, 박은영 · 이유재 역, 『식민주의』, 역사비평사, 2006, pp.141-142.
15 Wu Liang, "OLD SHANGHAI; A Lost Age", foreign Languages Press, Sanghai, 2001, p.140.
16 강성원, 『미학이란 무엇인가』, 사계절, 2000, p.147.
17 哲夫, 『百年滄桑』, TOP IDEA, 香港, pp.80~81.
18 洪楊明, 「楊子江畔에 서서」, 『三千里』 15호, 1931.5, p.10.
19 張愛玲, 『色, 戒』, 랜덤하우스 코리아, 2008.

20 魯迅 외, 『상하이런 베이징런』, 일빛, 2006.
21 滬上夢人, 「上海書 第二信」 『青春』 第4號, 1915. 1. p. 78.
22 배경한 역, 『20세기초 상해인의 생활과 근대성』, 지식산업사. 2006. pp. 189-190.
23 이승원, 『세계로 떠난 조선의 지식인들』, 휴머니스트. 2009. p. 120.
24 熊月之, 『上海通史』, 第1卷, 上海人民出版社, 上海, 1999. p. 96.
25 제2호부터는 『新靑年』으로 개칭되고 베이징에서 발간.
26 茅盾, 김하림 역, 『칠흑같이 어두운 밤도』, 한울, 1997. pp. 560-575.
27 宇野重昭, 이재선 역, 『中華人民共和國』, 학민사, 1988. p. 265.
28 가드윈 C.츄 외, 강영희 역, 『중국혁명기의 대중매체』, 도서출판공동체, 1986, 176-178.
29 『文革遺物』, 北京, 新華書店, 2000.
30 션판, 이상은 역, 『홍위병』, 황소자리, 2004. pp. 83-84.
31 倪健中, 이필주 역, 『중국의 분열』, 대륙연구소출판부, 1996. p. 378.
32 이일영 외, 『현대도시 상하이의 발전과 상하이인의 삶』, 한남대출판부. 2006.
33 조창완, 『베이징; 전통과 현대가 공존하는 중국의 두뇌』, 살림, 2008.
34 루쉰·저우쭤런·린위탕, 지세화 역, 『중국인을 알 수 있는 상하이런 베이징런』, 일빛 2006.
35 고광석, 『중화요리에 담긴 중국』, 매일경제신문사, 2003. p. 159.
36 孟繁華, 김태만·이종민 역, 『중국, 축제인가 혼돈인가』, 예담, 1997. pp. 315~316.
37 홍성욱, 『잡종, 새로운 문화 읽기』, 창작과 비평사, 1998. pp. 231~248.
38 주강현, 『21세기 우리문화』, 한겨레신문사, 1999. pp. 259-263.
39 Karl Marx, 『자본론』(김영민 역), 이론과 실천사, 1987, 285-299).
40 모닝스타, 1863.6.23(『자본론』 재인용).
41 황광우·장석준, 『레즈를 위하여 – 새롭게 읽는 공산당선언』, 실천문학사, 2003. p. 111.
42 吉見 俊哉, 이태문 역, 『박람회 – 근대의 시선』, 논형, 2004. pp. 70-72.
43 尾崎庄太郎 外, 정민 역 , 『모택동사상 연구』(1), 한울, 1985. p. 31.
44 이원재, 「중국기업 '사회적 책임'에 눈 돌리다」 『한겨레신문』, 2010.6.29.

세계박람회와 중국 | 중국, 처음으로 세계박람회를 열다

1 久米邦武, 『美歐回覽實記』, 第5卷, pp. 21-52 (요시미 순야, 이태문 역, 『박람회 – 근대의 시선』, 논형, 2004. p. 136 재인용).
2 이 시기 영국에서 박람회와 함께 출현하는 새로운 시선의 장치에 관한 상세한 분석은 高山宏, 「惡魔のルナーク」, 『日の中の劇場』, 青土社, 1985. pp. 322~368.
3 John Allwood, "The Great Exbitions 150 Years", Exbition Consultants Ltd, London, 2001.
4 이성욱, 『한국 근대문학과 도시문화』, 문화과학사, 2004. pp. 205~218.
5 出水力, 「博覽會と大量生産技術の移轉」 『万國博覽會の硏究』(吉田光邦篇), 思文閣出版,

1986(2004 3쇄), pp.137~178.
6 Edited by Mario Taddei Edoardo Zaron, *"Leonardo's Machines: Secrets and Inventions in the Da Vinci Codices"*, GIUNTI, Milan, 2005.
7 요시미 순야, 이태문 역, 『박람회 – 근대의 시선』, 논형, 2004, 41~42.
8 강상중, 『오리엔탈리즘을 넘어서』(이경덕·임성모 역), 이산, 1997, p.15.
9 중국의 세계박람회 참관에 관한 전반적인 정보는 다음을 집중적으로 참조.
   Hwang Yaocheng, "SHANGHAI EXPO", Shanghai Century Publishing Co.Ltd.
10 1884년에 출판된 베일링 쑤(Beilling Xu)의 족보(상하이 도서관 소장)가 이같은 역사적 사실을 증명하고 있다. 1884년 출간된 런던세계박람회 수상위원회 보고에도 이런 사실이 기록되어있다.
11 Cathy Ross & John Clark, *"LONDON: The Illustrated History"*, Allen Lane, London, 2008, pp.190~191.
12 소련과학아카데미 편, 홍석욱 역, 『세계기술사』, 동지, 1990, p.345.
13 Colin Jones, *"The Cambridge Illustrated History of France"*, (방문숙·이호영 역, 『케임브리지 프랑스사』, 1989, pp.267~271).
14 이재원, 「식민주의와 인간동물원(Human Zoo); 호텐토트의 비너스에서 파리의 식인종까지」, 『식민주의와 식민책임』(제53회 전국역사학대회자료집), 2010.5.28~29, pp.376~377.
15 Marc Ferro, "Le Livre Noir Du Colonialisme" (고선일 역, 『식민주의 흑서』, 소나무, 2008, pp.112~156.
16 園田英弘, 「博覽會時代の背景」, 『万國博覽會の硏究』(吉田光邦篇), 思文閣出版, 1986(2004 3쇄), pp.215-6.
17 D.Croal Thomson, *"The Paris Exbition 1900"*, H.Virtue & Company,1901.
18 연면적 13에이커에 달하는 기계관의 모든 전시물에 동력을 보급하는 증기엔진으로 높이가 45피트, 지름이 56피트인 원판 플랫폼 위에 놓여 있었다. 콜린스 엔진은 바로 재건을 마치고 미국의 새 세기를 불협화음 없이 이끌어 나갈 미국정부를 상징하고 있었다. 이것을 보는 미국인들은 국가의 희망찬 미래를 기대하며 화합과 치유의 효과를 얻게 될 것이며, 유럽인들은 무시할 수 없는 미국의 힘에 경의를 표하게 될 것을 기대했다. 이처럼 콜린스 엔진이 미국 정부의 능력과 힘을 상징하는 물건이었다면, 별도로 위치한 미국정부관에서는 미국 국민과 세계 시민들에게 미국 정부의 구성과 기능을 친절하고 자세하게 설명해 주고 있었다. 1876년 박람회는 박람회 사상 최초로 다수의 건물을 박람회용으로 건설했으며, 기계관 외에도 본관, 원예관, 미국정부관, 여성관, 농업관, 전쟁기념관 등이 여러 전시물을 분류하여 전시했다.
19 F.Klemm, *"Geschichte der Technik"* (이필렬 역, 『기술의 역사』, 미래사, 1992, p.236).
20 『環旅地球新錄』.
21 『學海 無涯』(近代中國留學生展 圖錄), 香港歷史博物館W, 香港, 2003, pp.24-39.
22 『西學東漸記』, 商務印書館, 上海, 1915.
23 문정진 외, 『중국 근대의 풍경』, 그린비, 2008, p.203; 첸강·후징초, 이정선·김승률 역, 『유미유동 – 청나라 정부의 조기 유학 프로젝트』, 시니북스, 2005, p.151.

24　John E.Findling, "Historical Dictionary of World's Fairs and Expositions", Greenword, USA, 1990.
25　박진빈,『박람회에 표현된 미국과 타자, 1876~1904』,『미국사연구』제18집, pp. 133~157.
26　All the World's A Fair, Chicago University of Chicago Press, 1984.
27　United States Information Agency,『미국경제개관』, 1992, p.35.
28　United States Information Agency,『미국역사개관』, 1994, pp. 180-181.
29　문정진 외, 앞책, p.205.
30　박진빈,『박람회에 표현된 미국과 타자, 1876~1904』,『미국사연구』제18집, pp. 133~157.
31　하세봉,「근대 박람회에서 개최 도시와 공간의 의미 – 동아시아 각국의 이미지와 관련하여」『한국민족문화』21집, 부산대 한국민족문화연구소, 2003, pp. 19~22.
32　하세봉,「1928년 中華國貨展覽會를 통해 본 上海의 풍경; 조선박람회(1929)와의 비교를 통한 묘사」,『중국사연구』46집,중국사학회,2007.2, pp. 119~131.
33　Hwang Yaocheng, 앞책, pp. 17~23.
34　BIE President Jean-Pierre Lafon, 2010.4.30 (www. bie-paris. org/)
35　張貴余,『从'万'到'一' – 世博之路』, 上海教育出版社, 2010, p.151.
36　www. bie-paris. org/
37　EXPO SHANGHAI CHINA NEWS LETTER, No. 48, BIE, 2010.1.21.

四 주제와 장소마케팅 | 박람회에 초대받은 도시

1　이는 아리스토텔레스의 다음의 명제로 요약된다(www. bie-paris. org/)
" Men come together in cities in order to live ; they remain together in order to live the good life"(Alistotle).
2　Fernand Braudel, 주경철 역,『물질문명과 자본주의』(Ⅰ-2),까치, 1995, p.695.
3　"The approaching urban millennium could make poverty, inequality and environmental degradation more manageable, or it could make them exponentially worse...a sense of urgency has to permeate efforts to address the challenges and opportunities presented by the urban transition"(UNFPA State of World Prpulation 2007).
4　박홍규,『메트로폴리탄 게릴라 – 루이스 멈퍼드』, 텍스트, 2010.
5　Lewis Mumford, "The City in History", Harcourt Brace, 1961.
6　Lewis Mumford, "The Urban Prospect", Harcourt Brace, 1968.
7　Joel Kotkin, "The City – A Grobal History", PHOENIX, Kent, 2005, p.145.
8　Joel Kotkin, 앞책, pp. 286-287.
9　정수복,「환경과 사회; 환경정책과 환경운동」『교양 환경론』(유네스코한국위원회 기획), 도서출판 따님, 1997, p.250.

10 "Cultural diversity widens the range of options open to everyone, it is one of the roots of development, understood not simply in terms of economic growth, but also as a means to achieve a more satisfactory intellectual, emotional, moral and spiritual existence"(Unesco Universal Declaration on Cultural Diversity, 2001)
11 "Cultural diversity is here to stay – and to grow...... The world, ever more interdependent economically, cannot function unless people respect diversity and build unity through common bonds of humanity"(UNDP Human Development Report 2004).
12 Hwang Yaocheng, 앞책, pp.58~61.
13 광복60주년기념사업추진위원회 주관, 광복60주년기념 평화와 희망의 뱃길 (2005.11.1-11.10).부산항 → 블라디보스토크(연해주) → 독도 → 후쿠오카 하카다항 → 상하이 푸동항 → 이어도(해양종합과학기지) -> 부산항.
14 참여연대 국제연대위원회 편, 『우리 안의 아시아, 우리가 꿈꾸는 아시아』, 해피스토리, 2008, pp.88~89.
15 中村良夫, 『風景學・實踐篇』, 中央公論社, 2001, pp.50~71.
16 Richard Sennett, "FRESH and STONE", 1994 (임동근・박대영・노권형 역, 『살과 돌』, 문화과학사, 1999, p.16).
17 「다가오는 상하이엑스포, 여행사들의 전망은?」『여행자정보신문』, 2010.4.22.
18 「상하이엑스포, 여행사 지원 부족 속 관심 못 끌어」, 『여행자정보신문』, 1010.7.22.
19 한우덕, 「그들이 줄을 서기 시작했다」, 『중앙일보』, 2010.5.9.
20 Hwang Yaocheng, 앞책, pp.145~154.

五 박람회와 도시와 생태 | 미래도시 환경과 박람회의 생태

1 Henry David Threau, 강은교 역, 『소로우의 노래』, 도서출판 이레, 1999, p.32, pp.253-255 재인용.
2 吉見 俊哉, 이태문 역, 『박람회 – 근대의 시선』, 논형, 2004, pp.116~124.
3 "2005 World Exposition Aichi Japan", Hong Kong Sandu Cultural Media Co., 2005.
4 『박람회 현황 및 참고자료』(팜플렛), 2012여수 세계박람회조직위원회, 2008.5, pp.71-91
5 2012여수세계박람회조직위원회, 『2008 사라고사박람회 개관 및 참가보고서』, 2008, pp.171~172.
6 Malcolm Miles, 박삼철 역, 『미술, 공간, 도시』, 학고재, 2000, p.205.
7 Richard Sennett, "FRESH and STONE", 1994 (임동근・박대영・노권형 역, 『살과 돌』, 문화과학사, 1999, p.338).
8 요시미 순야, 이종욱 역, 『만국박람회 환상 – 전후 정치의 주술과 시민의식』, 논형, 2007, pp.284-286.

9   Henry Petroski, *"Invention By Design"*(최용준 역, 『디자인이 세상을 바꾼다』, 지호, 1997, pp.48~49).
10 Ernest Callenbach, 노태복 역, 『생태학 기본어사전』, 에코리브르, 2009, p.154.
11 신임철 · 이희일, 『기후와 환경변화』, 두솔, 2006, pp.100~101.
12 비아르케 잉엘스, 『예스 이즈 모어』, 아키라이프, 2010 참조.
13 서왕진, 「IT는 청정산업?」『한겨레신문』 2010.6.14.
14 E.F.Schumacher, *"Small is Beautiful: Economics as if People Really Mattered"*, Abcus, London, 1973.
15 Newsletter 15, spring 2010, BIE.
16 *"Our cities must be places where human beings lead fulfilling lives in dignity, good health, safety, happiness and hope"* (UN-HABITA Istanbul Declaration on Human Settlements, 1996).
17 www.un.org/millenniumgoals/.acessed
18 Joseph E.Stiglitz, *"Globalization and its Discontents"* (송철복 역, 『세계화와 그 불만』, 세종연구원, 2002).
19 HafenCity HAMBURURG GmbH, *"HafenCity Projects"*, Hamburg, 2009.3.11.
20 www.inhabitat.com/2008/01/24/stunning-air-tree-only-byproducts-are-h2o-energy/
21 www.inhabitat.com/2008/01/17/bedzed-beddington-zero-energy-development-london/

六 국가관과 지방관 | 랜드마크 중국관과 신중화 세계질서

1   동방의 관으로 중화의 융성을 드러내고, 천하의 곡식창고로 백성을 두루 풍요롭게 한다
2   Andrew Boyd, *"Chinese Architecture and Town Planning"*, (이왕기 역, 『중국의 건축과 도시』, 기문당, 1991, p.39).
3   劉勰, 『文心雕龍』
4   EBS 〈동과 서〉제작팀 · 김명진,, 『동과 서』, 예담,2008, p.97.
5   『呂氏春秋』應同篇.
6   중국 최초의 글자인 갑골문 이후로 금문이 있으며,여기서 말하는 금문은 상나라 말부터 주나라 때 사용한 문자이다.
7   장범성, 『현대 중국의 생활문화』, 한림대아시아문화연구소, 1999, pp.87~93.
8   Faber Biren,김화중 역, 『색채심리』,동국출판사, 1993, p.318.
9   Eva Heller,이영희 역, 『색의 유혹』,예담, 2002, p.89.
10 Carol Strickland, 양상현 역, 『클릭, 서양건축사 ; 스톤헨지에서 해체주의까지』, 예경, 2003, pp.159-160.

11　Carol Strickland, 앞책, pp.163.
12　趙廣超,『淸明上河圖』, 三聯書店有限公司, 香港, 2006.
13　Jacque Gernet, 김영제 역,『전통 중국인의 일상생활』, 신서원, 1995, pp.7~22.
14　Martin Warnke, 노성두 역,『정치적 풍경』, 일빛, 1997.
15　孫進己,「我國歷史上民族關係的幾個問題」『中國民族關係史研究』, 中國社會科學出版社, 北京, 1984, p.108.
16　Jared Diamond, "GUNS, GERMS, and STEEL", (김진준 역,『총, 균, 쇠』, 문학사상사, 1998, p.484).
17　張海惠 編,『20世紀 中國少數民族文獻分布及學術硏究成果』, 商務印書館, 北京, 2006.
18　『舊唐書』권198.
19　회교사원에서 육성으로 예배시간을 알리는 고사(告辭)를 송독하는 사람.
20　Ibn Batutah, 정수일 역,『이븐 바투타 여행기』, 창작과 비평사, 2001, pp.336-339
21　Jonathan D.Spence, "The Memory Palace of Matteo Ricci", (주원준 역,『마테오리치, 기억의 궁전』, 이산, 1999, 163-164).
22　박노자,『우리가 몰랐던 동아시아』, 한겨레출판, 2006, pp.47~53.
23　일본동아연구소 편, 서병국 역,『이민족의 중국통치사』, 대륙연구소출판부, 1991, pp.19~29.
24　자신들의 표현에서는 長白山으로 홍보.
25　D.Polan,「바흐친, 벤야민, 사르트르 – 지식인 문화비평가의 유형론을 위한 시론(여흥상,『바흐친의 문학이론』, 문학과 지성사, pp.144~145 재인용).
26　중국출판그룹,『2010 중국 상하이엑스포 공식화보집』, 2010, p.98.

七 한국과 상하이 | 혁명 · 자본 · 퇴폐의 간극

1　Aristoteles, 천병희 역,『정치학』, 숲, 2009.
2　Richard Sennet,『FLESH AND STONE: The Body and the City in Western Civilization』(임동근 · 박대영 · 노권형 역,『살과 돌 – 서구문명에서 육체와 도시』, 문학과사, 1999, p.13)
3　민영환의『海天秋帆』에 관해서는 다음의 몇 가지 주해본이 출간된 바 있다.
『海天秋帆』, 을유문화사, 1959 ;『海天秋帆』『閔忠正公遺稿』, 국사편찬위원회, 2000 ;『海天秋帆』, 조재곤편역, 책과함께, 2007.
4　하와이 이민 이전에도 비공식적으로 한국인의 하와이방문이 있었다. 1899년경 인삼장사 최동순(崔東順), 장승봉(張承奉), 강군철(姜君哲), 이재실(李在實), 박성근(朴聖根) 등의 이름이 미국 이민국자료에 보이는 바, 한국인이 아니라 중국인으로 등록되어있다. 김원용,『재미한인오십년사』, Readly Calif., USA, 1958, p.6; 대한매일신보, 1907.4.11 논설 '공립협회의 상보'
5　주강현,『적도의 침묵』, 김영사, 2008, p.122.
6　『長崎新聞』, 1923.2.12

7 岡林 隆敏 編, 『上海航路の時代』, 長崎文獻社, 2006.
8 조재곤, 『그래서 나는 김옥균을 쏘았다』, 푸른역사, 2005.
9 강진아, 『문명제국에서 국민국가로』, 창비, 2009, pp.160-161.
10 李彌勒, 김은애 역, 『압록강은 흐른다』, 문학과 현실사, 2001 ; 정규화 · 박균, 『이미륵 평전』, 범우사, 2010.
11 『국역 윤치호일기』(Ⅰ), 송병기 역, 연세대출판부, 2001.
12 洪陽明, 「楊子江에 서서」『三千里』15호, 1931.5, 11면
13 심민화 · 패민강 · 사건효 편, 『상해 대한민국임시정부 옛청사 진열관 설명문』, 상해 대한민국임시정부 옛청사 관리처, p.78.
14 한국역사연구회 편, 『한국역사』, 역사비평사, 1992, p.306.
15 Charles Townshend, 『테러리즘, 누군가의 해방 투쟁』, 한겨레출판, 2010.
16 이욱연 편역, 『노신 산문집 – 아침 꽃을 저녁에 줍다』, 창, 1991.
17 임춘성 · 곽수경 · 김정욱, 『상하이영화와 상하이인의 정체성』, 산지니, 2010.
18 『KBS 韓國史傳』, 2008.4.5.방영.
19 박규원, 『상하이 올드 데이스』, 민음사, 2003, pp.158~159.
20 박규원, 『상하이 올드 데이스』, 민음사, 2003, pp.158~159.
21 김호웅, 『김학철평전』, 실천문학사, 2007, p.16.
22 님 웨일즈, 송영인 역, 『아리랑 – 조선인 혁명가 김산의 불꽃 같은 삶』, 동녘, 2005.
23 이권규, 『김산 평전』, 실천문학사, 2006, p.150.
24 고광석, 『중화요리에 담긴 중국』, 매일경제신문사, 2003, p.159.
25 주강현, 「100가지 민족문화 상징사전』, 한겨레출판, 2007 참조.
26 김기봉, 『동아시아 공동체만들기』, 푸른역사, 2006, p.95.
27 참여연대 국제연대위원회 편, 『우리 안의 아시아, 우리가 꿈꾸는 아시아』, 해피스토리, 2008, pp.36~27
28 이형호, 『한국 국가브랜드에 대한 내국인과 외국인간 인식 차이에 관한 연구 – 브랜드 정체성과 이미지를 중심으로』(석사논문), 중앙대신문방송대학원, 2010, p.47.

八 국제관 파빌리언 | 파빌리언의 풍경

1 베이징을 상징하는 경파에 대립되는 해파문화는 1980년대에 모든 문화영역으로 확대되었으며, 해파문화가 바로 상하이문화라는 등호가 형성되었다 (후자오량, 김태성 역, 『중국의 문화지리를 읽는다』, 2005, P.499).
2 *EXPO SHANGHAI CHINA NEWS LETTER*, No.51, BIE, 2010.2.11
3 *EXPO SHANGHAI CHINA NEWS LETTER*, No.48, BIE, 2010.1.21.
4 Theodororw Monod, 안민성 역, 『사막의 순례자』, 현암사, 2003.
5 최원식, 「아시아의 연대 – 월남망국사 소고」『한극근대소설사론』, 창비, 1986.

6 William Shawcross, *"Sideshow"* (김주환 역, 『숨겨진 전쟁』, 선인, *2003*).
7 최병권·이정옥 엮음, 『아메리카』,휴매니스트, *2002, p.83.*
8 *EXPO SHANGHAI CHINA NEWS LETTER, No. 49, BIE, 2010.1.28.*
9 서혜숙, 『예이츠 - 존재의 완성을 향하여』, 건대출판부, *pp.1995, 44~48.*
10 Newsletter 15, spring *2010*,BIE.
11 비아르케 잉엘스, 『예스 이즈 모어』, 아키라이프, *2010.*
12 *EXPO SHANGHAI CHINA NEWS LETTER, No.50, BIE, 2010.2.4.*
13 최병권·이정옥 엮음, 『아메리카』,휴매니스트, *2002, pp.159-162.*
14 宇野重昭, 이재선 역, 『中華人民共和國』, 학민사, *1988, p.13.*
15 *EXPO SHANGHAI CHINA NEWS LETTER, No.53, BIE, 2010.3.4.*
16 Claudia Bauer, "Frida Kahlo"(정연지 역, 『프리다 칼로』,예경,*2007*).

索引 | Index

1
1월 폭동 · 115

2
2차세계대전 · · · · · · · · · · · · · · · · · · 94, 115

4
4·12 학살 · 114

5
5·30운동 · 111
5백년 제국(500-Year Reich) · · · · · · · · · · 65

8
8.13항전 · 114

A
AIDS · 217

B
Better City, Better Life · · · · · · · · · · · · · 196
BIE · · · · · · · · · · · · · · · · · · 60, 182, 183, 186
BIE회원국회의 · 189
Boa · 399

C
CCTV · 52

E
ECFA · 356
EL조명 · 265

G
G2 · 45, 55
G20 · 45

H
HSBC은행 · 98

L
LG · 402

M
MIT · 171

N
NGO관 · 361, 363

P
pillow 멤브레인 방식 · · · · · · · · · · · · · · · 264

S
SF영화 · 291
SK텔레콤 · 402
STX · 402

U
UBPA · 276, 293
UN 해비타트선언(1996) · · · · · · · · · · · · · 204
UN무역개발회의(UNCTAD) · · · · · · · · · 237

ㄱ
가이아나 · 262
가흥(嘉興) · 383
간사이 경제벨트 · · · · · · · · · · · · · · · · · · · 242
간쑤성(甘肅省) · 350
강남 · 85, 329
강북 · 85
강성부국(强盛富國) · · · · · · · · · · · · · · · · · 344
강소 · 85
강안선 · 278

강위(姜瑋)	371
강타	399
강항(江港)	93
강희제	45
개스타운(Gastown)	300
개혁개방	99, 121, 127, 179, 304, 367, 368
갤리선	43
갤릭(Gaelic)호	370
거란오족	342
건륭(乾隆)황제	289
건륭황제(乾隆皇帝)	70
게르니카	144
게이샤	106
겐카이마루(玄海丸)	370
견본시(見本市)	152, 173
경극(京劇)	367
경찰국가	360
경파(京派)	105
경학자(經學者)	82
고공회(考工會)	177
고구려 고분벽화	405
고난의 행군	406
고딕양식	98
고르디우스의 매듭	74
고모라	200
고베	291, 370, 371
고산족	342
고소번화도(姑蘇繁華圖)	289
공급자 중심의 박람회	232
공기나무(Air Tree)	300
공산당청년단	114
공생형 박람회장	252
공안	360
공업관마회(工業觀摩會)	177
공연센터	226
공인박람회	56
공인엑스포	189
공자	48
공진회	58
공포(栱包)	308
과학적관리법	152
광둥성	136, 351, 350
광서제(光緒帝)	175
광시 쫭족 자치구(廣西壯族自治區)	342
광양항	92
광저우	57, 68
구이저우성(贵州省)	350
국가 프로파간다	401
국가관	305
국공합작	114
국민당	114
국보 중의 국보	326
국악	395
국제연맹	380
국제조계	93
국화전람회(國貨展覽會)	178
권업박람회	56, 58
귀바러우(鍋巴肉片)	126
그레이엄 벨	173
그리니치 밀레니엄 빌리지	301
그리스	98, 99
근대화론	71
글래스고	246
금강산 선녀	405
금란지교(金蘭之交)의 나무	397
금무대하(金茂大廈)	124
금문(金文)	313
금호아시아나	402
기다림의 박람회	235
기억투쟁	65

기후변화······················ 209, 287
기후변화에 관한 정부간협의회(IPCC)·· 264
길상세박성(吉祥世博城)················142
김구······························ 388
김규식···························· 372
김대중···························381
김동삼···························· 372
김마리아·························· 388
김산······························ 388
김염······························ 388
김염(金焰)······················· 387
김영남························ 44
김영삼···························381
김옥균······················ 371, 372
김위······························ 388
김필순···························· 387
김학철···························· 388
끽다점(喫茶店)··················160

ㄴ

나가사키(長崎)···················· 370
나가쿠테·························· 252
나나이족·························· 342
나시족···························· 342
나이로비 광장,···················· 285
나카무라 요시오(中村良夫)············ 225
나폴레옹·························· 320
난스 화력발전소··················· 277
난징······························ 243
난징둥루(南京東路)················ 366
난징조약(南京條約)············ 68, 149
난타······························ 395
난푸대교(南浦大橋)················119
남경로···························· 107
남경조약····················· 93

남북전쟁(1861-1865)··············172
남시(南市)······················107
남양관···························· 80
남양권업회·······················177
남죽(楠竹)······················ 266
남중국해························· 72
남포대교·························119
냉각 안개장치···················· 265
네덜란드························ 262
노무라(野村古三郎)사령관··········381
노무현···························381
노태우···························381
녹색성장························ 302
녹색의 새 둥지·················· 268
녹스빌(Knoxville)················179
농민공······················ 138, 225
누에의고장······················ 352
누족···························· 342
뉴올리언스······················ 246
뉴욕발 경제위기··················· 45
니콜라이 2세···················· 369
닝보························ 68, 243
닝보(寧波)관····················· 293
닝샤 후이족 자치구(寧夏回族自治區)·· 342

ㄷ

다다(Dada)······················100
다민족국가······················ 206
다워르족························ 342
다이나모(Dynamo)················172
다이쇼(大正)시대················ 370
다이족·························· 342
다자외교························ 405
단원신화체계(單元神話體系)········· 82
단중앙구지(團中央舊地)············114

달배(Moon Ship)·················· 266
대고전쟁(大沽戰爭)··············· 70
대국굴기·············· 43, 45, 52, 53, 54
대기권(Atmosphere) ············· 262
대나무 통로 ······················ 267
대나무집························· 300
대동아공영권······················ 60
대련···························· 119
대로가(大路歌) ·················· 389
대로(大路) ······················ 389
대만···························· 355
대만관··························· 80
대만해협························· 355
대명궁(大明宮) ·················· 298
대식국·························· 344
대안적 개발 ····················· 254
대전세계박람회··················· 249
대중참여관······················ 362
대추야자나무···················· 266
더 좋은 도시, 행복한 삶 ··········· 196
더양족·························· 342
덕성안·························· 299
덕화은행························ 105
덩샤오핑···················· 116, 118
데이너 폴랜(D.Polan)·············· 357
덴마크·························· 262
도광양회(韜光養晦) ······ 44, 47, 50, 304
도광양회(韬光养晦) ··············· 304
도나우 호반 ····················· 246
도시 이미지 재형성 ··············· 244
도시 재건축 ····················· 244
도시미래관················ 276, 282, 291
도시발자취관················ 282, 289
도시사람관······················ 282
도시생명관················· 282, 285
도시인관························ 283
도시재생(renewal)계획 ············ 255
도시재생운동 ·········· 221, 228, 246, 297
도시지구관················· 282, 287
도시축·························· 225
도양회리························ 105
돈미(豚尾, 중국인) ·············· 365, 374
동방명주(東方明珠) ············ 123, 366
동방신기························ 397
동방의 관 ······················ 305
동방의족적(東方足迹) ·············· 323
동서문화센터···················· 116
동성애·························· 106
동족···························· 342
동포러우(東坡肉) ················ 126
동화양행························ 371
두공(斗拱) ················· 48, 308
두관(斗冠) ····················· 311
두롱족·························· 342
두문수(杜文秀) ·················· 347
두산···························· 402
둔황(敦煌) ····················· 289
둥샹족·························· 342
둥하이(東海)대교 ················· 90
디지털 피로감 ·················· 402
딴수이루(淡水路)역 ··············· 235

ㄹ

라멘(Rahmen)··················· 156
라후족·························· 342
랜드마크················· 124, 155, 226
랴오닝성(辽宁省) ················ 350
러시아족························ 342
런던박람회주식회사··············· 166
런던세계박람회·········· 129, 135, 149
런던아이(London Eye) ············ 144
레오나르도 다빈치 ··············· 152
로고···························· 49
로마제국························· 98

로버트 하트 · 158
로테르담 · 283
론알프주 조명관 · · · · · · · · · · · · · · · · · · 293
론알프주(Ro'hne-Alpes) · · · · · · · · · · · 302
롤링 포춘(Rolling Fortune) · · · · · · · · · · 395
롯데 · 402
롱 쿤(Rong Cun) · · · · · · · · · · · · · · · · · · 154
롱화동루(龙华东路) · · · · · · · · · · · · · · · · · 236
루고드 · 74, 79
루쉰 · · · · · · · · · · · · · · · 105, 110, 383, 385
루쉰(魯迅)공원 · 383
루이 행(Rui Hang) · · · · · · · · · · · · · · · · 154
루이스 멈퍼드 · 199
루이스 멈포드 · 289
루푸따치아오(卢浦大桥)역 · · · · · · · · · · · 235
룽이런(榮毅仁) · 119
룽훙 · 170
뤄바족 · 342
류사오치(劉少奇) · · · · · · · · · · · · · · · · · · 115
리룽(里弄) · 283
리수족 · 342
리스본세계박람회 · · · · · · · · · · · · · · · · · 250
리어우판 · 99, 106
리얼리즘 · 110
리에주 · 175
리옹(Lyon) · 302
리족 · 342
리처드 세넷(Richard Sennett) · · 230, 368
리훙장(李鴻章) · 170
링강 · 92
링강신청(臨港新城) · · · · · · · · · · · · · · · · · · 92

□

마당루(마당路)역 · · · · · · · · · · · · · · · · · 235
마도(魔都) · 109
마르세백화점 · 157
마르코폴로 · 43, 86

마르크스 · 129, 133
마무드 압바스 · 44
마오난족 · 342
마오둔(茅盾) · · · · · · · 83, 88, 110, 114, 139
마오쩌둥 · · · · · · · · · · · · · · · · · 115, 117, 138
마이포 습지 · · · · · · · · · · · · · · · · · · 279, 357
마천루 · 99, 121, 225
마카오 · 94, 299, 355
마크 엘빈(Mark Elvin) · · · · · · · · · · · · · · 78
마테오리치(Matteo Ricci) · · · · · · · · · · 345
막고굴(莫高窟)벽화 · · · · · · · · · · · · · · · · 289
막스 베버 · 202
만국박람회 · 73
만몽관 · 80
만주족 · 342
말라카 · 86
망치 · 118
매춘녀 · 106, 371
매판자본 · 111, 112
매헌(梅軒) · 383
먀오족 · 342
먼바족 · 342
메가시티 · 201
메소포타미아문명 · · · · · · · · · · · · · · · · · 289
메이드인 차이나(made in china) · · · · · · 239
메이란팡(梅蘭芳) · · · · · · · · · · · · · · · · · · 367
메이지시대 · 56
메카관 · 293
멜버른, · 246
명성황후 · 370
모더니즘 · · · · · · · · · · · · · · · · · · 99, 100, 110
모던타임스 · 289
모세오경 · 345
모순론 · 138
몸순 아카데미 · 170
몽골 · 76, 329
뫼비우스의 띠 · 269

:: 597

무라오족	342	백범	388
문명사	199	백은(白銀)	68
문일평(文一平)	94	밴쿠버관	293
문화대혁명	115, 120	번드(Bund)	98
문화혁명	115, 179	번윤서(潘允端)	122
문회보(文匯報)	115	번은(潘恩)	122
물의도시	291	법고창신(法古創新)	128
물질문명과 자본주의	77	베드제드(Bed ZED)	301
미국관	63, 64	베딩톤	300
미나	299	베르디무하메도프	44
미래도시	201	베수비오화산	369
미래도시환경	245	베이징 올림픽	56
미션 임파서블3	88	베이징 컨센서스	63
미술공예운동	98	베이환루(北环路)	236
미일동맹	73	벤야민	358
미크로네시아	262	변경(汴京)	326
민신영편공사	387	복주	119, 328
민영환	369	볼셰비키	103
밀레니엄 발전목표(UN)	217, 293	봄의 축제	326
		부랑족	342
ㅂ		부산 북항 재개발	297
바람통로	253	부산항	91
바로크풍	98	부서백성	308
바르셀로나	246	부에노스아이레스 5월광장	285
바스코 다 가마	251	부윤(溥倫)	174
바오안족	342	부이족	342
바이두	400	부인들의 행복	158
바이렝징 공원	278	북한관	60, 404
바이족	342	북해(北海)	297
박람회의 반환경적 속성	273	브로델 (Fernad Braudel)	77, 79
박선원	61	브루킹스 연구소	61
박찬익	372	브뤼셀	246
반한류팬	400	브리즈번	180, 242
발전은행(發展銀行)	98	브리티시컬럼비아대	269
발터 벤야민(W.Benjamin)	357	블라디보스토크	103
배터리 파크 시티	254	블라우트	76, 79
백계(白系)러시안	103	블루플래닛	287

블룸스베리(Bloomsbury) 광장	254	상하이 세계박람회 유한공사	257
비보이	395	상하이 에코하우스	299
비빔밥	395	상하이 트위스트	366
비아르케 잉엘스	269	상하이대하(上海大廈)	98
비잔티움	289	상하이런(上海人)	120
비틀즈	297	상하이방(上海幇)	119
비행접시	320	상하이월드금융센터	121
빅터 사순(Victor Sasson)	98, 103	상해 임시정부	380
빅토르 위고 에비뉴	185	상해환(上海丸)	370
빅토리아 앨버트박물관	142	새슨 하우스	96
빅토리아시대	98	색계	104
빅토리아여왕	154	샌디에이고	291
빈 세계박람회	158, 246	샌프란시스코	246
빙권(Cryosphere)	262	생명의 물, 발전의 물	280
빙축열 냉방시스템	277	생물권(Biosphere)	262
빛기둥(接天光柱)	310	생물다양성	261
		생태건축의 강조	258
		생태주의	273

ㅅ

		생태중심주의(ecocentrism)	202
사라고사 박람회	59, 84, 222, 232	샤먼(廈門)	68, 356
사라족	342	샤오룽바오쯔(小龍包子)	126
사르코지	44	서세동점	68
사마천(司馬遷)	82	서양번국지(西洋番國志)	86
사천로(四川路)	106	서커스단	160
사천성	85	서태후(西太后)	174
사회적책임경영(CSR)	138	서학동점기	171
사회진화론	165, 166	서호엑스포	46
사회책임지수	139	석고문(石庫門)양식	283
산둥성(山東省)	350	석빙고	278
산시성(陝西省)	350	선농단	309
산업의 디스플레이	80	선덜랜드	254
산업혁명	56, 78	선무정책	348
산호섬	262	선벨리	226, 278
삼성전자	402	선부론(先富論)	139
상설박람회장	252	선우혁	372
상양시장	112	설상고원	289
상품 유토피아	247	성지순례(Haji)	299
상하이 박	367		

∷ 599

세계개발지수	237
세계기상관	280
세계물이사회관	280
세계원예박람회	180
세계화	109
세네갈	262
세리주	132
세박로	228
세박축(世博軸)	226
세브란스	387
세비야	242
세인트루이스 세계박람회	174
세토섬	252
센리	258
션판	117
소돔	106, 200
소로우	245
소셜리스트워커	137
소수민족	341, 342
소프트파워	235, 368
소프트파워 외교	45
소흥요리	126
속도상자	230
송성가무단	366
쇼비니즘	394
수권(HydroKIsphere)	262
수상페리	236
수소연료 전지 버스	236
수이족	342
수정궁	150, 155, 261, 317
수축열 냉방시스템	277
수향	90
술탄 술라이만	347
쉐시스제(學習世界)	55
쉐족	342
쉬룬(徐潤)	371
슈퍼주니어	397, 399

스류푸 페리터미널	98
스카이라인	99
습지공원	279, 357
시계탑 광장	285
시네라마	181
시드니	246
시라카와(白川義則) 대장	381
시모노세키(下關)	370
시버족	342
시선의 향연(視線의 饗宴)	225
시안(西安)관	293
시잉루(西营路)	236
시카고박람회	172
시탕(西塘)	88
시후(西湖)	352
식민의 시대	73
신규식	372
신석기혁명	56
신세계이마트	402
신장 웨이우얼 자치구(新疆維吾爾自治區)	343
신중화 세계질서	303
신채호	372, 388
실업전람회(實業展覽會)	177
심층수의 순환	261
십리양장(十里洋場)	95
싼시성(山西省)	350
쑤데큄	153
쑤저우(蘇州)	87, 90, 243
쑨원(孫文)	378
쑹메이링(宋美齡)	114
쑹장강(松江)	93
쑹칭링(宋慶齡)	114
쓰촨(四川)성 대지진	285
쓰촨성(四川省)	122, 350
쓰쿠바	180

○

아관파천	370
아나키스트	199
아담 스미스	133, 202
아르데코(Artdeco)양식	98, 99, 124
아름답고 푸른 다뉴브	144
아리랑	388
아리산	357
아리스토텔레스	368
아마르티아 센	294
아미르	345
아방가르드(avant-garde)	100
아부-루고드	76
아시아교역론	71
아이치	59, 181, 232
아이치박람회	252
아일랜드인	344
아창족	342
아쿠아폴리스(Aquapolis)	248
아트 갤러리	300
아파르트헤이트(Apartheid)	94
아편전쟁	68, 121, 122
안데르센	301
안드레 군더 프랑크	74
안중근	373
안창호	372, 388
안후이성(安徽省)	350
알리신	344
알자스(Alsace)	302
암석권(Lithosphere)	264
암스테르담	246
앤트워프	246
앨버트공(Albert)	142
야오원위안(姚文元)	115
야오족	342
야초한화(野草閑花)	388
얀 페테르 발케넨더	44
양무파(洋務派)	170
양산항	90, 91
양자강(揚子江)	86
양저우	243
양키	104
양포대교	119
양화잡처(華洋雜處)	94
어룬춘족	342
에너지도시	291
에도(江戶)시대	371
에드먼턴(Edmonton)광장	285
에디슨	173
에딘버러	170
에로항(港)	109
에밀졸라	158
에버하르트(Eberhard)	80
에어스 록(Ayer's Rock)	270
에코튜브(EcoTube)	264
에펠	156, 317
에펠탑	144, 156, 317
엑스비송	141
엑스포 경제	239
엑스포 과학공원	250
엑스포(世博园区)역	235
엑스포공원	279
엑스포문화센터	320
엑스포박물관	142, 144
엑스포축	225
엘베강	296
엘베그도르지	44
엘진(Elgin)경	320
엠파이어스테이트 빌딩	124
여수	57, 189
여수세계박람회	59, 84, 190
여수엑스포 조직위원회	59
여운형	372
여진족	329
영구시설	236

영락제 · 45	운하 · 87
영파 · 119	워싱턴 컨센서스 · · · · · · · · · · · · · · · · 63
예벤키족 · 342	워싱턴회의 · 380
예원(藝苑) · 121	워터스크린 태양에너지 벽 · · · · · · · · · 302
예일 · 170	원림(园林) · 310
오대십국(五代十國) · · · · · · · · · · · · · 329	원명원 약탈사건 · · · · · · · · · · · · · · · · 71
오덴사(Odense) · · · · · · · · · · · · · · · · · 301	원명원(圓明園) · · · · · · · · · · · · · · · · · 70
오랑캐의 나라 · · · · · · · · · · · · · · · · 348	위그르족 · 342
오바마 · 62	위린쿠(榆林窟) · · · · · · · · · · · · · · · · · 289
오방간색(五方間色) · · · · · · · · · · · · · 313	윈난성(云南省) · · · · · · · · · · · · · · · · · 350
오방잡처(五方雜處) · · · · · · · · · · · · · 103	윈신 · 170
오방정색(五方正色) · · · · · · · · · · · · · 313	윈폰 · 170
오사카 · 56, 242	유가항(劉家港) · · · · · · · · · · · · · · · · · · 86
오송강(吳淞江) · · · · · · · · · · · · · · · · · 93	유구르족 · 342
오스만 븐 아판 · · · · · · · · · · · · · · · · 345	유노윤호 · · · · · · · · · · · · · · · · · · 397, 399
오스타코노(Ostankono) TV타워 · · · · · · · · 124	유니버설 스튜디오 · · · · · · · · · · · · · · 257
온주 · 119	유대교당 · 345
와이탄(外滩) · · · · · · · · · 96, 97, 98, 224	유럽중심적 사관 · · · · · · · · · · · · · · · · 76
와족 · 342	유리괴물 · 317
왕지아즈 · 104	유미유동 · 168
왕타오(王韜) · · · · · · · · · · · · · · · · · · · 153	유방(劉邦) · 313
외백대교(外白渡橋) · · · · · · · · · · · · · · 98	유소작위(有所作爲) · · · · · · · · · · · · · · 48
요마(妖魔)의 도시 · · · · · · · · · · · · · · · 109	유야오 · 243
요시미 순야(吉見俊哉) · · · · · · · 133, 257	유토피아관 · 251
요코하마 · 370	유프라테스강과 · · · · · · · · · · · · · · · · · 289
용정차 · 352	유협(劉勰) · 311
용천자기 · 352	윤봉길 · · · · · · · · · · · · · · · · · 367, 379, 381
용화열사능원 · · · · · · · · · · · · · · · · · · · 114	윤선초상국(輪船招商國) · · · · · · · · · · · · · 371
용화혁명열사공묘 · · · · · · · · · · · · · · · 389	윤치호 · 372
우쑨푸 · 111	윤치호 일기 · · · · · · · · · · · · · · · 365, 373
우젠(烏鎭) · 88	융윈 · 170
우주도시 · 291	은막계 · 389
우주인 하이바오(太空海寶) · · · · · · · · · · · · · 291	은의 효과 · 78
우즈베키스탄 · · · · · · · · · · · · · · · · · · · 405	음양오행(陰陽五行) · · · · · · · · · · · · · · 313
우즈벡족 · 342	음와이 키바키 · · · · · · · · · · · · · · · · · · 44
운남 · 85, 344	응우옌 떤 중 · 44
운젠(雲仙) · 371	의식의 다리 · 287

의용군행진곡	115
이광수	372
이규(李圭)	168
이동녕	372
이동휘	372
이매뉴얼	44
이명박	44
이미륵(李彌勒)	373
이백	86
이븐 바투타(Ibn Batutah)	75, 87, 344
이삭(Maurice Isaac)	186
이스크라	388
이스탄불선언	293
이승만	380
이시영	372
이우	243
이족	342
이집트홀	166
이태대류(怡泰大樓)	98
이학가(理學家)	82
이한치한(以漢治韓)	348
이홍장(李鴻章)	371
익부(翼部)	320
인간동물원	165
인간중심주의(anthropocentrism)	202
인구적 설명	78
인민해방군	115
인어공주	269, 301
인정박람회	56
인정엑스포	189
인종전시	161, 165
일월담	357
일전대회지(一全大會址)	378
일화개항(日華開港)	370
일화연락선(日華聯絡船)	370
임레 키랄피	166
임로가(臨路歌)	86
임시관	236
임시정부 청사	377
임안(臨安)	329
임원근	372
잉여노동	129

ㅈ

자전거의 도시	301
자금성	304
자미두수(紫微斗數)	395
자본론	103
자야(子夜)	110, 112, 139
자연의 예지(Nature's Wisdom)	252
자오화용(趙化勇)	52
자원고갈	287
자유의 여신상	144
자이언트 주전자	272
자전거길	269
자크 제르네(Jacque Gernet)	329
작센주	251
장강 삼각주	91, 93, 242, 329
장강(長江)	85
장광직(張光直)	82
장기지속성	86, 369
장기환(長崎丸)	370
장사(長沙)	383
장시성(江西省)	350
장쑤성(江苏省)	93, 350
장쑤요리	124
장아이링(張愛玲)	104
장제스(張介石)	114
장쩌민	124, 190
장쩌민(江澤民)	119
장칭(江靑)	389
재닛 아부-루고드(Janet L.Abu-Lughod)	74
저장관	352
저장성(浙江省)	93, 350

저장요리	124
저탄소 기술	278
저탄소 녹색성장	258
전국대표자대회	114
전기차	236
전도시화(pre-urbanized)	203
전시산업	243
전장(錢莊)	105
절강요리	126
접착식 태양전지	265
정꽌잉(鄭觀應)	371
정보기술혁명	212
정성중화	308
정원도시	291
정재서	82
정저우(鄭州)	283
정화	344
정화(鄭和)함대	75
정화전(鄭和傳)	86
정화함대	90
제국의 디스플레이	80
제국의 시대	73
제국주의	109, 111
제노바	180
제레드 다이아몬드(Jared Diamond)	343
제로에너지 생태주거단지	300
제임스 M.블라우트	76
조계지	74, 112
조르주 뒤비(Georges Duby)	75
조선의용대	388
조선족	342
조소앙	372
조오지 크뤽샨크(George Cruikshank)	154
조제 마누엘 바호주	44
조지 셀든	173
조지프 스티글리츠	294
조화사회(調和社會)	139

종의 다양성	212, 252
종이접기 컨셉	282
좡족	342
주나라	313
주례고공기(周禮考工記)	309
주룽지(朱鎔基)	119
주문(朱門)	313
주변부	79
주역	395
주이지(醉鷄)	126
주제 구현 전시관	282
주제관	226, 276
주체탑	405
주호(朱戶)	313
중국공산당 1차 전국대표자대회	114
중국공학원(工程院)	305
중국관	47, 175, 226, 313
중국농업은행	105
중국모델	63
중국식 자본주의	79
중국신화	82
중국의 그릇(中國器)	308
중국인과 개는 출입금지	94
중국홍(中国红)	312, 315
중궈런(中國人)	120
중문대	99
중화사상	400
중화세계	70, 305
중화전국총공	137
중화주의	82
지구가 육성한 씨앗	271
지구온난화	261
지나	60
지눠족	342
지린성(吉林省)	350
지방관	305
지속가능한 사회	209

지식도시 · 291
지열펌프 · 278
지킴이색 · 312
직선경관 · 226
진독수(陳獨秀) · 110
진먼다오(金門島) · · · · · · · · · · · · · · · · · 356
진이 · 389
질서의식 · 235
질풍노도(Strum und Drang) · · · · · · · · · 74
징족 · 342
징포족 · 342
징항(京杭)대운하 · · · · · · · · · · · · · · · · · 289
쩡꿔판(曾國藩) · · · · · · · · · · · · · · · · · · · 170

ㅊ

차이완(Chaiwan) · · · · · · · · · · · · · · · · · 357
창녀 · 106
창칭루(长清路)역 · · · · · · · · · · · · · · · · · 235
채플린 로봇 · 289
천단(天壇) · 309
천리마 동상 · 406
천상의도시 · 86
천안함 · 73
천안함 사건 · 404
천주 · 328
천진 · 119
천추의열(千秋義烈) · · · · · · · · · · · · · · · 383
천하양창 · 308
철과 유리의 승리 · · · · · · · · · · · · · · · · · 317
첩전문자(叠篆文字) · · · · · · · · · · · · · · · 311
청계천 · 395
청년잡지(青年雜誌) · · · · · · · · · · · · · · · 110
청두(成都) 물공원 · · · · · · · · · · · · · · · · 298
청두(成都)관 · 293
청명상하도 · 316
청명상하도첩 · 326
청명절 · 326

청사초롱 · 395
청일전쟁 · 60
청장(青藏)고원 · 85
청해호(青海湖) · 85
첸탄강 · 352
초현실주의 · 100
총,균,쇠 · 343
최부(崔溥) · 87
축음기 · 173
충의사상 · 348
충칭(中慶) · 379
치사노동(致死勞動) · · · · · · · · · · · · · · · 129
치앙족 · 342
친이(秦怡) · 388
친환경 인본주의 · · · · · · · · · · · · · · · · · · 271
칭다오 · 59
칭하이성(青海省) · · · · · · · · · · · · · · · · · 350

ㅋ

카나디언(Canadian)타워 · · · · · · · · · · 124
카림 마시모프 · 44
카이펑 · · · · · · · · · · · · · · · · · · · 326, 328, 345
카자흐족 · 342
캄보디아 · 405
캔버라 · 291
캘리포니아학파 · 71
커뮤니티 리모델링 · · · · · · · · · · · · · · · 217
커튼월 마천루 · 317
컬럼비아 · 171
케르비즈 · 156
콘스탄티노플 · 289
콜린스엔진 · 167
쿤밍(昆明) 학살사건 · · · · · · · · · · · · · · 347
쿤샨 · 243
퀘벡 · 180
크레지호 · 370
크리스티 경매 · 70

크리에이티브인 차이나 ··············· 239
키르키스족······················· 342
키오스크························ 285

ㅌ

타이조우······················· 243
타이페이 월드트레이드센터 ·········· 357
타이후인위(太湖銀魚)··············· 126
타지크족························ 342
타타르족························ 342
탄소제로도시(Carbon Zero City) ···· 293
탈아입구(脫亞入歐)················ 153
탈춤··························· 395
탕헤르························· 344
태권도························· 395
태양에너지 발전기 ················ 276
태양열발전····················· 264
태양의 계곡(Sun Valley) ··········· 226
태평천국군····················· 122
터키인························· 345
텅토우(藤頭) ···················· 298
테마공원······················· 257
텐안문(天安門)··················· 304
텐트마을······················· 299
톈진조약(天津條約) ·········· 69, 70, 149
톰크루즈······················· 88
통일 다민족 국가론 ··············· 343
투명 콘크리트 ···················· 271
투쟈족························ 342
투족··························· 342
투포트(Two Port) 정책 ············ 93
퉁리(同里) ····················· 88
티그리스강····················· 289
티베트························· 289
티베트자치구(西藏自治區) ·········· 343
티베트족······················ 342

ㅍ

파르테논······················· 320
파리강화회의···················· 380
파리세계박람회················ 144, 156
파버 비렌(Fabe Biren) ·············· 313
파키스탄······················· 262
팍스아메리카··················· 55, 61
팍스차이나······················ 55
판소리························· 395
판웨이························· 63
팔기제(八旗制) ··················· 348
패왕별희······················· 367
팩스턴(Joseph Paxton)········ 150, 316
팰리스호텔······················ 96
펑쩐(彭眞)······················ 115
페디먼트(Pediment) ··············· 378
페르낭 브로델(Fernand Braudel) ······ 196
평남국(平南國) ················ 344 347
포산··························· 136
포스코························· 402
포탈라궁······················· 289
표해록(漂海錄)··················· 87
푸구이지(富貴鷄)················· 126
푸둥··························· 222
푸둥개발구····················· 119
푸른별························· 287
푸미족························· 342
푸밍(浦明)노선 ·················· 236
푸스캉(富士康)··················· 137
푸시··························· 222
푸얼다이(富二代) ·················· 368
푸저우(福州) ····················· 68
푸젠성(福建省) ············ 78, 350, 356
풍경학(風景學) ··················· 225
풍력발전기···················· 276
프라다 공원 ···················· 246

프라이부르크·····················291	항일영화·····················388
프랑스조계··············· 94, 365, 376	항저우········ 46, 87, 88, 243, 328, 345
프랑크푸르트····················252	항저우만·····················93, 352
피닉스시·····················283	항주요리·····················126
피어나는 도시(绽放的城市)··········325	해관(海關)·····················98
피카소·······················144	해서파관(海瑞罷官)················115
핀란드관·····················272	해수면 상승 ··············· 261, 262
핀얼다이(貧二代)················368	해양박람회 공원 ················248
필라델피아 세계박람회 ········ 167, 176	해파(海派)····················105
필라델피아박람회················167	해협서안(海峽西岸)················356
	행복GDP·····················295
ㅎ	행복경제학····················295
하경당(何镜堂)··················305	향료·····················68, 326
하노버 GmbH··················251	허난성(河南省)·············329, 350
하니족······················342	허베이성(河北省)·················350
하버드대학··················82, 170	헤이룽장(黑龙江省)················350
하와이······················370	혁광현세(赫光显势)················304
하이난성(海南省)·················350	현대자동차····················402
하이드파크····················149	호남·······················85
하이바오(海寶)···················50	호놀룰루·····················370
하이브리드 풍차 ················265	호북·······················85
하지장군·····················381	호인(胡人,청인)·················374
하펜시티················· 295, 297	호텐토트의 비너스(Hottentot Venus) ··165
한고조(漢高祖)··················313	혼나사봉차····················136
한국기업관····················402	홍교·······················326
한국인촌·····················367	홍구공원·····················371
한국토지공사···················249	홍양명·················· 104, 365
한류···················· 394, 400	홍위병·················· 116, 117
한류강박증····················390	홍종우······················372
한류스타················· 395, 399	홍종우(洪鍾宇)··················371
한류팬······················400	홍차오국제공항················44, 126
한전·······················402	홍커우공원(虹口公園)···············381
한족·······················342	홍콩····················94, 355
한족(漢族) ····················76	화류병······················106
한회일심(漢回一心)················347	화비은행·····················105
함부르크················· 262 296	화아도승은행···················105
항구의 혁신 ···················297	화양잡거(華洋雜居)················103

:: 607

화이사상(華夷思想) · · · · · · · · · · · · · · · · · · 348
화평굴기(和平屈起) · · · · · · · · · 43, 45, 50, 63
화평반점북루(和平飯店北樓) · · · · · · · · · · · 98
환상가로(環狀街路) · · · · · · · · · · · · · · · · · 246
활수공원 · 299
황푸강(黃浦江) · · · · · · · · · 93, 94, 223, 235
황하 · 329
회남자 · 303
회족(回族) · 344
효성 · 402
후난성(湖南省) · 350
후래거상(後來居上) · · · · · · · · · · · · · · · · · 121
후베이성(湖北省) · · · · · · · · · · · · · · · · · · · 350
후야오방(胡耀邦) · · · · · · · · · · · · · · · · · · · 116
후이족 · 342
후진타오 · 45, 50
후탄공원 · 278
후퉁(胡同) · 283
훈센 · 44